앵무새 살리기

신동일

중앙대학교 영어영문학과 교수. 차별적 경험, 부적절한 관행이 언어능력과 언어사용의 의미에 어떻게 개입하는지 탐구하며, 언어/영어/한국어에 관한 문제적 상황을 개별적인 결핍만이 아닌 사회구조적 관점으로 이해하고자 한다. 언어/사회, 담화/담론, 언어평가/정책/교육, 언어권리/정체성에 관한 연구에 자유, 차이와 다양성, 횡단, 도시공간, 생태, 실용 등의 가치를 보태고 있다. www.dongilshin.com에서 연구활동을 기록하고, www.facebook/iget12 에서 일상의 글을 남기고 있다.

앵무새 살리기

초판 발행 2020년 7월 10일

지은이 신동일
펴낸이 박찬익
편집장 한병순
책임편집 유동근

펴낸곳 (주)박이정 **주소** 경기도 하남시 조정대로45 미사센텀비즈 7층 F749호
전화 02)922-1192~3 / 031-792-1193, 1195 **팩스** 02)928-4683 **홈페이지** www.pjbook.com
이메일 pijbook@naver.com | **등록** 2014년 8월 22일 제2020-000029호

ISBN 979-11-5848-580-1 93700

* 책값은 뒤표지에 있습니다.

이 저서는 2017년 정부(교육부)의 재원으로 한국연구재단의 지원을 받아 수행된 연구임. (NRF-2017S1A6A4A01021335)

앵무새 살리기

더 좋은 언어사회를 희망하며

신 동 일

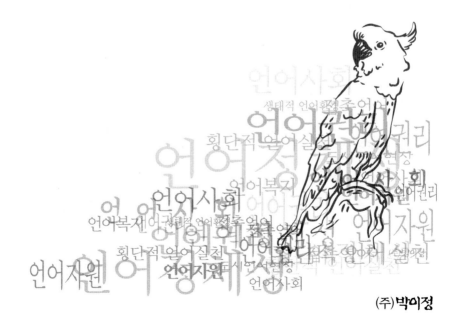

(주)박이정

시작 글

학생 때부터 내겐 재미난 놀이가 하나 있었다. 말이나 글을 갖고 노는 것이다. 누군가의 말을 따라 하고, 특별한 목적도 없이 외국어를 배우고, 무겁거나 가벼운 글도 써본다. 어릴 땐 처음 배운 '영어'가 참 좋았다. 친구와 낄낄대며 서울말을 쓰는 영어선생님을 흉내 내며 장난만 치던 기억이 난다. 중학생이 되기 전에 처음 배운 영어가 참 달고 재미났다. 궁금한 것도 많아서 동네 과외 선생님에게 늘 난처한 질문을 했다.

고등학생 때 배운 '독일어', 대학생 때 배운 '일본어'와 '스페인어'도 잘하진 못했다. 그래도 조금이라도 배우면 말장난을 하며 놀았다. 오래 전부터 배우고 싶었던 '불어'는 몇 년 전에 책으로 공부하다가 말았다. 혼자 공부하니 재미가 없었다. 그래도 불어는 허세를 발휘하기에 최고의 언어이다. 미술을 배울 때 인상파 화가의 그림을 참 좋아했는데 미술관에서 불어로 적힌 그림 제목만이라도 원어 그대로 이해하고 싶다는 소박한 이유가 있었다.

내겐 오랜 친구와 같은 모어, '한국어'로는 아직도 새로운 글을 읽고 쓰고 배우면서 위로를 받고 영감을 얻는다. 생활어로 사용하는 다양한 한국어들은 내겐 그저 사랑스럽다. 교포나 외국인이 배우고 사용하는 다양한 한국어들, 모어로 사용하지만 다양한 방언으로 표현되는 한국어들은 형태와 기능도 천차만별이다. 대학생이 되어 난생처음 서울로 와본 나는 경상도 방언을 사용하며 서울사람과 소통 불가의 상황을 자주 맞이했지만 수개월 만에 완벽히 '서울언어'를 흉내 내며 고향에서 함께 자란 친구들의 원성을 산 적이 있다.

그렇게 누군가의 말을 흉내 내며 새로운 말을 배우는 건 내겐 재미난 놀이와 같았다. 평생 동안 고향 방언만으로 자신의 변하지 않는 정체성을 고집하면서 술자리에서 "우리가 남이가?"라고 구호를 외치는 사람들이 난 불편하다. 언어들끼리 전쟁을 만들고 경계를 구분하는 그들을 만날 때마다 나는 소심하게 늘 혼잣말을 하곤 했다. '아, 평생 저들과 남으로 살고 싶다.' 나는 언어들을 배워가며 내 사회적 정체성을 변화시키고 조정했다. 나는 단 하나의 언어, 지역, 동문, 국가, 민족만으로 분리주의, 우월주의 정체성을 강하게 드러내는 사람들이 늘 불편했다.

내게 모어만큼이나 중요한 제2언어 영어와는 애증의 관계를 갖고 있다. 영어영문학과에서 학부를 마치고 미국에서 대학원 공부를 할 때만 해도 영어만 바라보면 어깨에 힘이 잔뜩 들어갔다. 영어는 정복해야 하는 언어, 분석해야 하는 언어였고, 그저 잘하고만 싶었다. 한국으로 다시 돌아와서 영어영문학과에서 교수로 일하면서 그런 분발과 경쟁에 지치기도 하면서 영어로 노는 법을 터득했다. 한국어만큼이나 영어는 내가 살아가는 일상의 공간이 되었다.

우린 모두 언어로 무언가를 한다. 모어든, 외국어든, 그 언어에 어떤 이름을 붙이든, 꼭 재미가 없더라도, 언어를 기반으로 공부하고, 살아가고, 사랑한다. 언어를 통해 교육을 실행한다. 교육을 통해 언어를 배운다. 모든 교육은 언어교육이다. 언어교육은 인간교육이며, 관계교육이고, 권리교육이고, 정체성교육이고, 접촉지대와 생태적 환경과 횡단적 실천을 배우는 교육이다. 난 그와 같은 언어의 자원적 속성을 이 책에서 말해보고 싶다. 나는 산업화 시대에 감독관이 되고, 문지기가 되고, 상품이 된, 규범적이고 표준적이고 엄숙하기만 한 언어적 속성을 늘 경계한다. 그리고 언어를 복잡하고, 다면적이고, 역동적인 속성으로도 보자고 제안한다. 언어의 관점에서 교육을 보고, 교육의 관점에서 언어를 볼 때 언어교육의 생태적 접근은 시작된다. 우리는 저 멀리, 혹은 우리 내면 깊숙한 곳에 숨어 있는 신비로운 언어에 관한 진실을 찾느라고 일상에서 재밌게 다룰 수 있는 언어의 속성에 무심하고도 무지했다.

언어는 구조를 갖춘 형태로 볼 수도 있지만, 기능이나 의미의 체계로 이해할 수도 있다. 사회적 관행을 담고 사회적 실천을 감당하는 경로이며 매개로도 작동한다. 언어를 진공 상태로 가둬두지 않는다면, 실용적인 시선으로 자원처럼 다룰 수도 있고, 언어를 통한 사회적 구성물에 대해 비판적으로 경계할 수도 있다. 미시적으로 분석할 수도 있지만, 거시적인 설명이 필요하기도 하다. 그렇지만 신자유주의라고 하는 시대풍조에서 자유롭지 못한 한국의 언어경관을 곰곰이 관찰해 보면 위기의 언어담론에 대해 우선적으로 다루지 않을 수 없다. 재미난 얘기만 할 수 없다. 언어가 상품이 되고, 기술이 되고, 편의적 수단이 된 것은 지금 시대풍조와 무관하지 않다. 국가 경영이든 개인의 자기계발이든 우리 이웃은 대개 신자유주의적 가치를 붙들고 살아간다. 경제주의, 합리주의, 기술중심주의, 단일언어주의, 공리주의, 게다가 국가주의나 민족주의의 가치까지.

이 책에서는 지금 시대의 언어가 어떻게 정태적이고, 신비롭게, 그리고 권력적인 거대한 시스템으로 인식되었는지 먼저 설명한다. 그런 다음에 미꾸라지처럼 손에 잡히지 않는 유동성, 일상성, 횡단성, 혼종성의 속성으로부터 지금의 언어사회를 다시 바라보고자 한다. 1장에서는 산업화와 신자유주의 시대풍조로부터 언어가 (1) 상품화, (2) 표준화, (3) 기술화, (4) 단일화의 속성으로 변모되었다는 것을 보여준다. 경제주의, 관료주의, 기술중심주의, 단일언어주의, 공리주의 등의 이론적 토대로부터 언어가 왜 수익, 표준, 관리, 기술, 단일성의 통제와 결속되는지 설명할 것이다. 언어가 마치 눈에 보이고 정복할 수 있는 고체, 객체, 고정된 속성으로 인식되고 있으며, 언어결정주의, 언어전체주의와 같은 이데올로기가 확장되고 있다는 점도 설명할 것이다.

2장에서는 1장에서 소개된 현대화된 언어사회의 문제점을 환기시키면서, (1) 언어의 상품성 문제는 접촉의 언어, 링구아 프랑카 논점으로, (2) 언어의 맥도날드화 문제는 생태적 언어환경 담론으로, (3) 테크노폴리의 언어는 유희적인 도시언어현상으로, (4) 위생화 공정이 강조되는 단일언어주의는 횡단적 언어실천과 같은 언어사회의 속성으로부터 대체되거나 보완될 것으로 전망할 것이다. 원어민만이 소유할 수 없는 링구아 프랑카 언어가 지배적으로 사용되고, 도시공간의 언어들이 다양한 형태로 공존하며, 생태적 언어환경과 횡단적 언어사용이 배려되는 보다 좋은 언어사회를 제안할 것이다.

3장에서는 신자유주의 이데올로기로 통치되는 언어사회가 다원주의, 민주주의 단면을 수용하고 평화와 공존의 가치를 수용하기 위해서는 다음과 같은 실천적 운동과 각성이 필요하다는 것을 강조할 것이다. (1) 언어권리와 언어정체성에 관한 사회적 의식을 높이고, (2) 언어를 자원 혹은 복지의 관점으로 인식할 수 있는 대안 담론을 기획해야 하며, (3) 비판적 연구전통을 관련 연구자 집단이 보다 유연하고 폭넓게 계승해야 하며, (4) 모더니티의 지식전통을 넘어서면서 후기구조주의, 탈식민주의 지식전통과 새롭게 결속되어야 한다는 점을 주장할 것이다.

마지막으로 4장에서는 미래 언어사회의 변화를 새롭게 상상하고 기획하기 위해 일곱 가지(자유, 절충, 생명, 품격, 모순, 횡단, 목적) 핵심 가치를 나열했다. 쉬운 예시와 일화로 각각 부연하고 정리했다.

이 책의 독자를 학생부터 연구자까지, 또한 다양한 학술 분야로 상정했기 때문에 가급적이면 쉽게 논점이 전달될 수 있도록 목차와 전체 내용이 구성되었다. 그러나 1장부터 3장까지 각 단원이 시작할 때마다 해당 논점의 필요성과 배경을 구체적으로 설명하기 위해 간단하게나마 학술적인 내용도 제시했다. 빈칸에 들어 있는 정보는 읽지 않고 넘어가도 본문을 이해하는 데에 어려움이 없을 것이다.[1]

신자유주의 언어사회에 대해 비판하고 대안을 모색해볼 구체적인 실천안도 소개했고 어떤 지적 토대가 구축되어야 할지도 논의했다. 언어를 공공재나 가치재로 바라볼 수 있는 사회적 실천, 삶의 정치, 비판적 언어인식, 적정교육, 사회적 경제, 고부담 시험을 저지하기 위한 캠페인 등 언어교육 분야에서 일하는 분들조차 익숙하지 않은 논제가 자주 등장할 것이다. 이 책은 언어교육, 언어평가, 언어정책, 다문화교육 등을 포함한 응용언어학 문헌으로부터 논점을 가져오기도 했지만, 사회학, 언론학, 정치학, 여성학, 문화연구, 복지학, 철학 등의 인접 학문분야로부터 다양한 사례와 설명 틀을 가져왔다. 이제 국내 언어사회에 관한 탐구는 학제간 접근이 요구될 수밖에 없기 때문이다.

이 책의 이름은 소설 '앵무새 죽이기(To Kill a Mockingbird)'를 떠올리며 '앵무새 살리기'로 정했다. '앵무새 죽이기'는 내가 가장 사랑하는 서사 중 하나이다. 이 책에서도 언급하고 있지만 거기 등장하는 억울한 개인을 돕는 애티커스 핀치(Atticus Finch) 변호사는 내 인생의 롤 모델이다. '앵무새 죽이기'의 앵무새는 차별받는 개인을 지칭하는 메타포인 셈인데 이 책을 만든 이유는 언어(교육)사회에서 소외되고 고통받는 앵무새들이 내 눈에 너무 밟혔기 때문이다.

한국의 언어사회에서 나타난 문제적 상황과 병적인 집착은 일종의 '사회적 질병'으로 따져 보아야 한다. 더 분발하라고 앵무새 개인을 다그치는 질책은 재고되어야 한다. 우리는 흔히 한국어를 배우는 외국인이든, 영어를 배우는 학습자든, 서로에게 고작 '앵무새'처럼 말한다고 비난한다. 그렇게 가르치고 배우는 우리의 교육과정도 비아냥댄다. 나는 '앵무새 살리기' 책을 통해 현대화된 언어(교육)사회의 변화를 다양하고 생산적인 관점에서 바라보면서 앵무새를 돕기 위한 대항과 대안의 담론을 발굴하고자 한다.

목차

2장
새로운 언어사회는 어떤 모습일까?

3장
좋은 언어사회를 위한 실천과 각성

4장
언어사회의 변화와 핵심 가치

1

현대화된
언어사회의 단면

'언어'라고 하면 무엇이 떠오르는가? 다음 두 가지 생각의 묶음 중 하나를 선택해보자.

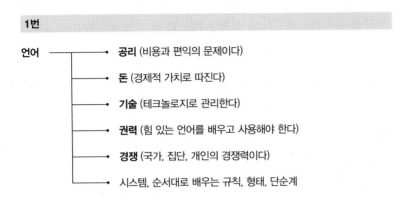

1번

언어
- **공리** (비용과 편익의 문제이다)
- **돈** (경제적 가치로 따진다)
- **기술** (테크놀로지로 관리한다)
- **권력** (힘 있는 언어를 배우고 사용해야 한다)
- **경쟁** (국가, 집단, 개인의 경쟁력이다)
- 시스템, 순서대로 배우는 규칙, 형태, 단순계

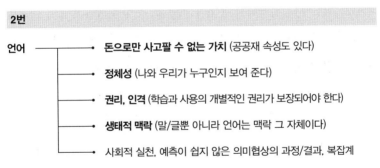

2번

언어
- **돈으로만 사고팔 수 없는 가치** (공공재 속성도 있다)
- **정체성** (나와 우리가 누구인지 보여 준다)
- **권리, 인격** (학습과 사용의 개별적인 권리가 보장되어야 한다)
- **생태적 맥락** (말/글뿐 아니라 언어는 맥락 그 자체이다)
- 사회적 실천, 예측이 쉽지 않은 의미협상의 과정/결과, 복잡계

내가 학교에서 가르친 많은 학생은 한국어든 영어든 언어라고 하면 대개 1번 속성을 연상한다. 중요한 언어를 잘하면 돈이 되고 권력도 된다. 개인뿐 아니라 집단, 회사, 국가에 경쟁력이 된다. 그래서 언어에 관한 규칙의 시스템을 약속해두고, 테크놀로지 기반으로, 학습자들이 작정하고 순서대로 공부할 수 있도록 한다. 시험도 자주 응시한다. 언

어능력은 지금 시대에서 빼놓을 수 없는 경제재 혹은 경쟁재가 된다.

국내 영어교육을 염두에 두고 생각하면 이해가 쉽다. 영어만 잘하면 돈이 된다. 그래서 영어를 잘 배울 수 있는 유학이 좋다. 실패해도 영어만 배워오면 성공이다. 어학연수를 갈 때 영어 하나만은 정복하자고 결심한다. 비용, 이익의 논리도 자주 등장한다. 토익이 좋은가, 토종 영어시험이 좋은가, 그런 논의를 할 때 비용－편리의 담론이 등장한다. 영어를 배우고, 가르치고, 시험을 만들고, 정책으로 집행하는 행위를 일종의 테크놀로지(기술)처럼 인식한다. 영어를 배운다고 하면 어휘나 문장의 형태나 규범을 배우는 것이다. 그걸 어떤 입력－출력, 저장－처리, 측정－교정의 시스템 안에서 관리한다. 많은 아이가 학원에 다니며 파닉스 학습부터 시작해서 문법을 배우고, 문장을 주고받으며 대화학습을 배우고, 스토리 담화도 배우고, 발표와 토론을 배운다. 무얼 어떻게 배울지 경로와 내용은 대개 예측이 가능하다. 아이들은 서로 다른데도 말이다. 학기별로, 학년별로, 등급별로 배우고 측정할 것이 전문가의 시스템으로 모두 정해져 있다.

지금 시대풍조에서 1번의 언어(교육) 속성을 놓고 적절하지 않다고 말할 수 있을까? 쉽지 않다. 그래도 이 책은 언어의 1번 속성이 얼마나 이상하게 변할 수 있는지 주목할 것이며 2번 속성을 좀 더 강조하려고 한다. 언어의 속성이나 가치를 1번 버튼만 누르면서 단정할 수 없다. 언어를 사용하는 우리가 그렇듯, 시대적 풍조라는 것도 그렇듯, 언어도 다면적이고 가변적인 속성을 품고 있다. 또 언어에 관한 콘텐츠, 교육프로그램, 정책 등을 만들어 보면 2번의 속성은 우리에게 중요한 영감을 준다. 이 책의 1장에서는 1번 속성을 주로 설명할 것이고, 2장에서는 대안적인 담론으로 언어의 2번 속성을 소개할 것이다.

보편적으로 적용되는 언어의 규칙체계가 있다고도 하지만, 이 책에서는 지역과 시대에 따라 의미와 기능이 변하고 편향적인 가치가 실천체계로 개입되는 언어의 속성에 주목할 것이다. 이 책의 1장에서는 신자유주의로 설명되는 지금 시대의 언어적 속성을 다루는 것이다. 시장 – 친화적인 자본주의 세계화가 본격화되고 있다는 상황은 여기서 설명할 필요도 없다. 신자유주의는 국가의 시장개입을 제한하고 수익을 좇는 자유로운 경쟁을 지원한다. 어디서든 누구에게든 시장과 경쟁의 논리가 지배적으로 적용되면서 개인이 살아가고 공부하는 공간에도 동일한 논리가 적용된다. 건강, 결혼, 교육, 여가나 취미활동, 환경보호 등 개인적이고 사회적인 모든 재화와 서비스에 시장과 경쟁 논리가 개입된다.

신자유주의는 언어에 관한 우리의 삶에 전방위적으로 개입한다. 경제적 자유와 경쟁을 인간의 본성에 대입시키고, 모국어든 또 다른 언어든, 누가 어디서 언제 어떻게 배우고 가르치자고 하든, 빈번하게 경제적 효율성과 경쟁성 담론이 등장한다. 신자유주의 논리로부터 우리의 언어사용과 언어교육을 관리하자는 담론은 차이와 다양성 담론과 충돌하기도 하고, 언어가 사실 다층적이면서도 복잡하다는 학술적 논의를 축소시킨다.

우리 인생에서 속도보다 의미나 방향이 더 중요하기도 하다면, 언어를 배우고 사용하는 것도 속도를 내며 효율성을 따지지 않을 수 있다. 천천히, 망설이며, 즉흥적으로, 상대와 상황을 배려하고, 여분의 정보도 넉넉하게 허락하며, 서로 협력하며, 심지어 특별한 목적이나 성취 목표도 없이 재미만을 위해 가르치고 배울 수도 있다. 그러나 신자유주의 시대에서는 그런 관행이 한심해 보일 수 있다. 그래서 어디선가 마치 상품관리 기술처럼 언어를 다루기 시작했다. 그러다 보니 복잡계의 언어는 표준적인 교육과정, 교재, 시험에서 관리하기 좋도록 단순계로 정돈되었다. 시험으로 만들거나 교재로 가르치기 더 편해졌을지 모르지만 우리는 다양한 언어를 자유롭게 가르치거나 사용할 기회를 놓쳤다. 내가 배우고 싶은 언어를 자유롭게 선택해서 배울 수도 없다. 그만큼 능동적 주체로서 성장할 기회나 경로도 잃었다.

언어는 이익, 표준, 기술, 경쟁, 공리, 수단, 소유의 논점으로만 다뤄질 수 없다. 산만한 언어, 돈 안 되는 언어, 기술적 매체에 의존하지 않아도 되는 언어, 위협적이지 않은 환경에서 통용되는 언어는 앞으로도 계속 제거될 듯하다. 마찬가지로 언어를 붙들고 살아가는 우리의 삶의 방식 역시 산만함이 허락되지 않고, 돈 되지 않은 일은 하지 못하며, 위협적인 경쟁 환경에서 이겨야 하며, 모든 일상이 기술적인 매체로 관리될 듯하다. 언어가 위축되는 곳이라면 언어를 사용하는 우리의 삶 역시 위축될 수밖에 없다. 언어가 상품이 되고, 기술이 되면, 언어를 사용하는 우리의 삶도 상품이 되고, 기술이 되는 것이다.

1. 상품으로 팔아 돈을 벌 수 있는 언어: 불평등과 부패가 목격되다

언어시장의 상품적 가치, 경제주의

경제주의는 신자유주의 언어사회를 움직이는 핵심 원리이다. 국내 사회에서는 1997년 외환 위기로부터 본격적으로 인재, 언어능력, 언어교육, 언어정책 등을 자유 경쟁, 소비자 선택, 수요와 공급, 품질 개선과 보증, 경제적 이익의 원리로 의미화시키기 시작했다.[2] 경제주의 원리로부터 인간은 시장적 가치가 있는 능력과 태도를 찾거나 준비해야 하는 경제적 주체, 즉 호모 에코노미쿠스로 인식되기 시작했다. 영어를 포함한 언어사용능력 역시 비용 대비 효율적 투자의 영역으로 계산되었다. 전체 국민은 인적자원이나 글로벌 인재로 호명될 뿐 아니라, 외국인 유학생, 이주민 역시 경제적 가치가 충분한 글로벌 인재 주체로 초대되었다.[3]

언어를 배우고 사용하는 능력은 이제 사고파는 상품이나 서비스로, 경제적 분석의 대상으로, 인간 안에 구현된 '능력'자본으로, 혹은 누구나 수요·공급 원리를 작동시켜야 하는 시장재로 인식되고 있다.[4] 언어학습자나 교수자가 소비자나 기업가(entrepreneur)로 그려지는 언어시장의 시대가 본격적으로 열린 것이다. 시장에서 가장 중요한 소비재는 진학, 구직, 승진에 필요한 영어능력, 혹은 영어시험성적이 된다. 이처럼 언어능력은 신자유주의 노동 환경에서 커뮤니케이션, 협상, 팀워크 등을 활성화시킬 수 있는 유연한 기술(soft skill) 수준으로 이해되고 있다. 관련 학계는 여전히 언어에 관한 중립적, 관념적, 비역사적 속성만을 부각시키면서 시장의 이익 확장을 순응적으로 목격하고 있을 뿐 이에 관한 비판적 담론을 좀처럼 생산하지 못하고 있다.

아버지교실에서 배운 것

한강의 기적을 만들어낸 한국이지만 삶의 황폐를 목격할 때마다 마음이 무겁다. 많은 이들이 성장과 자본의 축적에 골몰하고 있는데 그들의 일상은 괜찮을까? 이제는 돈으로 살 수 없는 다양한 삶의 가치를 얘기해야 할 때가 아닐까?

아들이 초등학교에 다닐 때 얘기다. 학교에서 어머니교실이 아니라 아버지교실을 개최한다고 공지가 왔다. 당시에 교회에서 주최하는 '아버지학교'도 참가하면서 나름 '좋은' 아빠가 되려고 애쓰던 터라 아버지교실이 자녀들과 학교를 위해 어떤 역할을 감당할지 궁금하고 기대도 되었다. 학교 근처에서 시작된 첫 모임에 기쁘게 참가했다. 후덕한 인상의 아빠들은 서로를 어색하게 대했지만 그래도 첫 느낌은 좋았다.

두 번째 만남은 학교 앞 중국집이었다. 각자 소개도 더 하고 앞으로 할 일을 찾아보자고 누군가 제안했다. 소개를 시작하니 변호사도 있고, 교수도 있고, 사장도 있고, 은행 지점장도 있었다. 늦둥이가 초등학교에 이제야 입학했다는 능글능글한 인상의 사업가가 회장을 해보겠다고 자청하더니 모임 구성원의 결속력이 갑자기 달라졌다. 차도 마시고, 밥도 먹고, 술도 마셨다. 여기까지는 그래도 아주 이상하진 않았다.

시간이 오래 지나지 않아서 아이들을 위해 모인 아빠들의 모임은 변하기 시작했다. 사업안이나 서로의 거래를 위한 얘기가 더 많아지고 위계도 생겼다. 사업을 크게 하는 사람, 직함이 높은 사람은 아버지모임에서 사장, 부장처럼 행동하고 직급이 낮거나 도움이 필요한 위치에 있는 사람은 과장, 대리처럼 처신하기 시작했다. 위계가 생기다 보니 윗사람이 크게 한턱내기도 하고, 아예 폭탄주까지 돌리면서 '형님' 호칭이 등장하기 시작했다. 음담패설을 나누고 막역한 관계인 듯 친하게 지내더니 이제 술에 취하면서 욕도 나왔다. 물론 어쩌다가 학교를 돕자는 얘기도 나왔다. 그러나 돈을 좀 보태자며 간단하게 논의될 뿐이었다. 재정적 지원 말고도 아빠들이 학교나 아이들에 관해 나눌 얘기는 많을 텐데 말이다. 나는 불편한 마음에 그곳에 더 이상 나가지 않았지만 추문이 들리고 구성원 간의 충돌도 생겼다고 들었다. 결국 아버지모임은 중단된다고 학교로부터 공지를 받았다. 나름 좋은 마음으로 시작된 아빠들의 모임이었다. 왜 그런 식으로 변했을까?

사실 아버지모임만 그런 것이 아니다. 친지끼리 만나도 돈이 많은 사람은 늘 주목받는다. 이웃 사이에도 돈이 많다면 인기를 얻는다. 교회에서도 사업을 크게 하는 분이 큰 목소리를 내곤 한다. 돈이 많은 사람이 신앙생활을 잘한다면 사람들은 더 주목하고 좋아한다. 돈의 힘은 크다. 그러니 돈의 위력에 우린 굴종적인 모습을 갖게 된다.

"부자 되세요"라고 인사하는 건 지나갈 수 있다. 그러나 부자가 되어야만 한다고 인사하면 곤란하다. 부자가 아니더라도 행복한 삶을 살수 있는 세상이 되어야 하는데 지금 시대풍조의 부자론은 정말 염치가 없다. 세상 모든 곳을 간섭한다. 꼬맹이들을 위한 아버지모임조차 말이다. 언어를 가르치고 배우고 평가하는 곳도 예외가 아니다.

돈으로 살 수 없는 것들

지금 시대는 돈으로 뭐든 사고파는 시대이다. 한국에선 아직도 쟁점이지만 미국에선 기부금으로 대학 입학자격까지 돈으로 산다. 비싼 강사, 비싼 학원, 컨설팅 회사로부터 관리한 학교생활기록부, 시험성적표는 취업이든 진학이든 사회에서 요긴하게 보상받는다. 이력서에 넣을 사회봉사도 돈으로 사는 세상이다. 사실 웬만하면 모두 살 수 있다.*

　돈으로 거래하기에 부적절한 재화도 있다. 예를 들면, 성매매가 그렇다. 돈을 주고받으며 이뤄진 성관계는 매매춘으로 우리나라에서는 여전히 범법행위에 속한다. 그런데 성의 행위는 정말 돈으로 사고팔 수 없는 것일까? 매매춘이 합법화된 나라도 있다. 한국은 유흥업소에서 일하는 여성이 200만 명이 넘는다. 공식적인 성 산업 규모는 20조이 넘는다고 들었다. 사랑은 귀하다. 성은 사랑의 중요한 단면이다. 그런데 그런 도덕책에서 배우는 성과 사랑의 윤리는 세상에서 제대로 적용이 안 된다. 성은 분명 활발하게 시장에서 거래되고 있다.**

---

*　선물을 정성스럽게 준비하는 대신에 상품권을 주는 세상이다. 스승의 날에 상품권을 가져오는 학생들이 있었다. 사실상 현금 뇌물이나 다름없는데 그걸 관행으로 생각하고 교수들이 받는다. 설날에 세뱃돈을 주는 것은 넘어간다고 하자. 그런데 아이들에게 생일이나 크리스마스 때 선물을 준비하면 마음에 안 든다. 싫다 할 것 같으니 차라리 현금으로 준다. 부모님 생신에도 현금을 준비한다. 시장적 가치가 가장 큰 현금이 선물의 사회적 가치마저 대체하는 세상이 되었다.

**　그에 반해 비혼모 출산율은 1.5% 수준이라고 한다. 복지 체계가 잘 갖춰진 유럽의 여러 국가의 비혼모 출산율이 최소 30-50% 수준이다. 성매매 산업의 규모는 크고 비혼모 출산율이 낮다는 건 어쩌면 낙태가 수도 없이 일어나고 있다는 것이다. 결혼하지 못했거나, 결혼하지 않

정치철학자인 마이클 샌델(Michael J. Sandel)의 '돈으로 살 수 없는 것들' 책에 보면 다음과 같은 논점이 나온다.[5] 삼촌과 같은 어른이 조카에게 뽀뽀해달라고 하면서 용돈을 준다. 돈으로 뽀뽀를 사고자 하는 의도성이 낮을 것이다. 그래도 아이는 뽀뽀하는 행위가 돈이 된다는 것을 경험하게 된다. 샌델은 이처럼 '좋은 것', 혹은 '재화'라는 이중적 의미를 갖는 'good'이 돈 때문에 변질되고 있는 경제주의 사회의 가치체제를 경계했다. 시장 혹은 시장에서 통용되는 가치가 우리의 삶을 지배하고 있고, 돈이 되는 것, 돈을 버는 것이 일상적 생활까지 지배하게 되면 사고판다는 시장의 논리는 우리의 정체성·관계, 가정, 일상, 여가, 삶, 죽음, 조직 운영체계 등 거의 모든 것을 지배하게 된다는 것이다.

샌델은 시장의 도덕적 한계를 지적하면서 예전엔 돈으로 사고파는 재화가 아니었던 것이 이제 본격적으로 시장 논리로부터 상품으로 매매되고, 그런 결과로부터 원래의 가치가 변질되고 심지어 불평등의 사회구조까지 발생하는 상황을 주목했다. 어떤 것이든 시장에서 관심을 갖고 상품이나 서비스로 전환시키기만 하면 본래 의미와 가치는 변질된다는 것이다.*

은 상태에서 아이를 낳거나, 혹은 이혼이나 별거를 했지만 아이를 키우는 상황이 죄악시될 것도 없을 텐데 한국에서는 금기되어 있다. 사랑, 결혼, 가정에 관한 관념이 편향적으로 규범화되어 있기 때문이다. 규범이 횡포가 되면 성매매나 위계적 관계의 폭력은 계속 발생할 수밖에 없다. 나중에 얘기하겠지만 언어에 관한 규범, 위생, 표준 등을 지나치게 강조하는 곳도 마찬가지이다. 부패와 불평등, 폭력적이고 위계적인 관계가 확장된다.

* 샌델은 크리스마스 선물을 현금으로 대체하거나 인터넷에서 선물을 재활용하는 선물 재활용 서비스를 주목했다. 도덕적 사고방식을 시장 논리가 대체시킨 것이다. 샌델은 마음에 들지

예를 들어, 어린 학생에게 쓰기 연습을 시킨다고 하면서 손글씨로 편지를 써오면 1만 원을 준다고 하자. 다음과 같은 상황이 발생할 수 있다. 손글씨에 호기심을 가진 어린 학생이 정성을 다해 편지를 써오고 돈도 받는다. 당장엔 아무 문제가 없다. 그런데 중학생이 되어도 고등학생이 되어도 계속 1만 원, 2만 원, 5만 원을 준다. 이렇게 경제적 보상을 계속 제공한다면 틀림없이 학생은 손글씨로 무언가를 만드는 의미, 재미, 상호협력, 인격적 나눔의 속성을 잊게 된다. 어쩌면 손글씨는 끔찍하고 지루한 노동으로 느껴지거나 그저 용돈 몇 푼을 벌기 위한 행위로 변질된다.

샌델은 시장에서 거래되지 않은 영역에 시장적 가치가 개입하면서 본래의 가치가 변질된 또 다른 사례로 이스라엘의 어린이집을 언급한다. 자녀를 늦게 데려오는 부모가 많아지면서 어린이집은 벌금 제도를 도입한다. 그런데 흥미롭게도 아이를 늦게 데려오는 부모의 숫자가 더 늘어난다. 아이를 늦게 데려오면서 가진 미안함을 벌금으로 충당할 수 있게 되자 부모는 아이를 더 맡아주는 행위를 돈으로 살 수 있는 서비스로 인식한 것이다. 금전적 인센티브가 행위의 규범을 바꾼 셈이다.

테오도르 아도르노(Theodor Adorno)는 '미니마 모랄리아'에서 자본주의 구조가 변화시키는 인간사회의 모습을 냉엄하게 포착한다. 자본

않는 선물을 받는 손실을 줄이고 사회후생도 증가시킬 수 있다는 경제학자 논점을 반박하면서, 선물을 준비하고 교환하면서 사회구성원이 공유해온 사회적 가치, 비시장적 규범, 혹은 선물 본래의 의미와 목적을 환기시켰다.

주의에서 가장 중요한 가치는 경제성이기 때문에 환원할 수 있는 모든 것, 아니 환원될 수 없다고 여겨지는 모든 것까지 경제적 원리로 재정의된다.[6] 예술, 인문, 교육, 모어, 외국어능력에 관한 어떤 것이든 경제적 의미로 전환된다. 경쟁력이든, 효율성이든, 세계화든, 자기계발이든, 자본주의 논리를 강조하며 준비시키는 학습은 사실상 경제학습을 실행시키는 곳이다.*

언어시장의 욕망

우리에게 언어는 어떤 경제적 가치가 있는가? 일단 영어만 놓고 보면, 다수의 우리는 영어능력, 영어를 가르치고 배우는 행위, 교육과정과 교재를 만들고, 평가를 시행하고, 정책을 계획하는 그 모든 행위를 이미 사고파는 재화로 인식하고 있다. 예를 들어, 영어실력이 비슷한 둘 중에 한 사람이 더 비싼 돈을 주고 어느 학원에서 중요한 시험에 효과적으로 대비할 수 있다면 취업이나 진학에서 누가 더 유리할까? 지금 사회는

---

* 　이 책에서는 언어에 관한 상품적 가치를 비판적으로 바라보면서 언어를 배우고 사용하는 능력이나 환경을 공공재로 인식해보자는 제안을 할 것이다. 다만 언어에 관한 시장의 논리를 완전히 배제하는 세상을 상상할 순 없다. 영화 '킹스 스피치(The King's Speech)'를 보면 말더듬이 조지 6세 영국 왕을 면담하고 치료하는 언어치료사들이 등장한다. 말이 어눌한 환자를 돕는 그들의 전문 활동에 시장적 가치가 당연히 포함되어 있다. 언어와 교육에 시장가치와 경쟁이 개입되면 재화의 본질마저 변질된다는 건 타당한 논점이지만 언어에 관한 시장의 생산적 가치를 제거할 수는 없다.

중요한 시험을 대비할 수 있는 지불능력이 충분하지 않다면 중요한 자격이나 사회적 혜택을 전략적으로 획득하기 어렵다.

샌델의 표현대로라면 일종의 새치기가 허락되는 것이다. 영어가 중요하다고 하면서 영어시험 성적으로부터 중요한 자격을 부여하곤 하는데 더 비싼 돈을 지불한 수험자가 새치기하는 듯한 게임이다. 게다가 요즘 학원 광고를 보면 토익 점수를 끌어 올린 학생에게 금전적인 인센티브도 제공한다. 돈을 지불하고 공부하고 돈으로 다시 보상하는 학습문화는 언어를 가르치고 배우고 사용하는 본질을 왜곡하는 상황으로 확장된다.

이렇게 가정해보자. 어린아이에게 표준어를 일찌감치 습관으로 형성시키기 위한 목적으로 표준적인 발음과 구문 사용능력을 가진 학생에게만 명문 초등/중등학교의 입학자격을 부여한다는 정책이 발표된다. 명문 학교의 진학은 아이가 커서 일류 대학에 진학하고 졸업 후에 고소득 연봉을 보장받을 수 있을 것이란 신념체제로 연결된다. 그럼 무슨 일이 생길까? 아이들은 일찌감치 표준어 사교육을 받는다. 누구나 획일적으로 공영방송 아나운서처럼 또박또박 말하는 연습을 반복적으로 하게 된다. 부모와 한가롭게 장난스러운 대화를 나누고, 중요하지 않은 이야기에 낄낄대며 친구와 길게 얘기하고, 말장난하거나, 사투리를 사용하거나, 읽고 싶은 책을 골라 며칠 동안 한가롭게 읽기만 하는 언어행위는 사라진다. 시간이 더 흘러가면 어떤 일이 일어날까? 아이들은 표준어 구술 학습에 전념하지만 말을 사용하고 배우는 본래의 재미, 즉흥성, 여유가 사라진다. 언어사용에 관한 태도는 획일적으로 축소되며, 언어로부터 얻을 수 있는 호기심이나 즐거움은 없어진다.*

돈이 되는 언어, 사고파는 언어공부는 한계점에 도달한다. 어리석은 부모는 초등학생 자녀가 공부를 잘한다고 용돈을 계속 올려준다. 공부를 잘하는 건 개인의 변화, 성장에 복합적인 의미를 제공한다. 공부 잘하는 걸 출세나 돈벌이로만 생각해서는 공부를 설령 계속 잘한다고 해도 나중에 괴물이 될 수 있다. 영어공부나 시험성적을 진학, 취업, 승진을 통한 경제적 보상으로만 묶으면 영어를 배우고 사용하는 의미를 좀처럼 성찰할 수 없다.

영어가 돈이 되면서 교육과정, 교재, 시험도 많아졌다. 그리고 역설적이게도 진짜 영어공부는 사라졌다. 하나의 시험을 또 다른 시험으로 교체하고 내국인 선생님을 원어민 선생님으로 교체하면 달라질까? 시장이 우상이 되면 시장의 언어도 우상이 된다. 영어공부는 경제적 가치를 습득하기 위한 담론 밖으로 나올 수가 없다.

내 경험을 돌아봐도 돈이 안 되는 언어에 시장은 좀처럼 반응하지 않는다. 나는 국가 기관이나 여러 기업에서 영어시험을 기획하고 제작하고 시행하는 책임을 맡았고, 관련 정책이나 교육콘텐츠를 만들기도 했다. 때로는 일주일에 여러 차례 개발과 시행의 현장에 출근하여 담당

---

* 영어를 가르치고 배우고, 사용하면서 새로운 누군가가 되는 과정이 재미있는가? 만약 엄청난 학습 분량에도 불구하고 그런 과정이 신선하지도 않고, 재미도 없을 뿐이라고 대답한다면 샌델이 주목한 것처럼 시장 논리가 너무 지배적이니 영어공부의 원래 가치와 의미가 변질된 것으로 볼 수 있다. 부패는 신선한 것이 썩는 것이다. 재미가 없고 뭔가 신선함이 없다는 것은 부패의 문제이다. 뒷장에서 시장의 도덕적 한계를 부패와 불평등의 관점으로 살펴보기로 한다.

직원들과 회의도 하고 시간도 자주 보냈다. 그런 곳에서는 아주 중요한 원칙이 있다. 그건 '어쨌거나 돈이 되어야 한다'는 것이다. 돈이 되지 않으면 의사결정도 지연되고 투자도 제대로 이뤄지지 않는다. 돈을 벌지 못하면 사장이 바뀌고 팀장도 바뀌고 담당 직원도 교체되고 해고된다. 꽤 여러 곳에서 영어시험이나 관련 콘텐츠를 기획하고 제작하는 일에 참여했는데 그곳의 직원들이 정말 많이 바뀌었다.*

언어능력을 평가하는 도구를 만들 때도 무엇보다 돈이 되어야 한다. 수익도 나와야 한다. 시험의 시행사나 관련 시험준비 업체의 주가가 올라가면 너도나도 행복하다. 상장이 되지 않은 기업이라면 주주를 안심시키면서 상장을 시도하고자 한다. 시장의 가치를 만들어야만 한다. 이 책의 뒷부분에서 다룰 언어를 사용하는 개인들의 권리, 각기 다른 언어정체성, 다양한 언어들이 공존하는 생태적 언어환경과 같은 어젠다는

---

*　영어시험, 정책, 교육콘텐츠를 좋은 사람들과 함께 기획하고 개발하는 일은 참 재미있다. 크고 작은 기업이나 공공기관에서 자문을 맡거나 개발 책임자가 되어 일주일에 몇 번씩 회의하며 몇 년 동안 우정을 쌓으며 함께 일한 동료들이 생각난다. 기분 좋은 추억이고 멋진 기억들이다. 회의가 잘 끝나면 함께 당구도 치고 회사 근처 조그만 고깃집에서 기분 좋게 취해 서로의 비전을 나누기도 했다. 함께 일한 이사님도, 팀장님도, 팀원들도 내겐 좋은 동료이고 친구였다. 그들은 수익을 만들어야 했지만 나는 비영리 교육단체를 직접 운영하면서, 학술 활동만으로도 기업의 활동에 도움을 주는 수평적 관계를 꿈꾸고 기대했다. 그런데 딱 거기까지였다. 시간이 지나면서 그들의 '상품'은 본격적으로 큰 이윤을 내야만 했다. 그게 잘 안되면 직원들이 교체되었다. 영어말하기시험을 놓고 내가 오랫동안 자문했던 기업이 있었는데 3여 년이 지나면서 사장이 두어 번 바뀌고, 담당 이사도, 팀장도, 관련 팀원들도 모두 다른 직원으로 교체되었다. 내가 보기엔 당시 국내 말하기시험은 황무지 상태였고 시험은 나름 성공적으로 개시되고 있었다. 그러나 상장사가 되려면, 회사 주가를 올려야 한다면, 투자자들이 이익을 더 내라고 요청한다면, 후발기업이든 선행주자든 치열하게 새로운 '상품'을 경쟁적으로 내고 있다면, 상황은 달라질 수밖에 없다.

그들에게 한가로운 낭만, 그저 꿈같은 얘기일 뿐이다.

기업에서 자문하면서 나는 획일적인 영어시험문화를 바꾸고 싶었다. 예를 들면, 영어말하기시험의 시행을 도우면서 문제 풀이만 전략적으로 준비시키는 시험문화에 변화를 주고 싶었다. 말하기시험의 모범답안을 외우는 수준이 아니라 스토리를 풍성하게 말해보는 평가를 기획하고 스토리텔링을 해볼 교육문화행사를 기획했다. 공부 잘하고 시험도 잘 보게 하자는 사회적 캠페인도 해보고 싶었다. 비영리단체도 맡으면서 영어공부에 도움이 되는 평가문화를 나름 만들고 싶었는데 돈이 안 되는 일로 사람들의 마음을 바꾸게 하는 일이 정말 쉽지 않았다. 언어를 가르치고 평가하는 시장은 수요와 공급으로부터, 편익과 비용으로부터 언제나 자유롭지 못했다. 모두 수익의 욕망으로 가득 차 있었다. 한번 시장의 논리에 편입되면 누구도 선한 사마리아인이 되지 못했다. 내가 경험한 국내 영어산업은 그랬다.

대학입시에서 글로벌 전형, 국제학부전형, 외국어특기자 전형 등은 영어시험만 잘 보면 대학도 갈 수 있는 경로였다. 보다 종합적인 수학능력, 즉 고등공통과정에서 요구되는 언어, 외국어, 수리, 사회탐구와 과학탐구 등을 종합적으로 공부하지 않고 영어 하나만 죽자고 패는 모습을 보면* 예전 '주유소 습격사건' 영화에서 나온 "난 한 놈만 골라 그

---

* 정말 영어시험 성적으로만 대학 간다고 작정한 학생들은 단 몇 점의 점수를 높이기 위해 20번도 넘게 같은 시험을 반복적으로 응시하기도 한다. 내가 만난 학생들은 시험지만 봐도 토할 것 같다고 말했다.

놈만 팬다."라고 외치는 건달 캐릭터를 보는 것 같다. 그런데 누구나 영어시험 한 놈만 패긴 쉽지 않다. 고가의 학원에 다녀야 하고 시험 한번 보려면 4만 원에서 많게는 20만 원을 지불해야 한다. 때로는 초중등학교 때 해외 체류의 경험이 있어야 수월하게 시험준비 기반의 학습을 실행할 수 있다.* 사실상 경제적으로 여유가 있는 집안의 아이들이 영어로, 영어시험으로, 영어시험을 준비하는 사교육으로, 명문 대학도 갈 수 있다.

10여 년 전에는 내가 속한 영어영문학과의 재학생이 학원강사를 하겠다는 말, 유명강사가 되겠다는 말을 하지 않았다. 언제부터인가 졸업도 하기 전에 학원에서 잘 나가는 강사가 되었다고 자랑하는 학생들이 등장했다. 이제는 졸업하기 전부터 사교육 시장에서 명강사가 되어 돈을 많이 벌고 싶은 것이 꿈이라고 말하는 학생들도 등장했다. 가르치는 쪽이든, 배우는 쪽이든, 영어든 중국어든 한국어든, 언어의 행위는

---

* 미국이든 뉴질랜드이든, 해외 체류나 조기 수학의 기회를 활용하여 매끈한 발음이나 표현방식을 익힌 학생들은 인상적으로는 영어를 잘한다고 판단된다. 국내에서 그와 같은 스타일링한 영어를 중시하기 때문에 길게 스토리로 들어보거나 논점을 쟁점적으로 구술할 수 있는지 평가하지 않고 그저 '잘하는 것 같은' 영어로만 진학이나 취업의 기회를 허락한다. 그러나 영어시험 성적만으로, 혹은 짧은 면접의 인상적 판단만으로 입학의 자격을 부여받은 그들은 성찰적으로 대학수업에 참여하지 못했다. 그들은 자신이 그랬던 것처럼 어린 나이에 고부담 시험에 대비하는 수험생을 가르치면서 사교육산업에 다시한번 몸을 담곤 했다. 예를 들어, 체코슬로바키아에 살다가 영어시험 성적으로 경영학과에 입학한 내가 아는 학생은 지인의 소개로 대학생일 때부터 국내 기업의 영어회화 강사를 맡았는데 손쉽게 돈을 벌면서 대학교육에 제대로 참여조차 하지 않았다. 일찌감치 영어강사로만 살 계획이었다. 개인, 학교, 국가 모두에게 손해라는 생각이 든다.

이제 우리에게 부를 안겨주는 재화로 분명하게 인식되고 있다. 이 모든 것이 언어에 관한 얘기를 수요와 공급, 비용과 편익의 명분으로만 다루기 시작하면서 생긴 일이다. 언어교육의 역량과 기회가 표준적인 시험의 데이터를 효율적으로 '관리'하는 기업과 학교의 손으로 넘어간 이후부터 생긴 일이다.

언어가 계속 상품이고 유료 서비스일 뿐이라면?

상품이 된 언어의 모습을 보다 현실적으로 이해하려면 영어시험을 대비시키는 학원의 인강, 환급제 시스템을 보면 된다. 2014년 6월 24일 날짜로 검색된 '돈으로 보는 토익? '어마무시'하네... 알뜰하게 시험치는 법은?'이란 기사[7] 내용을 살펴보자.

기사는 우선 대학생 800명 대상의 설문조사 내용부터 보여준다. 대학생들은 취업 준비를 위해 토익과 같은 소위 '공인어학시험'을 여전히 열심히 준비하고 있다. 아무리 기업에서 토익은 중요하지 않다고 말해도, 전문가가 실제 의사소통능력이나 업무역량이 더 중요하다고 강조해도, 여전히 기사 내용처럼 "실제 업무에 쓸 만한 영어실력을 가졌다면 토익 점수가 낮을 리가 없다"고 쉽게 전제된다. 토익 시험을 준비하는 취업준비생에게 금전적 부담이 커지고 있다는 보도 내용을 그대로 옮기면 다음과 같다.

"요즘 취업준비생들 사이에는 우스갯소리로 '토익 점수와 들이는 비용은 정비례'라는 말이 돌 정도다. 기본적으로 영어권 체류 경험이 없는 대학생이 토익 점수를 만들려면 생각보다 돈이 꽤나 든다. 토익은 상대평가로 점수를 매기는 방식이기 때문에 높은 점수를 원하는 응시자들은 4만 2천 원에 달하는 응시료의 토익 시험을 여러 번 치를 수밖에 없다. 여기에 토익 학원 역시 부담을 가중시킨다. 토익 학원의 한 달 수강료는 최저 10만 원대에서 최대 50만 원에 달한다. 이러한 기본 두 달 과정의 학원 수업을 점수대 별로 여러 번 듣는 학생들이 허다하다. 게다가 서울의 유명 학원에서 강의를 듣기 위해 시간과 돈을 들여 지방에서 상경하거나, 아예 영어권 국가로 어학연수를 떠나는 학생들도 있다고 하니, 토익 점수를 위해 들이는 비용은 적게는 몇 백만 원에서 많게는 몇 천만 원대로 올라갈 수밖에 없다. 물론 돈을 들이는 만큼 스스로 열심히 노력해야 하는 것은 당연한 얘기다."

그리곤 이런 영어공부의 사교육비를 줄여주기도 하고 시간과 장소에 구애받지 않고 양질의 강의를 들을 수 있는 새로운 대안으로 온라인 강의(인터넷 강의, 혹은 인강)를 소개한다. 내용은 차치하고 대안의 논리는 다시 경제성의 원칙으로 구성된다.

"온라인 강의에 도입된 제도가 바로 환급제도다. 최근 온라인 강의 시장이 넓어짐에 따라 다양한 환급제도가 실행되고 있다. 대부분 강의에서 일반적으로 적용되고 있는 환급제도는 수강 기간 동안 강의

출석, 과제제출, 시험응시를 충실히 했을 때 일정 금액의 수강료를 현금으로 돌려주는 방식이다. 그 외에도 추가 미션과 목표점수 달성 등을 이루어내면 50%, 100%, 150%까지 수강료 환급을 받을 수 있는 등 인터넷 강의별로 다양한 제도가 마련돼 있다.

가장 눈에 띄는 현금 환급제도 인강은 토익 강의인 토목달을 필두로 한 EBSlang 강의로, 업계 최초로 시작하여 현재 최대, 최다 규모 환급시스템으로 서비스되고 있다. 사교육 업계 전체에 큰 영향을 미쳐 현재는 토목달 뿐 아니라 각 사에서 다양한 형태로 진화 중이다. 영단기 '관리형 환급반'은 자신에게 맞는 강사를 스스로 택할 수 있다는 점을 내세우고 있다. 또 YBM 토보코는 '자율반'을 신규 오픈, 공휴일과 주말에 상관없이 하루에 최대 4개의 강의를 마음대로 수강할 수 있으며, 코스 수료 후 목표점수를 달성하면 100% 환급을 해준다. EBS를 필두로 한 공교육의 선도적 행위에 사교육이 동참하면서 결과적으로 사교육 비용도 낮추는 효과를 낳은 것으로 보인다."

영어를 가르치고 배우고 큰 시험에 응시하고 그래서 뭘 어쩌자는 논점은 미디어의 지면에서 사라졌다. 영어 못한다는 지적과 시험을 제대로 준비해야 한다는 설득, 그리고 자기계발, 효율성, 경제적 가치 등이 가득 채워질 뿐이다. 국가, 기업, 개인에게 요구되는 경쟁력, 세계화란 천편일률적인 시대 배경, 혹은 수요와 공급, 비용과 이익, 토종과 수입시험 등으로 이항대립시킨 의미구조가 가득하다. "무료 제공"되고 "무제한 수강할 수 있"고 "900점대 득점을 달성하면 추가 선물을 증정"하고 수험자들은 "달콤한 동기부여"로써 현금 환급과 같은 제도를 선택할 수 있다. "사교육비를 줄이면서 성적을 올리는 방법이 환급제"라며 다음 내용이 기사에 있다.

"환급형 강의를 통해 목표점수에 도달한 수강생들의 후기 중에는 다른 학생들의 마음에도 와 닿을 만한 말들이 많다. 한 취업준비생은 "나에게 환급의 힘이 엄청난 효과가 있었다"며, "가끔 게을러질 때면 '환급을 못 받으면 정말 손해다. 그 돈이면 재킷이 하나, 니트가 두 개'라는 생각을 하며 마음을 다잡았다"고 밝혔다. 또 다른 토익 수험생은 "환급에 성공한 이후에는 사실 돈이 문제가 아니었다. 이런 것도 해냈는데 뭐든지 할 수 있겠다는, 돈으로 살 수 없는 자신감이 생겼다"고 말하기도 했다."

이와 같은 환급제도는 학원에서만 등장하지 않는다. 대학은 토익과 같은 시험성적으로부터 입학, 편입학을 허락하거나, 장학금 지급이나 졸업인증의 조건을 제시하기도 했고, 교양영어 프로그램에서 취업에 도움이 된다며 토익 시험 준비를 교육과정으로 제도화시켰다. 그런 중에 금전적 보상을 약속하며 토익 학습을 긍정적으로 의미화시켰다. 정기 토익 응시료를 "공인 영어시험 점수 취득에 도움을 주기 위해" 지원하기도 했고 "교내 토익 시험에 응시한 재학생 중 4학년 이상이면서 800점 이상 대상자가 장학금을 신청하면 42,000원을 지급"한다고 광고한다. 기업에서 토익 점수를 요구하니 대학에서도 경쟁력을 갖추기 위해 토익 시험을 준비시킨다. 고득점을 확보하면 금전적 인센티브도 지급하며 학생을 돕는다는 것이다.*

이와 같은 텍스트를 일상적으로 접하면서 우리는 언어가 상품재나 경쟁재가 아닐 수 있다는 생각을 할 수 있을까? 언어는 모어든 제2언어든, 사투리든 표준어든, 능숙하든 미숙하든, 레퍼토리로 합쳐진 우리 모두의 자산이고 사회적 자원이란 생각을 할 수 있을까? 못한다. 아직도 우리가 살고 있는 시대의 언어는 먹고 살기 위해 반드시 배워야 하고 누군가와 경쟁하고 이기기 위해 갖춰야 하는 발톱이고 이빨이다. 잘 살기 위해서 반드시 고득점을 얻어야 한다. 그런 도전정신이 필요하다며 서로를 끊임없이 자극한다. 한번 상품이 되면 고삐를 당기기 어렵다는 걸 알아야 하는데 기업과 학교는, 그리고 국가기관 역시 경제적 가치만을 부추기고 있다.

불평등과 부패

지금 시대는 신체도, 도덕도, 권리도, 의무도 사고파는 시대이다. 물론 수요 – 공급으로부터 적정한 가격이 정해진다. 언어 역시 예외 없이 여

---

* 중앙대학교 2015년 11월 12일 공지사항으로부터 직접 인용한 것이다. 나는 돈을 지급하는 방식은 결국 언어를 학습하고 사용하는 내재적 흥미를 떨어뜨리며 새로운 언어를 사용하며 다른 누군가로 성장할 수 있는 상상력을 떨어뜨린다고 생각한다. 언어학습을 통한 성장은 고작 금전적 – 인센티브의 수준에 머무를 수 있다.

러 관련 분야에서 손쉽게 상품적 가치로 전환된다. 예를 들어, 거래 만능시대가 되면서 영어능력은 돈을 크게 지불하면 획득할 수 있고, 지불능력이 없으면 구할 수 없는 매매의 대상으로 이해되고 있다. 재정적으로 궁핍한 사람들이 있다. 그들은 대개 특정 언어의 속성(표준영어, 서울말, 스토리텔링 기술, 표준적이고 세련된 스타일의 말투)에 접근할 수 없거나 언어능숙도를 증명할 수 있는 시험성적이나 자격증도 갖지 못해 언어학적 궁핍과 배제를 경험한다.

언어에 관한 상품적 가치를 계속 높이다 보면 말과 글을 통해 우리가 살아가는 다양한 삶의 방식이 왜곡된다. 무엇보다 언어를 돈의 가치로만 따지다 보면 불평등과 부패의 문제가 발생한다. 앞서 언급한 샌델의 논점을 적용하면서 경제주의 논리가 가득 찬 언어사회를 불평등과 부패의 문제로부터 다음과 같이 볼 수 있다.*

첫째, 불평등의 문제가 심각해지고 있다. 언어가 상품이 되면서 고부담 시험, 교재, 강의, 교육과정, 인증제도에 시장의 가치가 개입한다. 더 좋은 상품성을 획득하기 위해 사교육뿐 아니라, 국가도, 기업도, 학교도, 모두 치열하게 경쟁한다. 이걸 두고 미디어에서 피할 수 없는 전 세계적 경향이라고 기술하는데 꼭 그렇게만 볼 수 없다. 예를 들면, 북유럽의 영어교육 현장이 국내에도 자주 소개되는데 나 역시 북유럽 4개

---

* 샌델은 '공정한가?' 혹은 '부패시키는가?' 두 가지 기준으로부터 시장 논리가 제대로 작동되지 않고 본래의 가치가 변질되는 현장을 이해한다. 현대사회의 상품과 서비스를 놓고 공정과 부패의 이항으로부터 구분하기는 쉽지 않지만 여기서는 비판적 관점으로부터 국내 언어산업의 불평등과 부패 측면을 주목하고자 한다.

국에서 공교육 현장연구를 수행한 적이 있다. 그곳 사람들은 모어가 아니면서도 영어를 능숙하고 자연스럽게 사용한다. 영어를 전문적으로 사용하는 직업군에서는 영어를 더 잘한다. 사교육에 크지 의존하지 않고도 영어로 의사소통을 할 수 있는 수준이나 태도는 내게도 인상적이었다. 평생교육의 사회적 기반이 잘 마련되어 있었고 기회와 권리에 관한 사회적 담론도 관대한 편이었다. 영어공부와 시험문화에 상품성 담론을 축적하는 국내 상황과 큰 차이가 있었다.

한국은 영어에 관한 결핍, 문제, 필요 담론이 경제적 관점으로부터 지나치게 과장되어 있다. 영어에 관한 상품적 가치(예: 토익 점수, TESOL 국제교사자격증, 조기유학이나 영어로 소통하는 학교에서 체류한 경험)가 커질수록 영어를 가진 자는 갖지 못한 자와 구분된다. 이는 'English Divide'라고 불리는 사회적 불평등의 문제로 확장된다. 재정적 여유가 넉넉지 않은 가정의 학생은 세련된 영어발음을 어린 시절에 습득하기 쉽지 않다. 해외에서 수학하기도 힘들고, 영어를 사용하는 유치원이나 초중등학교에서 공부하기도 어렵다. 말하기와 쓰기를 준비해야 하는 고부담 영어시험에서 높은 점수를 받기도 어렵다. 아무리 노력해도 영어를 촌스럽게 사용한다고 편잔을 듣는다. 이런 학생들은 사회적 지위, 문화적 자본으로 접속되는 세련된 영어사용의 기회에 접근하기 힘들다.

영어가 모어가 아니라면 어린 학생이 모여 있는 초중등 교육에서 천천히 가르칠 수도 있고 또 그들 다수에게는 낯선 언어를 사용하는 환경이니 그래야만 한다. 대학도 영어를 잘해서 입학한 학생들도 있지만 내신과 수능을 준비하면서 입학한 학생도 많다. 그러나 고등학교 영어교과서나 수능 영어 수준과 영어로 적힌 대학 전공서적의 난이도 사이에는 엄청난 간극이 있다. 그렇다고 대학수업이 시작되기 전에 사전 교육프로그램이 제공되거나, 특별 프로그램으로 학생을 배려하는 것도 아니다.

촘촘하게 가격이 매겨진 영어시장은 학생들의 다양한 필요를 배려하지 못한다. 영어는 기본재나 공공재가 아니다. '서둘러', '빨리', '잘하는' 학생에게 일찌감치 경제적 보상을 제공하는 경쟁재이고 시장재인 것이다. 그러한 질서 안에서 사교육을 통한 학습에 일찌감치 참여하지 못한 학생은 평생 시장에서 비싸게 다뤄지는 언어상품을 사지도 못하고, 팔지도 못한 채, 소위 '영포자(영어를 포기한 자)'의 인생을 살아야 한다.

온라인 과외 중개업이 성황을 이루고, 원격장치로 동영상 과외, EBS 영어강좌 등이 제공되니 누구나 영어학습에 관한 다양한 기회가 제공된다고 반박할 수도 있다. 그러나 저소득층, 시골이나 지방에 사는 학생들, 이런저런 이유로 어린 나이에 학습을 제대로 받지 못한 학습부진아들은 대개 경제적 이유로부터 시장의 소비, 경쟁의 우위에서 밀린다. 그 이후로는 도시에서, 해외 프로그램에서, 비싼 사교육을 받으며, 고부담 시험을 철저하게 준비하며, 이른 나이부터 양질의 영어교육을 접한 학생을 결코 따라잡을 수 없다. 영어공부, 영어시험으로부터 한번 보상을 받기 시작한 학생들은 중학교, 고등학교, 대학교로 옮기면서 영어를 빈번하게 사용할 기회도 많아진다. 어중간하게 공부하는 학생들은 이후에 별별 학습에 참여하곤 하지만 중학교 2-3학년이 지나면서 시험영어, 진학영어 시스템에서 승자의 정체성을 갖지 못한 채 대부분 영포자의 삶을 살게 된다.

영어로 말하기나 쓰기를 제대로 배우려면 소집단 지도, 첨삭, 일상적으로 의사소통을 실천하는 상황이 있어야 하는데 지불능력이 없는 학생에게는 그런 기회가 없다. 국내에서 국가영어능력평가시험으로 개발된 NEAT에 말하기와 쓰기평가가 포함된다해서 난리가 난 적이 있다. 영어로 말하기와 쓰기학습을 제대로 할 수 있는 공교육의 인프라도 구축되지 않은 상태에서 노무현 정부 말기부터 이명박 정부까지 토플, 토익과 같은 수입시험에 대항하는 토종시험이 "5년 만에 개발"되어 결국 수능 영어시험까지 대체할 것이라고 선언되었다. 박근혜 정부가 시작되며 거칠게 달려온 NEAT 개발과 시행은 결국 중단되었지만 누군가 집행을 밀어붙였다면 아마도 English Divide의 사회적 불평등은 심각한 수준으로 확장되었을 것이다. 소수의 승자를 제외하곤, 아마도 전국적으로 셀 수도 없는 다수의 영포자들이 배출되었을 것이다.

외고를 다니면 일반고에 비해 등록금도 3배 정도 비싼 시절이었다. 외고 자녀를 둔 학부모는 자녀가 더 비싼 학원에 등록하고 유명 강사의 과외를 받게끔 도왔다. 외고 학생의 학부모들이 압구정동 유명 학원과 제휴를 맺어 전교생의 1/4이 그곳의 학원에 등록하고 학원에서는 버스편을 제공해서 날마다 학생들을 모셔가던 때였다. 그렇게 공부하고 영어에 관한 경제적 승자가 된 학생들은 다시금 유명 학원의 강사가 되어서 "나는 이제껏 내 필요로부터 학교 영어교육 이외에 사교육을 열심히 노력하며 받아왔고 이제까지 내가 받은 교육경험으로 영어를 가르치는 것이니 그에 따른 경제적 대가를 받는 것"이라고 당당하게 말한다.

난 그런 생각이 든다. 영어에 관한 불평등의 사회적 담론이 과연 얼마나 더 학술지나 미디어에 등장할 수 있을까? 영어를 통한 고부가가 치를 좇으며 살아가는 수많은 사람을 쳐다보면 앞으로 영어에 관한 다양한 담론들의 경합마저도 사라지는 것이 아닐까? 그렇게 허탈할 때가 있다. 불평등의 담론이 지면에서 사라지는 세상은 정말 꿈꾸기도 끔찍하다. 불공평의 문제는 교육, 문화, 주거, 경제 등 다른 사회 분야의 양극화를 발생시키며 결국 계층 간 불평을 증폭시킬 것이다. 불공평이 축적되면 국가든 학교든 기업이든 어떤 식으로든 미래에 커다란 사회적 비용을 감당해야 한다.

둘째, 부패의 문제도 심각하다. 언어를 배우는 건 시간이 흘러도 즐겁고 신선한 기억일 수 있는데 지금 체제에서는 신선함이 사라진 부패의 경험만 남는다. 예를 들면, 영어특기자 전형에서는 토플 점수 100－105점 안팎으로 단지 몇 점의 차이 때문에 명문 대학으로 가느냐, 서울권 대학으로 가느냐, 지방대학으로 가느냐가 나눠진다. 영어시험 기반의 대입 전형은 여러 대학에서 폐기되었지만 아직 많은 대학은 토익과 토플 성적만으로 입학의 기회를 제공한다. 그러한 전형을 준비하는 학생에게 물어보라. 영어를 공부하고 사용하는 신선하고 즐거운 기억이 남아 있는지? 시험점수를 높이기 위한 온갖 전략이 등장한다. 남을 배려하고 협력하자는 얘기는 한가롭게 들린다. 돈을 받고 부정행위를 했다는 미디어 기사도 쉽게 찾아볼 수 있다. 상품적 가치를 얻기 위해 뭐든 하는 곳이 된다면 부패의 경험과 관행은 스멀스멀 우리의 일상이 되기 시작한다.

아무리 예쁜 여성이 좋다고 해도 그걸 놓고 매매를 한다면 그녀가 보유한 아름다움의 가치는 추락하게 된다. 돈으로 들어갈 수 있는 대학이라면 그 대학의 가치는 결국 떨어지게 된다. 본래 갖고 있던 가치는 썩고 부패하게 된다. 토익 시험, 시험준비 프로그램, TESOL 교사, 영어마을 등 영어에 관한 수많은 상품에 대해 막무가내로 비난할 생각은 없다. 그러나 꼬리가 몸통을 흔드는 상품성의 담론은 부패의 관행을 만들고 있다.

시장만능주의로 언어의 가치를 매몰시키면 미래의 언어사회는 부패한다. 시장이 재화를 분배하는 역할에 머물지 않고, 교환되는 재화에 대해 과장되고 왜곡된 가치를 부여한다면 그곳은 부패한다. 황폐한 자본주의가 남는다. 언어를 배우고 사용하는 기본적인 가치는 무엇인가? 의사소통, 의미협상, 재미, 감동, 성장과 변화의 경로, 공동체의 결속, 이런 것 아닌가? 그것이 상품성으로 변질되는 것은 언어자본주의가 부패되는 과정이다.

샌델은 비행기를 탈 때, 놀이공원에서 놀 때, 돈을 더 많이 지불한 사람에게 더 빨리 입장하게 하는 관례를 두고 '선착순'이란 전통적인 윤리의식이 '돈을 낸 만큼 빨리 새치기를 할 수 있다'는 새로운 시장 윤리로 대체된 것으로 보았다.[8] 경제학자들이야 자유지상주의와 공리주의 기반으로 그렇게 새치기도 할 수 있는 것이 하나의 시장 문화이고 개인에게는 동기를, 사회에게는 효용성 높은 시스템을 제공한다고 주장할 것이다. 그러나 그것은 경제적 가치만을 지나치게 강조한 것이고 평범한 시민의 입장이라면 박탈감을 느낄 수 있다. 줄을 서면 선착순으로 입장할 수 있는 동등함의 기회 윤리가 박탈되는 것이다.

내가 가르친 학생 중에 한국에서만 공부한 토종 영어학습자들은 이런 새치기 문화를 자주 토로한다. 예를 들면, 영어로 길게 의견을 말하지도 못하고 자기만의 서사를 변변히 서술하지도 못하는데 어린 나이에 운 좋게 습득한 (원어민처럼 들리는) 달달한 발음 덕분에 학교 안팎의 어른들에게 영어 잘한다고 손쉽게 인정받고, 실제로 취업도 잘되는 조기 유학파 동료들이 너무 얄밉다고 말한다. 그런 친구가 그저 밉기보다는 그들의 영어를 지나치게 과장하고 거기에 대단한 언어자원이 있다고 보는 세상의 판단 기준이 너무 싫다고 한다. 비싼 재화를 일찌감치 지불한 그들로부터 일종의 새치기를 당한 느낌이란 것이다.

지난 20여 년 동안 언어를 사용하고 배우고 가르치는 모든 행위에 경제적 효용성의 가치가 지나치게 과장되었다. 영어뿐만 아니다. 모어로 배운 한국어도 마찬가지다. 어리숙하게 말하고, 더듬고, 사투리를 사용하면 경제적 보상이 허락되지 않는다. 방송을 보면 그런 말은 흔히 놀림의 대상이고, 배제되거나 교정된다. 팔릴 만하고 살 만한 언어, 즉, 스타일리쉬한 원어민의 표준언어만이 경제적 가치가 있다.

이제는 시장재나 사유재로 언어를 다루는 관행에 도전할 때가 되었다. 깨끗한 물을 마시지 못하면 사람이 죽는다. 그래서 물은 시장의 재화로만 다뤄지기 곤란하다. 가난하든 부유하든, 물은 마시고 봐야 한다. 언어는 어떤가? 누구나 언어활동을 제대로 해야 살만한 삶을 살지 않는가? 정말 세계화와 이동의 시대이고, 정보가 넘치는 시대이고, 그래서 문식력이 새롭게 요구되는 시대라면, 모어나, 제2언어나, 접촉언어인 영어로 제대로 배우지 못하면 먹고 사는 일도 곤란해지지 않겠는가?

언어가 우리의 삶에 기초적인 자원이란 생각을 한다면 언어를 지나치게 상품화시키는 관행은 중단되어야 한다. 거래를 줄일 수 있는 사회적 제도를 마련해야 한다. 누구나 어디서나 무슨 목적으로 뭘 하든 경제적 가치로만 보자고 작정해서는 곤란하다. 경제재의 속성으로만 무장된 언어가 시장의 메커니즘 속에서 천차만별의 가격표를 갖도록 방치해선 안 된다.

보다 견고해진 신자유주의 시장질서

언어에 관한 모든 것을 상품으로 기획해야 하는 시대풍조라면 지불능력이 없고 언어시장에서 경쟁적인 구매가 가능하지 않은 개인들은 무력감을 느끼게 된다. 공적 교육 밖에서 사교육에 의존하며 버티고 있는 언어교육 상품의 구매자들은 소위 신자유주의 기반의 사회질서에 대해 문제의식조차 갖지 못한다.

베를린대 한병철 교수에 따르면 지금과 같은 신자유주의 체제는 억압적이기 때문에 저항해야 하는 권력이 보이지 않으며 오히려 개인은 자유로운 자기-경영자가 되어 스스로를 착취하고 있다.[9] 즉 "누구나 주인이면서 노예"이기 때문에 실패하는 사람은 사회적 체제를 탓하지 못하고 스스로를 탓하고 부끄러워한다. 한국도 신자유주의 체제가 강화되면서 자신을 탓하는 개인들이 우울증, 열등감, 자살하고 싶은 감정으로 고통받고 있다. 그래도 무엇이든 노력하면 할 수 있다고 믿는 사람들이 넘친다. 관행에 질문하면서 사회구조를 변화시키는 의지를 갖지 못하고 자기 스스로 충분히 최선을 다하지 않았다고 오히려 반성하는 사회라면 저항이나 변화가 요원할 수밖에 없다.

한병철 교수는 "신자유주의를 마르크스적 이념으로는 설명할 수 없[고] 신자유주의 내부에는 그 유명한 노동으로부터의 '소외' 조차도 일어나지 않[으며] 오늘날 우리는 완전히 소진될 때까지 병적 쾌감으로 일에 파묻힌다"고 지적한다. 언어교육 시장 역시 이와 같은 신자유주의적 소진 욕망이 지배한다. 영어를 배우고 영어를 통해 자신의 상품가치를 높이고 영어시험을 보면서 세상의 문지기를 통과하고 싶은데 이내 지치고 우울한 감정 경험을 갖게 된다. 그러나 내가 만난 대부분의 영어학습자 혹은 수험자들은 그러한 감정조차 자신이 극복해야 한다고 말한다. 너도나도 경제적 보상 체제 안에서 좀 더 빠르고 효율적으로 인정받기 위해 노력할 뿐이다.

그러한 분투는 사교육 시장의 규모로부터도 짐작할 수 있다. 한국은 초중등학생 대상의 직접 사교육비가 20조 원이 넘는다. 사교육에 관한 간접비용, 유아 대상 사교육, 해외유학이나 어학연수, 대학생들의 사교육비까지 합치면 수십조 원 규모이다. 국내 광고, 출판, 방송, 게임산업을 합한 문화산업 규모가 60조 원 수준이라고 하니 이제 어느 정치인이나 학자가 이와 같은 사교육 기반의 시장을 쉽게 흔들 수 있을까 싶다.

청년은 학원에서 알바를 하고, 대학 졸업 후에 사교육업의 명강사나 자신의 이름을 건 학원 운영을 꿈꾼다. 학원에서 공부하고, 학원으로부터 진학에 도움을 얻고, 졸업하고 학원에서 다시 일하는, '학원 사회' 구성원들은, 엄마든, 아들이든, 딸이든, 과거를 추억하고 현실을 묘사하는 일상의 대화조차 학원이란 배경을 빼놓을 수 없다. 뭘 준비해도 학원이 등장하고, 나쁜 기억이든, 성취의 순간이든, 학원이 다시 등장한다. 내가 아는 많은 교수도 학원 사업가들과 일했다. 사교육을 비아냥대더라도 기회만 있다면 특강도 하고 콘텐츠도 만든다. 주식시장에서 사교육 기업은 상장사가 되기도 했고, 프랜차이즈 사업으로 전국적 규모로 성장하기도 했다. 일찌감치 전체 국내 총생산 GDP 5% 이상을 차지하고 있다.

어찌 보면 사교육은 이제 공교육과 구분되지 않는다. 공교육과 거의 동질화되고 있다. 공교육이 닮고자 하고 대학이나 정부의 교육도 사교육업체가 관리한다. 그런 사교육 기반 시대의 가장 큰 문제점을 꼽으라면 교육정보가 왜곡되고 과장되는 것이다. 일반 가정의 학부모와 학생들은 '학원 사회'의 맹폭에 어떻게 버티어 볼 기력도 없다. 신문이나 방송은 문제점만 속절없이 반복하고 있고 전문가들마저 유의미한 연구 데이터를 제대로 모으지 않고 있다. 감정도, 친절도, 자선이나 봉사뿐만 아니라 모든 종류의 언어적 행위마저도 자본, 수요, 공급, 가격의 관점에서 해석되고 다시 가공되는 시대이다. 당장 우린 무엇을 실천해야 하며 무엇을 상상할 수 있을까? 이 책의 2 - 3장에서 적정 수준의 교육, 지속가능한 언어교육, 언어의 공공성에 관한 캠페인과 그만한 가치를 다룰 사회 운동도 소개하겠지만 우선 간단하게나마 대항과 대안의 실천을 여기서 말해보고 싶다.

어플루엔자 바이러스 차단하기

어떤 기업의 이윤을 최대화시키고 싶다면 상품이나 서비스를 소비자에게 잘 전달해야 한다. 언어교육이나 평가활동으로 돈을 크게 벌고 싶은 기업도 마찬가지이다. 준비한 언어상품이나 관련 서비스가 아주 중요하다고, 편리하다고, 싸다고, 소비자에게 설득해야 한다. 언어를 배우고 사용하는 복잡한 속성은 사고팔고 잘 계산할 수 있는 방식으로 전환되어야 한다. 별문제가 없음에도 불구하고 그저 더 많이 사고팔기 위해 아직도 무언가 결핍되어 있다고 과장하기도 하고 소비자에게 겁을 주기도 한다.

다수의 우리는 영어를 오래 배웠지만 아직도 중급 수준이라면서 창피해한다. 어찌 보면 나름 많이 배웠고, 재밌게 공부했고, 학업이든 업무든 큰 불편함 없이 영어를 사용할 수도 있는데, 자꾸만 창피하다. 스페인어와 같은 언어를 새롭게 공부해보면 초·중급 수준이라도 지금 알고 있는 영어에 관한 지식이 얼마나 대단한지 새삼 깨닫게 될 것이다. 그런데도 영어에 관한 한 여전히 뭔가 불편하고 창피하다.

'탐욕의 부자병'[10]에 관한 책을 보면 풍요(affluence)와 유행성 감기(influenza)의 결합어인 '어플루엔자(affluenza)' 바이러스라는 질병이 등장한다. 풍요로워질수록 오히려 더욱 많은 것을 욕망하는, 그러나 그와 동시에 내면은 더욱 궁핍해지는 현대인의 탐욕적 질병이다. 돈, 부동산, 외모, 사회적 지위와 명성을 과도하게 욕망하고, 또 그만큼 많이 소유하기도 하지만, 가져도 또 가져도 우울증, 무력감, 스트레스, 욕구불만, 중

독에 시달리게 되는 정서적 상태, 즉 허위 욕망이다.

영어교육 산업에서도 이와 같은 허위 욕망이 넘친다. 이런저런 필요로부터 영어를 계속 공부하고, 높은 시험성적도 획득하고, 근사한 발음도 획득했다. 그런데 여전히 자신이 보유한 건 거짓유창성(superficial fluency)인 것 같다.* 실질적 소통과 진정성을 교환하는 언어보다는 남보기에 근사한 시험성적이나 스타일링한 언어를 소유하고 싶다. 그런 욕망은 어플루엔자의 바이러스 욕망과 유사하다. 거짓된 유창성도 허위 욕망이라 아무리 채워도 결핍의 감정을 느낀다.

'어플루엔자' 저자의 처방은 에리히 프롬(Erich Fromm)이 말한 '소유의 삶'이 아닌 '존재의 삶'을 회복하라는 메시지와 비슷하다. 그렇다면 사고팔며 거짓 욕망을 부추기는 산업으로부터 거리를 두고 존재적인 삶을 회복시킬 수 있는 언어사용, 언어학습의 모습은 어떤 것일까? 그건 분명 사고팔 수만 없는 삶의 진정성, 상호협력, 공존, 즉흥적이고 유희적인 속성의 회복과 관계된 것이다. 존재와 공존의 가치를 존중한다면, 필요한 말과 글 교육을 결핍과 문제 담론으로 제한시키지 않고 천천히, 어리숙하게, 혹은 틀리면서, 계속적으로 배울 수 있도록 도와야 한다. 평생 우린 위기를 만나고 고통을 받는다. 그럼에도 불구하고 삶을 유의미하게 존재시켜야 한다. 그중에서 언어교육은 치유교육이 되어야 하고, 정체성교육이 되어야 하고, 평생교육이 되어야 하고, 복지교육이

---

* 어플루엔자 바이러스의 매개는 광고와 같은 대중매체일 것이다. 거짓유창성의 매개는 고부담 시험(준비)문화일 것이다.

되어야 할 것이다.

사고팔 수만 없는 언어의 특성을 학자집단이나 시민단체가 어딘가로부터 지원을 받으며 정책으로, 담론으로, 평가도구나 교수법으로, 세상에 좀 더 쉽게 전할 방안을 찾아야 한다. 관행적으로 사용되는 큰 시험의 문항을 만들고, 경시대회를 심사하고, 이미 유료화된 언어상품에 관한 나팔수 역할만 하는 분들이 있다. 그런 사람들에게는 지원금을 더 줘도 같은 말만 되풀이한다. 대안과 대항적 자료를 내놓을 만한 연구자나 단체에게 기회를 더 주어야 한다.

기업은 연구개발비를 충분히 투자하지도 않고 후다닥 영어상품을 만들고는 거짓 욕망만 자극하고 호객하는 관행에 대해 진지하게 고민해야 한다. 내 자식에게는 절대 사용하지 않을 제품이라면 이제 그만 팔아야 한다. 나쁜 음식인지 알면서도 그걸로 돈 버는 사람들을 응징해야 한다고 우리는 분개한다. 신념도 없으면서 거짓 광고로 언어교육이나 시험으로 호객하며 돈 버는 사람들도 이제 간판 내리게 해야 한다. 지난 20여 년 동안 산업화, 세계화의 이름으로 '영어' 이름 붙은 간판으로 큰 장사한 기업들은 이제 차세대를 위한 언어교육의 큰 그림을 새롭게 그릴 때이다.

독일 분데스리가의 운영방식 다시 보기

언어가 공적이면서도 사회적인 가치를 가지고 있다면 시장 논리에만 맡길 수 없다. 자본주의 사회라고 하면서 언어에 관한 상품화 논리는 당연한 상식이 되지 않아야 한다. 언어교육과 언어사용의 총합이 지금 우리 삶의 모습이라고 한다면 앞서 살펴본 것처럼 지금은 언어시장의 위기이고 언어가 상품이기만 한 인간사회의 위기라고 볼 수 있다. 그래서 망루에서 누군가는 계속 이렇게 외쳐야 한다. "늑대(언어)가 온다"라고 말이다.*

시장 만능주의자들은 시장가치로부터 언어를 잘하고 못하는지 판단하며, 잘 가르치고 못 가르치는지 평가하며, 정책으로 세울지 폐기할지도 논의한다. 시장의 논리는 결국 비용과 이익 대비 논리이다. 무엇이 다수에게 이로울 것인지, 즉 공리적 판단과 자주 결합된다. 언어를 사용

---

* 언어 분야가 아니더라도 공공재의 담론은 여러 분야에서 이미 논의가 진척되고 있다. 예를 들면, '말의 가격'이란 책을 보면 시장 논리로 무너져 가는 신문, 출판 등의 시장에서 미디어의 공공성을 회복시키자는 방안이 나열된다. 수익성의 관점으로부터 언론과 출판이 자유롭지 못하다. 나도 몇 년 전에 'Neoliberalism and Applied Linguistics(신자유주의와 응용언어학)'이란 책을 읽고 이걸 한국에 번역해서 소개하고 싶다는 마음이 들어 국내 여러 출판사에 연락을 했지만 모두 하나같이 수익성 문제 때문에 곤란하다는 입장을 밝혔다. 그런 책은 안 팔린다는 것이다. 그런 점에서 보면 '말의 가격'에서 언론과 출판의 비영리화 가능성을 타진한 부분은 흥미롭다. 앞서 다룬 한병철 교수의 글을 실은 독일의 '쥐트도이체 차이퉁' 신문사는 한때 경영 위기를 겪었고 그때 독일 철학자 위르겐 하버마스(Jürgen Habermas)는 독일 정부의 독립적인 기금 조성을 제안했다. 이건 황당한 제안이 아니다. '뉴욕 타임즈'를 비영리 기관으로 전환시키거나 언론출판사를 협동조합 조직으로 바꾸자는 생각은 꾸준히 논의되고 있다. 돈이 되어야 하는 언론과 출판 역시 자구책을 찾고 있다.

하고, 배우고, 가르치는 행위는 오랫동안 시장의 규범으로 관리되지 않았기 때문에 경제성과 공리성의 원칙이 말과 글에 관한 전통적인 가치를 변질시키고 있는데 "늑대(언어)가 온다"고 외치는 사람은 잘 없다.

언어산업 얘기는 아니지만 흥미로운 기사 하나를 소개하고 싶다. 프로축구 시장을 공공의 재화로 타협시킨 독일 분데스리가의 이야기다.[11] 독일 분데스리가는 약 1800만명의 유료 입장객을 수용할 만큼 큰 인기를 누리고 있는데 경기장에 들어갈 티켓 가격이 영국 프리미어리그보다 절반 수준이다. 영국 프리미어리그의 주식회사 FC는 구단주 및 주주들의 최대 이윤 추구라는 목표에 따라 운영되고 있지만, 독일의 분데스리가는 협회원의 총회와 이사회를 통해 자본의 전횡을 견제하며 민주적인 의사결정체로 운영된다.

즉, 독일의 축구 구단은 영국처럼 축구시장을 전면적으로 시장화하는 방식 대신에 공공적으로 운영하고자 작정했다. 투명하게 재정도 운영하지만 불필요한 지출을 가급적 줄인다. 대신에 수익을 최대화하는 방식으로 운영한다. 그런데도 적자를 내지 않고 튼튼한 재정으로 분데스리가를 잘 운영하고 있다고 한다. 선수들이 12월 중순부터 1월 말까지 6주 동안이나 시합이 없는 겨울 휴식기를 갖는다는 것도 흥미롭다. 선수이기 이전에 인간이고 가족의 구성원인 그들의 쉼에 관한 요구가 협회 측에 전달되었고 그걸 구성원들의 합의로부터 조정한 것이다.*

---

* 시장 경제를 유지하면서 공공성은 배려될 수 있다. 불공평과 부패가 넘치는 큰 시장보다는 윤리적이면서 부패가 사라지는, 그리고 부패가 사라지는 만큼 좀 더 창조적일 수 있는 조금

독일 분데스리가와 정반대로 프로 리그를 움직이는 곳은 아마도 미국의 프로농구리그 NBA일 것이다. NBA에 처음으로 진입하는 선수들을 뽑는 행사(NBA Draft)에서 고등학생이나 대학교 졸업생 혹은 외국인 선수들이 구단에 의해 선발되는 순간이 있다. 선수는 감격하고 엄마는 운다. 전 세계에서 농구를 제일 잘한다는 NBA 선수가 된다는 것은 커다란 명예이고 꿈을 이루는 순간이다. 그런데 NBA는 영국 프리미어리그보다 더 돈을 많이 벌고 선수들에게 돈을 더 많이 쓰는 곳이다. NBA 선수가 되면 엄청난 돈을 벌 수 있다. 인생이 바뀐다. 돈을 많이 주는 만큼 선수와 구단 관리는 철저하게 자본의 논리로 움직인다. 그런데 내가 보기엔 돈을 지나치게 많이 준다. 시장가치가 너무 개입되어 있다. 그렇게 되면 농구가 좋기도 하겠지만 그저 돈만 보고 농구하는 사람들도 많이 생기지 않을까? 그럼 고등학교든, 대학이든, 농구에 관한 경쟁이 치열해지고 비리도 생길 수밖에 없다. 이건 실제로 미국의 학교 농구선수들에게 자주 일어나는 일이다.

대통령이 되면 대단한 권한이 주어져서 엄청난 부자가 될 수 있다고 하자. 그럼 대통령이 되면 대박이다. 돈까지 크게 벌 수 있는 대통령 직함이라면 그만한 대통령을 뽑는 과정은 엄청난 경쟁과 비리가 따를 수밖에 없다. 책임과 윤리는 그만큼 사라지게 된다. 외모에 엄청난 시장원리가 작용하면 외모산업이 크게 발달한다. 입학자격에 시장원리가 작동하고 있다면, 입학자격과 큰 부자가 되는 것이 연동된다. 심지어 자

만 큰 시장도 괜찮지 않을까?

녀들을 고생시키지 않고 대학에 보내는 상황이 만들어진다. 언어도 마찬가지다. 돈이 되는 상품 논리가 넘치면 결국 책임과 윤리는 사라진다. 재미와 호기심도 사라진다. 신선함이 사라지는 부패함. 누구나 누릴 수 없는 차별과 불평등의 문제로 언어사회가 홍역을 앓게 된다. 그런 점에서 언어의 공공재 혹은 가치재로서의 속성이 지금이라도 재조명되어야 한다. 경제주의 관점을 대체할 수 있는 링구아 프랑카 등의 대안 담론은 나중에 구체적으로 설명하기로 하고 공공재와 가치재를 조금만 더 알아보기로 하자.

인터넷처럼 언어도 공공재?

언어에 관한 일을 하면서 수입이 생길 수 있다. 예를 들면, 언어장애가 있다면 치료받아야 한다. 사업에 필요한 영어정보를 누군가 번역해야 한다. 말하고 듣고 쓰고 읽는 것을 가르치고 배우는 것에 경제적 보상이 제공되어야 있다. 교육과정, 교재, 시험을 만들고, 교사를 교육시키고, 학교와 기업의 언어정책을 집행하는 모든 일에 돈이 투입되어야 한다. 공짜로 못한다. 그렇지만 그러한 언어행위를 표준적이고 효율적인 거래, 자본화된 거래로만 바라보면 문제가 생긴다. 다양한 방식의 언어교육, 다문화사회라면 피할 수 없는 다중적 언어사용, 언어에 관한 정체성과 권리의 문제, 생태적이고 횡단적인 언어자원의 담론에 관심을 갖지 못한다.

그런 점에서 언어의 공공재 담론이 새롭게 논의되어야 한다. 미래 한국의 언어사회를 상상해야 한다. 좀 더 구체적으로는 접촉언어로 사용하는 영어나 한국어를 경쟁재나 사유재가 아닌 공공재적 속성으로 이해하는 것이다. 이주의 시대, 세계화의 시대가 중단되지 않는다면, 우리는 앞으로 무료로 혹은 아주 싼 가격으로 영어를 배우고 사용할 수 있어야 한다. 공공재나 기초재로 접근하지 못하고 여전히 비싼 돈을 지불하고 남들과 제로섬 경쟁을 하는 시장재로 영어를 공부해야 한다면, 어떤 일이 발생할까? 앞서 다룬 English Divide의 불평등 문제, 부패의 관행이 더욱 만연해질 것이다.

영어에 관한 행위를 돈으로 사고파는 비싼 상품으로만 볼 필요가 없다는 것을 환기시키기 위해 미국에서 인터넷이 공공재로 다뤄진 사례를 소개하고자 한다. 미국연방통신위원회(Federal Communications Committee)는 2015년 2월 '인터넷은 공공재'이므로 요금에 따라 속도 차별을 못한다는 '망중립성' 규제를 유지하기로 결정했다. 인터넷이 전기, 수도처럼 공공재로 분류되면, 돈을 더 많이 줄 때마다 더욱 빠른 회선을 제공하는 인터넷 차등화 서비스는 중단되어야 하다. 당연히 AT&T, 컴캐스트와 같은 미국의 인터넷서비스 회사는 망중립성 규제를 싫어할 것이고, 구글, 페이스북과 같은 인터넷업체, 열린 인터넷이 민주주의 운동과 연결된다고 보는 시민단체는 인터넷에 관한 공공성 정책을 지지할 것이다. '인터넷이 표현의 자유를 허락한다'는 논점이야 다수에게 익숙한데 민주적 원칙을 적용한다며 인터넷서비스 제공자들이 마음대로 규칙을 정하게 할 수 없다는 논점은 낯설다. 추가 요금을 내지 않는다고 인터넷 서비스를 느린 회선에 갇히게 할 수 없다며 당시 오바마 대통령도 거들었다. 인터넷이 없으면 민주주의도, 소수자 운동도 쉽지 않다는 것이다.

집합재(collective goods)로 불리는 공공재(public goods)는 누구나 공동으로 이용할 수 있는 재화나 서비스를 의미한다. 비용을 크게 치르지 않더라도 누구나 소비 혜택에서 배제되지 않게 하려고 국가가 정책적으로 개입하곤 한다. 자동차 구매나 피부 마사지 서비스와 같은 사유재(private goods)는 개인이나 기업이 비용을 치르고 시장의 재화나 서비스를 획득하게 된다. 그러나 공원, 도로, 가로등, 국방, 경찰 등과 같은 정부의 재정으로 공급된 재화나 서비스를 살펴보면, 시장원리만 적용되는 것도 아니면서 비용을 따로 내지도 않고도 누구나 사용할 수 있는 비배제성의 속성을 가지고 있다. 또한 누군가 소비한다고 해서 다른 사람이 소비할 기회가 감소하는 제로섬 관계도 제공하지 않기 때문에 비경쟁성 속성도 가지고 있다.*

과연 언어교육, 예를 들면 영어를 가르치고 배우고 평가하는 일도 이와 같은 공공재 속성의 사업으로 전환될 수 있을까? 영어교육은 공

---

* 지금의 자본주의 사회에서는 수익자가 세금을 지불하고 정부기관이 시장을 대신하여 공급하는 순수한 형태의 공공재보다 유료 고속도로처럼 일정 부분은 경쟁성이나 배제성을 갖춘 혼합재가 자주 고안되곤 한다. 유료 고속도로는 비경쟁의 속성으로 이해되지만 비용을 감당해야 하기 때문에 비배제적 속성은 없다. 순수한 의미의 공공재는 주위에서 찾아보기도 쉽지 않아서 혼합재가 일종의 공공재로 이해되어야 한다. 공공재 혹은 혼합재 담론은 경쟁성과 배제성을 어떻게 설정해야 할지, 큰 정부 혹은 작은 정부의 역할을 어떻게 맡길지, 또한 시장의 속성을 어떻게 수용해야 할 것인지 등과 관련되어 있다.

교육 현장에서 의무교육으로 제공되고 있다. 그러나 영어유치원, 조기유학, 영어특기자 대학입학전형, 영어시험준비를 위한 학원교육에서 볼 수 있듯이 영어에 관한 교육과 보상은 비싼 재화 혹은 서비스이기도 했다. 영어교육을 공공재, 혹은 배제성과 경쟁성을 일부만 수용한 혼합재로 관리한다면, 공영방송, 공립도서관, 지역행정단체, 학교 등의 경로를 통해 양질의 영어교육 프로그램이 저가로 제공되어야 한다. 언제, 어디서든, 어느 연령대의 학습자라고 해도 모든 개인에게 평등한 영어교육의 기회가 허락되어야 한다. 제로섬의 원칙으로 영어를 둘러싼 입학정책이 집행되지 말아야 한다.

재화나 서비스의 양이 제한되어 있고, 경쟁자가 있어서, 다른 사람이 사용하면 내가 사용하지 못한다는 제로섬의 경쟁구조라면 다른 사람이 소비하기 전에 내가 먼저 또는 더 큰 비용을 치르며 소비해야 한다. 과거 특목고 입시나 영어 특기자 전형이 그랬다. 영어시험은 내가 먼저 사용하고 익숙해져야 한다는 소비재의 속성이 강하다. 천천히 하면 안 되고 빨리 비용을 치르고 구매해야 했다. 다른 사람이 자리를 차지한 만큼 전체 재화 및 서비스의 양이 감소하기 때문이었다. 그래서 시장의 가격을 지불하면서 서둘러 사유재로서의 영어 관련 상품을 소비해야 했다. 그렇지 않으면 누군가 그걸 가져간다. 경쟁은 피할 수 없었다.

공공재로 영어교육정책을 기획하게 되면 영어시험으로 국제중, 특목고, 대학의 특기자 전형을 통과하고 그로부터 큰 보상을 받는 관행은 사라진다. 사교육, 수월성, 경쟁, 보상 체계보다는 공교육의 기본 학력을 강조하고, 누구나 교육기회를 동등하게 제공받을 수 있는 체계에 관심을 가진다. 영어교육에 행사하는 사교육, 사기업의 역할이 줄고, 정부, 지역사회단체가 개입하면서 세금이 사용된다. 고부담 시험은 사라진다. 영어교육의 시장가치도 줄어든다. 단 특수 목적이나 시장의 원칙이 작동되어야 하는 영역이라면 시장재로서의 기능은 여전히 작동된다.* 공공재 규모와 성격, 증세와 사업 집행 등을 정할정치기구는 시민단체 등에 의해 끊임없이 견제된다.

영어교육을 공공재 정책으로 본격화할 때 다음과 같은 거센 반대가 예상된다. 첫째, 영어는 전 국민이 이용할 필요가 없다는 논점이 등장할 것이다. '온 국민이 왜 영어를 공부하고 사용해야 하는가'라고 질문하면서 영어교육보다 모국어교육을 강조하거나 영어를 외국어나 추가언어 수준의 학습이라고 폄하할 때 공공재, 공용어로 영어를 다뤄보자는 사회적 논의는 중단될 수밖에 없다. 둘째, 한국은 보편적 복지의 수혜에 대해 비관적 입장을 가진 사람들이 많다. 영어교육에 관한 증세, 복지, 공공성 사업에 대해서도 저항적이고 비관적인 담론이 축적된다면 영어교육의 공공재 논의는 막연하게 과장되고 왜곡될 것이다. 누구는 세금으로 큰 비용을 부담하고 누구는 그렇게 하지 않는데 막상 비슷한 수준으로 공공재의 이익을 공유할 때 (소위 말하는 공짜 승객의 등장) 사회적 논란은 더욱 확장될 수 있다. 노인이 지하철을 무료로 사용하는 것에 사회적 관용이 발휘된 것처럼 복지 담론으로부터 영어교육이 다뤄

---

* 능력이 출중한 통번역가, 영어교사가 큰 사회적 보상을 받을 수 있다. 다만 어떤 업무든 공공성이 좀 더 반영될 수 있고 치열한 경쟁을 통한 사회적 보상이 제한될 수 있다.

질수 있을지는 확실하지 않다.

그럼에도 불구하고 이 책의 후반부에서 다룰 링구아 프랑카 영어 (English as Lingua Franca)는 국내에서 공공재로 영어를 다뤄보자는 의제 와 잘 연결되어 있고 이론적 토대도 탄탄하다. 선별적인 복지체계의 발 상으로나, 구체적인 목적과 현장에서부터 영어 공공재 정책이 집행되 다 보면, 언젠가 언어교육을 비싼 상품으로 바라보는 관행에서 자유로 울 수 있다. 비경쟁, 비배제의 속성으로부터 순수 공공재인 영어교육 담 론이 당장 국내에서 축적되기 힘들 것이다. 그래도 나는 유사한 수준의 공공재(quasi-public goods)로서의 영어교육 정책은 가까운 시일 안에 다 뤄질 수 있을 것으로 전망한다.

공공재 담론이 정책으로서 돌파력을 갖지 못할 때 가치재(merit goods) 담론이 전략적으로 축적되어야 한다. 가치재는 개인들의 자발적 선택만으로는 일정 수준의 소비가 이뤄지지 못하지만 국민 경제활동에 유익함 때문에 소비와 생산을 정부가 주도하는 재화나 서비스이다. 개 인적 가치보다 사회적 가치가 더 큰 교육, 의료, 주택서비스의 재화는 가치재 속성이 크다. 안전벨트 정보, 금연교육도 그렇다. 언어교육정책 영역이라면, 원어민은 아니지만 링구아 프랑카 영어를 어떤 태도로 사 용할 수 있는지에 관한 교육담론이 가치재 속성을 가지고 있다. 다문화 와 다중적 언어사용에 대한 긍정적인 가치, 다양한 언어권리나 정체성 에 관한 이해도 가치재에 속할 수 있다.

언어에 관한 공공재 논점을 알릴 수 있는 사회운동가, 학계 연구자 의 활동이 그 어느 때보다 중요하며, 이것을 지지하는 정치적 연합체의 협력도 필요할 것이다. 판단 주체인 정부의 정책 집행력이 중요하기 때문에 이를 돕거나 견제하는 정부 밖 기관의 역할이 중요하다. 예를 들어, 국민에게 언어에 관한 가치재를 소비하도록 설득할 때 '왜 해야 하는지 모르겠다'라는 반대 여론 역시 만만치 않을 수 있어서 일찌감치 관련 전문가들이 담론적 기획에 참여해야 한다. 구체적 현장에서 공공재로서 언어교육을 성공적으로 실행시킨 사례도 계속 공유되어야 한다. 사례가 확장되고 보다 많은 사람이 공공재로서의 영어교육을 경험하면 그것이 더 공정하다고 느끼거나 신뢰할 것이다. 그렇게 되면 좀 더 공공재─친화적인 언어정책에 관대함을 갖게 되고, 공공재 사업을 위한 증세도 실행될 수 있을 것이다.* 국가가 언어정책을 집행할 때 시장의 논

---

* 예를 들면 다음 논쟁을 언어정책에 적용해보자. 2016년 6월 스위스에서는 매달 성인에게 약 300만 원, 18세 미만 청소년과 어린이에게 약 78만 원을 지급한다는 기본소득 도입에 관한 국민투표가 있었다. 결과는 부결. 그러나 새로운 복지 패러다임의 논의가 본격화되었다. 핀란드는 2017년 1월부터 실업자 2천 명을 대상으로 기본소득제를 2년간 시범 운영하기로 했다. 한국에서도 성남시에서 청년 배당 정책이 발표되었고 인구집단별 수당에 관한 사회적 논의가 시작되었다. 기본소득제, 복지국가 논의는 원래 남성 노동자를 중심으로 발전했다. 그러나 인구 고령화, 저출산, 산업구조 변화, 인문과 예술 영역의 축소, 일자리 부족 등의 사회적 위험변인이 발생하면서 복지체제 역시 변해야 한다는 주장이 등장했다. 노동자에 속하지 않은 이주자, 노인, 아동, 여성과 같은 사회적 약자를 고려한 복지에 관해서는 여전히 사회적 논의가 진행 중이다. 자산 조사나 근로 여부에 상관없이 모든 개인에게 일정 급여액을 지급하는 기본소득제는 도입되기 쉽지 않을 것이다. 그러나 인구집단별(청년이나 노인) 수당에서부터 기본소득제도가 시작되어야 한다는 논의, 이를 위한 (우리나라 경제 수준에서 감당할 수 있는) 증세가 필요하다는 주장이 자주 들린다. 부자만의 소비만으로는 기업이나 국가 경제가 활성화될 수 없다. 모든 국민이 돈을 써야만 기업이 활성화되고 생산과 투자가 확대된다. 기본소득제를 한다고 해서 수혜자들이 모두 게을러지지 않으며 일을 한 만큼 더 벌고 풍요롭게 살고자 하는 욕망에 차이가 없다는 주장도 있다. 빈곤한 사람은 게으르다는 사회적 편견이 보편적 기본소득을 허락하지 않는다고 한다. 부자에게도 기본소득을 지급하는, 즉 모든 사람이 복지를 누리는 보편적 정책이 더욱

리를 섣불리 적용하지도 못할 것이다. 수요와 공급, 이익과 편리의 이유로부터 고부담 의사결정의 언어시험을 섣불리 개발하거나 시행하지도 못할 것이다.*

효과적이다. 선별적 제도는 급여액이나 복지서비스의 질을 높이지 못할 수 있다.

*   국가영어능력평가시험 NEAT 개발의 사례만 보더라도 당시 관련 정부기관은 수요-공급의 문제를 선명하게 부각시키면서 토플과 토익과 같은 수입시험을 대체하는 토종시험 개발을 집행하다가 수년 만에 역시 경제주의 관점(예: 시험준비 사교육의 부담)으로부터 시행안을 폐기했다. 나는 당시 정책문서와 미디어 보도자료로부터 국가가 나서서 언어를 평가하는 행위를 마치 사고파는 재화처럼 의미화시키고, 비용과 이익의 공리 담론으로, (또는 국가주의와 세계화 담론까지 애매하게 혼합시키면서) NEAT에 시장경쟁력을 보태고자 의도한 지배 담론의 효과를 분석한 적이 있다. 경제적 효과가 강조된 NEAT의 개발 담론은 막상 시장에서 제대로 통하지 못했다. 경제성은 빈번하게 NEAT의 필요 담론에 동원되었지만 역설적이게도 시장에서 NEAT는 경제성의 원리로부터 폐기되었다. 개발과 시행 담론은 다르게 기획되어야만 했다.

2. 맥도날드화된 언어, 맥커뮤케이션이 되다: 언어능력이 왜곡되다

시행적 편의성, 합리주의

합리주의 역시 신자유주의 언어사회를 관행적으로 움직이는 중요한 신념체제이다. 맥도날드화(McDonaldization)[12], 맥커뮤니케이션(McCommunication)[13], 언어위생화(verbal hygiene)[14], 담론의 테크놀로지화(technologization)[15]은 의식주 문화뿐만 아니라 의사소통과 말과 글의 교육방식마저 합리주의 기반의 규범으로부터 재단된 것을 가리키는 학술개념이며 모두 신자유주의 사회질서의 출현과 무관하지 않다. 효율성, 정량성, 예측성, 통제의 프레임으로부터 일상적 관례, 지식, 사회구조 등이 맥도날드화 현상으로 개념화된 것처럼, 언어사용과 학습행위의 현대화 과정 역시 유사한 믿음체계로 이해할 수 있다.

예를 들어, 제조산업이 쇠락하고 서비스 산업의 규모가 커지면서 노동자들이 특정한 언어기술을 가진/가져야만 하는 행위자 주체로 다시 기술되고 있다. 승무원, 콜센터 직원뿐만 아니라 언어교사와 학생에게 언어의 미학적 측면을 표준적으로 사용하도록 통제하는 것이 맥커뮤니케이션의 관행으로 당연시되고 있다.[16] 학생, 공무원, 글로벌 인재, 이주민 등을 선발하거나 배치할 때 합리주의 관점으로부터 표준적인 언어시험을 치르게 하면서 관련 정책의 타당성을 정당화시킨다. 행정적 편의성을 높이고, 비용을 절감하고, 시행의 효율성을 높이면서, 개인에게 예측가능하면서도 합리적인 절차를 집행한다는 명분은 개인을 통제적 시스템에 종속시키고 관료적인 사회체제를 확장시킬 수 있다.

합리주의 신념체제를 맹신하는 언어정책 관료들로부터 상명하달의 시스템이 영속화된다면, 막스 베버(Max Weber)의 표현처럼 언어교육사회 역시 합리성의 철창, 즉 합리화의 비합리화(irrationality of rationalization) 과정에 빠질 수 있다. 신자유주의 시대의 언어교육정책은 합리주의 이데올로기를 지배적으로 전제하는 편이며 흔히 경쟁력이나 도구로써의 언어 담론과 결합되면서 목적성과 전인격적 성장에 관한 논의가 폄하된다. 언어위생화 문화, 관료적 언어사회체계가 확장된다. 단일언어주의, 표준어 기반 평가사회의 구조가 지배적이라면, 신자유주의 언어사회의 담론이 효율적으로 작동할 수 있는 곳이다. 그곳은 즉흥적이고 협력적인 언어사용, 관계성에 비중을 두는 생태적 언어교육이 실행되기 힘들며, 다문화주의를 표방하면서도 사실상 표준과 효율성을 근거로 원어민 기반의 단일언어사용이 지배적인 규범으로 부과된다.

다른 언어들이 공존하지 못하는 이유

흔히 한국인은 수치심 문화에 살고 있다고 한다. 남들에게 어떻게 보이는지 눈치를 너무 본다. 다수와 다르다고 생각되면 수치심을 느낀다. 산업화와 성장의 시대를 살아가면서 집단의식은 계속 동질화되었고 차이와 다양성 담론은 관대하게 수용되지 못했다. 그와 같은 사회 풍조는 모어나 영어와 같은 권력언어를 추가로 배우고 사용하면서 갖게 된 개인의 태도나 문화의식에도 잘 나타나 있다. 천천히, 의미를 협상하듯이, 말하고 싶은 것을 나름대로 길게 말해보는, 혹은 남과 다른 방식이라고 해도 나름대로 끝까지 말할 수 있도록 함께 들어주는 언어문화는 제대로 발달하지 못했다. 말은 정확하거나 간결해야만 했고, 남과 다르게 말하면 틀리게 말하는 것이었다. 방언이나 한국식 영어는 적절하지 못한 것이었다. 그건 표준어와 세련된 원어민 영어로 교정되어야 했다.

표준어, 권력언어가 아닌 언어들을 사용한다는 이유로 수치심이나 차별이 발생한다면 결국 공정성의 문제로 연결된다. 다음 예시 상황을 생각해보자. 수업 시간에 시험을 응시하다가 어떤 학생이 아프다고 하자. 그래서 선생님이 시험시간을 더 주었거나 양호실에서 시험을 마칠 수 있도록 도왔다. 이건 공정한 행위로 볼 수 있을까? 만약 경쟁과 효율성이 과장된 사회라면 아픈 학생은 자신의 몸을 제대로 관리하지 못한 것이고 시험을 마칠 수 있는 어떠한 배려도 허락되어선 안 된다. 현재 대학수학능력시험에서 시각 장애인 수험자를 위해 점자로 시험을 응시하게 하거나, 시험 당일에 갑작스럽게 책상에 앉지 못할 상황이 발생하

앵무새 살리기

면 별도 공간에 누워서 시험을 마칠 수 있도록 허락한다. 그렇지만 입시 경쟁이 너무나도 치열해진다면, 그런 특별한 배려에 관해 다수는 눈살을 찌푸릴 것이다. 그러나 사회적 약자를 배려하는 사회라면 아픈 학생을 방치하고 시각 장애인 학생들에게 시험조차 볼 수 없도록 기회를 차단하지 않을 것이다. 오히려 기회를 차단하는 것이 공정하지 않은 것이다. 차이를 배려하고 다양한 학생들의 필요와 상황을 인정하는 것이 공정한 시험문화이다.

언어행위도 마찬가지이다. 지방학생, 다문화가정이나 중도입국 자녀, 탈북자, 외국인 학생, 내국인 조기 유학생 등을 보면 그들은 대개 자신의 의지와 선택으로 모어나 제2언어를 습득한 것이 아니다. 어쩔 수 없이 '다른' 언어들을 배워야 했고 지금도 섞어서 사용하고 있다. 그렇게 태어났고, 이사를 해야만 했고, 또다시 돌아오면서, 다른 언어들을 사용하면서 살아가고 있는 그들에게 너무나 표준적인 표준어, 혹은 특정 언어규범만을 강제한다면 그들 다수는 늘 문제, 결핍, 교정의 대상이 될 뿐이다. 좀처럼 다수의 화자 집단에 소속되지도 못한다. 그것은 과연 공정하다고 말할 수 있을까?

다양한 언어들이 공존하지 못하고 획일적이고 표준적인 언어를 부과하는 문화는 언어사용자로 하여금 스타일리쉬하게 말하려는 동기를 갖게 한다. 마치 셀카로 예쁜 사진만을 찍으려고 노력하듯이 말을 하는 행위도 표준을 흉내 내면서 예쁘게만 말하려고 한다.* 언어의 모양도 결

---

* 　남자답게, 여자답게 말하는 것보다 예쁘게 말하는 것이 요즘은 더 중요한 듯하다. 영어

국 달라진다.

표준적인 언어를 온전히 소유할 수 없다면 조금 배운 것이라도 세련되게 말하고 싶은 욕망이 생긴다. 모두가 똑같이 흉내를 내면 획일적으로 보이기도 하지만 그래도 그게 모던하고 예쁜 언어다. 그런 언어에 신경을 쓰느라 다른 언어들에 관심을 갖지 못한다. 심지어 비표준적인 언어들을 사용하는 사람들은 열등하게 보인다. 예쁜 언어, 즉 미학적 언어는 모던한 방식으로 관리되어야 하고, 그렇게 관리되다 보면 획일적인 언어가 된다. 미학적 언어를 배우고 사용하느라 언어를 통해 무언가를 해보거나 관계를 만드는 것에 미숙해진다. 역설적이다. 내가 하고 싶은 말을 해보는 실용적인 언어학습에 오히려 관심이 사라진다.* 마치 예

를 가르치고 배우는 상황에서도 예쁘고 세련된 말은 주목을 받는다. 어떤 여학생이 영국 발음으로 말하는 남자만 보면 사랑에 빠진다고 했다. 영국식 영어가 다른 영어들과 여러 가지 측면에서 차이가 있겠지만 영국식 발음을 소유한 스타일링이라면 사랑에 빠질 만큼 매력을 느낀다는 것이다. 영국식 발음은 세련되고 예쁘고 멋있다는 것이다. 왜 그럴까?

*   세련되고 모던한 인상의 언어에 관한 우리의 욕망은 유별나다. 해외에서 공부하거나 일해 본 경험을 떠올려 봐도 언어에 관한 한국인의 가치 판단은 다른 나라 사람들과 분명히 구분된다. 쉽게 말해서 우리는 예쁜 언어를 좋아한다. 명품을 좋아하는 것만큼이나 언어도 실용화되기보다는 오히려 미학화되어 있다. 어느 사회나 스타일링 커뮤니케이션에 좀 더 민감한 성별, 과업, 공간, 혹은 사회적 계층이 존재하지만 내가 보기엔 한국에서는 그런 구분도 애매하다. 거의 다수가 스타일리쉬한 의사소통을 선호한다. 내가 가르친 학생들만 해도 그렇다. 영어를 말할 때 스타일링에 너무 의식한다. 말하고 싶은 것, 말해야 하는 것을 말하려고 하는 의사소통자(communicator)의 영어를 선택하지 않고, 짧고 간단하게 몇 마디 못하더라도 유사-원어민(near-native) 같다는 느낌을 주고 싶다. 오류가 있다는 인상을 주기 싫어하는 오류-회피자(error-avoider) 화자의 전형적인 특징이다! 한국에서는 이처럼 스타일리쉬한 어법, 감정을 호소하는 어법이 사람들의 주목을 받는다. 표정이나 몸동작도 중요하다. 가부장적이고 위계적인 남성-중심적 한국 사회에서 예쁜 언어는 미덕으로 여겨진다.

쁘게 연애하겠다는 것에 집착하면서 실제적 삶에는 실용적이고 다면적인 태도를 갖지 못하는 사람들처럼 말이다.

스타일링 의사소통

한국전쟁이 끝나고 거칠게 시작된 산업화 과정, IMF 위기, 그리고도 중단 없이 계속된 현대화와 국제화의 풍파로부터 '모던한 것이 멋진 것'이란 사회적 인식이 확장되었다. 모던한 것은 대개 서구적인 것이고 우리의 가치 지향적 표준은 서구적 모더니티에 집중되었다.

그런 중에 영어를 가르치고 배우고 평가하는 사회적 관행에도 서구적 모더니티가 표준으로 작동하게 되었다. 우리 방식의 의사소통 행위는 거의 무비판적으로 수입된 서구 이론에 의해 촌스러운 것으로 인식되었다. 예를 들어, 미국인이 손동작을 사용하며 망설임 없이 거침없이 영어를 말하는 모습이 이상적으로 묘사되었다. 각종 경시대회, 영어를 잘한다며 능숙함의 자격증을 주는 시험, 그리고 입학과 취업의 특혜를 허락하는 평가과정에 참여해보면 심사위원들은 대개 미국식 의사소통 방식을 너무나 당연하고 우월한 것으로 전제한다. 세계화가 본격화되고 내국인의 해외 체류 경험, 외국인의 국내 유입의 빈도가 증가하면서 다양한 언어들이 서로 접촉하고 공존하고 있다. 비원어민이라도 자신이 하고 싶은 말을 전할 수 있고 상대방과 의미를 협상적으로 교환할 수 있는 역량도 중요한데 여전히 미국식, 원어민의 스타일링이 최고로 여겨진다.

좋은 언어와 좋지 않은 언어를 스타일링으로 구분하는 사회적 욕망이 만들어진 셈이다. 요즘에 주위에서 말 더듬는 사람을 본 적 있는가? 아마 거의 없을 것이다. 한국어 액센트를 그대로 사용하면서 어리숙하게 영어로 말하는 사람을 본 적이 있는가? 잘 없다. 다 잘한다. 아니, 다 잘해 보인다. 정말 다 잘해서 다 잘하는 것이 아니다. 잘하는 사람만 입을 열어서 모두가 잘해 보이는 것이고, 그걸 못하는 사람은 그나마 잘해 보일 수 있는 것만 말해서 그렇게 보일 수 있다. 촌스럽게 말하는 것이 허락되지 않는 언어문화 속에서는 많은 사람이 아예 입을 닫고 살거나 말할 자리에 좀처럼 나서지 않는다. 사회로부터 요구되는 언어를 소유하고 있지 못하다고 생각하면 사람들은 침묵, 회피, 포기의 전략을 선택한다.

언어의 스타일링에 집착하는 개인들이 많아지면서 마치 특정한 옷맵시나 헤어스타일을 소유한 듯이 세련된 언어사용의 '모양'을 뽐낸다. 그러나 그들 모두는 시대적 풍조에서 재생산되고 있는 스타일링 의사소통의 코드를 일상적으로 재생산하고 있을 뿐이다. 콜센터 판매자나 항공기 승무원과 같은 감정노동자들이 보유한 세련된 말투를 생각해 보라. 그들은 고객을 배려한다며 나긋하고 세련된 언어를 사용한다. 그런 말투로 말을 건네 오면 어느 고객이 싫다고 하겠는가? 그러나 그들이 세련된 언어 형태를 사용해도 그것만으로 의사소통의 주체가 될 수 없다. 오히려 스타일링에 매몰된 그들의 언어는 무례한 승객이나 고압적인 상사 앞에서 꼼짝도 할 수 없는 사회적 정체성을 갖게한다. 비행기

안에서, 공항에서, 고객의 횡포를 만나는 승무원 직업의 고충이 미디어를 통해 자주 보도된다. 왜 그럴까? 나중에 좀 더 다루겠지만 스타일링에 집착하고 언어행위를 표준화시키는 곳에서는 언어사용의 주체가 되지 못하며 자신의 언어에 관한 권리를 주장하지 못하기 때문이다.

신자유주의 시대의 서비스업은 미학적 노동, 감정적 노동, 코드화된 시스템 언어를 말하는 노동이다. 미학적이고 스타일링한 언어는 감정노동을 요구한다. 그래도 그건 중요하지 않다. 언어의 모양을 예쁘게 바꾸면 고객을 만족시키며 수익을 생성시킬 수 있다고 누구나 쉽게 믿는다. 실제로 그것이 수익과 얼마나 연결될지 의문이다. 스타일링 언어를 제대로 취득하지 못한 개인이 그와 같은 위생화된 언어산업에서 배제되고 고통받을 가능성도 높다. 그와 같은 문제점은 나중에 좀 더 다루기로 하고 도대체 이와 같은 스타일링 의사소통체계가 어떻게 지배적인 언어사용의 규범이 된 것인지 살펴보자.

언어사용의 맥도날드화

경제적 가치와 효율성을 중시하는 신자유주의 시대의 언어상품은 표준적이고 합리적인 방식으로 규정된다. 특정한 표준이 강조되면서 언어의 맥도날드화, 혹은 맥커뮤니케이션 소통 양식이 일종의 프레임으로 고착되기 시작한다. 언어를 배우고, 가르치고, 사용하는 다양한 경험과 생각이 맥커뮤니케이션의 양식으로 프레임되면, 학교마다, 기업마다, 혹은 전 세계적인 수준으로까지 마치 프렌차이즈 사업관리 방식처럼 획일적인 재프레임화로 확장된다.*

예를 들면, 국내에선 토익 시험, 토익 공부, 토익 시험점수를 이용한 의사결정(대학입학, 졸업, 혹은 입사자격의 인증)이 일종의 사회적 프레임으로 고착되었다. 다양하게 해석될 수 있는 영어능력, 영어사용, 영어공부방법은 토익 시험의 준비와 응시라는 테크놀로지로 구체화되었고, 학교 입학처나 기업의 인사과 직원들은 영어능력과 영어공부에 관한 판단을 토익 기반의 획일적인 프레임으로 처리하게 되었다.

이런 프레임화 과정을 왜 '맥도날드화'라고 부르는가? 맥도날드라는 햄버거 브랜드는 세계 어디에서나 표준적으로 소비되는 먹거리 문화로 연상된다. 빅맥(Big Mac)이든, 와퍼(Whopper)든, 수제버거든, 햄버거로 음식을 먹는 동질적인 음식문화가 만들어지는 만큼, 다양한, 즉흥적인, 지역적인, 서로 다른 먹거리 문화는 그만큼 사라진다. 맥도날드를 소비하는 매장은 어떤 공간인가? 그곳은 대개 세련된 인테리어를 뽐내는 예쁜 곳이다. 그러나 어느 맥도날드 매장을 가든, 인테리어는 비슷하다. 세트 메뉴로 획일적으로 구성된 음식 내용도 동일하다. 예쁘지만 획일적인 곳이다.

---

* 지금의 세계화는 특정 사회의 이미지, 개념, 사회적 관행을 지구적으로 확산시킬 수 있다. 다양한 현상을 일정한 방식으로 표현하는 "프레임화" 전략도 부추긴다. 맥도날드를 파급시킬 수 있는 세계화 이데올로기는 우리가 일상적으로 먹는 음식 종류와 행위조차 특정 문화의 영향권 안에 위치시켰다. 성장과 동질화 담론이 지배적인 곳에서는 다양할 수밖에 없는 일상적 사건과 경험이 단순하게 (재)프레임화된다.

말이나 글을 배우고 가르치고 사용하는 문화방식도 다양하고 가변적이고 즉흥적인 요소가 많을 터이다. 그렇지만 맥도날드화되기만 하면 의사소통, 언어교육, 언어평가, 언어정책 등은 특정한 프레임으로 고착된다. 맥커뮤니케이션이란 이름을 붙일 수 있는 언어문화는 다양한 사람들이, 다양한 목적으로, 다양한 상황에서, 다양한 언어를 사용할 수 있는 언어문화를 편의적으로 단순화시킨 곳이다. 영어회화 교육이 어딜 가나 비슷하고, 영어시험도 어디서 응시하든 비슷한 절차와 내용이다. TESOL 교사자격증도 어딜 가든 비슷하다. 그곳의 언어 내용과 절차가 맥도날드화되었기 때문이다.

　　맥도날드는 삭막하지만 세련된 곳이다. 맥도날드화된 언어도 마찬가지이다. 우리가 맥커뮤니케이션에 익숙해지면 말차례를 교환하면서, 즉흥적으로 주제를 바꾸고, 의미를 협상하는 대화는 사라진다. 다양한 언어들에 관한 관용도 사라진다. 테크놀로지화된, 삭막하지만 세련된 언어의 모양과 기능에 점차 익숙해진다. 언어가 맥도날드화되면, 한가롭게, 즉흥적으로, 재미 삼아, 그저 해보고 싶어서 말해보는 언어학습 상황은 용인되지 않는다. 다른 화제로 갑자기 전환된다거나, 말이 겹쳐지고, 맞장구를 치고, 말차례를 양보하다가 중요한 얘기를 할 때 길게 서술해 보기도 하고, 도움말을 서로 교환하면서 협력적으로 의미를 만들어가는 쌍방향적 의사소통은 눈에 띄지도 않는다. 그보다는 목소리의 톤, 스타일리쉬한 어휘나 통사구조의 선택, 마치 암기한 듯한 중단 없이 쭉 이어갈 수 있는 언어형태, 즉 스크립트형 대화나 발표가 선호된다.

　　그런 점에서 미학적 언어와 공학적 언어는 궁합이 잘 맞는다. 자본적 가치를 중시하는 신자유주의 시대풍조에서 선호될 수밖에 없는 언어 모양들이다. 맥커뮤니케이션 언어사회는 사람들 사이의 의사소통을 합리성, 효율성, 공학적 타당성의 가치로부터 관리한다. 언어의 모양이 규격화되는 서비스업 종사자들로부터 우선적으로 발견된다. 승무원, 콜센터나 프랜차이즈 요식업 직원, 영업직 사원, 방송 진행자는 말할 것도 없고 요즘은 웬만한 규모의 서비스 직업군이라면 누군가를 만나고 수익 활동을 할 때 어휘나 구문의 매뉴얼 사용이 회사로부터 요구된다. 말투뿐 아니라 옅은 웃음, 살짝 들뜬 목소리 톤이나 몸동작과 같은 스타일링도 지적받는다. 기업은 해야 할 말, 하지 말아야 할 말의 모양을 표준 매뉴얼로부터 구분하고 신입교육, 직원 재교육, 인터넷교육 등을 통해 반복적으로 기업 구성원에게 숙지시킨다.

규격화된 언어는 업무를 수행하기 위해 적절하게 활용될 수도 있다. 그러나 말의 규격화 관행이 도를 넘어선 것으로도 보인다. 어느 동네에 맥도날드와 같은 패스트푸드 음식점만 넘친다면 서로 다른 사람은 각자 다른 취향으로, 다른 입맛으로, 다른 건강상태로, 다르게 먹고 살아가는 식문화의 차이를 결코 경험할 수 없다. 말의 맥도날드화 역시 거대한 산업구조로 고정되면, 누군가 조금이라도 다른 방식으로 말을 하거나, 다른 방식으로 언어를 가르치고 평가하는 것이 허락되지 않는다. 직업을 얻지 못하고, 학점을 받지 못하며, 승진에서 차별될 수도 있다.

맥도날드에서는 맥도날드로부터 제공된 음식만 먹어야 한다. 김밥을 먹으려면 몰래 먹어야 한다. 맥커뮤니케이션 세상에서는 맥도날드화된 말을 사용해야 한다. 그래서 중고등학생은 싫든 좋든 영어교과서 지문을 달달 외워야 하고, 영어특기자 전형으로 대학을 가려면 토익이든 토플이든 수도 없이 응시해야만 하고, 대학생이 되고 직장인이 되어도 어린 학생 때부터 치러온 어디서 본 듯한 익숙한 유형의 영어시험을 준비해야 한다.

맥도날드화를 개념화시킨 사회학자 조지 리처(George Ritzer)는 맥도날드화 문명이 합리주의로부터 삶의 이점을 제공했다고 인정한다. 그러나 합리성 속에 불합리성을 지적하면서 맥도날드화 관행이 방치될 때, 반인간적인 문화가 영속화될 수 있다고 비판했다. 음식 내용은 건강할까? 종업원과 고객의 관계는 인간적일 수 있을까? 사람들끼리 다양한 접촉을 최소화시키면서 가식적인 수준으로만 친근함을 허락한 맥도날드화 사회는 결국 우리 삶의 관계성 총합에 부정적인 영향을 끼칠 수 있다.

맥도날드화된 사회는 합리적이고 효율적인 사회체계를 자랑으로 삼지만 그건 누구에게 합리적이고 효율적일까? 효율성에서 얻는 이익 대부분은 합리화를 추진하는 사람들의 몫이 될 뿐이다. 랩실에 칸막이를 만들어두고 영어학원을 전국적인 프랜차이즈로 차린다. 그곳에서 아이들은 '효율적으로' 개별 공부를 할 수 있다. 모니터를 바라보며 아이들이 입력한 자료는 관리하기도 좋고, 시스템에서 제공한 표준언어는 예외 없는 규범으로 작동한다. 아이들은 순응적으로 학습한다. 학생 수가 아무리 많아도 제한된 수의 교사가 관리만 해주면 된다. 효율성 높은 시스템과 데이터베이스로 잘 만들어진 프랜차이즈 언어교육 프로그램은 우리 주변에서 쉽게 발견된다.*

프리드리히 니체(Friedrich Wilhelm Nietzsche)는 존재의 이유를 아는 사람이라면 그 방법도 안다고 했다. 대체 언어를, 모어를, 한국어를, 영어를 왜 가르치고 배우는가? 왜 우린 모어 이외에 추가언어를 학습하는가? 언어교육의 목적에 대해 말하지 않으면 우린 인간을 인간답게 바라보지 못한다. 대학에서 왜 회화를 가르치고 작문을 가르치는가? 왜 토익을 보고 토플 시험을 준비하는가? 맥도날드화된 사회적 시스템은 우리를 합리적으로 생각하게 하고 보다 나은 삶의 보상체계를 갖도록 유도한다. 그러나 맥도날드화된 거대한 언어교육 시스템에서 문제의식조차 제대로 갖지 못한다면, 우린 이미 맥도날드화된 사회에서 입 막고 귀 막고 사는 것에 익숙해진 것이다. 언어사회가 맥도날드화되면 차이와 다양성이 존중되지 못한다. 효율적으로 잘 관리되지 않는 것에 대해 사회구성원은 견디지 못한다. 언어를 사용하며 살아간다는 것이 늘 합리적으로만 관리될 수만 없을 터인데 말이다.

지금의 언어사회를 모던적 관점으로만 보지 말고, 쌍방향 혹은 풀뿌리 세계화를 허락하는 포스트모던적 관점으로도 바라봐야 한다. 제국주의와 식민지를 만들던 일방향의 세계화 경로로만 지금 시대를 보지 말아야 한다. 개인, 지역, 기업, 국가는 이제 다른 언어들로부터 다양한 문화적 흔적을 보다 역동적으로 그리고 다면적으로 교환하고 있다.

---

* 이런 식의 공부가 과연 누구에게 효율적일까? 우리는 효율성을 자랑삼아 말하는 곳에서 반드시 '누구를 위해 효율적인가'란 질문을 해야 한다. 이와 같은 논점은 교육, 노동, 의료, 여가, 다이어트, 가정 등 사회 모든 분야에서 동일하게 적용해볼 수 있다.

모노링구얼 vs 멀티링구얼 화자의 대립적 구도로 설명할 수 없는, 링구아 프랑카(lingua franca), 트랜스링구얼(translingual), 메트로링구얼(metrolingual) 화자들이 국내에서 새롭게 등장하고 있다.[17] 새롭게 등장한 언어사용자들의 의사소통 전략이나 언어형태가 표준적이고 합리적인 언어규범으로부터 계속 '문제'적이고 '결핍'으로 다뤄지고 있다. 언어사회가 맥도날드화되면 다양한 언어들의 모양을 허락할 수 없게 되고, 표준화, 위생화, 상품적 가치에 집착하는 (그래서 수익과 효용성을 계속 높이려고 하는) 언어문화가 확장될 수밖에 없다.

맥도날드화된 언어교육문화

소개팅하러 나가서 상대방이 점심 식사를 했다고 하면 이렇게 묻곤 한다. "뭘 드시고 왔어요?" 그러자 (1) "아 그냥 브런치로 생각하고 저기 카페에서 커피하고 샌드위치 하나 먹고 왔어요" 혹은 (2) "요 앞 시장에서 순대국밥 한 그릇 먹고 왔어요"라고 상대방이 대답했다고 하자. 음식을 굳이 이념화시키지 않고 어떤 먹는 행위든 즐거운 곳, 맛난 음식으로 연상시킬 수 있는 사람은 샌드위치든 순대국밥이든 굳이 가치를 구분하지 않을 것이다. 음식들이 공존하는 세상이라면 일식이든, 중식이든, 한식이든, 포장마차든, 고급 레스토랑이든, 남자 요리사든, 여자 요리사든, 굳이 구분되고 차별되지 않을 것이다. 음식에 관한 각자의 선호와 그동안 먹어온 음식전통을 존중한다면 위 대답 중에서 샌드위치든 순대국밥이든 크게 상관없을 것이다.

우리는 '잘 먹었다', '먹는다', '맛있다'와 같은 행위를 놓고 어떠한 가치를 개입시키고 있는가? 붉은 색 고기를 구워 먹는다, 피자나 파스타를 배불리 먹는다, 아니면 베지테리언으로 샐러드를 고집한다, 이 모든 먹는 행위가 누군가에게는 자연스럽고 정상적인 행위로 수용되지 않을 수도 있다. 예를 들어, 베지테리언이라면 붉은 색 고기를 구워 먹는 행위에 대해 가치중립적 판단을 할 수 없다. 그럼에도 불구하고 먹는 내용과 행위는 서로 존중될 수 있다. 붉은 색 고기를 구워서 먹는 사람과 야채와 콩 요리를 선호하는 베지테리언이 모두 협상적으로 한 사회에서 공존할 수 있는 것이다. 언어도 마찬가지이다. '영어를 할 줄 안다', '한국말이 유창하다', '글쓰기를 잘한다' 등에는 어떤 가치가 개입되어 있다. 그러나 언어를 배우고 사용하고 언어로부터 살아가는 서로 다른 가치는 다양하게 공존할 수 있다. 맥커뮤니케이션 언어사회가 참으로 불편한 이유는 언어에 관한 다양한 가치가 공존하기 힘들다는 것이다.

맥커뮤니케이션이 지배하는 곳에서는 의사소통의 복잡계를 인정하지 않는다. 그곳에서는 대개 전문가들이 특정한 이론에 기반을 두고 관념적으로 만든 단순계 언어모형을 따른다. 혹은 그들의 제한된 경험으로부터 언어사용 행위를 손쉽게 위생화시킨 특정 의사소통 양식을 강요하기도 한다. 맥도날드 매장의 메뉴처럼 맥커뮤니케이션의 학습내용은 편리하게 계산하고 소비할 수 있도록 구분되어 있다. 언어규칙, 형태, 기능은 규범화되어 있고, 스타일리쉬한 언어사용이 선호된다. 맥도날드의 언어만 그런 것이 아니다. 우리가 일상적으로 사용하는 언어와

학교에서 배우는 언어도 갈수록 규범적으로, 미학적으로 변하고 있다.[18]

맥도날드 매장을 다시 한번 살펴보자. 고객들은 짜고 달짝지근한 햄버거를 사기 위해 점원 앞에서 '틀에 박힌 대화'로 주문을 한다. 햄버거, 튀긴 감자, 음료 등으로 구성된 세트 음식이 나오면 딱딱하고 움직이지 않는 의자에 잠시 앉아서 간단하게 식사를 마친다. 그리고는 스스로 음식을 버린 다음에 자리를 떠난다. 업주의 입장으로 볼 때 많은 고객은 감사하게도 참으로 효율적인 행동을 스스로 반복한다. 햄버거를 사고파는 언어는 결과지향적이고 예측가능하다. 맥도날드는 통제가 가능한 곳이지만 '더욱 더 합리적으로' 통제가 될 수도 있다. 그럼 그만큼 수익이 커질 수 있는 곳이다. 효율성이 강조된 곳의 언어는 맥도날드화의 과정을 거치며 상품적 가치를 얻게 된다.

영어를 배우는 곳은 맥도날드화되지 않았을까? 선생님이 표현, 문법, 어휘, 독해시험을 예비문항으로 준비시킨다. 말하기시험도 모범답안으로 수업을 진행한다. 학원에서는 능숙도 수준으로, 과목별로, 혹은 기타 필요에 따라 패키지를 만들고 수강료를 달리 책정한다. 맥도날드에서도 가끔 할인 음식상품이 있듯이, 학원에서도 두 과목 이상 수업을 들으면 할인도 해주고, 방학 동안에 할인가가 있다. 친구를 추천하고 함께 수업을 들으면 수업등록비가 할인된다. 토익 시험반은 대개 가격이 낮지만 미국 대학을 준비하기 위한 시험, SAT 혹은 ACT 대비반은 가격이 아주 높다. 내국인이 진행하는 일반 영어회화반은 가격이 낮고, 원어민 강사의 1:1 회화 수업이라면 2배나 높게 수업 가격이 책정된다. 어떤 광고 문구를 보면 2개월 동안에 토익 800점, 900점을 자신 있게 보장하면서 목표점수를 받지 못하면 환불해 주는 곳도 있다.* EBS 방송조차 '토목달(토익목표달성)'과 같은 상품을 다루며 마케팅 전략을 펼친다. 토익 목표점수를 달성하면 수업료를 일부 환급한다는 효율성이 강조된다. 영어공부는 합리적으로 준비해야 하는 재화임을 환기시킨다.

맥커뮤니케이션 언어사회를 옹호하는 사람은 표준적인 방식으로 언어를 제대로 가르치고 평가할 수 있다는 패러다임에 편승한다. 효율성, 계산가능성, 예측가능성, 통제의 맥커뮤니케이션 속성을 언어교육과 평가 현장에 그대로 적용하고자 한다.** 한국에서 영어를 가르치는 학원, 인터넷 교육, 시험장의 모습을 떠올려보자. 언어를 가르치고 배우고 평가하는데 매체만 계속 바꿔가면서, 보다 효율적으로, 예측 가능한 수준으로, 표준화의 절차에만 집착하진 않는가? 카세트나 비디오를 이용해서 공부하던 때가 있었다. 지금은 인터넷 사이트에 구축된 데이터베이스를 활용하며 공부한다. 시험장도 이제는 멀티미디어 기자재로 구축되어 있다. 그런데 매체만 근사하게 바뀌었을 뿐 지금도 고립된 학습자는 누군가로부터 지시받은 문제를 풀어가며 능숙도나 성취도 등급을

---

* 이렇게 공부하면 우리 영어실력이 향상되고 영어실력을 통한 개인의 상품 가치도 높아질 것이라고 전제한다. 차이와 다양성, 언어교육의 다양한 목적과 개별적인 의미는 성찰하지도 않는다. 맥커뮤니케이션 문화는 효율적으로 구성된 모범 답안이나 합리적으로 기술된 시험전략을 열심히 학습하면 뭔지 모르겠지만 남들보다 잘하고 있다는 의식을 갖게 한다. 가수 성시경과 지코가 토익 TV 광고에 나와서 말하듯이 "시험은 기술"일 뿐이다. 언어교육은 합리적으로 습득해야 하는 기술인 것이다.

** TEPS 시험도 그렇다. 국립대학교인 서울대학교가 오래전 TEPS 영어시험을 개발하면서 조선일보와 사업을 시작할 때 제시한 미디어 자료를 검토해보면 신자유주의와 맥커뮤니케이션 가치가 상보적으로 결속되어 있음을 쉽게 알 수 있다.

높이는 순응적인 고객으로 남아 있다. 언어를 즉흥적이고, 협상적으로, 개별적이고, 창발적으로 사용하지 못한다. 선형적으로 등급화된 시스템 안에서 전문가에 의해 중요하다고 미리 계산된 무언가를 보다 효율적으로만 공부하도록 요구받고 있다.

효율성, 수량화, 예측가능성, 통제성

리처에 따르면, 맥커뮤니케이션의 특징을 효율성, 수량화, 예측가능성, 통제성으로 나열할 수 있다. 우선, 효율성을 강조하는 커뮤니케이션은 주어진 과업에서 성공적인 의사소통을 지향한다. 효율성을 반복적으로 강조하면 언어를 배우고 사용하는 과정에서 목표나 결과에 집착한다. 둘째, 수량화의 커뮤니케이션은 언어를 숫자로 셀 수 있는 대상으로 바라보게 한다. 어휘능력이든, 문법능력이든, 수량화시킬 수 있는 단위로 측정하게 된다. 셋째, 예측가능성을 강조하는 커뮤니케이션은 예측할 수 있는 의미교환 상황을 지나치게 강조한다. 마지막으로 관리하고 통제하는 관행은 언어사용에 관한 모든 단면을 결국 엄격하게 규범화시킨다. 네 가지 속성으로부터 발생하는 문제를 언어교육 현장에서 다뤄보면 다음과 같다.

첫째, 효율성으로부터 발생하는 문제이다. 흔히 다른 상태로 변화를 기획할 때 최적의 방안을 제공하면 효율성이 획득된다고 인식되며 소비자에게 늘 이로운 것으로 전제된다. 그러나 원하는 것을 적은 노력으로 빨리 얻게 해주는 과정에서 비효율성은 자주 발견된다. 예를 들어, 영어학원 프랜차이즈 사업에서 효율성은 많은 사업자의 중요한 경영 가치이다. 본사에서 정해둔 표준화된 교육내용과 평가절차는, 서울이든 제주도든, 교사가 어떤 경험을 가지고 있든, 학생의 호기심이 많든 적든, 동일한 지침으로 실행된다. 영어를 배우겠다고 수강생이 오면 어디서든 동일한 레벨테스트를 받게 한다. 레벨테스트 결과에 따라 일정 단계의 교육내용을 여러 학습자들과 함께 비슷한 속도로 투입시킨다. 단계의 특성, 단계별 학습내용, 단계를 판정하는 평가절차는 교육방식을 효율적으로 맥도날드화시키면서 고안된 것이다. 표준적 교육과정이 있고 동일한 평가를 시행한다고 해서 쉽사리 맥도날드화되었다고 비판할수 없다. 그러나 그와 같은 교육적 행위가 획일적으로 확장되고 어디든 누구든 어떤 목적이든 표준화된 시험 유형만을 고집한다면 그 이유는 분명 효율성의 원칙이 작동했기 때문이다.

효율성에 집착하며 고안된 언어교육 프로그램은 학업성취도나 언어능숙도를 계산 가능한 평가방식으로 측정하면서 사전에 작정한 목표에 도달할 수 있도록 학습자를 돕는다. 그러나 돈을 많이 받고 언어를 가르치는 곳이라면 학습자들이 비슷한 단계에 머물러 반복적으로 학습하게끔 하지 않는다. '효율적으로' 단계를 통과하고 무언가를 획득할 수 있도록 언어교육의 내용과 목표를 단순하게도 만들고 심지어 왜곡시키기도 한다. 학원, 인터넷 교육과정, 대학의 교양영어 프로그램 등에서 우수한 성적을 받았지만 막상 세상으로 나가면 배운 언어로 업무를 처리하지 못하고, 고학년의 학업을 감당하지도 못한다. 효율성만 집착하면, 강사는 시험을 잘 치르는 요령을 가르친다. 시험준비 학원은 수험자가 어떤 자격을 획득할 수 있도록 편법을 고안한다.*

토익, 토익–스피킹, 오픽(OPIc: Oral Proficiency Interview–Computer) 등의 시험이 국내에서 빈번하게 사용되는 이유는 무엇일까? 물론 앞서 살펴본 것처럼 경제적 가치가 높기 때문이다. 그러나 그만한 상품성이 성공적으로 부여된 이유는 그와 같은 시험이 맥도날드화의 시대에 맥커뮤니케이션 언어로 잘 포장되었기 때문이기도 하다. 기업과 학교에서 맥도날드화된 언어/시험/성적에 지나친 권한을 부여했다. 실제로 영어 의사소통능력, 수학능력, 업무역량이 몇 시간 동안 시험장에서 응시한 시험성적과 어떤 상관성이 있는지 구체적으로 연구된 사례도 많지 않다.

거창한 시험을 치르지 않아도 면접, 토론, 포트폴리오로 자료만으로도 언어능숙도는 추론될 수 있다. 그러나 대개 사회적 관행을 따라 학습자, 수험자, 지원자를 '효율적'으로 관리하려고 한다. 표준화된 외부시험을 응시하게끔 하고 성적을 매번 제출하라고 한다. 불평을 조금 하지만 대개 말을 잘 듣는다. 직장인, 대학생, 고등학생, 중학생 등 서로

---

* 국내에서 몇 차례 문제가 되었던 항공산업 종사자(조종사, 관제사) 대상의 영어말하기 시험도 마찬가지이다. 영어로 의사소통이 제대로 되어야 커다란 사고도 막을 수 있다는 생각에 고부담 시험이라도 만들어서 영어능력을 향상시키자고 시험 기반의 정책이 서둘러 집행되었다. 관련 시험도 다급하게 준비되었다. 그러나 시행 초기에 평가기관이 다수 수험자가 손쉽게 통과하게끔 시험(의 문항이나 채점)을 그저 '효율적으로' 관리했다. 시험 기반으로 정책을 만들고, 시험성적으로 조종사나 관제사의 의사소통능력을 평가하고, 시험을 잘 준비할 수 있도록 평가기관이 돕고, 그래서 누이 좋고 매부 좋은 식으로 정책–시험–시험준비가 결속되는 관행도 효율성의 괴물 덕분에 가능한 것이다.

목적은 다르지만 모두 비슷한 시험을 '효율적으로' 알아서 준비한다. 그러다 보니 토익 응시자는 매년 200만 명을 넘는다. 이게 다 행정 편의적으로 연결되는 효율성 원칙 때문이다.

　그런데 나는 아무리 생각해봐도 토익과 같은 시험은 참 효율적이지 않다. 맥도날드화된 식당의 계산대 줄은 업체의 입장에서 시간, 인력 등을 효율적으로 관리할 수 있는 시스템이다. 토익도 시험의 제공자 측에선 매우 효율적이다. 시험신청, 응시, 결과 확인이 효율적으로 처리된다. 말하기시험만 보더라도, 문항은 화면으로 간단하게 제시되고, 수험자는 1분도 안 되는 시간 동안 발화하며, 녹음된 자료는 온라인 데이터베이스에 저장되고, 수험자를 알지도 못하는 채점자들이 인터넷에 접속하여 평가를 종료한다. 업체 입장에서는 평가의 시스템을 맥도날드화하는 것이 중요하다. 시험을 준비시키고, 자발적으로 응시하고, 성적을 사용하게끔 하는 모든 행위는 효율적으로 운영된다.

　수험자 편에서는 그와 같은 평가의 절차나 내용이 편리해 보일 수도 있는데 사실은 비효율적인 상황과 만난다. 토익성적을 제출하라고 하니 준비는 해야 한다. 말하기시험 성적을 내라는 곳이 있으니 그것도 준비해야 한다. 그러나 그런 시험준비와 별도로, 회화든 작문이든, 발표든 토론이든, '진짜 영어공부'를 위해 다시 비용을 지불해야 한다. 어학연수라도 가야 한다. 많은 학생이 시험준비 따로, 영어공부 따로, 별도 비용을 감수한다. 학생이나 직원을 뽑아야 하는 학교와 기업까지 모두 비효율적인 정보를 주고 받고 있다. 내가 보기엔 평가행위가 효율적으로 관리되면 될수록 진짜 언어, 필요한 정보, 지속가능한 학습은 모두 사라진다.

둘째는 계산가능성, 혹은 수량화로부터 발생하는 문제이다. 맥도 날드는 종업원과 소비자의 행위나 관심을 수량화된 자료로부터 관리한다. 그러다 보면 점차 기계화, 자동화 과정을 통해 어느 종업원이든 쉽게 반복적인 업무를 감당할 수 있다. 언어가 맥도날드화된 곳에서도 마찬가지이다. 성취도든 능숙도든 수량으로 '측정'하는 방법에 사람들이 매료된다. 언어를 가르치고 배우는 곳에서, 대화든, 스토리로 전달되는 담화든, 다독 프로그램이든, 글쓰기 연습이든, 자꾸만 수량화된 성적이나 등급을 활용하려고 한다. 그러나 언어능력이 숫자로 계산될수록 계산될 수는 없지만 여전히 중요한 (비)언어적 속성들은 측정의 시스템에서 배제된다.

맥도날드화된 시험장은 계산할 만한 것을 계산하는 일에 집중한다. 망설임, 침묵, 문장의 미완결, 즉흥적인 화제의 전환, 맞장구 등은 정상적인 대화라면 어디서든 자주 등장하는 특징이다. 오히려 수험자가 30초 동안 화면의 질문을 혼자 생각하고 1분 동안 마이크 앞에서 혼자 발화하는 것이 어색해 보인다. 대화에서는 화자끼리 서로 기다리고, 경청하고, 의미를 협상하고, 양보하는 상황이 자주 일어나지만 말하기시험장에서는 그와 같은 모습을 발견할 수 없다. 수량으로 측정하려면 꽉 짜인 순서로 바쁘게 묻고, 곧장 답하고, 문법이나 어휘를 잘 사용했는지, 발음이 좋은지, 막힘없이 유창하게 문단 구조 이상을 발화하는지, 내용이 적절한지 분주하게 측정해야 한다.*

영어공부 좀 해본 사람이면 다 알 것이다. 영어공부에 수량화의 속성을 적용할수록 재미가 없어진다. 즉흥적이고 자유로운 의미협상은 사라진다. 매번 진도를 끝낼 때마다, 매번 중요한 의사결정마다, 수량화할 수 있는 것만 측정하는 관행이 반복된다. 그런 곳에 어찌 접촉언어, 생태언어, 도시언어, 횡단언어와 같은 새로운 시대의 새로운 언어사용이 허락될 수 있을까?**

맥커뮤니케이션으로 살아가는 사람은 학업성취도, 언어능숙도를 '객관적으로' 측정할 수 있다는 업체의 광고를 '상식'으로 수용한다. 맥커뮤니케이션과 같은 합리주의 담론을 옹호하는 집단은 '새로운 방식'이라고 하는 기술적 평가방식이 도입될 때마다 (멀티미디어, 데이터베이스, 자동채점, 음성인식과 같은 기술로 시험이 새롭게 개발되어 시행될 때마다) 이젠 학생이 좀 더 효율적으로 공부할 수 있고, 학습동기나 태도까지 정확하게 측정할 수 있다고 낙관한다.

셋째는 예측가능성의 문제이다. 효율적인 시스템을 구축하고 수량

---

*   심지어 그런 시험에서 받은 성적이 중요한 의사결정력을 갖기 시작하면 수험자들의 입은 무거워질 수밖에 없다. 다양한 말들은 시험장에서 사라지고 진중하게 준비한 시험언어만 남게 된다. 가르치는 입장에서도 시험에 나오고 측정될 수 있는 것만 가르치게 된다. 아직도 중등학교 수행평가에서는 교과서에 나오는 영어 대화를 달달 외워서 시험을 본다. 조금이라도 틀리면 감점이다. 모두 다 정확하게 말하면 만점이다. 예전에 일요일 아침마다 연예인들이 나와서 가사를 달달 외워서 노래하는 가요쇼, '도전 1000곡'이 있었다. 가사를 단어 단위로 세 번 틀리면 예외 없이 탈락이었다. 그런 가요쇼도 그렇고 달달 외우게 해서 측정하는 수행평가도 그렇고 지금 언어사회의 풍조가 그렇다. 카운팅할 수 있는 것을 지나치게 과장한다.

**   영어시험을 준비할수록 진짜 영어공부는 못한다. 시험영어를 공부하면 할수록 진짜 영어와는 멀어지는 역설적인 상황은 맥도날드화된 언어가 진짜 언어로 둔갑되어 있기 때문이다. 실제 학원에서 말하기 영어시험을 준비하는 과정을 관찰해 보라. 학생들은 수량화시킬 수 있는 맥커뮤니케이션 양식을 학습하고 소비하며 대부분 시간을 보낸다.

화된 자료에 의존하면서 업무와 산출물은 예측이 가능해진다. 언어를 가르치고 평가하는 곳도 마찬가지이다. 언어행위를 맥도날드화시키는 이유는 관리가 더욱 쉬워진다는 예측가능성 때문이다. 투입을 관리하면 산출도 동일한 수준으로 예측할 수 있다고 전제한다. 그러나 이와 같은 발상은 인간의 언어행위에 관한 오만이거나 무지의 소치로 봐야 한다.

특정한 교재, 교수법, 평가방법, 교육과정이 누군가에게 효과가 있을 수 있다. 그러나 그것으로부터 다수의 입력-출력을 예측할 수 있다고 장담하진 못한다. 상황이 다르고, 사람도 다르고, 그러면 상호작용도 달라지고, 심리상태도 바뀐다. 입력-출력의 계산으로 학업성취도의 향상을 예측하는 곳에서는 누군가 등급 시험에 통과하지 못하면 매일 약속된 학업내용을 듣지 않았거나, 3장씩 학습지를 풀지 않은 학습자라는 식으로 진단된다. 계획된 것만큼 입력을 제공하면 그만한 산출물이 나와야 한다는 과학적 정보처리 과정으로 언어학습을 이해한다.

그들에게 언어사용과 언어학습은 결코 복잡계일 수 없으며 가급적 맥도날드화된 단순계로 처리되어야 한다. 예측가능성으로 언어교육 프로그램을 맥도날드화시켜두면 학습부진아나 시험의 실패자는 입력을 적절하게 받지 않은, 혹은 출력을 제대로 산출하지 못한 '문제 있는 개인'으로 측정된다. 정교하게 구성된 시스템의 문제는 결코 아니다. 물론 시스템의 문제라고 생각이 들어도 그걸 공개적으로 인정해서는 안 된다.

예측가능성의 게임이 가장 선명하게 드러나는 곳은 수능이나 토익 같은 중요한 시험을 준비하고 응시하는 현장이다. 2011년 수능시험에 나온 영어 문제 하나만 보자.

시험을 작정하고 준비시키는 강사라면 위와 같은 심경에 관한 독해 문제를 풀 때 맨 앞과 맨 마지막 정보만 읽으면서 답을 찾는 방법을 가르친다. 예측가능한 답을 찾는 전략학습은 많은 학생에게 너무나 익숙하다. 위 문제의 답을 쉽게 찾을 수 있는 만큼 (또는 답을 찾는 방법을 효과적으로 가르칠 수 있는 만큼) 우리는 맥도날드화된 언어교육문화에 그만큼 매몰된다. 시험장 밖에서 실제 의사소통을 감당할 역량은 부족한데 수능이나 토익 시험문제를 보고 쉽게 답을 찾을 수 있다면 맥도날드화된 언어교육, 예측가능성의 언어교육에 수혜자로 봐도 된다.

맥도날드화된 언어교육사회는 출제자 역시 예측할 수 있는 수준으로 문항을 만들어야 한다. 그래야 수험자가 시험을 치를 때 예측할 수 있고 사전에 준비한 지식으로 문제를 풀 수 있다. 예측되지 않은 것이 출제되면 수험자들은 불평하고 소송도 걸 수 있다. 수능이든, 토익이든,

공무원시험이든 다 마찬가지이다. 시험은 예측가능한 것을 두고 누가 가장 빨리, 그리고 많이 풀 수 있는지 알아보는 스피드 게임이 된다. 예측가능한 수준이라 시간을 많이 주면 변별력이 약해진다. 반드시 빨리 풀게 해야 한다. 그럼 시험을 속도시험(speed test)이라고 부른다. 예측가능하지 않은 것이 튀어나오는 건 출제업체나, 시험준비업체나, 학부모나, 학생이나, 모두에게 재앙이다. 무엇이 어떻게 나올지 다 알아야 한다. 시험장이나 교실 밖을 나가면 예측가능한 언어들만 만나지 않는 생태적 언어사용 환경이지만, 언어를 가르치고 평가하는 곳은 예측가능해야만 하는 맥도날드화된 언어에 집중한다.

맥도날드화된 언어를 배우고 시험으로 자꾸 치르다 보면 학습자들은 무력감을 호소하기도 한다. 공부를 열심히 했고, 속도시험도 이제 잘 치르는데, 언어사용의 재미를 느낄 수 없다. 언어학습자로 존중받지도 못하는 것 같다. 수능에서 답 찾기를 공부한 학생들은 취업 준비를 한다고 대학에서 토익 공부를 시작하는데 여전히 특정 단어와 연결하여 답을 찾는다. 말하기나 쓰기 시험이 있다고 해도 예상 답변을 여러 개 외워 가서 그 내용 일부를 조합해서 답을 말하거나 쓰는 걸 배운다. 수량화된 점수와 예측가능한 수준으로 보상을 하는 곳에서 어찌 보면 당연한 관행이기도 하다. 그런 곳에서 언어/평가/학습에 관한 호기심, 재미, 자존감 등이 고려될 수가 없다.

넷째, 통제의 속성으로부터 발생하는 문제이다. 맥도날드화는 행위를 통제하는 시스템이다. 고객은 알아서 줄을 서고, 계산대로 이동하고, 주문하고, 계산을 마치고, 자리에서 음식을 먹고, 자발적으로 쓰레기까지 모아 버리는 시스템에 협조한다. 맥도날드의 의자는 고객이 오래 앉아 있기에는 불편하다. 소비자들이 좀처럼 눈치챌 수 없는 그와 같은 시스템의 통제가 곳곳에 숨어 있다. 맥도날드화가 미국 전역과 세계에서 동일한 식사 메뉴, 매장 운영, 종업원 및 고객 관리의 시스템을 통제하는 것처럼 맥커뮤니케이션은 언어를 가르치고, 배우고, 사용하는 행동과 의식을 미리 정해진 틀에 따라 통제한다.

앞서 언급한 맥도날드화의 세 가지 속성이 설계되고 수정되면서 마침내 언어를 배우고 가르치는 거대한 시스템이 만들어졌다고 하자. 예를 들어, 토익과 같은 시험을 준비시키고 다수의 수험자가 응시하고 시험성적이 나오면, 입학, 졸업, 장학금 지급 등의 의사결정에 자동으로 적용하는 건 이미 국내 대학에서 당연시하고 있는 시스템이다. 학원에서 공부를 시키며 등급을 차근차근 올리게끔 하는 영어회화 교육과정도 작은 규모의 통제적 시스템이다. 규모가 어떠하든 대체로 맥도날드화된 통제의 시스템이 구성되면 영어, 영어공부, 영어시험을 바라보는 시선은 동질화된다. 가르치고 배우는 경로도 통제된다. 물론 시험도 비슷해진다.*

---

* 잘 생각해보라. 중등학생이 치루는 교실시험, 수능, 대학에 들어와서 치루는 편입시험, 토익, 이런저런 영어시험이 조금씩 다르게 보여도 사실 모두 비슷한 모양이다. 시험뿐 아니다. 교재도, 강사가 가르치는 방식도 모두 비슷하다. 통제의 기제는 모든 사람에게서, 모든 장소, 모든 시간에, 동일한 방식으로 작동하게 한다. 이건 당연한 것이 아니다. 모든 식당이 맥도날드 같지도 않고, 또 그래서도 안 되는 것처럼 언어를 공부하고 언어능력을 이해하는 것도 모두 비슷할 필요는 없다. 그러나 언제부터 학원에 오고 가고, 시험을 지도하고, 결과를 분석하고 사용하는 모든 통제적 절차와 내용이 당연한 상식처럼 이해되고 있다.

학교에서 우린 언어에 관한 다양성의 가치를 배울 수 있을까? '답'
이 분명하게 있다면 그럴 수 없다. 학원에서는 그런 말을 자주 한다. "점
수를 일단 빼야 하니까." 점수를 빼려면 답을 찾는 연습을 해야 한다. 답
을 찾다 보면 답이 아닌 것을 말하는 것에 대해 관대하지 못한다. 한 가
지 짧은 담화문을 배울 때 청자나 화자는 다양한 상황을 얼마든지 상상
할 수 있을 것이다. 그러나 오로지 하나의 답안 상황만 집중해야 한다.
시험장 밖이라면 제2언어로 영어를 사용할 때 다양한 의사소통 전략을
사용하고 의미를 보다 유연하게 협상하지 않으면 안 된다. 통제된 맥도
날드화 상황이라면? 다양한 것을 가급적 머릿속에 가져오면 안 된다.
문제를 풀 때 오히려 헷갈리기 때문이다. 짧은 시간에 빨리 생각하기 위
해 답을 찾는 통제적 상황에 집중해야 한다. 그러다 보니 맥도날드화된
영어공부를 하면 할수록, 자율적이고 상호작용적인 의사소통을 배울
기회는 사라진다. 영어공부를 하면 할수록 오히려 영어를 못하는 것 같
다는 역설적인 느낌이 생긴다.*

　　한국의 영어교육은 프랜차이즈 서비스 산업이 되었다. 효율성, 계
산가능성, 예측가능성, 통제성은 합리적인 경영전략이다. 다들 그렇게
가르치고 공부하고 소비하고 또 소모한다. 언어의 맥도날드화는 결국

---

* 　　이후에 자세히 설명할 언어위생화 문화는 언어의 맥도날드화 현상과 중요한 관련성이
있다. 우리는 미학적으로 혹은 도덕적으로 좀 더 나아 보이는 언어에 지나치게 집착한다. 일상
적인 대화에도 자주 나타나는 한숨, 당황해서 말을 더듬거나, 침묵하고, 빙 돌려서 말해보고, 어
눌해 보여도 반복해서 말하는 모양은 교재나 시험에 등장하지 않는다. 유창하게, 간결하게 유지
된 원어민의 말만 넘친다. 영어교재나 시험의 대화를 들어보면 언어가 너무나 매끈하게 통제되
어 있어서 그걸 수백 번, 수천 번 공부한 학습자들을 상상하면 나조차도 숨이 막힐 지경이다.

언어를 배우고 사용하는 즐거움, 주체성, 상호작용의 속성을 계속 제거할 것이다. 그런데 좀처럼 누구도 그걸 지적하지 않는다. 누구는 영어를 말하려고 할 때마다 얼굴이나 목이 빨개지는 울렁증도 생기는데 그건 아직도 투입이 충분하지 않은 개인의 탓이고 프로그램의 탓이다.

시기와 질투의 감정을 갖는 학습자 정체성도 주목받지 못한다. 영어 공부의 즐거움, 호기심, 서로 다른 필요보다, 목표 등급이나 점수를 받고, 누군가를 이기기 위한 마음에 집중한다. 효율적으로 관리해서 이겨야 한다. 결국 모두는 성공하지 못한다. 대부분 문지기를 통과하지 못하고 실패한 영어학습자, 학습부진아가 된다. 그래도 포기하지 말라고 한다. 그들은 청자도 없고, 동료도 없고, 선생님도 없이, 혼자서 도서관이든, 칸막이 랩실이든 영어공부를 계속한다. 그런 그들을 보면 내 마음이 무너진다.

맥도날드화된 언어사회에서 합리성의 포로가 되어 있다면, 우린 거기서 벗어날 순 있을까? 맥도날드화된 거대 언어산업은 앞으로도 확장을 멈추지 않을 것이다. 그런데도 불구하고 지금처럼 언어의 맥도날드화를 관행과 상식으로 수용하기만 한다면? 학자도, 기자도, PD도, 언어사회의 위험과 무지에 대해 더 이상 발언하고 공론화시키지 못한다면, 어떤 일이 일어날까? 그럼 결국 '언어를 사용하는 인간성'이 사라지는 시대가 될 것이다.

'나치 대학살'의 저자 최호근은 목적의식이 결핍된 과학, 책임의식이 결핍된 관료적 합리성, 효율성만 강조하는 노동분업 등이 결합되면서 홀로코스트라는 재앙이 초래되었다고 설명했다.[19] 그는 엘리트 관료들이 좀 더 인간성을 고민하고, 제국 철도청 소속의 공무원들이 파업이나 태업이라도 해보았더라면, 막판에 600만 명의 희생을 방치한 나치 관료는 없었을 것이라고 지적했다. 맥도날드화는 표준화 공정의 발상으로 시작했다. 그건 문제가 아니라고 할 수 있다. 그러나 관료화로 연결된다면 무서워진다. 언어교육이 합리적으로 표준화되는 수준을 벗어나 관료적 비대함을 갖추는 것이다. 맥도날드화를 넋 놓고 바라보는 무비판의 학계는 결국 맥도날드의 언어가 세상의 언어라고 보는 사회구조를 방치하는 것이다.

닐 포스트만(Neil Postman)의 '테크노폴리'에서는 기술주의의 주객전도가 언급된다.[20] 컴퓨터, 화상녹음, 음성인식 등의 기술이 언어학습에 적용된다. 그러나 학습자는 언어의 주체가 되지 못한다. 프로그램화된 기술에 의해 산출되고 계산되고 예측할 수 있는 언어만 반복적으로 연습한다. 시간을 정해두고 빠른 속도로 모범답안을 말하고 쓰는 노력을 한다. 그렇게 해서 뭘 어쩐단 말인가? 문제를 만들고, 채점을 부지런히 했다. 누군 잘하고 누군 못했다. 그래서 뭘 어쨌단 말인가? 실제로 말을 걸고, 듣고, 의미를 협상하는 누군가가 되지 못한다면 말이다.

맥도날드화된 언어세상의 미래

맥도날드화된 미래의 언어사회를 상상하며 다음과 같은 공상영화를 기획해보면 어떨까?

  2084년, 수십 년 동안 세상의 모든 언어를 완벽하게 표준적인 모양으로 통제하고 관리한 언어위생화 산업 덕분에 마침내 거대한 단 하나의 맥시스템 언어(McLanguage)가 운영된다. 아주 편리하다. 대신에 언어를 사용하는 어떤 인간이든 마치 로봇처럼 표준화된 대화 메뉴얼을 따라야 한다.

  그러다가 맥시스템 언어를 사용하지 않고 우연히 말장난의 재미를 알게 된 동일과 희자는 철저하게 통제된 언어사용에 염증을 느끼게 되고 매뉴얼에 없는 말을 몰래 사용해본다. 낭만적인 사랑의 언어, 즉 흥적인 언어놀이를 지하서점이나 폐기된 미디어 자료를 통해 조금씩 배우는 중에 그들은 남과 다른 말을 사용하는 것이 한편으로 무섭기도 하지만 자꾸만 호기심이 생긴다. 그저 신기하고 재밌기만 하다.

  동일과 희자는 용기를 내어 가까운 친구와 형제에게도 이렇게 말을 할 수 있다고 가르쳐준다. 조금씩 진짜 말을 배워가는 지하모임은 커져만 가고 그곳에서 우정과 사랑을 나눌 수 있는 언어, 차이와 다양성의 언어로부터 자신이 보다 구별될 수 있는 기회, 언어를 배워가며 다른 누군가가 되어갈 수 있는 정체성의 변화가 어떤 것인지 진심으로 깨닫게 된다. 상품, 표준, 매뉴얼이 아닌, 누군가가 될 수 있는 매개의 언어, 접촉의 언어, 생태적 환경의 언어를 배우게 되면서 그들은 이제 진짜 말을 세상에 알릴 보다 야심찬 방안을 모색하기 시작한다.

어떤가? 이런 영화가 정말 나올 만도 하지 않은가? 통제된 미래 사회가 등장하는 종전의 영화를 떠올려 봐도 통제된 사회체계에서는 늘 억압된 인간, 그리고 통제된 언어가 등장한다. 국내에서 잘 알려지진 않았지만 'Beautiful Mind'라는 프랑스영화는 통제된 언어로부터 우리의 삶이 어떻게 피폐화될 수 있는지 보여준다. 맥도날드화된 삶으로부터 소외된 언어적 자아를 회복하자는 의도가 영화 곳곳에 잘 드러나 있다.

오래전에 개봉된 영화이긴 하지만 'Wall-E' 역시 내가 통제된 언어사회를 학생들에게 설명하기에 너무나 좋은 강의 자료였다. 이 영화를 두고 'It is the sad future of human kind.'로 논평된 문구가 생각난다. 'Wal-E'로부터 미래의 맥도날드화된 언어세상이 결국 어떤 모습이 될지, 그래서 삶의 역동성이 어떻게 상실될 수 있는지 너무나 쉽게 상상할 수 있었다. 예를 들면, Wal-E가 사는 미래의 개인들은 같은 옷을 입고, 같은 음식을 먹고, 같은 어투로 말을 한다. 비슷하게 질문하고 응답하는 방식도 비슷하다. 맥도날드화된 언어사회를 상상하면서 가장 비관적일 수 있는 삶의 장면이 이 영화에 모두 등장한다. 모두 똑같은 언어를 사용하는 그들에게 우정이나 사랑이 있을까? 아니다. 영화 속에서는 모두 같은 모습으로 같은 말을 하는데 바로 그런 이유 때문에 '다름'에 관한 호기심도, 연민도, 연합도, 사랑도 없다. 그럴 법도 하지 않은가? 모두 같은 그들은 나와 다른 누군가에게 말을 나누는 즐거움을 배우지 못했다.

그런 점으로 볼 때 영화에서 아주 인상적인 장면이 등장한다. 미래 사회의 한 남자와 여자가 각자 앞에 설치된 모니터만 내내 쳐다보며 살다가 우연히 고정된 자리에서 넘어지면서 서로의 손이 닿는 감각적 경험을 한다. 통제적 질서를 유지시키기 위해 규격화된 말을 감시하는 로봇의 조언을 무시하고 그들은 서로의 손을 잡아 본다. 나중엔 수영장에 가서 물을 튀면서 깔깔대며 논다. 손으로 만져진 사랑의 경험을 시작하면서 통제적 언어까지 버리게 된다.

'진짜 말'이 넘치는 곳은 즉흥적이고, 직관적이고, 상호협력적이다. 감정과 감각의 묘사와 서술이 넘친다. 맥도날드화 언어문화의 결과는 비참하다. 효율성, 계산, 예측가능성, 통제의 속성을 가진 언어는 표준의 논리로, 공리의 논리로, 언어능력, 언어교육, 언어평가, 언어정책, 언어에 관한 무엇이든 맥도날드화시킨다. 실제적인 언어들은 표준화된 시험(준비)언어로 환원된다. 수치화된 비교나 점수에 보상체계가 보태지면서 맥커뮤니케이션 체계는 쉽사리 흔들리지도 않는다.

이처럼 경제주의와 함께 맥도날드화의 합리주의가 언어세상을 지배하는 풍조가 되면 정말 공상과학영화에 나오는 수준으로 우리는 가르치고 배우게 된다. 이런 논점을 말하면 주위에선 '신교수가 또 과장한다'고 웃는다. 그런데 정말 과장일까? 우린 스토리로 길게 말하거나 서로 들어주며, 의미를 동등하게 협상하는 대화 속에서 살고 있는가? 즐겁게 읽거나 기억하고 있는 서사를 다시 자기 글로 옮겨보는 언어교육 문화가 있는가? 내가 보기엔 그렇지 않다. 제2언어로 배우는 영어는 말할 것도 없고 모어인 한국어로도 우린 그렇게 언어를 배우거나 사용하지 않는다.

　맥도날드화된 언어만 배우면 스니커즈 초콜릿 광고에 나오는 여자친구 미숙의 남자친구가 될 수밖에 없다. 미숙이가 묻는다. "오빠, 요즘 나 살찐 것 같지?" 그런데 남친은 그게 곤란한 질문이라고 쩔쩔맨다. 이 광고를 보면 남친은 시간을 돌려 세 번이나 나름 괜찮을 법한 대답을 시도하는데 미숙은 어느 것도 맘에 들지 않는다. 다음 대화문을 보자.

　　(첫 번째 시도)
　　미숙: "오빠, 나 요즘 살찐 것 같지?"
　　남친: "쪼~~금."
　　미숙: "쪼~~금? 뚱뚱한 여자랑 다녀서 되게 힘들겠다. 우리 헤어져."

　　(두 번째 시도)
　　미숙: "오빠, 나 요즘 살찐 것 같지?"
　　남친: "아냐, 옛날이랑 완전 똑같애."
　　미숙: "그럼 옛날에도 뚱뚱했다는 얘기잖아. 우리 그만 만나자."

　　(세 번째 시도)
　　미숙: "오빠, 나 요즘 살찐 것 같지?"
　　남친: "글쎄. 난 잘 모르겠는데."
　　미숙: "잘 모르겠어? 오빤 왜 내게 관심이 없어? 우리 그만하자."

광고 끝 부분에서 참다못한 남친이 이렇게 절규한다. "미숙아, 도대체 나에게 왜 그래?" 그러자 광고는 출출해서 그렇다고 하며 커다란 스니커스를 화면에 가득 채워 던져 준다. 내 눈에 미숙의 남친은 시험에 나오는 맥도날드화된 대화문만 공부한 모범생이다. 맥도날드화된 규범적 언어를 늘 소비하며 지낸 터라 갑작스러운 상황에서 의미를 새롭게 협상할 수 있는 언어사용자가 되지 못했다. 보편적 문장문법만 익숙할 뿐 화용적인 언어능력은 꽝이다. 그러니 그만한 수준의 대화적 상황에서도 쩔쩔매는 것이다.

다양한 맥락마다, 그리고 화자와 청자의 관계에 따라, 대화의 규칙은 변한다. 미숙의 남친이 마땅한 답을 찾지 못했다면 화제를 전환시킬 수 있었다. 이런 식으로 말이다. "너 그거 알아?" 혹은 "오늘 진짜 이쁘다.", "근데 너 귀걸이 참 예쁘다." 혹은 "아 참 우리 지금 이럴 때가 아니야." 이렇게 말해볼 수 있는 것 아닌가? 맥도날드엔 메뉴가 고작 몇 개밖에 없다. 그걸로는 여자친구의 까탈스러운 질문에 답을 찾을 수 없다.

언어적으로 충분히 성장하지 못한 사람들의 특징이 있다. 떼를 쓴다. 화를 낸다. 심지어 욕도 자주 하고 폭력도 휘두른다. 성에 차지 않는다고 떼를 쓰는 어린아이를 관찰해 보라. 갓난아이는 언어를 제대로 배우지 못해서 그렇다고 하고 어린 애들도 아직도 덜 배워 그렇다고 하자. 그런데 어른이 되어서도 자꾸 떼를 쓰거나 화만 내는 사람은 뭔가? 여전히 언어를 제대로 배우지 않아서 그렇다. 언어교육을 제대로 배운 사람이라면 아마도 마음이 어렵거나 슬픔을 감당하기 힘들 때 욕을 하고 떼를 쓰고 화만 내지 않는다. 누구와 함께 대화를 나눈다. 이야기를 읽는다. 듣고 공감하며 결심한다. 쓰기 활동을 하면서 다시 기억하고 경험을 편집하는 사람도 있다. 우리의 언어들을, 그리고 언어경험들을 맥도날드화시키면 언어의 잔치상은 깨진다. 우리의 삶도 깨진다.

맥도날드화에서 테크노폴리 세상으로

'문화산업과 기술만능주의 교육 사이에서 아이들이 위험하다'[21] 책은 표준화되고 기술화된 사유체계로 구축된 교육방식이 얼마나 빈번하게 아이의 일상을 포획하는지 설명한다. 맥도날드화의 관행이 교육내용까지 지배하면 교양교육, 문화교육, 감성교육, 차이와 창의성이 고려되는 모든 교육이 사라진다. 개별적이고 독창적인 절차적 지식도 점차 사라진다. 사교육 시장에서 전수되는 비법, 핵심, 요령만 남는다.

학원에서 인터넷 영어강의를 홍보하기 위해 만든 전략을 살펴본 적이 있다. 학원 강사들이 이벤트 행사를 주최하고 자신의 강의를 듣고 성적이 향상된 학생에게 선물을 준다고 광고한다. 많은 학생은 후기를 남기고 그걸 기반으로 강사들과 인터넷 강의업체들이 학생을 계속적으로 관리할 수 있는 시스템을 구축한다. 영어를 배우는 동기나 수단을 효율적으로 기술화시키는 과정이 놀라울 뿐이다.

교육내용뿐 아니라 공부를 실행하는 절차 역시 효율적으로, 순서대로, 학습자들에게 내면화시킨다. 학생들은 교재의 대화문을 듣거나 시청하면서 어휘, 구문, 독해, 듣기나 말하기 방식을 표준적인 절차에 따라 획일적으로 공부한다. 내용의 맥도날드화뿐 아니라 절차의 맥도날드화 문제도 심각한 수준이다. 학생들이 토익 공부를 학원에서 어떻게 하는지 아는가? 답을 찾는 전략을 주로 배운다. 예를 들면, "주어 + BE동사 + 형용사, become 다음에 형용사, seem 다음의 형용사..." 이건 지금 영어공부를 제대로 하지 않았던 중등학생들이 시험을 준비하는 요령이 아니다. 대학생이 되고 어른이 되었는데 아직도 이런 걸 공식처럼 외우고 있다. 주어 끊고, 전치사 지우고, 부사 지우고, 기계처럼 쓱쓱 수학 풀 듯이 공부를 한다.

학생들 스스로 그런 공부법을 놓고 "한심하다", "자존심 상한다" 그렇게 말한다. 그래도 그렇게 안 할 수가 없다고 투덜댄다. 영어시험은 맥도날드화된 시스템이다. 수험자들은 맥도날드의 소비자처럼 오늘도 맥도날드화된 언어를 학습한다. 아니 소비한다. 그걸 소비하면서 영어공부가 과연 제대로 될까? 뭐라도 배우겠지만 소모와 소비가 너무 크다. 테크놀로지 기반의 언어산업이 조장한 것이 맥도날드화 문화이다. 맥도날드화된 언어교육문화는 과연 우리에게 새로운 언어를 배울 기회를 제공할까? 시험준비 어학원에서 공부하는 아래 학생의 글을 한번 읽어보라.

"학원에 가자마자 배운 건 magic sentence라고 불리는 8가지 정도의 문장들과 template이라고 불리는 문구들이다. magic sentence는 어떤 문제가 나오더라도 끼워 맞출 수 있는 문장을 모아 놓은 것이다. 예를 들어, "These days, I spend most of my time working and studying hard, so I need to have some time to refresh myself."와 같은 문장들이다.

template은 주어진 시간에 하나의 주제를 가지고 이야기할 때 최소 2가지 핵심 문장과 잘 짜인 미사여구들로 대본을 완성해내게끔 유도하는 것이다. 가령 토플 1번 문항의 경우 개인적인 경험이나 생각을 물어보는 문제가 나온다. 그럼 topic sentence를 말한 다음에, 예를 들어 "The reason why I agree this is-", "First,...", "Second,...", "So I don't agree" 이런 식으로 문제에 대답하는 형식을 정해놓은 것이다.

magic sentence와 template을 외우고 나면, 강사가 문제를 주고 시간을 재면서 실제와 똑같이 말을 해본다. 그런 뒤에 다 같이 강사의 모범답안을 보면서 다시 그대로 말하는 연습을 하고 마지막에 다시 한번 똑같은 문제를 놓고 시간을 재면서 말해본다. 매 주마다 강사가 준 문제를 녹음해서 웹사이트에 올려야 한다. (중략)

가장 중요한 것은 시험에 나올만한 예상문제 몇 개로부터 이미 준비한 template에 맞춰 답변하도록 완벽하게 훈련하는 것이다. 주제가 달라도 내용만 어느정도 맞는다면 외워둔 문장을 반복적으로 쓰게끔 한다. 그래야 외워야 하는 양을 줄이며, 비슷한 주제일 경우 한 가지의 아이템만 반복적으로 사용할 수 있다. 존경하는 사람을 'A 선생님'으로 정해놓은 문장을 잘 외워두면, 닮고 싶은 사람도 A 선생님, 만나고 싶은 사람도 A 선생님, 주말에 한 일은 A 선생님을 만난 일, 해보고 직업은 A 선생님이 하는 일이다. A 선생님에 관해 준비해둔 문장들을 어떤 문제가 나오더라도 반복적으로 사용하는 연습이 중요하다. 게다가 한 문장 정도는 좀 고급스럽게 느껴지는 고급 단어와 idiom을 사용할 수 있도록 만들어둔다.

그리고 무슨 문제가 나오더라도 그걸 사용하는 방식도 배운다. 발음과 억양 또한 백인-원어민-표준영어 기준으로 말하도록 훈련받고 감탄사나 일상적으로 사용하는 표현들은 사용하지 않는다.

영어로 쓰기시험 준비하는 것도 마찬가지다. 토플 쓰기시험의 경우 내용의 창의성이나 전달력은 중요하지 않다. 전체적으로 무난한 양식으로, 서론, 본론, 결론의 두괄식 구조를 잘 갖춘 에세이가 점수를 더 잘 받는다. 논리나 꼭 말하고 싶다는 내용을 담으려고 애쓴 진정성은 전혀 중요하지 않다. 문법적으로 정확할것, 고급스러운 단어, 구조적으로 격식을 갖춰서 쓰도록 훈련받는다. 말하기수업 때처럼 몇 개의 주제를 놓고 모범 답안을 외운 후에 이런저런 주제에 맞춰 조금씩 다르게 쓰는 연습이 중요하다.

쉽게 말해 암기식이 나쁜 것은 아니다. 암기식으로 시험을 준비해야 좋은 점수를 받는다. 모범 답안을 외운 후에 문장 주어만 바꾸고 상황별로 단어만 바꿔가며 시험을 준비하는 것이 높은 점수를 받는 전략이다. 이런 식의 공부에 자존심이 상하기도 하지만 그래도 이렇게 스피킹 시험준비를 하다 보면 결국 영어도 늘 것이고 토플 점수가 높으면 내가 가고 싶은 나라로 교환학생도 갈 수 있기 때문에 어쩔 수가 없다."

어떤가? 이 정도면 내가 보기엔 언어 - 시험 - 산업의 맥도날드화는 우리가 필요해서 고안한 도구가 아니다. 기술주의 기반의 언어교육문화로도 볼 수 없다. 이제 '테크노폴리'의 언어세상에 진입한 것이다. 이제 포스트만의 도구사용문화, 기술주의문화, 그리고 테크노폴리의 논점[22]으로부터 지금 시대의 언어교육문화를 설명하고자 한다.

3. 기술주의에 물든 언어와 테크노폴리:
언어차별이 본격화되다

테크노폴리의 구축, 기술중심주의

경제주의, 합리주의와 함께 신자유주의 언어사회를 유지시키고 있는 핵심 원리는 기술지배주의, 기술만능주의, 혹은 기술중심주의(technocentrism)라고 볼수 있다. 기술(technology)이라고 하면 과학적인 실험이나 산업공학적 절차를 쉽게 연상하지만, 언어를 교육시키고, 언어평가를 시행하고, 언어정책을 집행하는 것도 모두 기술로 구성되어 있다. 기술의 사전적인 의미는 필요를 채우고, 문제를 해결하며, 사회경제적인 현장에서 목표에 도달하게 하는 일종의 '수단'이다. 인간의 활동에 도움을 제공하는 지식 체계나 절차로 폭넓게 정의할 수 있다.[23]

이와 같은 기술 기반의 교수행위, 시험개발뿐만 아니라 언어정책과 같은 거시적 기획과 집행 역시 특정한 목적을 감당하는 도구적 절차로 이해될 수 있다. 그러나 기술 편의적 발상으로만 시험을 이용하고, 정책을 집행하고, 다양성과 형평성의 원리를 배제시키는 관행이 계속 축적된다면[24] 이는 사실상 모든 언어행위를 규정하는 기술(defining technology)로 변모된다. 기술중심주의는 이데올로기적 원리로 작동하게 된다.

기술중심주의는 과학기술이 진보하면서 사회체제의 발전도 결정된다는 논점을 가지고 있다.[25] 기술주의 신념체제에 따르면 모든 감정적, 개인적, 사회적 문제는 보다 나은 기술의 적용으로부터 해결할 수 있다. 삶의 문제는 기본적으로 기술적인 조정에 달려 있다. 출현 배경이 다소 모호한 이데올로기이지만 지배적인 이데올로기로 우리 사회에서 이미 자리를 잡았다. 삶의 범주가 되는 윤리를 억압할 수 있는 능력마저 지니고 있다. 개인 수준에서 저항하기 힘들고 막강한 영향력을 행사하고 있다. 미디어 이론가인 포스트만의 테크노폴리(technopoly) 사회제도로부터 환기되듯이, 신자유주의 시대의 기술주의는 도구를 변화시키는 수준을 벗어나서 개인과 사회의 관심, 태도, 사유방식까지 변화시키고 있다.

우리가 속한 사회가 빈번하게 고부담 시험과 같은 기술적 해법에 의존한다면, 혹은 문제를 발견하고, 문제를 해결하고, 문제의 대안을 제시하는 기술적 담론으로만 가득하다면, 그곳은 기술주의 언어사회이다. 언어시험은 도구 수준을 벗어나서 개발이나 준비 자체만으로도 강력하고도 효율적인 목적 담론으로 확장되는데, 이는 기술−도구 수준을 벗어난 테크노폴리의 권력 속성과 매우 유사하다.

창문 없는 세상, 기술만능주의 시대

여기서는 상품적 가치와 표준화의 합리주의가 결국 기술만능주의와 결합할 수밖에 없다는 논점을 설명하고자 한다. 우선 사회학자 피터 버거(Peter Berger)가 말한 '창문 없는 세상'에 대해 말해보고 싶다. 정확하게 기억은 나지 않지만 이와 같은 글의 내용이었다: 인간은 눈앞에 보이진 않는 초자연적 현상, 전능자의 존재, 초월, 비가시적인 신성을 오랜 시간 동안 믿었다. 그러나 과학기술이 본격적으로 발전하면서 '창문이 닫히는 세상'이 시작되었다. 시대가 갈수록 물질적인 것, 보이는 것, 일시적인 것만 중요해진다. 이제 창밖을 쳐다보며 보이지 않는 것을 상상하지 못하고, 불확실과 희망을 말하지 못하며, 그저 보이는 재화를 버리고 다시 바꾸고 관리하는 테크놀로지의 삶에 집중한다.

정말 그렇지 않은가? 많은 우리가 초월과 신성의 창문을 닫고 이성과 과학으로만 우리의 삶을 통제하고 있지 않은가? 집 안에서 밖이 보이고 하늘이 보이는 창을 닫아두면 나는 참 답답하다. 창을 닫고 지내면 밖이 보이지 않으니 집 안에 있는 물건(의 배치)만 눈에 자꾸 들어온다. 크고 불편한 물건, 작고 편리한 물건. 좋은 물건, 안 좋은 물건. 자동화된 기계, 수동으로 처리해야 하는 기계. 그렇게 쳐다보면서 선택의 규범이 재조직된다. 배치의 조건을 놓고 보다 물질적인 삶을 계획한다. 교체해야 할 것을 합리적으로 (재)분류하고, 계산하고, 통제하고 수량화시킨다. 그런게 바로 테크놀로지의 규범이 된다.

지그문트 바우만(Zygmunt Bauman)는 '유동하는 공포'에서 영국의 리얼리티 인기 프로그램 '빅 브라더'*를 다음과 같이 비평한 적이 있다. "추방 자체를 추방할 방법은 전혀 없다. 문제는 추방을 하느냐, 마느냐가 아니다. 누구를 언제 추방하느냐다. 누군가가 정말 나쁘기 때문에 내쫓는 것이 아니라 그게 게임의 규칙이기 때문에 내쫓는다."[26] 바우만은 사회구조나 매체의 테크놀로지가 개인을 이처럼 무력화시키는 공포의 문법을 써 내려가고 있다고 지적한다. 개인은 테크놀로지화된 구조 안에서 당장에, 하루 만에, 혹은 일주일 만에 즉각적인 선택을 감각적으로 처리해야 한다. 추방의 공포에 대해 진지하게 성찰하지 못한다. 공포의 근원, 공포의 주체에 대해 거부하긴 커녕 비판적인 시선을 가져보는 것도 허락되지 않는다.

기술에 의해 구조화된 사회질서는 인간의 주체적 역할을 제한시킨다. 인간들은 기술에 의해 압도되며 결과적으로 그들 스스로 소외시키기도 한다.** 언어산업 역시 경제적이고 합리적 가치를 추구하며 기술에 크게 의존하고 있다. 그럴수록 언어를 가르치고 배우고 사용하는 인간

---

* 일반인 지원자들을 24시간 동안 마이크와 카메라가 설치된 집에서 생활하게 하고 한 주에 한 명씩 '부적합'한 사람을 집에서 추방하는 쇼이다. 이와 같은 유사 서바이벌 프로그램은 국내외 여러 예능방송의 인기 포맷 중 하나이다.

** 몇 년 전 KT의 두 가지 TV 광고내용이다. (1) "혼자 맞는 생일만큼 외로운 게 있을까요? 현빈씨라고 예외는 아닌가 봅니다. 현빈씨의 외로운 마음까지. 현빈: 지니야, 나 우울해. 내레이터 김창완: 기술 들어갑니다. 인공지능기기 지니: 우울할 때 좋은 노래 들려 드릴게요. (중략) People, Technology, KT." (2) "사람. 사람은 늘 새로운 기술을 생각하지만, 새로운 기술은 늘 사람을 생각할까. 사람이 무엇을 필요로 하는지, KT의 5G 기술이 비로소 지능을 가지고 사람을 이해한다." 이와 같은 광고내용에는 기술이 사람을 이해하는 적극적 주체로 등장한다. 기술은 대상도 도구도 객체도 아니다. 인간의 외로움까지 걱정해주는 주체가 된다..

들은 일상적으로, 유희적으로, 즉흥적으로, 혹은 창조적으로 언어를 사용하지 못한다. 달리 말하면 주체적인 언어실천으로부터 소외되고 스스로도 소외시킨다.

문화의 창조자이자 향유자, 혹은 언어를 유희적이고 창조적으로 사용하는 인간은 없다. 인간은 스스로 자기가 말하고 쓰는 언어행위의 주체성을 믿지 못한다. 오히려 기술주의 사회가 제공하는 잘 짜여진 교육과정, 인증제, 시험준비의 기술화 문화에 포획되었다. 시험을 잘 치는 전략, 언어능력을 인증하는 절차, 언어를 잘 가르칠 수 있다는 공학매체의 발상은 이미 도구적 속성을 넘어섰다. 목적을 위한 수단, 공부를 잘 시키기 위한 시험, 교육에 관한 기술은 이제 그 자체만으로도 목적이 되었다. 보다 쉽게 설명하면 토익 시험이 영어능력을 추론하기 위한 도구라기보다 토익 시험준비가 영어공부, 영어사용문화의 전부가 된 것이다. 시험점수를 획득하는 것 자체가 목표이다. 그럼 토익에 관한 모든 것이 테크놀로지화된다. 토익 기반의 기술만능주의 문화는 이제 토익이란 시험이 도구라는 사회적 인식조차 사라지게 한다. 토익이 영어이고, 영어사용이고, 영어공부가 된 것이다. 이건 과장이 아니다. 수많은 영어학습자가 그렇게 토익을 생각한다.[27]

이 지점에서 나는 포스트만의 '테크노폴리' 논점을 언어사회의 기술만능주의에 관한 개념적 틀로 사용하고자 한다. 포스트만은 문화를 '도구사용문화', '기술주의문화', 그리고 '테크노폴리'로 구분하고 지금 사회의 기술은 이미 도구 수준을 넘었을 뿐 아니라 기술에 대한 통제력까지 잃어버렸다고 지적했다. 1992년에 출판된 단행본으로부터 포스트만은 지금 사회가 기술주의 문화마저 넘어 테크노폴리 시대를 맞이했다고 일찌감치 예견한 것이다. 기술을 사용하거나, 기술에 매료된 수준이 아니라, 기술 자체가 엄청난 권위를 가지고 신격화된 위치를 차지하면 테크노폴리 문화로 진입한 것이다. 그리고 테크노폴리 문화가 만들어지는 과정 중에 사회구조, 도시환경, 의사소통의 방식 등 모든 것이 크게 바뀔 수밖에 없다.

영어시험 현장을 간단한 예시적 상황으로 두고 생각해보자. 기술주의가 본격화되면 될수록, 다양한 언어들을 배우고 사용하는 학습자들을 배려하는 영어시험환경은 사라질 수밖에 없다. 그에 반해 시험을 준비시키고 응시하고 시험결과를 사용할 수 있도록 돕는 편의적 기술주의가 점차 확장된다. 중요한 것을 시험에 출제하는 것이 아니라 기술로 담을 수 있는 것을 시험에 담아낸다. 랩실 부스 안에 들어가서 컴퓨터 화면으로 제시된 문항을 듣고 마이크에 자신의 응답을 녹음시키면 데이터베이스에 저장되며 저 멀리 누군가 컴퓨터에 앉아서 혼자 채점을 하는 평가절차와 내용은 모두에게 이제 익숙하다. 그것이 중요하기 때문에 모두가 그렇게 하는 것이 아니다. 테크노폴리를 형성하는 이와 같은 시험문화는 국가, 학교, 직장 구성원들의 집단적 사고방식과 일상적인 리츄얼을 변화시킨다. 영어(말하기)가 어떤 의미인지, 어떻게 일상적으로 공부할지, 기술적인 (그리고 획일적인) 지침이 제시되며 모두는 따른다. 기술은 더 나은 편의를 제공하지만 결국 학습자, 언어사용자, 수험자를 수동적이고 객체적인 위치로 강등시킨다.

영어공부를 아무리 해도 여전히 찜찜하다면, 토익점수가 800점이 넘어도 여전히 부족한 것 같다면, 미래의 언어세상을 아무리 준비해도 불안하다면, 어쩌면 기술만능주의 시대에 살면서 내가 누구인지 적극적으로 사유하고 과거를 성찰하지 못한 탓 아닐까? 인문적인 지식이 기술만능주의 담론에 의해 지나치게 위축된 탓이 아닐까? 만약 그렇다면 테크노폴리의 언어, 교육, 언어교육, 언어시험은 조금 더 인문적이고, 유희적이고, 즉흥적인 환경으로 재위치시켜야 하지 않을까?

테크놀로지, 테크노폴리의 시대

테크놀로지의 사전적 의미는 (1) 도구, 기계, 장비이거나 (2) 특별한 지식이나 기술의 총합일 것이다. 지금 시대를 지식자본주의라고 부르면서 사람들은 테크놀로지를 권력, 자본, 지식까지 생성시킬 수 있는 도구라고 믿는다. 기술전쟁이란 말이 그래서 나왔을 것이다. 기술은 도구적이거나 장비적인 수준의 영향력만을 발휘하지 않는다. '전쟁'이란 메타포가 무색하지 않게 우리의 생각, 사고체제, 관계성, 공동체의 문화, 가치관, 세계관까지 변화시킨다.

그런 점에서 테크놀로지 기반의 언어교육이라고 할 때 학습자가 컴퓨터나 인터넷 기반으로 공부하는 모습만 떠올릴 수 없다. 물론 언어를 교육하고 평가할 때 음성인식 엔진, 자동번역기, 멀티미디어 기자재, 온라인 채점을 관리하는 데이터베이스가 모두 테크놀로지이다. 그러나 그러한 하드웨어뿐 아니라 언어를 가르치고 평가하는 지식과 절차의 사유체계, 혹은 사회적 관행 역시 모두 테크놀로지라고 부를 수 있다. 인터넷에서 시험신청을 하고, 학원에 가서 시험 잘 응시하는 요령을 학습하고, 컴퓨터가 설치된 말하기시험장에 가서 시험을 치르고, 다양한 이해당사자들이 이런저런 의사결정에 시험성적을 사용하는 사회적 절차와 내용도 모두 테크놀로지인 것이다.

기술이 인간과 환경을 구성시킨다는 거시적 인식이 필요하다. 새로운 기술이 특정 매체에서 반복적으로 사용되면 새로운 사회질서가 만들어질 수 있다. 컴퓨터가 등장하면 기존의 기술환경에서 컴퓨터의 새로운 요소가 합쳐지는 것이 아니다. TV 옆에 컴퓨터가 병렬로 존재하는 것이 아니다. 컴퓨터를 사용하면, TV를 만들고 사용하는 새로운 환경과 문화가 생긴다. TV가 점차 사라지거나 컴퓨터와 비슷한 TV를 소비하는 사회질서가 등장한다. 기술생태론적 인식으로 보면 그렇다.

동일한 논점을 언어산업 현장에서 적용해보자. 언어교육, 언어평가, 언어정책의 현장에서도 새로운 테크놀로지가 등장하면 단순하게 도구로서의 테크놀로지 하나가 병렬로 보태지는 것이 아니다. 언어를 사용하는 인간의 행위, 언어를 배우고 가르치는 언어환경이 새롭게 구성된다. 토익-스피킹, 오픽과 같은 말하기시험을 사용하는 테크놀로지가 등장한다는 건 영어를 가르치고 배우고 사용하고, 영어능력에 관한 의사결정을 하고, 누군가를 선발하고 배치하는 모든 언어사용환경이 새롭게 구성된다는 것이다. 종전의 방식에서 영어말하기시험이 보태지는 것이 아니다. 토익-스피킹이나 오픽은 새로운 언어교육사회의 생태계를 구성한다.

포스트만은 이처럼 테크놀로지로 만연된 현대사회를 비판적으로 분석하기 위해 '테크노폴리'라는 개념을 사용했다. 그는 기술이 사고, 행위, 문화 등의 인간생활 전반을 통제하여 결국 인간이 기술에 종속되고 가치판단의 정신적 토대마저 빼앗기도 있다고 지적했다. 한편으로 보면 기술주의 시대 이전의 역사와 전통, 인간성을 회복시키는 교육의 가치에 다소 낭만화된 의미를 부여하고 있다. 그렇지만 모든 인간의 문명에 테크노폴리 세상의 가치판단이 철저하게 개입하고 있다는 그의 논점을 반박하기도 쉽지 않다.*

테크노폴리 문명은 일상적으로 수행하는 모든 삶의 리츄얼에 개입하고 있기에 기술적인 속성이 어디서든 강조되고 있다. 테크노폴리의 기술화된 세상은 입/산출 – 정보처리 – 저장 방식의 메커니즘을 벗어날수 없기 때문에 인간이 가지고 있는 엉뚱한, 즉흥적인, 그저 재미를 추구하는 삶의 단면은 간과되거나 축소된다. 포스트만의 문제의식을 언어사회에 적용하면 우린 다음과 같은 질문을 던져볼 수 있다.[28]

---

* 테크노폴리에 대한 믿음체계가 견고해지면 인간의 판단체계나 주체성에 대한 신뢰는 희미해질 수밖에 없다. 비원어민 교사보다 원어민 교사가 낫고, 원어민 교사보다 비싼 멀티미디어 기반 교육과정이나 교재가 낫다고 생각된다. 2000년대 초반에 영어교육 기업 '윤선생'에서 '폰패스'라는 영어말하기평가 도구가 수입되어 국내에서 한동안 시행된 적이 있다. 음성인식 엔진에 기반을 두고 면접자 없이 자동화된 절차로 말하기능력을 측정할 수 있다고 소개된 '폰패스'는 당시 많은 대학생과 직장인을 대상으로 운영되었다. 영어말하기능력이 그렇게 중요하다고 하더니 결국 면접관도 없고, 채점자도 없고, '폰'으로만 자동처리되는 시험절차와 내용까지 고안된 것이다. 이와 같은 시도는 테크노폴리 세상에서 얼마든지 다시 등장할 수 있다.

질문 1: 테크놀로지 기반의 언어행위는 우리를 변화시키고 있는가?

질문 2: 사회를 도구사용문화, 기술주의 문화, 테크노폴리 문화로 구분한다면 국내 언어사회, 혹은 언어교육산업은 어떤 문화로 향하고 있는가? 개별 구성원들은 어떤 문화를 긍정적으로 수용하고 있는가?

테크놀로지가 개입된 사고 중에 온라인 양육게임을 하면서 어떤 부부가 딸을 굶겨 죽인 사건이 있다.[29] 딸을 그토록 돌보지 않은 부부의 정신 상태라면 가상적 기술공간은 그냥 심심할 때 갖고 노는 도구가 아니다. 딸을 굶겨 죽일 수밖에 없는 부부의 삶, 일상의 리츄얼, 생활의 스타일을 모두 변화시킨 것이다. 사람 죽일 정도면 통제가능한 도구가 아니다. 그들에게 온라인 게임은 삶을 살아가는 중요한 이유이고 일상의 목표가 된 것이다. 육아 스트레스를 게임으로 도피했다. 가상의 게임 속에서 한 여자아이를 육아일기까지 쓰면서 양육했다고 한다. 사랑하고 딸을 가진 실제적 현실이 있지만 테크놀로지가 진짜 생명까지 삼켜버린 셈이다.

PC방에서 게임을 하다가 3개월이 된 딸을 굶겨 죽인 부부가 구속되었을 때 어떤 생각이 드는가? 대개 부부를 욕할 것이다. 아이는 불쌍하다고 할 것이다. 그런데 잠깐. 우리가 살고 있는 지금 시대에서 보통 사람이라면 그만한 수준의 테크노 부부로 살고 있지는 않을까? 결혼을 안 했어도 가상공간이나 기술의 매체에 포로가 되어, 시선을 느끼든, 질투 때문에 견딜 수 없든, 돈과 시간을 갖다 바치든, 일상적으로 테크노롤지의 인생을 살고 있지 않을까?*

예를 들어 대학생이라면 영어공부를 어떻게 하면 되는지 머리로는 다 아는 듯하다. 그런데 이런저런 이유로 토익 시험을 준비하게 되면 학원에 등록하거나 비법이 있다는 교재를 구매한다. 시간이 나면 (혹은 돈이 필요하면) 학원에서 감독관 알바도 하는데 그곳은 어린학생이 컴퓨터가 설치된 부스 안에 들어가서 혼자서 공부하게 하는 곳이다. 그런 공부법이나 알바 경험이 내 삶의 우선적인 관심이 아닌 줄 알면서도 남들이 하니까 (또 나도 해야 하니까) 한다. 그렇게 테크노폴리의 세상에서 우린 선생으로든 학생으로든 절차적 시스템의 운영에 일조한다.

그러다가 때가 되면 (졸업을 하거나, 대기업에 취업을 하거나, 정식으로 학교 선생이 되거나, 영문과 교수가 되면) 나는 다른 내가 정말 될 수 있을까? 정말 나중에는 학원 알바 때 한 일을 안 할 수 있을까? 토익 공부법 같은 건 쳐다보지도 않을까? 다들 잠시 할 뿐이고 다시는 안 할 거라고 말한다. 그러나 그들은 대학 졸업을 해도, 취업해도, 심지어 박사가 되고 교수가 되어도 사실상 거의 비슷한 일을 한다. 그게 삶의 방식이 된 것이고 언어(교육)를 바라보는 관행이 내면화되어 있기 때문이다. 테크

---

* 요즘 청년들은 너무 바빠서 온라인 사랑을 즐긴다고 한다. 매매춘으로 몸으로만 사랑하고 데이트나 연애는 미룬다고 한다. 그런데 온라인 섹스나 매매춘의 습관을 가진다면, 나중에 스펙 쌓고 좋은 직장 구하면 정말 그때부터는 정상적이고 건강한 사랑만 할까? 뭐가 정상이고 뭐가 사랑인지 머리로는 알 것이다. 그러나 머리로는 알 뿐, 체험으로, 기억으로, 습관으로, 매매춘이나 온라인 섹스를 여전히 버리지 못할지도 모른다. 이미 온라인에서 우린 괴물이 되어 있는 건 아닌가? 우리는 테크노폴리 문화에 살면서 삶의 일상적인 기쁨, 목적, 즐기는 과정을 모두 빼앗기고 있는지도 모른다.

노폴리 질서 밖으로 나오지 못하는 것이다.

흔히 지금은 과거보다 더 나은 기술사회라고 말한다. 컴퓨터 보급률, 인터넷 사용자 규모, 정보의 양, 기술적 정교함이 계속 발달하고 있다고 소개된다. 그러나 10여 년 전 유엔식량농업기구 보고서만 보더라도, 10세 미만 아동이 5초에 1명씩 굶어 죽으며, 비타민 A 부족으로 시력상실이 3분에 1명씩 발생하며, 세계 인구 1/7인 8억5천 명이 만성 영양실조이며, 기아 사망은 2000년 이후 1,200만 명이 증가하며, 아프리카는 현재 인구의 36%가 굶주림에 무방비상태이며, 북한 2,300만 명 인구 다수가 만성적인 영양부족이며 특히 15세 미만 아동의 37%가 심각한 영양실조이다.

테크놀로지 기반의 사회가 이토록 발전했는데 이건 무슨 얘기인가? 세계를 구원할 것처럼 보이는 기술만능주의 세계관은 오만하다. 그래서 반드시 경계되어야 한다. 사람이 뒤로 빠지고 정보와 기술이 발전하는 것만으로 더 좋은 세상이 올 수 없기 때문이다.[30] 누구를 위한 더 나은 세상인가? 포스트만은 이것을 두고 '주체의 전이'로 설명한다. 인간이 낳은 결과물에 대한 책임을 추상적인 주체로 전가시킨다.[31] 사람이 뒤로 빠지고 사람이 만든 기술이 우선적으로 다뤄진다.*

편의성과 윤리성은 시소게임 같은 것이다. 한쪽이 너무 세면 한쪽은 약화된다. 편의성을 염두에 두고 공학적 매체를 선호하는 곳에서 부정행위가 만연하는 이유도 그 때문일 것이다. 조종사가 조종의 기술에만 종속되면, 발표할 때 파워포인트 프로그램을 너무 의식하면, 영어교사가 외부시험의 시스템을 너무 의식하면, 그곳에서 예기치 않게 발생할 수 있는 문제에 제대로 대처하지 못한다. 꼭 해야 할 일도 제대로 못한다.

기술주의 세계관이 한번 도입되면 인간의 통제권을 벗어나게 되고 인간의 의지와 상관없이 그 자체의 예정된 기술화된 임무를 수행하는 경향이 있다. 기술이 문화 속에 침범해 지배력을 가지면 그 기술로부터 발생한 변화를 다시 돌리기도 힘들다. 우리가 살고 있는 언어사회가 이와 같은 문제의식을 공개적으로 나누고 대항적인 혹은 대안적인 문화를 공존시킬 수 있는가? 테크노폴리가 지배하는 사회라면 대항과 대안, 혹은 차이와 다양성은 기존 체계가 유지될 수 있는 선에서만 허락될 것이다.

---

*   예를 들어, 전교생이 토익을 모두 치르게 하고 영어졸업인증제를 시행하는 기술화된 질서에서 학생은 얼마나 배려되고 있을까? 컴퓨터 화면 앞에서 시험을 보고 성적을 부여받는 절차에서 학생이 어떻게 학습자로서 배려되고 있다는 것인가? 기술만능주의 세상에서 다수는 그저 관행적으로 구축된 기술화된 제도의 소비자가 될 뿐이다. 앞서 언급한 '폰패스'나 국가영어평가시험으로 기획된 'NEAT'를 생각해보면 그렇다. 온라인 신청과 시행의 편의성, 컴퓨팅 시스템, 문제은행, 데이터베이스, 채점자 관리와 같은 기술주의 기반의 말하기평가 시스템이 만들어지면 우리는 얼마나 제대로 영어를 가르치고 배울 수 있을까? 차라리 언어를 공공재나 기초재로 인식하고 저부담시험정책을 기획하면서 사람이 사람을 가르치고, 사람이 사람을 면접하고, 사람이 직접 채점하면서 대인간 접촉면을 더 넓히는 것이 언어를 제대로 가르치는 방안 아닐까? 토플의 온라인 시험신청이 불편하다고 시작된 2007년 '토플대란'으로부터 '수입'과 대비되는 '토종' 시험담론이 등장했지만, 기술강국을 강조하며 개발된 NEAT는 2015년에 시험장에서 발생한 기술적 결함에 발목이 잡히면서 수백억 원을 투자하고도 폐지의 빌미를 제공했다.

앵무새 살리기

테크노폴리와 언어교육

테크노폴리 시대의 테크놀로지에 관한 담론은 우리의 정신을 통제하고, 행동을 위축시키며, 우리가 느끼고 깨닫고 무언가를 배워가는 과정까지 관리한다. 테크노폴리 세상의 지지자라면 이렇게 말할 것이다. '테크놀로지를 개선하면 교육도 개선된다. 언어기술을 개선하면 언어에 관한 문제도 해결된다. 기술을 통해 교육은 더욱 효율적으로 변하고, 의사소통 능력도 더욱 향상될 수 있다.' 이와 같은 순진하고 단순한 신념이 모이면 인간 역시 기술적인 존재로만 보이고 학습자도 기술만 투입되면 효과적으로 학업산출물을 낼 수 있는 존재로 인식된다. 제대로 산출물이 나오지 않으면 정보를 처리하는 절차나 투입정보를 보다 효율적으로 바꾼다. 문제를 바라보고 해결하는 방식은 늘 기술적으로 접근한다. 쉽게 말해서 모든 걸 기술에서 시작해서 기술로 끝낸다.

테크노폴리 시대는 테크놀로지 기반으로 공부해야 한다는 강박을 만들었다. 학생은 사람보다 기계와 더 자주 만난다. 프랜차이즈로 운영되는 학원은 학습과 시험 내용, 성적이나 피드백까지 모두 기술화된 경로로 제공한다. 아이들은 학원에 가지 않는 시간에도 컴퓨터 앞에 앉아서 화면 위에서 제시되는 순서에 따라 공부한다. 선생님에게 확인받을 때를 제외하고 학생이 컴퓨터 앞에서 혼자 공부하는 영어학원도 있다. 컴퓨터를 통해 성과도 얻고 징계도 받는다. 많은 학생이 어릴 때부터 기계로부터 언어를 공부한다. 음성인식, 멀티미디어 교재, 온라인 평가 등 뭐든 기술, 기술, 기술로만 구성된 교육환경에서 정말 대인간(interpersonal) 언어실력이 향상될 수 있을까? 그때 향상된 언어능력이란 것은 과연 무엇을 의미할까? 테크노폴리 시대에는 기계로부터 학습하거나 기술화 공정으로 처리된 언어가 오히려 진짜로 보인다.*

테크노폴리 시대의 전문가 집단은 표준화된 검사나 조사를 통해 지능, 창의력, 감수성, 능숙도, 성취도 등을 측정하며, 기술화된 접근이 조건화된 개인의 역량, 신념에 내재된 본성까지도 드러낼 수 있다고 믿는다. 또는 진실성 여부에 상관없이 그렇게 믿도록 노력한다. 여러 학문 영역에서 산업화, 후기산업사회의 기술주의 신화는 충분히 비판적으로 공격받고 있음에도 문제의식은 점차 희박해지고 있다.[32] 연구자료를 참조할 것도 없다. 나는 다양한 현장에서 수많은 학생을 만나면서 테크노폴리로 운용되는 거대한 언어/교육산업이 얼마나 그들에게 무력감을 주는지 반복적으로 확인할 수 있었다. 아래 일지는 대학에서 내가 가르친 학생이 쓴 것이다. 당시에 성실하게 취업을 준비하고 있었는데 아래 고백에서도 보듯이 그는 획일화된 교육체제 안에서 참으로 힘들어하고 있었다. 언어교육은 그저 다람쥐 쳇바퀴 돌 듯 매일같이 돌고 도는 기술일 뿐이었다.

---

* 자본, 기계, 시스템이 전방위적으로 압박할 미래 사회에서는 경보장치, 안전, 복지, 노인, 종교, 건강, 정체성, 치료(힐링) 산업이 잘 될 수밖에 없다. 모던적인 사회에서 공장, 부동산 투자, 건물 사업으로 돈 벌 때와 분명 다르다. 테크노폴리 시대에 누가 어떻게 언어에 대해 지배력을 행사하려고 할지 쉽사리 예측할 수 있다.

"내 고등학교 때 기록이다.

"따르릉따르릉"

어느새 11시다. 예약된 전화영어로 공부할 시간이다. 책장에 있는 전화영어 교재와 연필을 들고 전화기 앞에 앉는다. 오늘따라 너무 피곤해서 무선 전화를 들고 침대에 누워 듣는다. 여느 때와 다름없이 전화기엔 아리따운 목소리가 흘러나온다. 그리고 부럽기만 한 발음의 원어민 대화가 오간다.

하루에 듣는 8마디 정도 되는 상황 영어를 배운다. 특정 상황에서 하는 대화를 매일 전화로 듣는다. 한번 듣고, 중요한 어구에 대한 문법을 공부한다. 그녀는 숙어나 to-부정사, 동명사 등 중요한 것을 집어주며 왜 이렇게 해야 하는지에 대해 설명한다. 마지막으로 그런 설명을 염두에 두고 나오는 대화를 다시 반복해서 청취한다. 어느새 내 눈은 반쯤 감기어 있고 정신은 몽롱해진 상태로 책은 보지 않고 편안한 자세로 누워 천장을 보며 전화기를 붙들고 있다. 교재는 볼 필요가 없다. 듣고 있어도 다 아는 학교 문법이고 대화에서 말하는 발음만 들을 줄 알면 듣기평가에 도움이 되기 때문이다.

일일테스트가 시작된다. 첫 문장 대화가 중요하다. 그리고 그에 따른 상대방의 답변에서 대화 흐름의 대부분은 결정된다. 그리고 나는 바로 답의 버튼을 눌러 다음 문제로 넘겨버린다. 그렇게 큰 긴장 없는 다섯 문제 풀이는 끝난다. 예쁜 목소리의 선생님이 마무리를 해주고 통화가 끊긴다. 수화기를 갖다 놓고 시계를 본다. 7분을 넘지 않는다. 하루 7분 투자. 기분이 그리 나쁘진 않다. 수능영어 유형에 익숙해지고 있고, 매일 훈련을 하고 있다는 생각에 만족감이 생긴다. 실제로 이 영어공부를 시작하면서 듣기 흐름이 깨지지 않아서 실력에 큰 변동이 없다. 책과 함께 온 카세트 테이프로 동화 같은 것도 읽고 했기에 이 프로그램에 난 만족한다.

3년 후 대학교에 나는 입학한다. 이제 난 영어로 된 어떤 수업을 들으면서 내가 고등학교 때 그토록 성실하고 열심히 해온 영어공부 방식에 회의감, 좌절, 아니 분노를 느낀다. 말하기든 읽기든 쓰기든 난 부끄럽고 답답하고 짜증이 난다. 교재를 조금만 벗어나면 난 영어로 어쩔 줄을 모르는데 그때 했던 공부를 아직도 하고 있다. 나 정도면 정말 착실하게 공부한 건데 정말 짜증이 난다. 그리고 알 수도 없다. 내가 뭘 제대로 못 했는지. 옛날에는 대학에 가려고 지금은 취업 준비로 수년째 정말 똑같은 공부만 하고 있다."

아래 글도 내가 가르치고 있는 대학 현장에서 수집한 것이다. 나는 이 학생을 두 과목이나 가르쳤고 지금도 기억하고 있다. 어린 시절부터 많은 책을 읽었고 인문학적 통찰력이 뛰어난 학생이었다. 국어나 영어 과목 성적도 뛰어난 편이었고 고등학교 때 선생님들이 논술전형으로 대학입시를 준비시켰다고 했다. 다음 글은 당시 논술학원에 다니면서 겪은 심정을 토로한 것이다.

"등록할 때 상담실장님이 내게 "왜 이렇게 늦게 왔어? 다른 애들은 진도 벌써 다 빼놓고 첨삭 들어갔는데..."라며 힐난했다. 상담 내내 팬히 긴장과 불안감이 돋아 수업을 듣기도 전에 내가 그간 읽은 책과 글쓰기 경험만 믿을 뿐 왜 진작 학원 다닐 생각을 하지 못했는지 괜히 나를 책망하곤 했다.

수업을 듣기 전에 나는 사실 대입 논술이 그리 어렵게 보이지는 않았다. 주어진 제시문을 읽고 요약하는 것이 내게 대단한 일이 아니었기 때문이다. 그런데 '글은 무조건 서론, 본론, 결론으로 나누고, 2000자 글은 200자, 1500자, 300자로 분배하고 예시는 몇 개를 들면서 문단은 이렇게 시작하고 개요는 저렇게 하고..' 등 엄격한 가이드라인을 벗어나면 내가 쓴 글이 쉽사리 가치를 잃게 되었다. 당황스러웠다. 내 방식으로 쓰면 점수를 깎이게 된다고 꾸짖음도 들었다.

3달이 넘게 나는 글쓰기 요령을 익히고, 대학 측에서 제공한 예시답안에 근접할 수 있도록 연습했다. 예시답안의 형식을 따르고, 문장구조를 베끼는 것이 내게 주어진 과제 중 하나였다. 나는 '나답지 않게' 글을 쓰라고 자주 지적을 받았으며 내 의견을 글에 반영하면 안되며 반박의 여지가 있을 수 있는 글은 점수를 얻지 못할 수 있다는 지적도 자주 받았다. 논술학원을 다니면서 나는 오랫동안 즐겁게 책을 읽고 글을 써온 내 나름의 어휘, 어조 등의 개성을 완전히 제거해야 했다. 문제의식이 사실상 없는, 그래서 객관적이고 가독성만 좋은, 보기 좋은 답안을 만드는 것에만 집중한 것 같았다. 형식에 집중하면서 정작 써야 할 내용은 대충 생각하게 되고, 그런 글을 쓰는 내가 싫기도 했다. 글을 쓰는 즐거움은 없었다. 형식에 대한 부담만 커졌다.

논술의 정의는 '어떤 주제 혹은 문제에 관해 자신의 의견을 논리적

으로 서술하는 것'인데 나는 큰 비용을 지불하면서 내 글에서 '주관

성을 제거하는 법'을 집중적으로 배웠다."

언어는 인간이 자신과 주변 환경을 인지하고 표현하는데 사용되는 상징체계이다. 언어를 통해서 우리는 자신과 타자를 이해하고, 자연과 우주를 표현하며, 감정과 관계를 인식한다. 영향력이나 인과성의 정도에 관해서는 논의의 여지가 많지만, 언어, 사고, 사회적 제도와 질서 사이에 서로 관련성이 있음은 분명하다. 언어를 가르치고 배우고 사용하는 관행이 변하면 개인이 열어둔 삶의 방식, 또는 신념과 인지는 그만큼 달라질 수 있다.

만약 누군가 언어를 배우고 사용하는 일이 특별히 새로운 것도 없는 지루하고 기술화된 일상이었다고 불평하는 위 학생의 마음을 이해조차 하지 못한다면? 그건 테크노폴리의 프레임이 그만한 수준의 권력으로 지금 언어사회를 통제하고 있다고 봐야 한다. 포스트만은 그의 또다른 저서 '교육의 종말'[33]을 통해 인간들이 경제주의, 소비주의, 분리주의, 무엇보다 기술주의와 같은 작은 신들을 숭배하기 시작하면서 인간성의 위기를 감수하고 있다고 지적했다. 그는 교육의 가치 역시 이제는 잘 먹고, 잘 살고, 대접받을 직업 정도를 갖게 해주는 재화나 기술 정도로 폄하되고 있다고 주장한다. 이건 국내 언어교육현장에서도 예외가 아니다.*

---

*   예를 들어, 한국에서 영어가 중요하다는 논리를 살펴보면 대개 경제주의, 소비주의, 기술

도구사용, 기술주의, 그리고 테크노폴리 문화의 배반

언어교육을 돕는 도구가 개발될 수 있다. 도구로 선택되어 사용되는 문화로부터 시작되어 기술주의 사유체제가 언어를 가르치고 배우는 우리의 삶을 긍정적으로 변화시킬 수도 있다. 그러나 인간이 행위주 역할을 하지 못하는 '주체의 전이' 현상, 수단은 수단일 뿐이라는 사실을 망각하게 하는 테크노폴리화된 언어교육은 우리의 삶을 결국 배반할 수 있다.

유치원에서 아이들이 컴퓨터 화면으로 영어단어시험을 치르는 현장을 참관한 적이 있다. 내국인 선생님은 관리만 한다. 컴퓨터로 시행되는 시험에 이미 원어민 선생님이 녹음한 말이 문항 유형별로 체계적으로 저장되어 있다. 아이들이 마우스로 클릭을 하면 온라인 데이터베이스로 응답이 저장되고 애들을 만난 적도 없는 누군가에게 송달된다. 추후에 시험을 관리하는 곳에서 몇 가지 평가 범주로 나누어 채점을 마친 후에 통계 데이터로 변환하여 유치원으로 다시 보낸다고 했다. 시험 결과는 e-mail이나 학교 인트라넷 안에 저장되어 수시로 사용된다고 한다.

그런데 엉뚱하면서도 까부는 어떤 유치원생이 그와 같은 평가절차에 제대로 참여하지 않았다. 교사 말로는 그 꼬마가 그림도 잘 그리고,

---

주의, 분리주의와 같은 신적 가치가 지배적으로 등장하고 있다. 국내 대학생 다수는 중등학교를 다니면서 배운 영어교육을 끔찍하게 기억하고 있다. 세상을 바라보고, 나를 말할 수 있는 언어가 아니었다. 달달 외우고, 시험을 강제적으로 준비하고, 못 하면 혼나고, 잘하면 즉각 보상이 제공되는 영어수업으로 기억하고 있다.

우스갯소리도 자주 하고, 새로운 걸 배우는 것에 늘 호기심을 갖고 있는데 (고만한 나이에 창의적인 아이들은 대개 장난을 치거나 단 하나의 정답과 무관한 반응을 하지 않던가?) 나름의 수업방식에서 어째거나 어긋났으니 관리하고 주목하는 대상이라고 했다. 영어학습발달이 결핍되어 있으니 추가 교육을 받아야 한다는 공지가 email로 전달될 수 있다고 했다. 부모나 해당 교사는 아마도 아이의 태도나 행동을 교정시키고 관련 평가절차에 엄밀하게 참여하도록 지도할 것이다.

관리 대상이 되고 추가 학습이 시작되기 전에 아이의 특성, 배경, 권리, 인간성이 충분히 재고되지 않는다면 컴퓨터 시험은 도구를 사용하는 수준도 아니고, 기술주의 기반의 교육도 아니다. 테크노폴리로부터 유치원 아이들을 통제하는 지식이고 제도이고 절차적 리츄얼로 봐야 한다. 테크노폴리로 통치되는 언어사회가 되면 그곳에서 말과 글로 살아가는 사람들보다 그들을 관리하고 통치하는 기술이 보다 뚜렷하게 전경화된다.

지방에서 8년 전쯤 특목고를 준비하던 학생 얘기다. TEPS 준비반 중 최상급 반에 배치된 이 학생은 일주일에 두 번, 100개씩 영어단어시험을 치르고 70개를 맞히지 못하면 수업이 끝난 후에 70개 이상 정답을 찾을 때까지 교실에 남아야 했다.* 이 학생은 통학용 승합차 안에서 희

---

* 학원에서 주 1-2회 수업을 하면서 단어를 매번 100-200개씩 외우게 하는 건 단어만 많이 알면 시험을 잘 칠 수 있다는 교사들의 확신 때문이다. '뜯어먹는 수능 영단어' 이런 살벌한 제목의 책으로 공부를 하는데 대개 학생들이 단어의 철자와 비슷한 의미를 모두 외우게 한다. 'frustrate'이라면 '좌절감을 주다, 불만스럽게 만들다; 방해하다, 좌절시키다'와 같은 유사 의

미한 불빛으로 단어 외운 것만으로 당시 교육경험을 기억하고 있었다. 단어시험의 양식은 너무 간단했다. 영어단어 100개가 나열되고 옆에 한 국어로 뜻을 적는 시험이었다. 모든 학생이 열심히 준비했고 시간이 흘 러가면서 낙오자는 거의 없었다고 한다. 그러자 어느 날 시험의 양식이 달라졌다. 영어단어 대신에 한국어 뜻이 100개 나열하고 그걸 영어단 어로 옮겨 써야 했다. 좌우 칸에 써야 해야 하는 내용이 달라지면서 다 수의 학생은 시험을 통과하지 못했고 반복적으로 재시험을 치르며 새 벽 2시나 되어야 귀가하곤 했다고 한다. 낙오자는 다시 생겼고 잘하는 학생, 못하는 학생의 경계가 다시 만들어졌다. 대체 우리는 왜 이런 식 으로 영어를 공부하는가? 단어는 왜 외우는가? 그곳에서 단어시험이란 의사소통의 수단조차도 아니다. 단어를 외우고 시험을 치르는 행위 그 자체가 학생을 분발시키고 서로의 경쟁심을 고취시키는 기술화된 의례 이고 공부의 목적인 것이다. 단어시험은 도구화된 기술 역할을 넘어선 다. 가르치고 공부시키고 보상을 주는 태도, 관습, 지식, 제도가 된다.

테크노폴리의 세상에서는 이처럼 기술이 전경화되고 수단은 목적 이 된다. 단어시험을 통과하는 것이 학생에게 중요한 목적이 된다. 망신 을 당하고, 학원과 가정에서 두 번, 세 번 혼이 나고, 늦게 귀가하고 잠

미를 이유 불문 모두 외우게 한다. 그것뿐 아니다. 고등학교 내신을 준비시키는 학원에서는 여 섯 쪽이나 되는 교과서 지문을 통째로 외우게도 한다. 달달 외워두면 빈 칸이 나오는 시험문제 를 모두 풀 수 있어 내신성적을 관리하기 좋다. 그러나 모의고사는 같은 문법 문제라도 예문이 달라지기 때문에 (그리고 그건 외워서 대비할 수가 없어서) 성적이 나오지 않는다고 불평하는 교사/학생들을 만난 적이 있다.

도 제대로 자지 못하는데, 거기서 누가 한가롭게 언어의 유희성, 언어와 인간성의 가치를 얘기할 수 있을까? 단어시험은 맥도날드화의 과정 중에 고안한 여러 도구 중 하나였을 것이다. 그러다 시험의 내용과 절차는 점차 기술화되기 시작했을 것이다. 단어시험을 치르고 준비하는 것으로부터 다양한 학습자들을 통제하게 되고 그들만의 인간성은 뒤로 밀쳐낼 수밖에 없는 테크노폴리 국면이 시작된 것이다. 테크노폴리는 갑자기 구조화되지 않는다. 단어시험의 현장도 마찬가지이다. 학원장이, 교사가, 부모가, 학생이, 아니 우리 모두가 그와 같은 주체의 전이를 순응적으로 바라보면서 테크노폴리의 사회질서가 형성된 것이다.

도구사용이나 기술주의를 부정적으로만 볼 건 없다. 언어교육의 현장에서도 도구나 기술을 개발하고 적용해야 할 여러 상황적 필요가 있다. 문제는 그런 중에 인간다움이 왜곡되는 것이다. 편의적이거나 강압적인 도구와 기술이 중심이 되며 인간은 주인 자리를 내주는 상황이다. 그런 곳에선 앞서 학생들이 불평하는 이상한 언어(학습)만 남게 된다.

테크노폴리의 언어교육을 소비하고 살아온 학생이라면 바깥세상에서 만나는 진짜 언어에 당황한다. 10년을 공부해도 말 한마디 못한다는 건 달리 말하면 짜고 치는 고스톱처럼 딱 정해진 교재, 시험에 나오는 테크노폴리 영어에만 익숙해진 탓이다. 길게 말하고, 낄낄대며 낭비적으로 말하고, 다르게 말하고, 틀려도 괜찮고, 재미로만 말하는 영어에 익숙하지 않다. 누구를 만나고, 관계를 만들고, 의미를 자꾸 물어보고, 길어지고 산만해지고, 화제가 갑자기 바뀌고, 이런저런 언어들이 혼합되고, 즉흥적으로 편하게 말해보기도 하고, 그러다 보면 문법에 맞지도 않고, 그렇지만 그냥 재미있는 언어사용을 전혀 경험해보지 못한 것이다. 이주와 세계화를 경험했다면 언어가 관계적이고, 접촉적이고, 액체적이고, 도시적인 속성이 있다는 걸 알 것이다. 그러나 그런 언어는 테크노폴리의 시험과 교재에는 허락되지 않는다.

공리적 유익함과 테크노폴리

포스트만은 교육이 인간성에 집중해야 한다고 여러 저서를 통해 강조했다. 기술만능주의를 무한정 지지한다면 언어를 가르치고 배우는 교육은 기술로서의 교육이 되어야 한다. 혹은 언어계획과 정책을 효율적으로 감당하기 위한 체계화된 도구, 즉 테크놀로지가 되어야 한다. 서로 존중하고 존중받는 개별성과 인간성의 다양한 가치들을 말하는 건 한가롭고 낭비적이다. 그런데 입력/출력의 기술화된 시스템으로부터 관리받으며 공부한 아이가 어른이 되었을 때 다른 누군가와 대화나 이야기를 인격적으로 나눌 수 있을까? 화자와 청자로 인내심을 갖고, 서로의 다름을 존중하며, 다른 속도와 스타일을 인정하며, 재미나게, 나만의 정체성을 오롯이 드러내면서 말이다. 포스트만은 아이들에게 가장 결여된 것은 '인간성'이라고 지적한다. 도구, 수단, 기술의 논리가 지배적인 곳에서 재미도 없고 집단지성의 창조성도 없지만, 무엇보다 기술화될 수 없는 인간성이 사라지는 것이다.* 인간성이 상실된다면 그럼 무엇을 위한 언어이고 누구를 위한 언어교육일까?

다수를 위한 대중-편의적 언어교육이 자주 실행된다. 기술만능주의를 지지하는 목소리를 들어보면 언어를 가장 효율적으로 배울 수 있는 절차적 기술의 효율성이 강조되는 동시에 늘 적은 비용으로 가장 많은 이익을 낼 수 있는 '공리적 유익함'이 자주 강조된다. 언어의 모든 영역을 기술적으로 침투해서 유료화된 서비스를 제공하고자 하는 움직임의 가장 중요한 논거는 공리적 가치인 셈이다. 비용과 편리, 수익과 불편이 자꾸 다뤄지며 그때마다 소수, 약자, 차이와 다양성을 배려하는 개인들의 권리와 기회 담론은 위축되곤 한다.

테크노폴리 사회를 낭만화시키는 담론은 서로 다른 개인들보다 평균적 다수의 대중사회에 비중을 둔다. 전체를 위해 소수나 개인이 사실상 양보하거나 희생될 수밖에 없다는 전제가 있다. 그게 공리주의 논점이다. 공리주의는 모든 사람을 동일하게 배려해줄 수 없다는 점을 분명하게 인정한다. 그리고 개개인은 이러한 '나 이외의 집단' 환경에 적응하거나, 스스로 욕구를 추구하면서, 행복감을 느껴야 한다고 전제한다.

테크놀로지 기반의 언어교육이 괜찮다는 주장에도 공리주의 논리

---

* 언어에 관한 인간다움은 테크노폴리 사회에서 기술로 대체되고 관리된다. 지금 시대는 공적 영역의 대화, 발표, 토론 방법뿐 아니라 자녀에게 말을 걸고, 부부가 대화를 나누고, 애인에게 사랑을 고백하는 것까지 기술화되고 있다. 사실상 거의 모든 영역에 인간성을 대체하는 전문가의 기술주의 담론이 침투해 있다. 예를 들어, 연애를 기술적으로 관리해주는 회사가 있다. 재회 상담 컨설팅업체가 심리학 박사, 아나운서 등을 동원하여 개별 상담 및 코칭을 통해 헤어진 연인과 성공적으로 재회하도록 돕는 것이다. 누군가를 만나 사랑을 고백하는 일상적 언어행위도 이렇게 기술적으로 고안되고 있다.

가 넘친다. 잃는 것보다 테크놀로지로부터 얻는 것이 더 많으니 '최대 다수의 최대 행복' 윤리를 정당화시킨다. '다수가 실제로 바라고 있는 것이 바람직한 것'으로 보는 공리주의는 다양한 인간성, 혹은 차이의 목소리를 지나친다. 테크노폴리 언어사회가 선호할 수밖에 없다. 그러나 복수의 언어들을 사용하는 사회구성원이 많은 곳이라면, 다양한 언어를 서로 다른 필요와 경험으로부터 배우는 곳이라면, 최대 행복의 이익 우선원칙이 제대로 적용될 수 있을까? 예를 들어, 유학생을 포함한 이주민 집단은 내국인과는 다른 혼종적이고 횡단적인 언어정체성을 가지고 있다. 테크놀로지 기반의 공리주의 원칙을 그들을 관리하는 언어정책에 편파적으로 적용한다면, 무시되고 배제되는 (언어)소수자들이 끊임없이 양산될 것이다.

늘 그런 생각을 한다. 언어의 문제를 해결하겠다며 공리주의 윤리로부터 그토록 테크놀로지에 의존하며 테크노폴리 사회질서를 구축할 필요가 있을까? 테크노폴리는 결국 적정(appropriate) 수준으로 자원을 재배치해야 하지 않을까? 적정성에 관한 논점은 나중에 좀 더 설명하겠지만 적정기술(appropriate technology) 혹은 적정교육(appropriate pedagogy)을 우선 간단하게 소개하면서 테크노폴리 언어사회의 정당성을 반박하고자 한다.

적정기술은 선진국에서 활용가치가 높지 않지만 개발도상국이나 저개발 지역에서는 효용이 큰 기술이다. 누구나 쉽게 배울 수 있고, 투자비용도 적게 들고, 유지하고 보수하는 비용도 크지 않은 기술이다. 현지에서 쉽게 구할 수 있는 재료로 소규모의 인력이 감당할 수 있다. 산업혁명 이후 지금까지 현대 기술은 지나치게 대형화, 대량 생산을 추구했다. 이를 반성하면서 현지에서 구할 수 있는 저가의 재료, 소규모 생산에 주목한 것이다. 적정기술의 지원은 물질적 원조만 아니라 적정 수준으로 살아갈 수 있는 기술력을 전해주는 것이다. 함께 살아가고, 지속가능한 발전을 허락하는 기술인 셈이다. 적정기술과 유사한 논점으로 개발도상국, 저개발국, 혹은 경제문화적으로 낙후된 지역이나 집단에 '적정교육'을 기획할 수도 있다.

한국은 (언어)교육을 수행하는 경제공학적 관점으로 보면 누구로부터 원조를 받아야 하는 약자가 아니다. 한자검증시험이든, 영어경시대회든, 특목고 입시 준비든 뭘 봐도 돈이 넘치고 기술이 넘쳤다. 이제 한국은 교육의 적정수준에 대해 고민해야 한다. 즉, 기술주의로부터 지나치게 넘쳐나는 교육담론을 끌어내릴 적정성의 담론이 등장해야 한다. 원어민(성)에 지나치게 의존하는 영어교육문화, 토익과 같은 특정 해외시험을 200만 명 이상의 수험자가 치루는 시험준비문화, 테크놀로지 교육연구 분야로 다수의 연구자가 모여든 관행, 기술화된 시스템에 교육의 내용과 절차가 지나치게 의존적인 것, 이 모든 것을 적정 수준의 교육으로부터 재성찰해야 한다.

특히 국내 영어교육 분야는 테크노폴리형 시스템에 더 이상 매몰되지 말고 '지속가능한 발전'을 기획하거나, 집약적 시스템보다 분산적 성장모형을 논의할 때이다. 그렇게 하려면 우선 의사결정력이 높은 고부담 시험정책안을 폐기해야 하고 저부담 의사결정의 영어교육정책을 새롭게 기획해야 한다. 고부담 의사결정(예: 대학입학이나 취업 자격 부여)에

행정 편의적으로 영어시험부터 끌어들이지 않는다면 적정 수준의 영어 교육을 보다 활발하게 재구조화시킬 수 있다.

플랫폼 전략적 사고를 적용해야 한다. 혁신과 지속적 발전을 위해 필요한 것은 기술적 능력이 아니라 플랫폼 전략적 사고이다. 다양한 행위 주체들이 모여서 시너지를 만드는 네트워크 효과가 생성되면 동반 성장의 사회질서도 만들어진다. 국내 영어교육 분야는 아직도 특정 시험이나 집단에 이익을 제공하는 자본 집약적인 기술이 상품 그 자체라고 인식한다. 효율성과 고수익 추구라는 경제성, 혹은 공리적 가치에 너무나 큰 비중을 두었기 때문에 차이와 다양성, 교육과 언어의 평생 가치, 혹은 유희성과 창조성과 같은 인문적 의미에 집중하지 못했다.

적정기술은 집약적 기술 대신에 적정기술을 사용하는 사람과 지역에 주목한다. 적정교육도 시험점수를 높이는 기술에 초점을 맞추지 않고 언어를 배우고 사용하는 다양한 개인, 혹은 환경적 차이에 비중을 둔다. 집약적 성장을 포기하면 테크노폴리도 흔들린다. 사회 여러 곳의 리더들이 언어의 자원을 놓고 분산적 성장을 선택한다.

문득 '보노보 혁명'[34]에 나오는 사회적 기업가의 모습을 떠올린다. 침팬지는 폭력적이고 이기적이며 무한경쟁과 승자독식의 정글에서 살아간다. 그에 반해 보노보는 협력하고 공감하고 공동의 이익을 추구한다고 한다. 우리 주위엔 침팬지형 리더들이 넘친다. 그러나 이제 보노보형 리더가 나타나서 언어를 가르치고 정책으로 집행하고 새로운 공간과 콘텐츠를 기획해야 할 때이다.* 우리는 그저 제도화된 언어평가, 언어정책, 언어교육의 거대한 기술적 시스템 안에서 서로 경쟁하는 것에 익숙하다. 상품으로, 기술로 인식된 언어만이 우리의 사회적 의식을 채우고 있다. 누군가는 그런 사회적 시스템을 통해 거대한 이익을 얻고 있겠지만 다수는 고통스러운 경험을 품고 있다. 시간이 더 걸리고, 비용이 더 걸리더라도 언어교육의 테크노폴리, 그곳의 욕망을 경계할 단체와 운동이 절실한 때이다.

---

*   3장에서 좀 더 소개할 것이다.

4. 획일적인 집단과 단일언어주의: 언어위생화의 풍조가 만연하다

사회통합의 기제, 언어위생화와 단일언어주의

신자유주의는 후기세계화 시대에 다문화주의마저 전략적으로 포획[35]하고 있는 한편, 단일언어주의도 보다 유연하면서도 지배적인 통치 이데올로기로 변모하고 있다. 단일언어주의는 18~19세기 즈음에 국가의 경계선이 새롭게 그어지던 유럽에서 낭만주의, 계몽주의, 산업주의, 구조주의 등의 지적 토대로부터 생성되었다. 국민 국가가 본격적으로 형성되던 19세기에 국가들을 구분하고 국민을 결속시킬 수단으로 단일언어주의 정책이 동원되었고, 단일언어, 공식어, 표준어로부터 배제된 언어(사용자 주체)들은 결핍, 문제, 위협, 통합의 걸림돌, 교정의 대상 등 부정적 프레임으로 의미화되었다. 원어민, 지배계급, 표준어, 모국어 기반의 단일언어주의 언어정책/계획을 강력하게 집행했던 곳에서는 자연스럽게 비원어민, 이주민, 언어소수자 혹은 이중언어 사용자를 차별했다. 어떤 언어들은 단일언어주의로부터 설정된 기준에 충족되지 못하다는 이유로 사멸되었다.[36]

이처럼 단일언어주의는 처음에 국가주의 이데올로기와 긴밀하게 결속하면서 지배집단의 정치적 합리성으로 의미화되었고 신자유주의, 다문화주의 시대가 본격적으로 열리면서 유연한 통치적 원리로 재구성되기 시작했다. '후기세계화 시대에 급증하기 시작한 이중/다중언어 사용자 집단을 포용해야 한다/포용하지 않을 수 없다'는 담론이 미디어나 학계에 빈번히 등장했다. 이와 같은 이중/다중언어주의는 얼핏 보면 단일언어주의와 구분된 가치체제로 보인다. 그러나 이중성, 다중성의 가치를 횡단적으로, 혹은 생태적 공존으로부터 인정하지 않으면서 단일언어(주의)를 복수로 나열한 수평적 단일언어주의(parallel monolingualism), 혹은 언어 간 횡단적 이동을 허락하지 않는 분리적 이중언어주의(separate bilingualism)인 경우가 허다하다. 이중/다중의 언어능력을 개별적인 언어마다 따로 정해둔 인지적 구획의 총합으로만 생각한다. 각 언어의 원어민성 규범으로부터 사실상 단일언어능력(의 합)을 평가하고 있다.

신자유주의는 시장만 확장하고 보존할 수 있다면 다문화주의, 다중언어주의를 수용할 수 있다. 단일국가와 민족성의 담론질서마저도 재구조화시킬 수 있다. 그렇지만 정치적 이해관계나 시장의 필요에 따라 언제든지 손님과 주인, 모어와 외국어, 원어민과 비원어민, '우리'와 '그들'을 이항으로 대립시킬 수 있는 국가주의, 민족주의, 단일언어주의 이데올로기에 큰 힘이 실릴 수 있다. 신자유주의, 신보수주의, 단일언어주의는 정치적으로 서로 상보적 관계를 유지해왔고, 단일하지 않고 위생화되지 않은 언어를 사용하는 이주민을 정치적 의제로 부각시키곤 했다. '언어가 문제'라는 담론은 앞으로도 확장될 수 있다. 한국어든 영어든, 언어능력을 결핍이나 문제의 속성으로 놓고, 시험으로 극복하고, 인증제로 관리하자는 사회적 담론이 계속 유포될 수 있다. 언어가 문제이니 위생화되어야 하고, 관리되고, 정복해야 한다는 통치성 담론은 전형적인 모더니스트 사유체계이기도 하다.

결국 이주민과 같은 손님을 대상으로 언어위생화(예: 공식어 사용능력을 강조하거나 혼용적 언어사용을 금지시킴) 기반의 언어정책이 강화되면, 언어가 사회적인 모든 문제를 해결할 수 있다는 언어결정주의, 언어로부터 사회를 관리하고 통제할 수 있다는 언어전체주의 담론으로 확장될 수 있다. 개인이든 사회든 어떤 문제가 발생한 지점과 경로는 복잡한 것임에도 불구하고 언어만 문제라는 단일성-일원성 담론이 반복적으로 유포된다면 결과적으로 사회나 학교의 특정 단면에서 오직 하나의 언어적 규범이 타당하다고 인식하는 '단일언어 아비투스(monolingual habitus)'가 형성된다.

위생화되는 언어, 매뉴얼 대화

언어가 상품화되고, 표준화되고, 테크노폴리로 구조화되면, 일상의 언어든 공식적인 언어든, 모든 언어는 일종의 위생화(verbal hygiene) 공정을 거치게 된다. 위생화된 언어에 관한 신념체제는 '단일한 언어를 소유하면 사회조차 변화시킬 수 있다'는 언어결정주의 이데올로기로 확장된다. 언어들의 횡단적인 교류는 못마땅하다. 사회통합의 기제로 단일한 언어가 사용될 수 있다고 그냥 믿는다. 횡단성이나 혼종성보다 단일성이 빈번하게 강조되다 보면 특정 집단에게 선호되는 특정 언어(단면)에 힘을 실어주면서 언어전체주의적 발상까지 등장할 수있다. 2장으로 넘어가기 전에 여기서는 언어위생화와 단일언어주의 논점을 살펴보기로 한다.

언어를 가르치고 배우는 방법, 표준적인 사용과 보편적인 언어계획과 정책은 개인과 사회, 필요와 목적에 따라 다르게 이해될 수 있다. 누군가의 편의나 명령으로부터 획일적으로 위생화시킬 수 없다. 우리모두 다르게 태어나서 다르게 살아가고 있듯이 우리들의 언어적 경험과 기억도 다르다. 언어적으로 능숙하다는 개념도 복잡하고 모순적이고 중층적이다.*

---

* 　예를 들어, 영문법 지식은 많지만 말하기를 하면 표정이 어색해지고 시선마저 회피하는 A가 있다. B는 문법에 관한 이해도 부족하고 시험에서 높은 성적을 받지도 못한다. 그래도 누구를 만나도 영어로 의사소통을 할 수 있는 나름의 전략이 있다. 누구 영어가 더 나은 것인가? C는 미국에 체류한 경험이 있어서 거기 원어민과 소통할 때 자신감이 있다. D는 한국에서만 공부

그렇지만 단순하면서 위생화된 언어[37]가 점점 우리의 일상이 되고 있다. 응용언어학자 데보라 카메론(Deborah Cameron)도 경제주의나 기술만능주의로부터 교육현장의 언어가 단순하게 위생화되고 있다고 지적했다. 모어(제1언어)가 아닌 제2언어, 원어민을 흉내 내는 비원어민의 중간언어(interlanguage), 담화와 화용 차원의 의사소통 전략, 비언어적이지만 대인간 의사소통에 충분한 도움이 되는 언어자원은 모두 위생화된 언어사용의 매뉴얼로부터 '부적절한 것'으로 제외되어 있다. 그렇게 되면 언어를 배우고, 가르치고, 평가하고, 프로그램을 운영하는 방식은 어디서나 비슷한 모양으로 단순화되고 위생화된다.*

예를 들면, 직장인이 승진을 준비하며 학원에 가서 토익(−말하기) 시험을 준비한다. 학생 때는 EBS 방송으로부터 시험을 대비했다. 대학에서는 토익을 영어졸업인증제에 사용하도록 조치한다. 기업은 입사 조건으로 토익점수를 요구한다. 영어를 배우고 가르치고 사용하는 필요와 상황은 복잡하다. 언어형태도 복잡하고 상호작용도 예측할 수 없다.

했으며 영어를 모국어로 사용하지 않는 보다 다양한 비원어민들과 능숙하게 영어로 업무를 처리할 수 있다. C와 D가 국제무역 업무를 감당한다면 누가 더 실용적인 영어를 사용할까? 말하기가 중요한가? 읽기가 중요한가? 발음이 중요한가? 구문 지식이 중요한가? 어떤 조합의 앎이나 어떤 맥락을 이해하는 역량이 가장 중요할까? 정답은 없다. 언어를 배우고 사용하는 이유는 다양하다.

* 언어 위생화로부터 우리가 아직도 문법이나 어휘 공부에 열중한다는 점만 지적하는 것이 아니다. 언어의 위생화 산업이 본격적으로 확장되면 위생화된 언어로 누군가를 교정하고 치료하는 산업이 만들어진다. 치료, 교육, 기타 특수 목적의 언어들이 획일적으로 통제되는 사회구조에서는 개인의 언어권리, 자유, 차이의 정체성, 다양성의 언어환경은 왜곡될 수 있음을 강조하고 싶다.

그렇지만 교육현장에서는 위생화된 언어, 토익 시험에 나오는 언어를 선호한다. 영어교육현장이 아니더라도 위생화된 언어는 소비사회에서 늘 선호된다. 제품이나 서비스 안내를 받기 위해 고객센터에 전화를 해보라. 내용은 좀 다를 수 있더라도, 남자든 여자든, 어느 위치의 센터인지 상관없이, 대개 유사한 수준의 위생화된 언어를 사용한다. 회사 측은 직원들의 말을 깨끗하게 관리하려고 말의 형식과 내용에 관한 매뉴얼까지 만든다.

고객과 대화를 나눌 때 콜센터 직원들은 이미 작성된 매뉴얼을 눈앞에서 읽듯이, 억양이나 살짝 웃는 미소조차 모두 표준화시켜 말한다. 그들은 친절한 말을 사용하지만 위생화된 말의 관리 체제 안에서만 일하고 있다. 늘 예측가능한 인사를 한다. "무엇을 도와드릴까요? 고객님." "사랑합니다. 고객님." 콜센터에 전화할 때나 프랜차이즈 백화점의 고객센터에 방문하면 이런 고정된 인사를 쉽게 들을 수 있다.* 앞서 살펴본 맥커뮤니케이션은 과도하게 합리화된 표준적 커뮤니케이션이며 이건 거창한 의사소통 방식이 아니다. 우리 주변의 고객관리 콜센터, 요식업

---

* 내 고향은 대구인데 부모님과 팔공산 근처 어느 식당에 간 적이 있다. 식당 규모는 제법 큰 편이었지만 프랜차이즈 식당은 아니었다. 식당 입구에 막 들어서는데 대구의 방언 억양을 쓰면서 손을 '반짝반짝' 흔들며 "사랑합니다. 반갑습니다. 어서 오세요"라고 직원이 인사를 했다. 나중에 보니 모든 손님에게 그렇게 인사를 했다. 참 어색했다. 내가 알고 있는 대구 사람은 식당에서 그런 식으로 인사하지 않았다. 게다가 거긴 평범한 토속식당 아닌가? 한복을 입은 아주머니가 표준어 통사구조로 '반짝반짝' 손 모양을 하며 서울말 흉내를 내며 왜 인사를 해야 하는가? 그땐 내가 다 머쓱했다. 언어가 언어사용자의 자아정체성, 관계나 맥락과 분리되어 대상으로 남겨지고 있다.

이나 항공업의 직원교육, 또는 우리가 경험하는 일상생활에서도 언어위생화의 프레임이 매일 등장하는 것이다.

　절차의 표준화도 그렇고 내용의 위생화도 그렇다. 언어의 모양과 기능은 국내 현장에서 고작 10~20년 전부터 본격적으로 변했다. 기업의 이미지를 높이고 소비자의 만족도를 높이려면 서비스가 중요하다. 서비스를 정의하면서 기업은 고객에 대한 태도, 말솜씨, 예절교육 등을 포함시켰다. 언어에 관한 위생화된 서비스가 이익을 추가적으로 발생시킬 수 있다고 판단했다. 깔끔하면서도 단정한 말 서비스를 받는 고객 입장에서는 불편할 것이 없다. 대개 기분이 좋을 것이다. 회사 입장에서도 하지 않을 이유가 없다. 서비스를 제공하는 입장에서는 운영의 편리, 직원교육이나 관리 비용의 절감 효과가 있고, 서비스 사용자인 고객에게는 예측할 수 있고 기분 좋은 감정 서비스를 제공할 수 있다.

　그러나 그와 같은 서비스를 제공하기 위한 언어사용 매뉴얼을 엄밀히 살펴보면 달리 생각해볼 여지도 있다. 기업정보 사이트(http://www.seri.org)에 소개된 호텔의 서비스 매뉴얼을 통해 위생화 커뮤니케이션에 대해 알아보자. 우선 서비스 매뉴얼은 전체 170장으로 하나의 책처럼 구성되어 있다. 종업원의 기본 옷차림 등을 다룬 외양부터 부서별, 상황별로 일어날 수 있는 모든 상황에 적용될 대화법이 나온다. 예를 들어, 종업원이 갖추어야 할 태도 중 몇 가지는 다음과 같다.

· 고객은 언제나 옳다.
· 항상 밝고 웃는 표정을 연출한다.

- 고객이 필요로 하는 것을 찾아 고객을 관찰하고 고객의 의견을 경청한다.
- 고객의 요청사항을 잘못 이해하는 일이 없도록 반드시 확인한다.
- 고객의 요청사항은 모든 방법을 다하여 처리되도록 한다.
- 고객에게 항상 '감사합니다'라고 말한다.
- 고객이 떠날 때는 반드시 배웅한다. 최소한 5보 이상 함께 걷는다.

종업원으로서 하지 말아야 하는 몇 가지는 다음과 같다.

- 어떤 경우에도 고객과 논쟁하지 않는다.
- 단순히 '없습니다'라고 말하지 않는다.
- 손가락으로 위치나 방향을 가리키지 않는다.
- 고객 앞에서 종사원 개인의 사생활이나 회사의 문제점에 대해 이야기하지 않는다.

위의 매뉴얼을 보면 여러 문제점이 드러난다. 첫째, 종업원과 고객이 대화자로서 평등한 관계가 아니다. '고객은 언제나 옳다.'와 '어떤 경우에도 논쟁하지 않는다.'와 같은 지침을 내면화시킨 종업원은 상식에 어긋난 고객의 무례함이나 추행에 어떻게 대항할 수 있을까? 미디어를 통해 자주 보도된 항공기에서 벌어진 고객의 무례함에 대해 어떻게 생각하는가? 나는 그러한 일이 자꾸만 일어난 이유는 평등하지 않은 언어 사용으로부터 짐작한다. '고객이 왕'인 곳에서 권력화된 고객은 무례하게 말할 수 있다.

둘째, 종업원의 감정은 억제되어야 한다. 종업원은 "항상 밝고 웃는 표정을 연출"해야 한다. 그리고 "항상 '감사합니다'라고 말한다." 종업원은 늘 웃을 수만도 없다. 감사하는 감정이 없을 수도 있다. 종업원은 그저 자신의 감정을 억제하고 매뉴얼로부터 요구된 감정을 연습하고 연출하며 지낸다. 그런 곳에서 직원의 이직률이 낮고 업무 만족도는 높을 수 있을까? 직원의 억제된 감정을 소비하는 고객은 매뉴얼화된 말로부터 진정성을 느끼고 있을까?

마지막으로 종업원은 고객에서 요구받은 내용을 단호하고 명확하게 수행해야 하며, 늘 낮은 자세와 부드러운 말하기로 접근하도록 요구된다. 매뉴얼의 대화는 '한다', '하지 않는다', '반드시', '절대로' 등의 권위적인 어휘로 적혀 있다. 상황별로 종업원의 행동 방식, 말하기 방식은 150가지 정도 구체적으로 나누어져 있다. 수하물을 운반할 때 고객과 함께 엘리베이터에 탑승하는 경우, 문을 손으로 막은 후, 아이들, 여성 고객, 남성 고객 순서로 인도한다. 마지막에 직원이 타고 객실이 위치한 층수를 누르며 눈은 고객을 응시하지 않아야 한다. 서비스 도중 음료를 엎질렀을 상황에서는 다음의 매뉴얼에 적힌 행동을 따라야 한다.

"서비스 담당자는 즉시 '대단히 죄송합니다'라고 사과를 드린 후 옆 테이블에 놓인 냅킨으로 테이블을 닦고 나오며 당사자는 잠시 한적한 곳으로 가서 마음을 진정시키도록 한다. 대신 주위에 있는 동료들이 뒷마무리를 담당한다. 부서장은 고객에게 정중하게 사과드리고 젖은 양복은 린넨 또는 하우스키핑에 협조하여 드라이클리닝을 해드리고 고객이 최상의 서비스를 제공받고 있다는 느낌이 들 수 있도록 신경 써 드린다. 부서장은 마지막으로 사과의 편지를 보내 최선의 노력을 하고 있음을 느끼게끔 처리해 드린다."

위의 매뉴얼을 읽으면 고객 입장에선 불편할 것이 없다. 그러나 종업원의 입장에서 보면 고객과 등등하지 못할 뿐 아니라 행동과 말의 커뮤니케이션이 다소 과장되어 있음을 알 수 있다. 고개를 숙이고 눈을 낮추다 보면 수치심이 드러날 수 있다. 종업원이 그와 같은 행동을 명시적으로 요구받는 것은 고객에게나 회사로부터 존중받지 못하는 자아 정체성을 만든다.

호텔뿐 아니다. 기차든 비행기든 여행길에서 서비스를 제공하는 승무원은 엄격한 의사소통 훈련을 받는데 미소를 짓는 법조차 수도 없이 반복적으로 배운다고 한다. 특정 어휘와 구문 사용방법도 교육받는다. 그런 중에 승무원이 고객에게 쩔쩔매는 불평등한 관계가 설정되기도 하며 고객으로부터 수모를 당하는 상황과 관계성이 당연한 것으로 수용된다. 승무원과 고객의 상호협력적인 의무는 없고, 고객이 왕이 되고 종업원은 일터에서 불평등의 언어만 사용해야 한다면, 왕처럼 행동하는 무례한 고객을 막을 길이 없다.

핑크색 업무, 감정노동, 감정언어

승무원, 비서, 콜센터 직원 등에게 매뉴얼화된 언어사용이 자주 요구된다. 그래서 그와 같은 업무를 흔히 핑크색 업무(pink collar job)라고 불렀다. 그들은 직장에서 깨끗하게 세탁된 언어를 사용하면서 감정노동도 감당해야 한다. 과잉의 친절을 강요받기도 하는데 이런 서비스를 강요된 미소(forced smile) 업무라고도 하고* 그런 서비스를 제공하는 현장을 웃음 학교(smile school), 광대 학교(clown school)라고 비꼬아 표현하기도 한다. 음색(voice quality)까지도 상냥하게 사용하도록 요구받는다. 문장 끝을 살짝 올려 말하는 음절 처리도 교육받는다. 이것은 명백한 거짓유창성(superficial fluency) 의사소통인데 경상도 무뚝뚝한 집안에서 자란 나와 같은 남성이라면 그건 너무나도 가혹한 언어사용의 일상이 될 것이다.**

---

* 지금은 모르겠지만 CGV 영화관의 아르바이트생을 지칭하는 단어가 '미소지기'였다. 미소지기는 매표, 매점, 플로어의 위치에서 고객을 대하며 사용해야 하는 매뉴얼 언어를 모두 외워야 했다. 시험을 통해 점검까지 받는다. 음성은 '솔'톤을 유지해야 하고 밝고 활발하게 말하도록 교육받는다. 수개월에 한 번씩 서비스 교육의 이름으로 매뉴얼 언어에 관한 재교육도 이뤄졌다.

** 고객지원 담당자가 위생화된 말을 예쁘게 한다고 해서 우리는 쉽게 감동 받지 않는다. 지금은 위생화된 말의 과잉 시대이다. 욕쟁이 할머니, 무뚝뚝한 남자의 언어는 전혀 위생화되지 않았지만 세간의 주목을 받는다. 우리의 감정은 간단하지 않아서 겉으로 보이는 위생화된 말투로 쉽게 마음이 움직이지 않는다. 정말 중요한 비지니스 언어는 진심으로 고객의 마음을 읽고 이해하고 함께 소통하는 것이다. 스타일링을 강조하는 미학적이고 위생화된 말의 효과가 지나치게 과장되어 있다.

어쨌거나 핑크색 업무가 넘치면서 신자유주의 사회에서 언어사용을 매뉴얼로 고정시키고 교정시키는 일은 나름의 수익모형이 되었다. 핑크색 직장 언어, 대인관계 언어가 예쁘다고 칭찬한다. 핑크색 업무로부터 지친 일상을 또 다른 예쁜 말로 보살펴주는 방송콘텐츠도 등장했다. 우린 매뉴얼화된 말로부터 지쳤고, 하고 싶은 말을 제대로 하지 못해 답답하다. 그렇지만 답답한 일상의 개인들은 여행하고 노래하고 춤추고 소비하는 힐링의 콘텐츠를 잠시 소비할 뿐이다. 잠시나마 일상을 탈출하는 자기애적이고 피상적인 정체성에만 머물고 있을 뿐이다.

1999년 미항공사의 승무원 노조가 한 시간 이상 웃지 않아도 되는 직무 조항에 투표한 적이 있다. 승무원이 계약서에 그렇게 웃어야 한다는 조항이 없다며, 방실방실 자꾸 웃어야 하는 감정노동에 자유롭겠다고 소송을 한 것이다. 국제선 이용해본 독자라면 생각해보라. 미항공사 비행기를 탈 때 ASIANA와 같은 국적기 승무원에게 보이는 넘치는 친절이 있었던가? 일등석을 타지 않았다면 대부분 없었다고 기억할 것이다. 그럼 그들이 불친절했던 것일까? 혹은 지나치게 친절하진 않지만 친절할 만큼은 친절했던가? 아니면 우리 국적기의 승무원들이 지나치게 친절한 것인가? 오랫동안 승무원의 업무를 감당하려면 친절할 만큼만 친절한 것도 좋아 보인다. 고객의 편에서도 친절할 만큼만 친절하다면 별문제는 없다.*

---

* 여러 나라를 여행하고 많은 항공사를 이용했지만 국적기 승무원만큼 젊고, 밝고, 잘 웃는 승무원이 또 있었나 싶다. 그런데 그토록 젊고 잘 웃던 그들은 시간이 흘러 다들 어디로 갔을

핑크색 커뮤니케이션은 감정노동과 관련성이 높기 때문에 다양한 현장에서 새롭게 주목해야 한다. 다양한 학문 분야에서 학제간 연구주제로도 다뤄져야 한다. 항공사든 호텔이든 백화점이든 예쁘게 전달되는 고정된 말이 어떤 상품적 가치가 있는지, 고객이 그러한 말로부터 지출의 동기를 얼마나 갖게 되는지, 종업원은 얼마나 효율적으로 고객에게 긍정적인 표정과 태도를 보여주고 있는지 관련 연구는 거의 이뤄지지 않았다.

위생화된 커뮤니케이션이 회사의 이익과 직결된다면 미래의 언어는 경제성과 단일성의 관점으로 통제될 것이다. 고용주라면 고객들이 친밀한 감정을 가질 수 있도록 고객을 향한 종업원의 언어사용을 규범화할 것이다. 그렇지만 기업은 중장기적으로 현장의 언어를 얼마나 위생화시킬지 고민해야 한다. 종업원의 위생화된 언어와 감정노동으로부터 갑질 고객이 계속 등장할 수 있다. 고객은 마음대로 자신의 언어로 무례하게 요구하고 종업원은 제한된 언어사용으로부터 꼼짝할 수 없다. 이와 같은 상황은 종업원의 스트레스와 이직률을 높이고, 회사 이미지마저 나빠질 수 있다.

까? 우리 국적기에는 나이 든 승무원이 잘 없다. 다른 나라 비행기를 타면 만나곤 하는 나이 든 승무원을 왜 볼 수 없을까? 친절했던 말과 함께 그들은 지금 어디에 있는가? 또 이런 질문도 해야 한다. 기업이 직원을 뽑아서 얼마만큼 위생화된 언어와 웃음을 요구할 수 있을까? 직원들이 배워 사용하길 원하는 언어가 그들이 실제로 소통하는 방식과 상당한 차이가 있다면 어떡해야 하나? 어쩌면 기업에서는 직원교육을 통해 고객이 원하는 말을 하는 사람으로 바꾸려고 하지 말고, 이미 그런 말을 할 수 있는 사람을 뽑거나, 고객이 좋아할 만한 말을 할 수 있는 사람을 어떻게 뽑을지 더 관심을 가져야 한다.

우리가 주목해야 하는 것은 사회구성원들이 감정적 부조화로부터 고통받는 것이다. 일터 밖에서 말을 나누고, 문제를 처리하고, 자신의 감정을 다스리는 방식이 회사에서 요구하는 위생화된 언어와 감정노동과 충돌하면 누구나 정신적 스트레스를 겪게 된다. 감정노동을 통해 감정적 부조화를 겪는 직종이 이직률도 높다. 매뉴얼화된 말뿐 아니라 자율적이고 즉흥적인 말이 허락되는 곳에서 감정적 부조화의 문제는 해결될 수 있다.[38]

'감정노동: 노동은 우리의 감정을 어떻게 상품화시키는가?'[39]란 책을 보면 감정 프롤레타리아트라는 말이 나온다. 사적 차원에서 개인의 자질, 인간의 특성으로 여겨진 '감정'이 어떻게 시장 안에서 상품화할 수 있는 자원으로 바뀌었는지, 시장에서 그러한 감정자원이 어떻게 활용되는지, 그리고 감정을 상품으로 판다는 것이 개인에게 어떤 의미인지 소개되어 있다. 사적 차원의 감정관리가 사회 안에서 구조화되고 임금을 얻기 위한 공적인 감정노동으로 변형될 때, 인간성의 쇠진이 일어난다.

매뉴얼 대화는 세탁된 언어다. 위생화된 단일한 언어를 강요하는 사회는 다름과 다양성을 존중하지 않는다. 동질화된 언어학습자/사용자를 선호한다. 그런 곳에서는 남과 다른 나만의 언어정체성이 위협받기도 한다. 우리는 언어를 배우고 사용하면서, 또는 언어들 사이를 교차로 이동하면서 나만의 누군가로 성장한다. 경험한 것은 내가 배운 언어로 편집되며 언어는 내 삶의 경험과 나만의 서사를 구축한다. 그런데 내가 사용하는 언어부터 나름의 차이도 만들지 못하고 그저 집단 안에서 위생화된 말만 사용하게 된다면 나는 개별적인 서사를 구성할 수 없다. 말과 글을 통해 의사소통의 주체가 될 수 없고 단일하고 위생화된 언어만 사용해야 한다면 어떻게 우린 서로 다른 서사적 언어정체성을 붙들 수 있을까? 자신의 입장과 감정을 자신만의 언어로 말할 수 있을 때 자신의 삶을 특별하게 구성해 나갈 수 있다.

하루의 상당 시간을 위생화된 언어를 사용하는 직장에서 보낸다고 생각해보자. 그곳의 종업원이 어떤 언어정체성을 유지시킬 수 있을까? 앞서 살펴본 호텔 매뉴얼의 예시처럼 매뉴얼 대화는 종업원이 가질 수 있는 동등한 화자로서의 위치성을 처음부터 위축시킨다. 종업원들은 고객과 눈을 마주칠 수 없다든지 고객이 언제나 옳으니 말다툼을 하면 안 된다는 규범은 결국 종업원으로 하여금 자신을 억압하거나, 상대방에게 몸을 낮추고 일하는 관계성으로 유도된다. 의사소통 행위를 통해 자아정체성이 형성된다고 볼 때 이러한 상황에 장기적으로 노출된 종업원은 자신을 과소평가하거나 무력감을 가질 수밖에 없다.

어떻게 하면 그와 같은 시스템에서 벗어날 수 있을까? 거대한 사회구조가 되어버린 지금의 위생화 커뮤니케이션 환경을 어떻게 변화시킬 수 있을까? 우린 말의 박제화로부터 만들어진 정체성의 왜곡, 감정의 소진에서 과연 벗어날 수 있을까? 해결책이 쉽게 보이지 않는다. 의사소통이 엄격한 코드로 성문화되기 이전의 자연스러운 의사소통 행위를 다시 기억해보고, 보다 평등한 언어사용 공동체의 사례를 함께 찾아보는 것이 우선 필요할 것이다. 재미있거나, 사적이면서도 일상적인 속성이 넘치는 언어사용(잡담, 수다, 실수)을 시도한다. 알고 있는 언어들을 횡단적으로 사용해본다. 이와 같은 시도는 위생화된 언어사회 밖의 세상을 상상할 수 있도록 돕는다. 우리가 언어를 위생화시키지 않아도 돈도 벌고 일도 할 수 있다고 상상해야 한다.

　김명희 교사의 보고자료에 주목한 적이 있다.[40] 온종일 수업과 책상 업무로 정신이 없고 대부분 교사가 업무적인 대화와 토론만 했던 교무실에서 선생님들끼리 '수다'를 시작했다. 그리고는 교무실의 언어사용 환경이 완전히 달라졌다. 그녀에 따르면 이전에는 서로에게 큰 의미를 두지 않았던 사적인 말하기가 서로에 대한 호기심과 신뢰, 즐거움과 연대를 만들었다. 여분이 넘치고 쓸데없는 사소한 이야기가 위생화된 언어사회의 해결책이라고 단언할 수 없다. 그러나 일단 대안적 논점의 토대는 마련해줄 수 있다. 별것 아닌 일상의 대화, 낄낄대는 농담, 크고 작은 사적인 이야기의 공유, 알고 있는 모든 언어자원의 교차적 동원이 삭막한 교무실을 감정적으로 회복시키고 자발적 업무로 전환시켰다. 고작 교무실 얘기다. 그러나 규모를 떠나서 참으로 매력적인 언어사용 환경 아닌가?

기업의 '학습 패러다임'과 '성과 패러다임'

'학습 패러다임'은 인적자원 개발을 위한 지배적인 패러다임이다. 개인의 교육, 성장, 학습, 개발은 모든 개인에게 좋은 것이다. 기업의 조직은 충분히 개발된 개인들을 많이 보유할 때 최상의 상태가 된다. 인적개발을 위해서는 개인의 학습과정을 통제해야 한다. 조직은 개인의 잠재력을 최상으로 개발할 수 있는 수단을 제공해야 한다. 개인의 역량을 학습시키고 훈련시키면 원하는 결과를 도출시킬 수 있다. 반복적이고 표준적인 학습내용을 개인에게 학습시키면 기업이 요구하는 업무역량을 갖출 수 있다. 이러한 신념으로 구성된 학습 패러다임은 이미 신자유주의 시대의 기업문화 안에 자리를 잡았다. 앞서 살펴본 언어활동에 관한 기업의 개입과 교정 매뉴얼 작업은 이와 같은 패러다임으로부터 정당성을 확보했다.

언어를 교육시키는 현장에서 학습 패러다임은 이미 상식처럼 간주되고 있다. 학습 패러다임을 전제하면서 개인의 말과 행동에 간섭하고 의사소통의 규율을 제시하고 말투, 몸짓, 표정, 감정, 정체성까지 관리한다. 조직의 효용성, 기업의 수익성을 강조하면서 직원 대상의 언어학습은 학습 패러다임으로부터 위생화 절차를 거치게 된다. 더욱 비슷하게, 더욱 친절하게, 그러나 복잡하지 않게, 고객을 만족시키는 행동과 말의 교육이 반복된다. 그리고는 커뮤니케이션의 비인간화 문제가 발생한다.*

나는 기업이든 학교든 '학습 패러다임'을 비판적으로 수용할 필요

앵무새 살리기

가 있다고 보지만, 또 한편으로 '성과 패러다임'을 고려해야 한다고 제안한다. 신자유주의 언어사회를 비판하면서 '성과'라는 키워드를 언급하기가 불편하기도 하지만 잘만 사용하면 학습 패러다임의 폐해를 줄일 수도 있다. 성과 패러다임의 관점에서는 개인에게 능력을 개발하자고 요구하기보다는 업적을 직접적으로 요구하는 것이 바람직하다고 본다. 물론 학습의 유의미성을 부정하는 것이 아니다. 어린 학생이든 직장인이든 학습의 과정과 결과는 중요하다. 다만 특정한 성과를 만들어내기 위해서 정확하게 어떤 특정 능력이 필요한지 분명하지 않다. 무슨 능력이 필요한지 설령 안다고 하여도 그러한 능력을 학습으로부터 향상시키는 것이 쉽지 않다. 그래서 학습 패러다임의 유용성을 장담하지 말아야 한다는 것이다.**

---

*   다시 강조하지만 기업 측에서 친절하게 웃으며 친밀한 톤으로 말할 직원이 필요하지 않다는 것이 아니다. 그와 같은 언어행위를 이미 일상에서 사용하고 있거나 또 충분히 감당할 수 있는 직원을 뽑아서 그만한 친절 커뮤니케이션의 근무내용을 부탁하면 된다. 그러나 직원을 무작위로 혹은 엉뚱한 평가영역으로부터 선발하거나, 혹은 전 직원을 대상으로 언어위생화 교육을 시키는 것은 적절하지 않다. 획일적으로 표정, 몸짓, 어투, 특정 구문과 어휘를 암기하다시피 사용하게 하면 많은 직원은 그와 같은 언어행위가 고문처럼 느껴질 수 있다. 경영자가 학습 패러다임을 순진하게 따르면 통제된 학습과정으로 개인들을 교정시키고 변화시킬 수 있으며, 변화된 개인들을 보유하면서 조직 역시 최상의 상태가 될 수 있다고 믿는다. 그러나 개인의 속성이 좀처럼 변하지 않듯이 누군가 사용하는 언어 역시 쉽사리 변하지 않는다. 무엇보다 언어에 관한 교정, 평가, 교육이 개인과 집단의 변화에 어떤 유의미한 영향력을 제공할지도 의문이다. 차라리 직원을 뽑을 때 관련 근무 성격에 대해 공지를 분명하게 하면서 비언어적 특징, 공감의 전략, 감정적 기술, 상황에 따라 적절하게 발화하는 기술, 경청하는 성향 등을 적극적으로 평가영역에 포함하면 그만한 언어행위를 잘 수행할 수 있는 직원을 뽑을 수 있다. 추후 발생할 문제적 상황 역시 줄일 수 있다.

**   학습 패러다임을 지지하는 입장이라면, 개인들에게 적절한 지식이나 능력을 구체적으로

인상적으로 판단하면 학습 패러다임은 개인을 돕는 친절한 패러다임으로 보인다. 성과 패러다임은 개인에게 부담을 주며 불편함을 주는 듯하다. 학습 패러다임은 개인의 학습에 집중하고 개인의 성장 가능성을 긍정하기 때문에 개인이 더 나은 인간으로 변화할 수 있다든가 학습을 통해서 더 나은 선을 만들 수 있다는 서구의 개인주의 신념체제와도 잘 연결된다. 윤리적 차원으로도 좋아 보인다. 성과 패러다임은 성과나 업적을 강조하는 듯하며 왠지 모르게 개인을 이윤 창출의 도구로 보는 듯한 인상을 준다. 지금 시대는 학습 패러다임을 선호하고 있고 윤리적 비판도 성과 패러다임에 집중된 편이다. 성과만 강조하면 개인의 학습과 성장을 배려하지 않는 듯하며 성과는 개인을 혹사시킬 것 같다.

그런데 좀 더 꼼꼼히 살펴보면 성과나 학습 패러다임 모두 기업에 속한 개인의 입장으로부터 보면 큰 차이가 없다. 구성원은 늘 분발해야 하고 학습의 과정이든 성과의 모양이든 무언가를 업적으로 보여줘야 하기 때문이다. 학습 패러다임으로부터 학습된 입력이 어떠한 효용성을 갖는지 끊임없이 측정하는 사회적 관행을 생각해보자. 개인의 변화가 측정도구에 의해 검증되는데 개인은 학습입력의 효용성을 보여주기 위해 출력정보를 왜곡하기도 한다. 학습의 과정과 결과를 측정하는 도

교육하지 않고 성과를 요구하는 것이 무책임하게 보일 것이다. 특히 대학에 있는 사람들은 학습 패러다임을 순진하게 믿곤 하는데, 성과를 만드는 가장 확실한 방법이 학습이며 학습과 성과의 관계는 매우 높다고 막연하게 확신한다. 학습 패러다임 입장에서는 업무상 개인에게 필요한 능력을 제공하는 것이 기업이나 학교의 역할이다. 그에 반해 성과 패러다임은 개인에게 결과물 혹은 성과를 직접적으로 요구한다.

구 역시 부적절할 수 있다. 그에 반해 성과 패러다임을 이용하면 개인에게 자율성을 부여하고 창의적이고 유연한 방식의 업무를 유도할 수 있는 장점이 있다. 물론 개인이나 부서 이기심으로부터 나태와 무능력이 초래될 수 있다. 그런 경우를 대비해서 기업은 직원이 고객지향적인 행동을 수행하면서 조직에 도움을 줄 때마다 구체적인 내용과 경로로 인센티브를 제공할 수 있다. 인센티브 제도를 아예 싫어하는 분들도 많지만 기업의 입장에서는 고려하지 않을 수 없다. 학습 패러다임으로부터 개인의 언어사용까지 간섭받고 싶지 않다면 성과 패러다임을 고려해야 한다. 개인이 자율적으로 언어를 사용하면서 고객지향적인 성과로 언어행위를 결합시킬 것이라면 인센티브 제도를 적극적으로 적용해야 한다.

학습 패러다임을 좀 더 강하게 비판하려면 위생화된 말의 양식이 어떻게 통제되는지 연구문헌을 참조할 수 있다. 예를 들면, 카메론의 책 'Good to Talk'[41]을 보면 직원의 말을 위생화시킨 서비스 기업의 불평등한 커뮤니케이션 현장이 소개되고 있다. 아래 콜센터 직원(agent)과 통화한 고객(caller)의 대화를 살펴보자.

> agent: XYZ Directories, which name please?
>
> caller: Jones
>
> agent: Jones. thank you. which town please?
>
> caller: Cardiff.
>
> agent: Cardiff. thank you. which address please?
>
> ...

늘 이런 식이다. 국내 콜센터 역시 어디든 이와 같은 대화의 모양이 자주 등장한다. 카메론의 해석처럼 고객과의 통화 때 직원이 사용하는 단어는 제한적이고 고정적이다. 말하는 방식도 그렇다. 거의 암기해서 말하는 듯하다. 고객을 대하는 데스크에서 일하는 직원은 대개 빠른 응대, 표준적인 인사법, 친절하면서도 능숙한 인상을 주는 대화법을 반복적으로 사용한다. 학습 패러다임으로부터 직원의 말을 교정하는 곳에선 이와 같은 대화법의 모양과 절차가 사실상 성문화되어 있다. 신입 직원들에게 반복적으로 교육시킨다. 어떻게 말을 교환하는지 내부 감독자에 의해 평가되고 통제된다. 성문화된 규정은 반드시 학습되어야 하고 동시에 실행되어야 하는 내용이다. 통제는 학습이 얼마나 잘 되었는지 평가하고 추론하는 방식이다. 언어사용은 고객으로부터도 평가를 받지만 내부 관리자에 의해서도 수시로 평가받는다. 평가 후에는 잘못된 행동에 대한 지적과 수정이 뒤따르기 때문에 내부 관리자에 의한 통제 역시 일종의 교육이라고 본다.

이와 같은 콜센터 업무수행 방식은 정확하게 학습 패러다임을 따르고 있다. 개인의 말과 행동을 규범적으로 지시하게 되는 곳이라면 개인이 발휘할 수 있는 자율성은 위축될 수밖에 없다. 프랜차이즈 가게를 생각해보라. 직원의 행동은 정해진 순서에 따라서 이뤄진다. 웃음, 간단한 유머, 눈 맞추기, 고객의 이름을 사용하고, 인사를 시작하고 종료하는 언어적 절차, 그 모든 것은 이미 코드화된 교재를 통해, 학습을 통해 준비된 것이다.

학습 패러다임에 집착하며 직원의 언어를 위생화시키는 관행은 개인의 언어행동에 관한 세밀한 부분까지 간섭하게 한다. 학습 패러다임은 개인들의 특성이 서로 다르다고 해도 업무 현장에서는 매우 낮은 수준의 자율성만 허락한다. 관련 업무를 매일 반복적으로 수행하는 직원의 불만과 고통을 감안한다면 학습 패러다임 기반의 언어위생화는 비인격적인 언어사용문화이다.

카메론은 콜센터의 위생화된 언어와 폰섹스 대화를 비교하기도 했다. 영리 목적이라고 해도 폰섹스를 하는 사람은 그나마 원치 않는 전화를 거부할 수도 있고 통화시간을 바꿀 수도 있다는 점을 주목했다. 반면에 콜센터 직원은 폭력적인 언어를 사용하는 사람과 상대할 때조차 당장 전화를 끊지 못하고 매뉴얼 기반으로 대화를 유지해야 했다. 내부자 모니터가 있어서 좀처럼 자율성을 발휘하기 힘든 것이다. 콜센터 업무 지침은 기본적으로 고객들과 정서적으로 유대감을 형성할 것을 요구한다. 심지어 고객이 공격적으로 돌변하는 상황조차 감정적으로 자신이 분리될 것을 지시한다. 개인의 정체성마저 자율적으로 선택하거나 결정하지 말 것을 요구하는 셈이다. 이제 위생화된 언어행동을 모멸적으로 감수하는 것은 비윤리적이라는 쟁점이 보다 분명하게 언어교육사회 내부에서 부각되어야 한다.*

---

* 　개인들로 하여금 위생화된 언어를 학습시키지 않고도 산업현장에서 성과를 달성시킬 대안적 방안이 없을까? 어쩌면 테크놀로지가 위생화된 언어노동을 대체할 수도 있을 것이다. 그러나 감정노동과 위생화된 언어를 전달하는 기계가 콜센터의 업무를 대신한다면 언어 서비스 영역은 기계에 의해 대체될 것이다. 인지심리학이나 로봇공학의 발달로 인간과 기계의 차이가 좁혀진다고 해도 인간 언어의 고유한 특성을 살리는 서비스가 여전히 중요할 수 있다. 직원에게 언어사용의 자율성을 부여하고 창의적으로 행동하도록 유도할 수 있는 성과 패러다임을 고민하

북한의 언어위생화 통치

언어위생화의 통치에 관한 한 북한을 따를 곳이 없다. 북한 역시 휴대전화 사용이 늘었는데 여성이 휴대전화로 통화를 할 때 애교 섞인 말투가 유행했다고 한다. 2013년 11월 2일에 발행된 북한 계간지 '문화어학습'에 "평양 문화어의 순결성을 고수해야 한다."는 전화예절 관련 논문이 국내에 소개된 적이 있다.[42]

예를 들면, 공공장소에서 북한 여성이 휴대전화를 받을 때 "여보쇼오~"라고 하며 말끝을 길게 꼬아 올린다고 한다. 그런 애교스러운 말투에 관해 계간지는 "조선 여성의 고상한 정신미와 거리가 멀다"고 지적한다. 계간지 저자는 북한 여성이 휴대전화를 받을 때 "여보시오!" 혹은 "여보세요!"라고 단정하면서도 힘차게 말해야 한다고 주장한다. 또한 "－했지 말입니다"란 종결어미는 낮춤으로 시작해서 높임으로 끝맺는 비규범적인 말이고 상하 관계의 구별을 흐리게 한다고 지적했고 "－하네요"란 종결어는 뜻이 모호하고 남녀의 구별이 애매하고 듣기가 매우 간사한 말투이며 우리 식의 말투가 아니라고 강하게 비판했다.

"사회주의 문명국을 건설하기 위해서 평양 문화어(표준어)의 순결성을 지켜야 하며… 남의 말투나 끌어들이고 흉내 내는" 풍조를 배격해야 한다고 계간지 저자는 주장한다. 이를 보도한 여러 국내 언론은 "북한 언어에서 상하 혹은 남녀 구별을 흐리는 이완 현상이 나타나는 것은 남

려면 우선 신자유주의 시대의 언어문화에 보다 분명한 비판이 필요하다.

한 영상물을 비롯해 외부 세계에서 유입된 문물의 영향을 받은 결과"일
수 있다고 추론했다.[43] 말이 섞이는 걸 전체주의적 언어사회는 견디지
못한다. 사회가 경직되어 있을수록 언어사용을 감시하고 사회구성원이
동질적으로 사용하는 언어, 즉 언어의 순결성을 강조한다.

우리의 언어사회는 북한에 비해 언어의 차이와 다양성이 분명 묵
인되거나 장려된다. 그러나 앞서 언급한 것처럼 우리 역시 전쟁, 분단,
군부독재, 산업화를 숨 가쁘게 거쳐 오면서 언어가 얼어붙은 관행이 여
러 곳에서 목격된다. 나는 미국에서 오랜 시간 생활했는데 그 나라의 언
어경관을 살펴보면 수백 년 동안 경험한 수많은 전쟁의 상흔이 쉽게 드
러난다. 전쟁의 어휘가 일상적으로 발견되고 전쟁을 위해 구축된 관계
성이 사회 곳곳에서 발견된다. 한국전쟁을 치르고 아직도 반공 이데올
로기가 사라지지 않은 우리의 일상 언어도 마찬가지다. 매일 보고 듣는
대중매체를 통해 전쟁의 은유는 너무나 빈번하게 등장한다. 온라인게
임, 시험준비, 기업문화 어디든 전쟁을 연상하게 되는 기호가 출현한다.

예를 들면, 월드컵이 다가오면 전쟁이 시작된다. 태극'전사'가 월드
컵을 앞두고 '출정식'을 준비한다고 난리다. 죽기 아니면 살기라는 전쟁
언어가 넘친다. 전쟁 언어가 넘치면 정말 전쟁하는 인생을 사는 것이다.
밀리면 죽을 수밖에 없는 전쟁의 희생자가 나온다. 주위에 누구 한 사
람만 죽어도 몸서리치는 것이 우리 인생인데 왜 죽기 살기로 전쟁 언어
를 사용하는가? 제발 '전사'들 내보내며 월드컵 국가대항전에 너무 심
각해지지 않았으면 좋겠다. 죽자 살자 뛰는 선수들도 그만 울었으면 한
다. 이겨도 울고, 져도 운다. 안 울면 안 운다고 혼내는 사람들도 있다.

국민에게 위로와 기쁨을 줘야 한다는 그런 대단한 부담도 주지 않았으면 한다. 개인 선수에게 좋은 기회이고 축구팬에게 큰 잔치일 뿐이다.

살벌한 언어사회에서는 집단의 언어, 전쟁의 언어가 늘 선호되는데 그게 불편한 사람들부터 전체주의 언어를 경계해야 한다. 그렇게 문제의식을 드러내지 않으면 전체주의적 언어는 계속 남아 있으며 결국 사회 곳곳에 전체주의적 발상을 투입시킬 것이다. 이한섭 교수의 '일본어에서 온 우리말 사전'에 따르면 우리는 전쟁과 침략을 목적으로 전체주의나 국수주의 이데올로기로부터 만들어진 일본식 표현을 아직도 일상 중에 사용하고 있다. 그에 따르면 '전열을 정비하다', '유치원입소 대기' 등의 단어는 모두 전체주의적 전쟁 언어이다.[44] 일본 군국주의(의 언어)로부터 해방된 것 같지만 사실상 근대화, 군부독재가 오랫동안 유지되면서 우리 사회는 전체주의적 전쟁 언어를 사용하며 실제 삶을 전시처럼 살벌하게 유지했다.

김연아 선수의 은메달

김연아 선수는 나도 좋아했다. 누가 좋아하지 않을 수 있었겠나. 그녀가 금메달을 처음 따는 스토리는 풍성하고도 감동적이었다. 그런데 2014년 동계올림픽으로 기억한다. 대한민국의 용맹스러운 미디어(와 네티즌)는 김연아 선수의 또 다른 금메달 획득을 좌절시킨 러시아와 제대로 한판 붙었다.

김연아 선수의 팬인 것과는 무관하게 언어사회를 연구하는 나로서는 관련 기사의 댓글을 보는 것이 아주 불편했다. 어떤 글은 거의 파시즘 수준이었다. 나는 김연아 선수 개인의 기회와 권리를 제한시킨 (우리 눈에 드러난) '그들'의 염치없음을 비판할 수 있다고 생각한다. 그러나 그 문제를 확장해서 한국과 러시아를 대립시키고 싶진 않았다. 러시아 선수의 행동을 두고 비판할 수는 있겠지만 그 개인(의 표현)이 꼴 보기 싫다고 거대한 집단이 한 선수를 집중적으로 공격하는 것도 적절한 언어 행위로 보이지 않았다.

국제스포츠는 누구나 어디에서나 힘과 정치적 콘텍스트에서 자유롭지 못하다. 우린 비정치적이었는데 그들은 너무 정치적이었다는 음모론, '우리' 좋은 사람 vs '그들' 나쁜 놈의 고정적인 이항대립론은 수용하기 힘들다. 국내 미디어는 한국, 한국인을 흔히 피해자 – 민족의 정체성으로 위치시키곤 하는데 우리가 늘 피해자만은 아니었을 터이며 역동적이면서도 모순적인 정치력을 발휘했을 것이다. 우리의 욕망이 정치적 힘으로 제대로 작동하기도 했을 것이고 또 실패도 했을 터이다. 본질적인 우리만의 한민족 정체성이 대체 뭘까? 우린 착하고 러시아는 "원래 나쁜 놈"이라고 비난할 수 없다.

한민족, 대한민국의 이름으로 발휘되는 거대 집단의 능동성, 그런 집단의 언어 속성이 그래서 무섭다. 난 이런 일이 있을 때마다 올림픽 같은 경기는 개인의 삶이나 스토리에 더욱 집중하면 좋겠다는 생각을 자주 한다. 이쪽과 저쪽 집단이 편을 먹고 대차게 서로 충돌하는 곳에 어떤 언어가 남아 있겠는가? 그런 곳에 사랑, 자유, 서사의 언어가 살아남겠는가?

그와 동일한 관점으로부터 4년마다 시청의 광장을 메우며 "대한민국"을 외치는 월드컵 응원에도 그다지 편안한 눈길을 줄 수 없다. '대한민국'을 외치는 함성은 갑자기 어떤 개인(심판, 선수, 감독, 행정가)을 얼마든지 희생양으로 삼을 수 있다. 국제대회는 민족이나 국가의 경계를 선명하게 긋고는 경계선 안의 사람들을 흥분시키고 경쟁시키고 그러면서 장사도 한다. 물론 개인들의 서사가 등장하고 크고 작은 공간과 각양각색 인물의 스토리가 다양한 매체를 통해 전달되고 있다. 그러나 올림픽과 같은 큰 대회에서는 지금보다 더욱 유쾌하게 개인들의 차이와 다양성에 집중해야 한다. 그렇지 않으면 언제든 개인은 화난 거대 집단에 의해 묻히거나 이용된다.

그런 점에서 미디어 작가들은 의식적으로 개인들이 살아왔고, 지금도 살아가고 있는 일상, 생활, 역사, 문화를 다감각적으로 제시해야 한다. 국가들이 한판 붙는 전쟁의 수사 말고도 사랑, 우정, 변화, 성장의 주제를 스토리텔링 축제처럼 전하면 좋겠다. 소치 동계 올림픽대회를 보면서 내가 제일 좋았던 방송은 메달을 따지 않은 선수들의 스토리였다. 차이와 다양성의 스토리를 넘치게 해야만 전체주의 언어가 등장하는 집단의 언어 이데올로기를 저지할 수 있다.

집단의 언어를 흩뜨리는 가장 좋은 방법은 보이고, 들리고, 느껴지는 것을 다양한 언어로 표현할 수 있도록 사회가 허락하는 것이다. 예전에 중등학교를 다닐 때 두발과 복장이 통제되고 검은색 교복을 입었다. 차이와 다양성이 존중되지 않았을 때이다. 당시 기억이 자세히 떠오르지 않지만 우리가 얼마나 획일적인 언어를 사용했을지, 단 하나의 큰 목소리가 조금만 다른 생각이나 모양을 가진 소수를 얼마나 억압했을지 쉽사리 상상해볼 수 있다. 말이나 글이 통제되는 곳은 집단의 센 언어가 크게 들린다.

나는 아버지로부터 새치 머리를 물려받았다. 아버지처럼 어릴 때부터 새치가 많았다. 대학생일 때 염색을 시작했는데 올 겨울부터 하지 않고 있다. 몇 달만 염색하지 않았는데 꽤 많은 머리숱이 흰색으로 변해 있다. 거울 속에 비친 백발이 낯설기도 하지만 한편으로 보면 그런 내 모습이 재밌기도 하다. 미국에서 지낼 때는 그런 머리 색깔이 특별한 외모조차도 되지 않았다. 외관의 색깔이 워낙 다양한 곳이니 새치 색깔이 특별하다고 느껴지지도 않았다. 다르지만 특별하지 않음이 내가 살고 있는 이곳에서도 더 많은 사람에 의해 나눠지면 좋겠다.

미국의 한국인 성인 남성의 언어공간

난 미국에 살고 있는 한국인, 그 중에서도 특히 성인 남성을 흥미롭게 주목한 적이 있다. 미국에서 내 가족 역시 오랫동안 살았기 때문에 그곳에서 함께 어울린 한국인 남성들도 많았다. 이런저런 이유로 미국으로 건너간 한국인 – 성인 – 중년 – 남성은 개인주의라는 가치에 취약해 보였다. 민족과 국가, 군대, 동문, 고향으로부터 형성된 소속감, 혹은 가부장적 위계질서로부터 집단주의 정체성이 일찌감치 만들어진 것이 분명하다. 긴 세월 동안 집단의 질서에 의존하며 구축된 정체성이라 미국의 가정, 그곳의 일터에서도 일종의 가부장적 권위나 위계에 연연했다. 그래서 어쩌면 한인들은 틈만 나면 한인 교회든, 동문회든, 향우회를 만들어 그들만의 질서와 위계를 다시 확인하지 않았을까? 한국 땅에서 배워 온 견고한 집단적 자아를 잃고 싶지 않아서 말이다.

내가 오랫동안 거주했던 미국의 작은 도시에도 한국인이 많이 살았고 한인 교회도 여럿 있었다. 언제부터 그 도시에서 나름 큰 규모의 마라톤 행사가 열리기 시작했고 당시 달리기를 좋아했던 나는 시간이 허락될 때마다 대회에 직접 참가했다. 마라톤 코스에는 수많은 참가자 친구, 부모, 친지가 나와 응원을 했고 주자들이 지나는 어느 곳에서든 동네 주민이 자발적으로 나와서 대회 참가자를 돕고 함께 응원했다. 마라톤을 좋아하지 않더라도 그 지역 주민에게는 큰 지역 축제였다.

그런데 마라톤 코스의 초반부에 내가 다닌 한인 교회가 있어서 나는 몇 번이나 교회 측에 다른 지역 주민들처럼 교인들이 함께 교회 앞 길가에 나와 응원하면 좋겠다고 건의했다. 꼭 뛸 위해서가 아니라 지역의 큰 잔치이고 비폭력적인 문화축제이니 같이 즐기자는 제안이었다. 몇 년이 지났고 마라톤 행사는 여전히 진행되고 있지만 대회가 열릴 때마다 교회 앞엔 여전히 아무도 없었다. 한인들은 함께 잘 모이고 '목사님', '장로님', '권사님', '집사님', '멘토님', '구역장님' 등의 존칭으로 위계를 유지하고 서로의 사회적 권위를 존중했지만 교회 밖으로 나오기가 그토록 어려웠던 것이다.

울타리 안에서는 한국에서 명문대를 졸업했거나 근사한 직업을 가졌던 그때 그 시절의 정체성, 부자 동네에서 살다 왔거나 지금도 부자라는 정체성, 아니면 자녀가 명문 학교에 다닌다는 '모범적 소수민족' 정체성을 가지고 있어야 한다. 그것만 있으면 섬처럼 고립된 울타리 안이라도 그럭저럭 지낼 만하다. 그런데 울타리 밖으로도 나오지 못하고, 한국인들끼리나 통할 수 있는 과거 – 현재의 문화자본을 갖지 못한 분들은 과연 그곳에서 어떻게 지내고 계실까? 어쩌면 세월은 흘러가고, 공간적으로는 고립되면서, 남성/남편/아버지로서의 가부장적 권위에 지나치게 집착하고 있진 않을까? 그들의 한국인 남성 정체성이 다른 가족 구성원들에게 어떻게 전달되고 타협될지 참 궁금하다. 어쩌면 아시아계 미국문학(예: 이창래의 'Native Speaker')에 등장했던 가부장적 (언어)폭력이 생각보다 훨씬 빈번하게 우리의 이웃과 일상 안에서 일어나고 있을지도 모른다.

한인 교회는 하나님의 복음을 나누는 곳이기도 하지만 애국적 국가주의가 강화되는, 한국식 집단주의나 위계질서를 다시 한번 기억하고 강화하는 곳이기도 하다. 관련 연구를 해보진 않았지만 한인 교회는 내가 체류할 때만 해도 서로 다른 그곳 개인들의 차이, 문화적 다양성에 집중하는 사역이 없었다. 난 신학을 전공하지도 않았고 교회 내부의 전문사역자도 아니었지만, 연구자의 시선으로 바라보면 다수의 한인 1.5세, 2세, 국제결혼 배우자, 외국인 유학생, 조기 유학생(과 그 가정)의 타자적 정체성, 세계시민주의의 시각이 좀처럼 교회에서 다뤄지지 않음을 발견했다.

내가 경험한 한인 교회는 한국인이면 한국인이지 어중간한 한국인, 한국－미국 어디도 제대로 속하지 못한 개인들의 정체성을 좀처럼 주목하지 않았다. 그래서 이런 생각을 자주 했던 기억이 난다. 조금씩 서로 다른 어중간한 유목적/잡종적 정체성을 적극적으로 포용하지 못한다면 이민이나 유학의 1세대가 모두 은퇴한 후에 누가 이 자리를 채울 건가. 가부장적이고 집단의 질서가 강한 곳에서는 복수의 정체성들, 복수의 언어들이 횡단할 수 없다. 미국에 있는 한인 교회에 가면 영어를 사용하는 아이들, 청소년, 대학생이 많으니 공적으로 한국어가 아닌 다른 언어들이 여기저기 흔하게 사용될 것 같다. 영어예배도 당연히 있을 것으로 생각한다. 그러나 기대보다 영어가 자주 들리지 않는다. 한인 학교에 가면 이중언어교사가 많을 것 같지만 영어와 한국어를 횡단적으로 사용하는 선생님은 잘 없다. 영어 아니면 한국어, 둘 중 하나다. 어중간한 언어들의 횡단은 이상하게 허락되지 않는다. 영어만 사용하는 사람들, 한국어만 사용하는 사람들, 그들은 공간적으로도 구분되어 있다. 둘을 함께 사용하는 공간과 관계는 잘 없다.

그런데 미국의 한인 이민이나 유학의 역사가 꽤 긴 편인데 영어를 하는 사람은 다 어디에 있을까? 물론 그들은, 혹은 영어를 쓰는 우리는, 어느 곳에 존재한다. 다만 한국－한국어－한국인의 정체성이 지나치게 핵심 지표로 강조되는 곳이라면 영어－사용(자)은 웬만한 원어민 자아를 갖지 않고는 잘 드러내지 못하고, 드러내고 싶지도 않다. 그에 반해 한국에서 온 성인－중년－남성이 붙들고 있는 집단주의 정서는 한국식 권위를 그 곳에서 구조화시킨다.

흥미로운 점이 있다. 내가 관찰하기에 가부장적 남성의 목소리가

앵무새 살리기

지배적이지 않은 모계적 커뮤니티에서는 어린아이나 청소년이 매우 편한 마음으로 복수의 언어를 조합하고 교차적으로 사용한다. 잠깐만 생각해보자. 가부장적 질서가 다문화-다중언어 환경에서 살아남은 사례가 어디에 있는가? 모계적 질서가 복수의 가치들을 늘 인정하는 건 아니겠지만 워낙 한국인-중년-남성의 집단주의 의식이 강하기 때문에 상대적으로 엄마식 조력이 복수의 언어, 복수의 문화, 복수의 정체성을 자라게 한다는 생각을 했다.

한인 교회는 언어사회 연구자의 관점에서 볼 때 흥미로운 곳이다. 가부장의 권위를 부여하는 국가, 민족, 남성, 학벌 기반의 사회적 정체성이 제대로 작동하는 곳, 그러나 그곳에는 복수의 문화와 언어를 사용하는 젊은 학생이 모이지 않는다. 도움만 받고, 예배나 행사에 나타나지도 않는 싸가지 없는 학생 혹은 청년의 문제인가? 어찌 보면 자발적으로 모이지 않는 건 너무나 당연하다. 불편하면 가지 않는 것이다. 무엇이 불편한가? 혹시 그 중에 하나가 언어에 관한 건 아닐까? 앞으로도 '그들'은 분리되어 있고, 참여하지 않고, 싸가지가 없을까? 그것만 자꾸 탓하지 말고 그들에게 가부장적이고 집단적인 언어사회만을 승계하려고 한 것은 아닌지 생각해봐야 한다. 남성, 어른, 리더부터 솔직하게 숙고해봐야 한다.

이렇게 말하니까 내가 꼭 교회에 연구하러 가는 사람 같다. 그저 연구자의 시선으로 덤덤하게 바라보니 한국-한국인의 언어, 정체성의 담론은 미국의 한인 교회도 예외는 아니었다는 것이다. 나는 다양한 언어, 다른 언어도 자주 들리는 곳이 좋은 교회라고 생각한다. 교회만 그런 것이 아니다. 개인, 가족, 학교, 기업, 국가도 그렇다. 언어정책도 그렇게 재고되어야 한다. 다름이 존재한다는 건 아주 불편한 진실인데, 사실 우리 개개인이 국가, 민족, 전통적인 대립 구도, 가부장의 가치로부터 조금씩 이탈하고 있음은 사실 아닌가. 다름을 말해주는 건 언어이고 언어들의 공존과 상호 횡단에 대해 언어사회 리더가 고민해야 한다.

교회에 관한 이런 글이 불편한 분은 차이의 가치보다 전체적 통일성, 효율성의 가치를 중요하게 생각하는 분이다. 교회는 관용적으로 서로 다른 개인에게 자꾸 '괜찮다'라고 말해주면 좋겠다. 난 '우리 모두 반드시 이래야만 한다'는 전체/집단주의가 참 싫다. 북한의 체제, 히틀러의 발상뿐 아니라, 교회든, 기업이든, 학교든, 동문회든, 조기축구회든, 학부모 모임이든, 각기 다른 개인들의 차이를 폄하하는 모노링구얼 마인드가 있는 곳을 그래서 경계하는 것이다.

내가 가장 두려운 것, '1984'의 그곳

내게 가장 두렵고 불편한 장면은 집단이 개인을 곤궁에 빠뜨리는 상황이다. 화난 듯이 혹은 낄낄대며 모인 집단이 크든 작든, 남자든 여자든, 누구든지 한 명의 개인을 아프게 하고 응징한다. 집단이 수군거리면서 왕따를 시킨다. 비아냥대며 가십을 퍼뜨린다. 몸을 혹사시키고 배제시킨다. 나는 큰 집단이 개인에게 겁을 주는 곳이 늘 싫었다. 그런 사회는 개인들이 집단 속에서 존재적 가치를 가져야 한다. 그곳은 공리적 이익을 강조하면서 빈번하게 개인의 권리를 간섭하고 통제하며 그것을 당연하게 생각한다.

그런 점에서 나는 조지 오웰(George Orwell)의 '1984' 소설을 소름까지 돋으며 고통스럽게 읽은 기억을 갖고 있다. 전체주의의 공포를 이처럼 사실적으로 묘사한 소설이 또 있을까? 개인을 무력화시키는 집단, 혹은 전체주의 언어사회의 광기를 너무나도 끔찍하게 보여주고 있다. 전체주의적 사회 시스템이 과학, 사랑, 행복, 자유, 그리고 언어를 어떻게 축소시키고, 왜곡시키고, 유린시키는지 보여주고 있다. 특히 언어의 생성과 죽음, 말과 글을 통제하며 개인의 삶과 사회적 의사소통체제를 억압하는 과정에 호기심을 갖는 연구자라면 이 책은 여러 고전 중에서도 최고일 것이다.

여기서 당(국가)은 '개인됨'을 허락하지 않으며 '새로운 언어(New Speak)'위원회는 사회구성원이 사용하는 언어까지 간섭하며 심지어 외국어공부조차 금지시키는 장면이 나온다. 당은 "누구든 외국인들과 접촉하면 그들도 자신과 비슷한 인간이고, 그들에 대해서 들어온 이야기 대부분이 거짓이라는 사실을 깨닫게 되고 그 결과 그가 살고 있는 폐쇄된 사회가 붕괴되고 [전체주의 사회에서 또 다른 집단과 대결해야 하는] 사기의 밑바탕이 되었던 공포, 증오, 독선이 고갈되어 버리는 것"[45]을 염려하고 있다. 그렇다. 달리 말하면 다른 말과 글을 보고 듣고 배우면 다른 생각이나 삶의 방식에 노출된다. 다른 사람이나 다른 문화와 접속될 수 있고 그렇게 되면 독선의 집단을 또 다른 집단과 대립시키기 힘들다. 친구가 되고, 배우자가 되고, 유학을 가면서 좋은 호기심을 가지면 어쩌는가? 그러니 단일하고 위생화된 언어만 배우고 사용해야 한다. 또 다른 언어, 외국어를 공부하는 것은 금지되어야 한다.

이 대목에서 북한의 언어사회가 떠오르지 않는가? 북한은 언어만 놓고 보더라도 세계 최악의 전체주의 국가이다. 북한 주민들이 외국어를 포함한 이런저런 언어들을 놓고 낄낄대며 함께 공부하며 자신과 다르게 생긴 사람들과 허물없이 대화하고, 친구가 되고, 사랑도 하고, 서로 지식도 교환하면서, 모(국)어가 아닌 또 다른 언어를 사용하는 모습을 상상할 수 있는가? 내 머릿속으로는 북한의 그런 모습을 떠올릴 수가 없다.

그런데 잠깐, 그럼 자유가 보장되어 있다는 우리 언어사회는 어떤가? 북한과는 다르게 개인이 자유롭게 자신을 표현할 수 있으니 전체주의와 거리가 먼 것처럼 보인다. 그런데 정말 곰곰이 생각해보자. 언어에 관한 한 자유와 권리를 주장할 수 있고 차이와 다양성은 존중되고 있는가? 사무실에서나 식당에서나 집회에서나 회의장에서나 억지 감정으로 내가 가진 언어를 침묵시키거나 위선적인 말과 글로 지내다가 잠자리에 들고 나서야 마음 놓고 내 언어로 생각할 수 있다고 회상한 윈스턴의 일상이 우리에겐 없는가? 불을 끄고 "어둠 속에서 조용히 있는 한 텔레스크린으로부터 안전"하다는 그의 고백이 정말 낯선가? 내가 아는 우리의 언어사회는 여전히 집단적이고 위계적이다. 텔레스크린의 시선을 일상적으로 느끼고 있다고 고백하는 사람들이 적지 않다.

매일 저주를 퍼붓는 '2분 증오' 프로그램 등에 넌더리를 내면서 윈스턴은 몰래 과거를 간직하기 위해 일기를 쓰기 시작했다.* 그러나 윈스턴은 결국 적발되고 심문자인 오브라이언에게 굴복한다. '자유로운 인간은 패배한다'는 오브라이언의 경고가 무섭다. 그 말이 우리 내면에도 깊숙이 자리 잡고 있어 더 무섭다. '1984'의 죄중단, 이중사고가 자유가 보장된 듯한 우리의 언어사회에서도 일면 강력하게 프로그램화되어 있다. 교수로 일하면서도 개인으로 독립한다는 것, 자유가 있다는 것, 내가 나답다는 것이 한편으로 맞지 않는 옷을 입은 것처럼 불편할 때가 있다.

사회적 존재라는 우리 각자는 내 위에 군림하는 어떤 부적절함에 대한 저항심을 갖기가 두려울 때가 있다. 그걸 누군가와 표현하고 나누는 것도 부담스러울 때가 많다. 미래 한국의 언어사회는 차이와 다양성의 가치를 개인들이 드러낼 수 있을까? 복수의 언어들을 공존시키고 언어들의 횡단을 허락해줄 수 있을까? 미래를 다양한 방향으로 예측해볼 때 가장 극단의 언어사회는 '1984'와 같은 전체주의 언어사회이다. 차이와 다양성이 존중되지 않는 곳이다. 힘이 센 사람들이 힘이 없는 사람들을 괴롭히거나, 동질화된 집단이 이질적인 집단을 무력화시킬 수 있는 곳이다.

괴롭히는 쪽이든, 괴로움을 당하는 쪽이든, 모두 고통을 피해 다니

---

* 나도 그렇지만 생각을 자유롭게 하는 사람, 비판적인 글쓰기를 하는 (예비)연구자는 자꾸 뭘 쓰려고 한다. 텔레스크린의 시선에 복종되지 않고 자신과 타자 혹은 더 나은 사회구조에 호기심을 갖고 스스로를 다독이며 자꾸 어딘가 뭔가를 쓰는 사람들이다. 만약 그것조차 허락되지 않는 언어사회를 상상해보자. 그곳은 얼마나 무서울까? 글조차 금지된 개인의 삶은 얼마나 무력하고 쓸쓸할까?

는 중독자이다. 나라의 정치가 힘들고, 경제가 힘들고, 고통사회는 개인들이 도망 다닐 핑계가 많다. 한편으로 능동성을 발휘한답시고 애를 쓰다가 대개 '1984'의 개인들처럼 침묵을 선택한다. 그런 사회에 우리가 살고 있다면 우리는 무엇을 추구할 수 있을까? 오브라이언이 말했다. "개인은 유한하나 국가는 불멸"하다고. 그가 말한 국가는 결국 사랑도, 미술도, 문학도 없어지고, 아름다움과 추함의 구분도 없어지고, 호기심이라던가 세상을 살면서 느끼는 즐거움은 사라지는 곳이다. 대신 미묘한 권력에 대한 도취감, 승리감이 주는 전율, 무력한 적을 짓밟는 쾌감을 얻으며 살아가는 곳이다. 그런 곳에서 허락된 것도 있다. 윈스턴이 관찰할 '1984'의 그곳은 "이웃과의 사소한 말다툼, 맥주, 축구, 도박…, 엉뚱한 곳을 겨냥하여 투정을 부리는 것…"[46]이 넘친다. 우리의 언어사회가 그렇게 되어서는 안 될 것이다.

2

새로운 언어사회는
어떤 모습일까?

1장에서는 경제주의, 합리주의, 기술만능주의, 단일언어주의로 추동되는 신자유주의 질서로부터 현대화된 언어(교육)사회를 설명했다. 여기서는 미래 한국의 언어사회를 새롭게 상상하고 기획하며 접촉지대의 접촉언어, 생태적 언어환경, 도시언어현상, 횡단적 언어실천의 원리로부터 대항적이면서도 대안적인 언어사회 질서를 제안하고자 한다.

2장의 대항/대안 담론의 확장은 쉽지 않을 것이다. 지금까지 목격한 신자유주의 통치성의 확장력으로 볼 때, 다중, 접촉, 생태, 도시공간, 횡단의 언어사용을 수용하자는 논제 역시 신자유주의의 유연한 담론 질서 안에서 왜곡되고 희석될 수 있기 때문이다. 예를 들어, 국내 미디어는 최근 들어 국제결혼 배우자들을 이중언어교사로 초대하거나 이주민이나 중도입국자녀의 사회적 역할을 긍정적으로 의미화시키고 있다. 모순적이고 복잡한 그들의 언어정체성, 횡단적 언어실천의 역동성, 여전히 지속되고 있는 사회적 불평등과 차별의 관행 등이 지면을 충분히 차지하지 못하고, 국가경쟁력, 지역자본, 개인경쟁력 등의 수사만이 빈번히 다뤄지고 있다.[47]

그럼에도 불구하고 현대화된 언어사회의 병폐를 다시 한번 환기시키면서, (1) 언어시장의 상품적 가치는 접촉의 언어, 링구아 프랑카 논점으로, (2) 언어의 맥도날드와 관행은 생태적 언어환경으로, (3) 기술만능주의 테크노폴리의 언어는 유희적 도시언어 현상으로, (4) 언어위생화, 단일언어주의는 횡단적 언어실천과 같은 담론으로 전환시켜보고자 한다.

1. 접촉지대의 접촉언어, 링구아 프랑카

접촉의 언어, 링구아 프랑카

신자유주의가 지배하는 언어사회에서는 언어, 언어능력, 언어교육, 언어평가, 언어정책을 상품적 가치로만 판단하는 경제주의 원리가 빈번히 등장하는데 이때 접촉지대와 접촉언어, 혹은 링구아 프랑카 담론을 가져오면 시장과 경쟁 논리가 유일한 해결책이 아니란 것을 알 수 있다.[48] 영어를 링구아 프랑카로 바라보는 ELF(English as Lingua Franca) 학술 주제는 해외에서 많은 연구문헌이 축적되고 있고 ELF 사용자들의 화용적, 태도적 자원이 큰 관심을 끌고 있다.

영어를 배우고 사용하면 경제적 이익이 유도될 수 있다는 신념체제는 흔히 표준영어 혹은 원어민 내부 집단(inner circle) 사용자의 관점으로 알려져 있다. 영어의 확장은 자유방임주의나 시장질서의 논리로 확장되었고, 여전히 경제적 근대화 과정의 전제 조건이면서 도시개발, 국가의 경제발전 담론과 자주 결속된다. 영어 자체가 다른 언어들보다 우수한 속성을 보유하고 있기 때문에 쉽게 확산될 수 있었다는 식민주의, 혹은 BANA(British-Australian-North American) 국가들이 영어 관련 담론을 주도할 수밖에 없다는 종속적 논점도 자주 등장했다.

이와 달리 링구아 프랑카 (사용자) 관점으로 구성한 학술 담론은 원어민의 내부 집단 입장과 분명한 차이를 드러내고 있다. 소위 비원어민으로 불리는 화자들로 구성된 확장 집단에서, 인터넷 공간이나 접촉지대에서, 링구아 프랑카 언어는 의사소통을 위한 매개 역할을 맡고 있다.

ELF 사용자는 BANA와 같은 서구 국가의 원어민 규범으로부터 위계화되거나 주변화되지 않아도 된다. 오히려 다중심적 세계관으로부터 ELF 화자 간에 생성되는 다양한 언어사용(형태와 전략)에 대해 관대한 입장을 가질 수 있다.[49] 언어교육이나 평가정책을 기획하고 집행할 때도 원어민의 언어형태를 선형적으로 습득해야 한다는 보편적 순서, 혹은 결핍된 비원어민과 규범적 원어민이 대립쌍을 구성하는 교육모형으로부터 자유로울 수 있다.[50]

링구아 프랑카 논점으로부터 구성되는 담론은 표준언어, 원어민 언어의 정확성보다 합의—지향적이며 서로 협력하면서 화자 간의 상호이해력을 높이는 것에 집중한다. 이렇게 되면 표준화된 절차와 내용으로 특정 언어를 상품이나 서비스로 매매하고 소유하려는 사회적 관행에 영향을 끼칠 수 있다. 언어를 시장재 혹은 경쟁재로 사용하려면 정답이 되는 규범, 혹은 원어민 언어사용의 목표와 중간언어 단계가 분명하게 구별되어야 한다. 그러나 링구아 프랑카 사용이 사회구성원으로부터 긍정적으로 수용되고 합법적인 언어사용자의 특성 역시 보다 폭넓게 정의된다면, 큰 비용을 치르고 비싼 언어상품을 소유할 때 남보다 우월하고 더욱 발전할 수 있다는 담론질서의 토대는 약화될 수밖에 없다.

링구아 프랑카를 적극적으로 수용하는 곳에서는 언어를 공공재, 가치재, 혹은 사회적 공통자본의 속성으로 이해하자는 논점이 수용될 수 있다. 우리가 언어를 자원으로 보고, 사회복지적 장치로 보자는 곳에서 링구아 프랑카 담론이 시작될 수 있다. 그러한 신념체제는 시장질서를 통해 우월한 인재를 뽑고 언어에 관한 수요와 공급을 조정하면서 이익을 추구해야 한다는 경제주의 원리와 정면으로 충돌한다.

엄격한 언어규범자들

"좋은 아침!"이라고 건네는 인사말을 어떻게 생각하는가? 이건 아마도 "good morning"이란 영어식 표현에서 건너온 것일 수 있다. '아무리 강조해도 지나치지 않다'는 한국어 표현도 어쩌면 영어 구문 'no matter how'이나 'too-to' 구문 형태에서 가져왔을 수 있다. '가장... 한 것 중 하나'라는 표현도 영어식 표현 중에서 'one of 최상급 형용사'에서 차용된 것일 수 있다. 나는 그런 번역식 표현을 신문 칼럼이든 학술논문에서 사용하는데, 내 글을 보고 한국어가 멍들고 있다고 걱정하는 어느 단체의 편지를 받기도 한다. 그렇지만 그걸 읽고 내가 받은 솔직한 느낌은 이런 것들이다: '대체 뭐가 문제라는 것이지?' '아니 번역식 표현이 보태지면 글이든 말이든 한국어가 더 풍성해지는 것 아닌가?' '한국어는 영어처럼 구문 형태나 어휘가 다른 언어로부터 보태지고 빠지고 달라지고 그렇게 변하면 안 되는 이유가 뭐지?'

한국어로 학술논문을 만들어 국내 학술지에 게재하려고 원고를 제출하면 심사자들의 가장 흔한 (그리고 성의 없는) 논평 중 하나가 (연구주제와 자료분석에 관한 구체적인 근거 기반의 의견은 없고) "번역식 표현이 많으니 수정이 필요"하다고 지적하는 것이다. 그런데 어떻게 수정하라는 것인지 구체적인 지침도 예시 구문도 없다. 그냥 번역식 구문이나 어휘 사용이 마음에 들지 않는 것이다. 제발 주제일관성, 논거와 주장에 주목하면 좋겠는데 맞춤법과 번역식 표현만 지루하게 지적하다 심사평은 끝난다.

조선 시대도 아니고 전쟁 후 산업화가 시작된 때도 아니다. 현대 언어사회와 그곳에 사는 우리의 정체성은 복합적이고 모순적이고 역동적이다. 그걸 '전통적인' 체계의 한국어로, 혹은 쉬운 한국어로 왜 설명해야만 하는지 나는 정말 모르겠다. 지금 지켜야만 하는 한국어 글쓰기는 도대체 언제 누구에게 표준으로 통용되던 언어일까? 서울 용산의 국립중앙박물관에 가면 한국어로 적힌 과거 문헌들이 전시되어 있다. 조선 시대는 말할 것도 없고, 지난 100여 년 전 근대 문헌, 아니 해방 이후 수십 년 전 문헌조차도 아무리 작정하고 읽어도 이해되지 않는 것이 많다.[51] 그런 점에서 나는 번역식 한국어 표현에 좀처럼 문제의식을 갖지 않는다. 번역식 표현 덕분에 복잡하고도 쟁점적인 논제들이 오히려 제대로 전달될 수 있었다고 자부한다. 그래서 심사자가 수정을 요청해도 사실 잘 응하지도 않는다. 오히려 학술적 글쓰기는 통사구조든 어휘 차용이든 자꾸만 다른 언어체계로부터 빌려다 써보는 글쓰기가 필요하다. 그렇지 않고는 점점 복잡해지는 언어사회를 다양한 관점으로 설명하기가 쉽지 않을 것이다.

한국어를 다른 나라에서 공식어로, 혹은 제2언어로 사용한다더라 하면 그렇게 환영하고 축하하자고 요란을 떨면서 한국어에 다른 언어(적 특성)가 섞이는 것은 왜 그렇게 못마땅할까? 국가와 민족의 경계선을 넘으며 잡종스럽게 섞이고 있는 접촉의 언어를 수용하지 않겠다는 신념이 넘친다. 말만은 깨끗하게 통제하고 관리하겠다는 욕망이 살아 있다. 한국어를 더욱 깨끗하게, 영어도 원어민 스타일로 깔끔하게만 재단하겠다는 대한민국의 위생학 언어가 미래 한국사회에서도 계속 유효

할까? 달리 말하면 잡종과 혼종의 언어들을 제도권 밖으로 밀어낼 언어 규범주의자들이 앞으로도 정치적인 힘을 발휘할까?

언어를 위생화시키려고 애쓰는 전문가들의 글에는 '말은 사고의 표현'이란 논리가 등장한다. 어법구조가 사고를 변화시킨다는 것이다. 그래서 수입된 어법구조에 노출이 되면 한국인의 사고가 바뀐다고 걱정하는 것이다. 이런 논점은 후기-세계화 시대에 살고 있는 우리의 언어(발달)의 능동성 혹은 상호작용성을 너무나 과소평가한 것이다. 사고에 언어를 속박시킨다? 언어와 사고만을 독립/종속변수만으로 두고 영향력을 예측하는 건 축소주의적 발상이다.

온라인 채팅언어가 새로운 형태로 생겼다고 해보자. 다른 사회적 방언처럼 그것이 우리의 사고를 변화시켰다고 말할 수 있다. 그러나 다른 한편으로 우리가 인지적으로나 학술적으로 성장하면서 말과 글이 변할 수도 있는 것이다. 새로운 생각이 만들어지면서 새로운 어휘, 구문, 의미, 화용이 필요하게 된 것이다. 사고가 언어를 따르는 것만도 아니고 언어가 사고를 따르는 것만도 아니다. 언어를 규범화시키려는 욕망은 언어사회를 전체주의적으로 경직시킨다. 언어-사고의 관계도 획일적인 경로로, 일방향적으로, 단순화시키려고 한다.

틀린 영어, 맞는 영어, 링구아 프랑카 영어

오래전이긴 하지만 어느 방송에서 승무원이 되고 싶다는 청년들을 모아서 오디션 프로그램을 한 적이 있다. 영어능력을 평가하는 과정도 있었다. 원피스 수영복을 입고 지망생들은 모두 다이빙대에 올라간다. 수영복을 입고 높은 곳에 서 있는 모습이 잔뜩 위축되어 있다. 아래에선 원어민이라고 하는 세 사람이 앉아서 무슨 심사 기준인지는 잘 모르겠으나 지망생 중에서 누가 가장 영어를 잘하고 못하는지 평가한다. 어떤 질문을 던진다. 다이빙대에서 제대로 대답하지 못하면 사정없이 물속으로 빠뜨린다. 코너 제목이 아마도 '낙화암 English'라고 한 것 같다. 언제 물에 빠질지 모르면서 얼굴 근육마저 파르르 떨고 있는 승무원 지원자를 볼 때 정말 어이가 없었다

참 나쁘다. 아니, 참 무식하다. 오만한 방송을 만들거나 그런 식의 나쁜 정책을 만들거나, 그런 식으로 어디선가 학습자를 위협하고 조종하는 사람들은 분명 언어에 대한, 언어평가에 관한 고민도 없고, 성찰도 없는 사람들이다. 그들은 어쩌면 시험기계로만 공부했을 것이다. 운 좋게 그걸 통과했을 것이다. 중요한 말과 글이 넘치고 대화하고 서로의 스토리를 들어볼 시간도 부족한데 '낙화암'에서 수영복을 입혀 놓고 낄낄대며 청년들에게 윽박지르고 있다.

사교육업체 강사 수는 이미 공사립 초중고등학교 교원 수보다 많다. 학원 매출 절반이 초등학생 대상이다. 영어로 말하는 기계도 등장하고, 3개월 만에 당신의 혀에 '빠다'를 발라준다는 광고도 있고, 원어민

선생님만 있다고 자랑하는 학원도 있다. 초등학생뿐 아니라 미취학 아동들까지 학교 안팎에서 영어공부에 관한 선생은 아직도 여전하다. 영어권 지역으로 어학연수를 떠나는 것은 졸업 전 대학생의 필수 과정처럼 인식되고 있다. 낙화암 영어는 아직도 도처에 깔려 있다.

학생들은 너무나 오랜 시간 동안 낙화암에 매달려 생존을 걸고 공부한 탓인지 시험의 문항 특성이나 풀이 방법에 통달했다. 출제위원의 심리까지 추측하면서 '틀린' 영어와 '맞는' 영어를 구별해낼 수 있다. 그에 반해 누군가를 만나 말을 걸고 의미를 타협적으로 교환할 수 있는 역량은 좀처럼 배우지 못한다. 정말 못해서 시도하지 않는 것이 아니다. 정답영어, 표준영어, 원어민의 영어가 지배적인 규범으로 알려져 있으니 자신의 영어는 여전히 오답영어, 비표준 혹은 비원어민 영어라고 생각한다. 영어를 배우면 배울수록 더욱 원어민처럼 해야 한다는 부담, 혹은 능숙하게 하고 싶다는 욕망이 커진다. 자신보다 영어를 더 잘하는 사람 앞에서는 열등감 때문에 입을 못 열고, 다른 사람들의 시선을 느끼면서 차라리 입을 열지 않는다.

대학에는 영어회화 수업이 개설된다. 내가 관찰한 수업 분위기는 이런 식이다. 묘한 긴장감이 있다. 첫 시간이 지나고 한동안 그렇다. 앉아 있는 수강생들은 대부분 멍석을 잘만 깔아주면 말을 잘한다. 그러나 선뜻 나서기가 망설여지고 자칫하면 말 없는 자신이 들러리가 될 것 같은데 처음부터 '나대는' 동료 수강생이 얄밉기만 하다. 수업이 있는 건물 엘리베이터를 탔는데 문이 닫힐 때 수업을 듣고 있는 원어민 선생님이나 한국어를 못하는 외국인 유학생이 들어온다. 엘리베이터 안에 한국인 학생들도 많은데 나를 보고 아는 척을 할 때 편안한 마음으로 영어를 하기가 어렵다. 여러 사람이 듣고 있다는 것을 알기에 내릴 때까지 말하고 싶은 것을 나누기보다 애써 웃으며 편한 영어 몇 마디를 나눌 뿐이다.

침묵은 가장 효과적인 의사소통 방식이다. 잘한다는 평가를 받지도 못하겠지만 그렇다고 못한다고 찍히지도 않기 때문이다. 이런 심리 기제는 복잡한 변인들로 설명해야 하겠지만 영어에 관한 지나친 규범 체계, 기대 심리, 혜택과 보상의 문제와도 깊게 관련되어 있다. 내가 가르친 많은 학생들은 영어를 꾸준히 공부했고 말이나 글로 의사소통을 할 수 있고 더 잘할 수 있는 잠재력과 호기심이 넘친다. 그런데 '틀린' 영어를 사용하는 자신이 싫다. 어리숙한 영어를 다른 한국사람 앞에서 보이고 싶지 않다.

심지어 중국인이든 일본인이든 또는 한인교포와는 영어가 잘 되는데 미국 사람만 만나면 잘되지 않는다고 말한다. 왜 그럴까? 아마도 영어에 관한 소유권 의식 때문일 것이다. 영어사용의 규범이 표준영어, 원어민 영어, 영미영어, 고급 영어 등으로 규정되어 있다면 자신은 비표준영어, 비원어민 영어, 한국식 영어, 평범한 영어를 소유하고 있다는 자의식이 생긴다. 게다가 표준영어, 원어민 영어, 영미영어는 비싼 비용을 지불하며 일찌감치 혹은 사교육을 통해 배워야 하는 고급재/시장재 언어로 인식한다면, 자신처럼 영어를 모어로 사용하지 않는 화자들끼리 통상적으로 사용하는 상용재로서의 링구아 프랑카 영어에 유의미한 가치를 부여할 수가 없다.

모어를 한국어로 사용하는 (로컬) 한국인 정체성을 유지하면서도 다양한 접촉지대에서 링구아 프랑카로 영어를 사용하는 (글로벌) 세계시민의 언어정체성을 가져볼 기회가 너무나 많다. 접촉지대에서 접촉언어로 사용하는 영어는 미국인이나 영국인만이 원어민으로서 적법하게 소유한 언어가 아니다. 한국어를 모어로 사용하는 우리에게 외국어만도 아니다. 원어민과 비원어민, 표준어와 비표준어로 이분법적 구분을 할 것도 없다. 당장에 필요하니까, 그것이 링구아 프랑카의 기능을 잘 감당할 수 있으니까 사용하는 것이다.

　　앞서 표준 한국어를 사용해야 한다는 규범주의자들이 문지기 역할을 맡고 있다고 지적했다. 영어사용의 규범을 지키는 문지기들도 국내 사회에 있다. 그런데 우린 문지기들을 만나기도 전에 스스로 부적합한 언어사용자라고 자꾸만 물러서 있다. 자유가 없는 학습은 고통이다. 소처럼 끌려다니듯 공부하면서 평생 원어민의 표준영어를 소비하고 싶은 욕망으로 고통받는 소비자 인생을 살 것인가? 고급 영어를 소유하지 못해 '쪽' 팔린다는 억압된 마음을 솔직하게 직면하면 좋겠다. 그리고 내가 사용하는 영어에 주인의식을 가졌으면 좋겠다. 영어를 원어민처럼 사용하지 못하는 건 불편하지도 부끄럽지도 않은 일이다. 접촉지대에서 접촉언어로 영어를 사용하지 못하는 것이 안타깝다.

대학에서 사용하는 링구아 프랑카 영어

국내 대학 현장에서 학술적인 활동이든 비학술적인 필요이든 영어를 접촉언어로 사용하는 경우가 급증하고 있다. 대학 곳곳에서 영어를 모어로 사용해온 미국인이나 영국인과 만날 일이 있다. 그래도 한국어를 모어로 사용해온 한국인이 역시 영어를 모어로 배우지 않은 중국인, 일본인, 독일사람 등과 영어로 소통해야 할 기회가 훨씬 더 많다. 직접 만나진 않더라도 공간의 제약 없이 페이스북에서, 인스타그램에서, 아마존 쇼핑몰에서 영어는 전 세계 사람들을 연결해주는 매개로 사용된다. 연결의 매개로 사용되는 영어는 비싸고 고급스럽게 소비되고 사용될 필요가 없다. 연결의 플랫폼이 너무나 다양하기 때문이다.

학교 수업 안팎에서도 해외에서 온 장기체류 외국인, 교환학생이나 단기 체류자, 그리고 내국인 학생들이 서로 조별모임이나 프로젝트 준비를 하고, 기숙사나 학습 공간을 공유하거나 학교 행사에 함께 참여하고 있다. 이런 상황에서는 한가롭게 BANA 원어민 영어만이 규범이 되고 비원어민들의 영어사용은 결핍이나 문제라고 지적할 수 없다. 꼭 들어야 할 것을 효과적으로 이해하고, 말하고 싶은 건 어쨌거나 전할 수 있고, 의미를 계속 협상시킬 수 있는 의지와 역량만 있다면 누구든 입을 열 수 있다. 영어가 모어가 아니라도 의사소통자로서 경험이 풍부하다면 얼마든지 합의-지향적이고, 의미-협상적이며, 다양한 주제를 다루는 대화 참여자가 될 수 있다.

영어 학습자들은 주로 표준적인 원어민 발음이나 화법으로 공부했기 때문에 다양한 종류의 영어들에 익숙하지 않다. 말 속도, 몸동작, 구문 형태, 표현방식이 다르면 불편하기도 하다. 그러나 말하고 싶은 것을 말하거나, 원하는 것을 이루고자 하는 의사소통적 목표에 충실하다 보면 결국 서로의 영어들을 인정하게 되고 스스로 효과적인 의사소통자라고 긍정적인 의미를 부여할 수 있다. 링구아 프랑카로 영어를 사용해보는 과제를 수행한 대학생들은 이렇게 긍정적인 느낌을 표현한 적이 있다.

"상대가 내 말을 제대로 알아듣는다고 느껴지면 어떻게든 이해시키기 위해서 말을 길게 풀어서 설명했고, 상대가 말한 것이 무엇인지 잘 모를 때는 일일이 그걸 짚고 넘어가지 않고 '나중에 다시 알게 되겠지'라고 생각하며 일단 그냥 넘어가기도 했다. 우리 모두 비원어민이기 때문에 아마도 누군가 우리 대화를 전사해서 분석한다면 문법이 엉망이라고 할 수도 있겠다. 그러나 우린 그래서 그런지 더 많이 말하고 더 자주 확인하고 오로지 의미전달만 신경을 쓰면서 동원할 수 있는 것은 모두 동원하면서 의사소통을 시도했다. 그런데 그런 경험이 정말 내가 대화를 하고 있다는 느낌을 주었다."

"내가 무슨 말인지 잘 못 알아들었을 때, 그리고 상대 역시 제대로 전달하지 못하거나 이해하지 못할 때 우린 어깨를 으쓱하거나 고개를 까닥거리며, 눈썹을 꿈틀거리고, 눈을 가늘게 뜨면서, 'you know what I mean'과 같은 표현으로 일단 불통을 모면하기도 했다. 정확하게 이해는 하지 못해도 'yeah', 'I see'와 같은 표현으로 상대의 말을 호응해주면 대화가 이어지고, 다시 물어보고, 그러다 보면 다시 의미를 확인할 기회도 생겼다. 그런 것이 아마도 링구아 프랑카 영어의 특징으로 배웠던 '넘어가기 혹은 눈감아주기(let it pass)' 혹은 '의미 정상화(make it normal)'와 같은 대화 전략인 듯했다. 뭔가 완벽하진 못했지만 'It's OK', 'I got it' 등의 표현으로 서로를 돕게 되고 자꾸 해보니까 영어로 길게 대화한다는 부담도 줄어들었다. 말이 일단 물처럼 흘러가니 재미도 있었고 말 자체보다는 말을 하는 상대방이나 서로의 필요나 감정에 더욱 충실할 수도 있었다."

링구아 프랑카 영어에 대해 처음 가르치면 학생들은 고개를 설레설레 흔든다. 그들은 접촉지대도 없고, 접촉언어로 영어를 사용해보지도 않았다고 말한다. 그들에게 영어는 늘 내신성적, 수능영어, 취업시험의 목적을 달성하기 위한 수단이었고, 혼자서 끙끙대며 공부하는 대상이었고, 정복하고 교정해야 하는 목표에 불과했다. 그래서 영어는 원어민이 사용하는 규칙의 언어이거나 학원에서 배워야 하는 비법의 언어일 뿐이었다. 그런데 막상 링구아 프랑카 화자로 영어를 사용해보니 너무나 거뜬히 해낼 수 있던 것이다.

대학은 정말 다양한 영어들이 넘치는 곳인데 원어민의 표준영어가 규범이 될 뿐 접촉지대, 접촉언어를 계속 외면한다면? 대학구성원 다수는 영어에 관해 결핍의 비원어민 정체성을 가질 것이다. '비'원어민의 '비'라는 의미가 그렇다. 누군가가 아니라는 의미인데 부정의 정체성이

앵무새 살리기

어찌 쉽사리 긍정의 정체성으로 전환될 수 있을까? 원어민과 비원어민의 이항대립으로는 새로운 영어사용, 혹은 영어사용의 새로운 정체성을 수용할 수 없다.

아직도 싱가폴 영어 싱글리쉬, 프랑스 영어 프랑그레, 중국의 칭글리쉬, 한국의 콩글리쉬가 결핍의 언어로만 이해되는가? 이미 모어로 영어를 습득한 화자보다 영어가 모어가 아닌 영어사용자가 훨씬 더 많다. 그런데도 마치 다수의 노예가 소수의 주인을 침묵하며 따르듯 규범의 원어민 영어만을 비싼 재화로 소비하면서 자신의 영어에 대해 부정적인 의식을 축적할 것인가?

원어민들이 산다고 하는 북미, 호주, 유럽의 도시를 가보면 누가 어디까지 원어민이라고 할지 내 눈에는 애매할 뿐이다. 이주의 시대, 세계화의 시대에 원어민이란 유령을 붙들면 안 된다. 링구아 프랑카 영어를 사용하는 것이 이제 전혀 부끄럽지 않은 시대가 되었다. 글로벌 세계인으로 마음껏 상상해보자. 새로운 언어정체성으로 글로벌 언어인 링구아 프랑카 영어를 사용하는 순간을, 그리고 자신의 모어와 접촉언어인 영어를 즐겁게 조합하여 사용하는 기회를.

표준영어, 세계영어들, 링구아 프랑카 영어

유튜브에 '백인들이 하는 말을 아시안들이 한다면?'이란 제목으로 검색을 하면 수십만 명이 시청한 재미난 영상이 나온다. 미국에서 공부하거나 체류한 적이 있다면 주위 동료들에게 자주 듣는 말이 있을 것이다. 아시아인은 공부만 한다. 수학을 잘하겠다. 또는 아시아 여성이나 종교에 관해 신비롭게 말하기도 한다. 젓가락질하면 신기해하고 눈이 옆으로 찢어진 외모를 두고 비아냥대기도 한다. 혹은 영어를 조금이라도 잘하면 "너 영어 잘하는데 어디서 배웠냐?" 이런 말도 듣는다. 어디서 왔냐는 질문에 그냥 살아온 곳, 예를 들면 "Boston"이라고 말하면, "그게 아니라 진짜로 어디서 왔냐?"고 다시 묻는다. 그런데 동양 사람들이 백인들에게 같은 방식으로 놀리면 어떨까 하고 상상하면서 만든 영상이 바로 이것이다. 예를 들면 포크 사용하는 것이나 십자가를 여기저기 놔둔 것을 비아냥대고 그들만의 과장된 몸동작이나 백인 특유의 말투를 놀린다.

아시아인, 아시아 문화에 관해 편협한 가치 개입이 있는 것처럼 백인들과 그들의 삶의 방식에 대한 고정 관념도 있다. 서구중심주의 편견으로부터 자신이 누구인지에 관해 오해를 받은 경험이 있다면 누구든 유쾌하게 볼 수 있는 영상이다. 다만 여기서 서로 흉내 내는 영어를 주목해보면 백인이든 아시아인이든 간에 모두 표준적인 영어를 사용한다. 흑인과 백인, 영국인과 미국인, 남자와 여자, 그들의 영어는 스타일과 자연스러움의 차이일 뿐 흔히 말하는 BANA 원어민 영어인 것이다.

원어민의 영어가 있다면 비원어민의 영어는 어떤 것일까? 예를 들어 2017년 호주 오픈 테니스대회에서 준우승을 차지하고 소감을 말하는 스페인 출신의 라파엘 나달(Rafael Nadal)의 연설이 있다. 그랜드 슬램 단식에서 17회나 우승한 나달은 꽤 영어를 잘한다. 공적 연설도 자주 했기에 유머도 있고 물 흘러가듯 하고 싶은 말을 찬찬히 전한다. 다만

(여전히 그리고 당연히) 비원어민 억양을 가지고 있고 비원어민다운 표현을 할 수밖에 없다. 어느 영어강사가 방송에서 그가 영어를 잘하지만 '비원어민 영어를 극복하지 못하고 있다'고 지적한 걸 들었다. 그런 구분에 의하면 세상의 영어는 원어민 영어와 비원어민 영어만 있는 듯하다.

그러나 (비)원어민 영어, 표준영어가 아닌 다른 영어들도 있다. 예를 들면 '세계영어들(World Englishes)'이다. 16세기부터 영국은 식민정책을 시작했고 나폴레옹 상대로 영국이 승리한 후부터 19세기 제국주의 시대가 끝나갈 때까지 전 세계 인구의 1/4 수준, 약 4억 명이 대영제국의 지배에 있게 된다. 자연스럽게 자메이카, 인도, 홍콩, 남아프리카공화국, 호주, 나이지리아, 케냐 등의 영연방 식민국가들은 2차 대전 후 대부분 독립국가가 되었지만 영어를 공용어로 사용한다. 그곳에서 토착화된 지역영어들을 흔히 '세계영어들'이라고 부른다. 예를 들어, 유튜브에 'Indian Accent, Indian English'로 검색해 보라. 인도 영어가 표준영어와 어떻게 다른지 발음, 어휘, 문장 형태 측면에서 재미난 예시가 등장한다.

그에 반해 세계화의 시대, 이주의 시대가 시작되면서, 각기 다른 필요와 재미로부터 영어를 사용하는 공간이 많아지면서, 영어를 모(국)어로 습득하거나 사용하지 않는 화자들 사이에서 다양한 의사소통의 접촉지대가 생겨났다. 자연스럽게 '링구아 프랑카 영어(English as Lingua Franca: ELF)'가 접촉의 언어로 본격적으로 통용되기 시작했다. ELF는 흔히 비원어민이라고 불리는 화자가 다수인 집단 안에서, 페이스북과 같은 가상공간에서, 혹은 지역화된 대중문화 텍스트에서 빈번하게 등장하고 있으며 앞서 다룬 표준영어, 세계영어들과는 구분된 또 다른 영어로 이해되고 있다.

표준영어는 규범적인 언어체계를 여전히 강조하고 세계영어들은 변이형의 속성을 강조하고 있다면, 링구아 프랑카 영어는 소통과 의미 협상의 가능성에 비중을 두고 있다. 표준영어의 중요성을 강조하는 학자들은 BANA 국가들이 영어교육과 정책의 주도적 역할을 맡아야 한다는 담론을 변호하며, 영어가 다른 언어들보다 우수하기 때문에 널리 보급된 것이라고 주장하기도 한다. 근대화의 과정 중에 영어는 필수적인 도구이며 세계를 근대화하기 위해서 권력언어, 혹은 표준영어가 필요하며 세계화, 대도시 중심의 경제발전 담론과 결속된다.

'세계영어들' 연구자는 언어와 문화를 좀 더 역동적으로 변할 수 있는 대상으로 바라본다. 변종 영어들의 잡종성에 관대한 입장을 갖는다. 영어를 배운다는 것은 세계영어들을 배운다는 의미이며 단 하나가 아닌 복수의 표준영어들이 공존되어야 한다고 주장한다. 과거 영어사용 국가의 식민지 경험으로부터 세계영어(사용자)가 등장했기 때문에 세계영어들의 확산은 탈식민적 수행성(performativity)으로도 인식된다. 그런 점에서 표준영어를 세상에 전파하는 것보다는 다양한 (이중적) 언어 문화와 정체성을 수용하면서 각기 다른 세계영어들이 글로컬(glocal) 언어의 지위를 갖는 것이 오히려 중요하다는 입장이다.

그에 반해 '링구아 프랑카 영어'는 전 지구적으로 어디에서나 누구든지 의사소통을 위한 매개 언어로 사용된다. 영어의 확산은 현대사회의 연결성 측면으로 이해된다. 특정 지역의 표준영어, 원어민 중심의 단일언어 중심주의와 분명한 거리를 둘 수밖에 없다. 다중심성 세계관을 갖게 된다. 모(국)어로 영어를 사용하지 않는 화자 간에 발생하는 다양한 언어들의 조합에 관대한 입장을 갖는다. 서로가 비원어민이라기보다 이중/다중언어 사용자로, 혹은 '링구아 프랑카의 화자로서는 원어민'이라는 새로운 인식을 공유한다. 영어를 가르치고 배울 때도 언어형태의 선형적인 습득 순서, 규범과 결핍 기반의 교육모형에 집중하기보다 담화, 화용, 전략, 관계의 측면을 강조한다. 다른 모어들뿐 아니라 상호 간의 문화에 대한 인식이나 타자에 대한 관용적 태도를 강조한다.

　　세계영어들과 링구아 프랑카 영어는 지리학적인 속성으로부터도 구분된다. 세계영어들을 연구한다면 주로 특정 국가에서 사용되는 영어의 특성과 사회언어학적 차이에 관심을 가질 것이다. 링구아 프랑카 연구자라면 서로 다른 지역문화적 배경을 가진 화자들 간의 다중적이고 의미협상적인 언어활동에 관심을 가질 것이다. 예를 들어, 세계영어들을 연구하면서 싱가포르와 홍콩 영어의 음운, 통사, 어휘의 특성을 비교할 수 있다. 반면에 링구아 프랑카 연구자라면 북유럽 주재 아시아 유학생들이 영어를 모어로 사용하지 않는 그곳에서 학문적 목적으로 링구아 프랑카 영어를 전략적으로 어떻게 활용하는지 탐구한다. 표준영어의 가치를 최적화시키는 집단에서는 내부 집단의 원어민이 사용하는 영어를 가르칠 것이고 능숙도 역시 BANA 지역에서 고안된 교육과정, 교재, 시험에 의해 진단되고 평가될 것이다. 그러나 링구아 프랑카로서 영어를 배우고 가르친다면 다양한 조합의 대화참여자들이 다양한 영어들을 긍정적으로 수용하게 한다. 특정 영어의 규범이 아닌 다양한 의사소통 전략을 학습할 수 있도록 돕는다.

　링구아 프랑카를 사용하는 화자들 사이에는 합의-지향적이고, 서로 협조적인 모습이 자주 등장하는데, 대표적인 화용 전략으로는 '내버려두기 혹은 눈감아주기(let it pass)'와 '정상적인 것으로 옮기기(make it normal)' 등이 있다.[52] 전자는 상대방 말을 들으면서 불분명하거나 이해하지 못했던 부분이지만 맥락적으로 중요하지 않은 것으로 예측하거나, 추후에 의미가 명확해질 것이라는 기대감으로 계속 대화를 유지하는 담화 전략이다. '정상적인 것으로 옮기기'는 상대방의 비문법적인 혹은 부적절한 어휘 선택을 명시적으로 지적하지 않고, 언어의 형태보다는 전달 내용에 비중을 두는 화용 전략이다. 링구아 프랑카 대화에서 화자 간에 좀처럼 불통이 생기지 않는 이유는 서로 이해가 안 되는 상황이 발생하더라도 주제 전환하기, 바꾸어 말하기, 다시 말하기와 같은 담화 전략을 통해 적극적으로 그 때마다 어색함을 해결하기 때문이다. 심지어 링구아 프랑카 화자들은 의사소통을 용이하게 하려고 각자의 모어 언어자원을 (비꼬아) 사용하기도 하고, 상대방이나 자신의 미숙한 영어를 당연한 것으로 간주하면서 유대감을 형성하기도 한다.[53] 발화를 기본적인 정보 단위로 분절하여 단순화시키기도 하고, 중요한 정보는 발화의 앞쪽으로 이동시키는 문장 구조를 선호하기도 한다.[54]

　링구아 프랑카로 사용되는 영어는 특정 국가나 집단의 소유물이 될 수 없으며 화자가 영어를 모어로 습득하지 않았다고 하더라도 의사소통에 필요하면 능동적으로 사용하는 매개 수단이 된다. BANA 국가의 원어민 기준으로 보면 링구아 프랑카 화자는 목표 언어를 능숙하게 습득하지 못한 중간언어 학습자, 실패한 (비원어민) 화자, 혹은 문제가 있거나 결핍된 언어사용자로 인식될 수 있다. 그러나 진 세계에서 벌어지고 있는 영어 의사소통의 상황과 필요를 고려하면, 링구아 프랑카로 영어 화자는 '링구아 프랑카로서는 원어민 화자'이며, 다양한 언어자원을 활용하고 있는 충분히 유능한 이중/다중언어 사용자이다.

링구아 프랑카 화자의 언어에 문제가 있다고 지적하기보다는 그결 나름의 독특한 언어양식으로 바라보아야 한다. 링구아 프랑카 기반의 언어교육은 정확하고 미시적이고 개별적인 특정 언어의 규범 학습보다 다양한 상황에서 감당할 수 있는 의미협상적 역량을 강조한다. 접촉지대, 접촉언어, 링구아 프랑카 담론을 개방적으로 수용하면 종전의 시장재, 경쟁재로만 다뤄지던 언어교육 담론에 커다란 변화가 기획될 수 있다. 예를 들어, 제한적으로 접근할 수 있고 소수만 성취할 수 있는 고급재로서의 영어는 표준영어, 권력영어의 규범을 갖고 있지만 링구아 프랑카 영어는 누구나 원어민일 수 있고 주인일 수 있는 공공재 혹은 가치재로서의 속성을 담고 있기 때문이다.

왜 영어는 링구아 프랑카인가?

내가 속한 영어영문학과의 구성원들은 영어를 잘하는 편이다. 그러나 영어에 관한 사회적 쟁점에 대해서는 무기력하다. 영어를 객체로 분석하는 것에는 익숙하다. 그러나 언어사회에 관한 세상 담론에는 좀처럼 참여하지 못한다. "왜 온 국민이 영어를 공부해야 해요?" "이제 중국이 부강해질 것이니 중국어가 영어를 대체하지 않을까요?" 이런 질문이 나오면 한국어를 단일언어로 혹은 모(국)어로 사용하는 한국은 제한적인 맥락과 목적으로 영어를 교육시켜야 한다는 논점을 받아들이면서 일찌감치 논쟁에서 목소리를 낮춘다. 영어를 공부하고 사용하고 정책으로 기획하는 필요성을 국가/기업/개인의 경쟁력, 경제주의, 세계화 논점으로부터 간략하게 이해하는 수준이다.

'왜 영어인가?'라는 공세적인 질문에 가장 좋은 변론은 영어가 역사적으로나 공간적으로 가장 빈번히 링구아 프랑카 언어로 사용된 점이다. 영어는 파급되고, 강제되고, 교환되고, 다시 전해지면서, 전 지구적으로 참으로 질긴 생명력을 유지하고 있다. 영어는 제국주의, 식민 통치로부터 접촉언어의 폐쇄적 위계를 유지하긴 했지만 또 달리 보면 개방적인 역사성도 가지고 있다.

링구아 프랑카 영어는 앞서 살펴본 것처럼 비원어민이라고 일컬어지는 화자들이 온라인 공간이든, 영어를 모어로 사용하지 않는 집단 사이에서, 혹은 지역화된 대중문화 텍스트를 통해, 광범위하게 사용되고 있다. 링구아 프랑카 영어가 전 세계적으로 어디든 누구든 의사소통을 위한 매개 언어로 사용되고 있다면 그 이유만으로도 온 국민은 공공재로, 혹은 가치재로 영어(교육과 사용)에 접근할 수 있어야 한다. 영어가 제한된 누군가에게만, 특별한 목적으로만 사용되어야 한다는 건, 혹은 영어를 중국어가 대체한다는 건 대체 무슨 근거를 따르는지 모르겠다.

미래의 세계인들이 영어만큼이나 링구아 프랑카로 사용할 수 있는 접촉언어를 또다시 발굴하고 이만큼 공유할 수 있을까? 영어영문학과 교수가 밥벌이한다고 욕먹을지 모르겠으나 영어는 이미 특수 목적형 민족어/국지어 수준 이상의 잡종성과 개방성을 보유하고 있다. 영어는 채식만도 육식만도 고집하지 않은 잡식가의 메뉴였고 앞으로도 링구아 프랑카이면서도 전 세계의 지역적 언어와 혼종적으로 결합될 여지가 크다. 영어에 관한 독점의식, 소유의식이 빠른 속도로 줄고 있기 때문이다.

한글학자, 민족주의자들에게 비난받을 수도 있겠지만 링구아 프랑카 영어는 가까운 미래에 한국에서 추가적인 공식어, 공용(한국어와 함께 공식적으로 사용하는)언어가 될 여지가 매우 높다. 언어들이 공존하는 생태계, 그중에서도 공용언어에 관한 사회적 인프라를 새롭게 구축하는 논쟁은 미래 한국사회에서 반드시 다시 시작되어야 한다. 한국어를 영어로 대체하자는 것이 아니다. 한국어와 링구아 프랑카 영어를 생태적으로 공존시키는 사회적 인프라를 조금이라도 더 빨리, 어느 지역이든, 어느 목적이든, 준비하지 않을 수 없다는 것이다. 달리 말하면 모어만큼이나 영어를 공공재 자원으로 바라볼 필요가 있다.

어린아이의 언어를 어른 언어와 비교해서 폄하하지 말고 그 자체로도 충분하면서도 귀하다는 논리는 어린아이 언어를 어른의 언어로 교체하자는 것이 아니다. 어린아이가 사용하는 언어(정체성)를 우선 인정하고 어른의 언어와 공존시키자는 것이다. 어린아이의 언어를 미숙한 단계, 교정의 대상으로만 보지 말고, 어린이 역시 어른 만큼이나 권리적 주체로 보고 그들의 말과 글도 귀하게 인정하자는 것이다. 영어를 모어로 사용하지 않는 사람들이 사용하는 링구아 프랑카 영어는 생활어이자 공식어로 오랫동안 사용되어 온 한국어를 결코 교체할 수 없다. 그러나 서로 언어전쟁을 벌일 필요도 없다. 나는 한국어와 링구아 프랑카 영어는 공존할 수 있다고 생각한다.

영어를 배우고 사용하고픈 개인의 욕망, 세상의 필요, 좀 더 구체적으로는 인터넷에서 낄낄대며 사용하는 유희적이고 장난스러운 영어, 학술적 목적이나 공무를 수행할 때 필요한 영어, 무역이든 항공이든 관광이든 특수 목적으로 구체적인 과업을 수행하기 위한 영어, 그런 다양한 영어들이 유입되는 길목을 누가 어떻게 막을 수 있겠는가? 그걸 학자나 정부가, 규범으로나 정책으로, 타이르고 제한시킨다고 세상 밖의 언어체가 쉽사리 길들여질까?

영어의 역사를 보더라도 영어는 마치 점액질 액체처럼 처음엔 어리숙하게 그러나 스멀스멀 세계적인 문화언어로 흘러 다녔다. 엄숙한 독일어의 발달사와 달리 잡종스럽게 (혹은 실용의 가치를 분발시키며) 접촉의 언어로 성장한 영어는 어쩌면 그런 이유 때문에 영어에 관한 온갖 다양한 소유욕을 비서구 변방에서도 품게 된다. 이미 홍콩, 인도 등의 영연방 국가들은 자신들의 영어가 주류 영어의 변이, 즉 세계영어들 수준이 아니라 하나의 합법화된 표준적 영어로 인정되어야 한다고 주장한다.

심지어 모(국)어와 분명한 경계를 긋고 영어를 교실과 시험장 안에서만 가둬둔 대만, 중국, 한국과 같은 비영어권 나라에서도 영어의 소유권 문제가 논의되고 있다. 지역적 정체성을 유지하면서 글로벌 환경에

앵무새 살리기

서 영어를 사용한다는 자의식이 점점 커지고 있는 것이다. 그렇게 되면 영어는 어디서나 누구에게나 링구아 프랑카가 된다. 링구아 프랑카 영어는 미국 영어, 영국 영어처럼 어떤 지리적 경계선으로 규정할 수 없으며 누구나 사용하는 즉시 링구아 프랑카 언어의 원어민이 된다. 나 역시도 한국어가 내게 모어이지만, 링구아 프랑카 영어의 화자로 당당한 정체성을 갖고 있다. 그러면서 나는 두 언어 사이를 교차적으로 오가는 이중언어 사용자, 혹은 횡단언어 사용자 정체성도 갖고 있다.

한국에서는 이와 같은 링구아 프랑카 언어/정책 담론의 기획과 집행이 쉽지 않을 수도 있다. 이미 구축된 질서의 기득권력이나 민족주의 진영으로부터 야유를 받을 것이다. 둘로 나뉜 아군과 적군의 언어전쟁이 과장되기도 할 것이다. 오랜 세월 동안 축적된 제국주의, 식민주의, 근대화 기반의 영미-표준영어에 대한 민족주의 기반의 저항 운동이 어찌 쉽사리 사라지겠는가.* 그러나 링구아 프랑카 영어/교육/정책 담론이 사회적으로 타당성을 확보하는 건 분명 오랜 시간이 걸리지 않을 것이다. 포스트모던 시대의 후기-세계화가 계속된다면 누구에게나 링구아 프랑카 영어를 배우고 사용할 수 있는 대중교육이 제공되어야 한다. 또 한편으로는 접촉언어 사용자의 정체성을 갖는 것은 주인의식을

---

* 나는 모어, 한국어, 영어, 공용어에 관한 학술담론을 접촉, 횡단, 도시공간, 생태, 다중성의 인문 가치로부터 유연하게 제안하고자 한다. 그러나 공용어 사용조차도 강제적 집행이라면 지지하지 않는다. 이항으로 대립된 언어전쟁 어느 편에서도 근본주의 관점을 보탤 마음도 없다. 내가 경험하고 연구한 영어는 서구제국주의의 앞잡이만도 아니었고 우리말과 문화를 불결하게 오염시킨 수입제품만도 아니었다.

한 번도 갖지 못한 결핍된 영어학습자의 자아를 버리도록 도울 것이다. 링구아 프랑카 영어가 사회적으로 적법하고 공공재로 다뤄질 만한 언어로 수용될 때 보다 전략적이고 현실적인 언어정책이 집행될 수 있을 것이다.

링구아 프랑카와 글로비시

간단하게라도 링구아 프랑카와 글로비시(globish)을 구분하고자 한다. 글로비시는 영어를 모어로 사용하지 않은 사람들이 좀 더 쉽고 효율적으로 의사소통을 하기 위해 인위적으로 만든 영어이다. '글로벌(Global)'과 '영어(English)'를 묶은 합성어이다. 프랑스인 장 폴 네리에르(Jean–Paul Nerriere)가 고안했으며 2004년 출간된 '글로비시로 말하자(Parlez Globish)'란 책에 논점이 담겨 있다.

글로비시는 의사소통을 돕는 '도구'적 속성이 강조되어 있다. 1,500개의 기본 단어와 24개의 간단한 문장 구조로 이루어져 있으며, 문법에 얽매일 필요 없이 기본적인 발음 원칙만 지키면 누구나 쉽게 영어로 소통할 수 있도록 고안되었다. 예를 들어 글로비시에서는 'siblings(형제, 자매)'라는 어려운 단어 대신 'brothers and sisters'를 사용한다. 'nephew(남자 조카)'나 'niece(여자 조카)'라는 까다로운 단어 대신 'children of my brother'라는 쉬운 단어를 조합하여 사용한다. 글로비시로 말할 때는 쉬운 단어를 사용하는 것은 물론 천천히 의미를 전달하게 하고 짧은 문장만 사용하도록 한다. 또한 비유적 표현이나 숙어 사용을 자제하고, 유머, 부정형의 질문, 약자 사용도 피한다. 대신에 의사소통에 도움이 되는 몸동작은 적극적으로 활용한다. 그런 점에서 글로비시는 도구로서의 기능이 강조된다.

링구아 프랑카 영어는 접촉지대에서 접촉의 언어로 사용되는 것이고 쉽고 간단한 어휘나 문장 형태가 당연히 선호될 수 있고 화자들간에 관용적 태도를 강조할 수밖에 없다. 그러나 글로비시처럼 단어 수나 문법에서 고정된 형태를 고집할 필요가 없다. 각기 다른 링구아 프랑카 화자들은 서로 다른 누군가와 만나고, 서로 다른 현장과 목적으로부터, 그때마다 다른 접촉의 언어를 사용할 수밖에 없다. 어려운 단어를 사용할 수도 있고 복잡한 의미를 복잡한 형태로 말할 수도 있다. 그런 점에서 볼 때 링구아 프랑카는 글로비시와 같은 형태적 속성의 언어로 보기 힘들다.

2. 다양성이 존중되는 생태적 언어환경

공존하는 언어들, 생태적 언어환경

합리주의에 집착하게 되면 복잡한 언어사용능력은 자꾸만 효율적으로, 예측할 수 있는 수준에서, 수량화되고, 통제된다. 측정할 수 있거나 표준적으로 통제할 수 있는 언어만 붙드는 맥커뮤니케이션 관행은 표준주의 논점을 비판하는 생태중심주의 지식관과 정면으로 충돌한다. 편의적 효용성이 높은 맥도날드화 언어에 집중하자는 입장과, 언어사용과 교육의 환경을 생태적 유기체로 바라보면서, 표준어든 방언이든, 모어든 외국어든, 공식어든 소수언어든, 남성의 언어든 여성의 언어든, 서로 다른 가치와 기능의 언어들이 서로 공존하도록 배려하자는 입장은 서로 갈등적일 수밖에 없다.

생태학은 모든 생명을 존중하며 개체 간의 상호작용성, 유기체적 역동성에 관심을 두기 때문에, 다양성과 전체성의 원리를 추구하는 것이 일반적이다. 생태주의 언어학자들은 관료적이거나 합리주의 원리로부터 포착하기 힘든 기호적(semiotic) 환경에 주목한다. 다양한 관계적 변수, 개별적 생각, 표정, 몸짓 등 비언어적 요소까지 포함한 언어사용/학습의 유의미성을 탐색한다. 합리주의로부터 언어를 효율적으로 예측하고 관리하는 편리함이 넘칠 때, 다시 말해서 삶의 환경을 합리적으로 통제할 때, 생태적 언어환경으로부터 인간은 결국 소외된다는 논점도 간과하지 않는다.[55] 합리적 관료주의의 명분으로부터 누군가의 언어사용이나 언어학습 기회가 강압적으로 배제되거나 폄하되는 언어제국주의(linguistic imperialism), 언어차별주의(linguism) 문화 역시 경계한다.

생태주의 담론은 이항으로 대립시키는 모든 종류의 분리주의, 어떤 언어든 지나치게 우상화하는 모든 사회적 관행을 경계한다. 주류 언어든 소수언어든, 크고 작은 언어 사용집단이 관계를 맺고 함께 공존할 수 있는 전체 언어사용 집합체의 권리 총합과 공존적 상호작용에 관심을 갖는다. 각자의 언어정체성이나 언어권리를 함께 존중하고 보장하기 위해 비위협적인 언어환경을 제도적으로 구축하기 위해 노력한다.

말티즈, 스피츠, 비숑

내가 제일 좋아하는 견종은 래브라도 리트리버이다. 아직도 아파트에 살고 있지만 늘 마당이 있는 집을 꿈꾸는 이유는 언젠가 리트리버와 함께 살고 싶기 때문이다. 혼자 살 때 작은 아파트에서 리트리버를 키운 적이 있는데 집안을 매일 난장판으로 만들곤 했던 그 녀석의 쉼 없는 에너지를 감당하기 참 힘들었다.

유튜브에서 리트리버 뿐만 아니라 애완동물에 관한 동영상을 종종 본다. 하루는 한집에 사는 말티즈, 스피츠, 비숑이 서로 다투는 장면을 본 적이 있다. 상황을 간단하게 설명하면 다음과 같다. 말티즈와 스피츠가 소파 위에서 어르릉대며 매섭게 마주 보더니 사납게 짖기 시작한다. 본격적인 개싸움이 시작되나 했는데 갑자기 체구가 아주 작은 비숑이 소파 위로 훅 올라오더니 양쪽을 보고 번갈아 짖는다. 말티즈와 스피츠는 싸움을 중단하고 민망한 듯 그들을 마치 꾸짖는 듯한 비숑의 눈치를 본다. 말티즈와 스피츠는 서로 다투다가 체구가 작은 비숑의 눈치를 왜 보는 것일까? 아래 선택지 중 이런 상황을 설명할 수 있는 가장 적절한 답을 찾아보자.

① 말티즈와 스피츠는 원래 사이가 안 좋다. 비숑은 개들끼리 다투는 것을 싫어하고 분쟁을 조정하고 평화를 유지시키는 속성이 있다.

② 개들은 둘만 모이면 그저 그렇게 서로 싸운다. 그럼 또 다른 개

가 와서 참견한다. 원래 개들의 관계성은 그런 식이다.

③ 비숑은 저 집에서 가장 일찍 왔거나, 견주의 사랑을 가장 많이
　　받거나, 아무튼 서열이 저들 중에서 가장 높기 때문에 아무 때
　　나 개참견을 하는 것이다.

어떤가? 우선 ①번이 답이라고 할 수 있다. 예를 들면 시츄는 좀 멍
청하고 푸들은 똑똑한 개라고 많은 사람이 말한다. 종(breed)마다 타고
난 속성은 있을 것이다. 그렇지만 어리버리한 푸들도 있고 주인에게 충
성하지 않는 리트리버도 있다. 동영상의 장면처럼 비숑이 어디서든 누
구에게든 늘 평화를 종용하는 건 아니다.

②번도 선택할 만하다. 개들이 모이면 그렇다. 개 두 마리가 모이
면 저렇게 다투고 그럼 다른 개가 참견을 한다. 그런데 개를 좀 키워본
사람들에게는 아마도 ③번이 가장 매력적인 답일 것이다. 개는 종마다
타고난 속성도 있고 집단적이고 관계적이기도 하지만 구체적인 환경에
서부터 특정한 행위가 드러나고, 어떤 속성은 과장되기도 하고 또 아예
감춰지기도 한다. 종의 특성도 사회적 콘텍스트로부터 가려지기도 하
고 강화되기도 한다.

개들이 짖는 언어행위를 그런 식으로 이해한다면 그보다 훨씬 복
잡하게 살아가고 있는 인간의 언어사용과 사회화 과정은 더 말할 것도
없다. 합리성, 과학, 실증의 시대를 거치면서 언어(학습과 사용)가 마치 눈
에 보이는 물건 다루듯이 관리되었다. 언어를 배우면서 누군가가 되는
사회화 과정을 원인결과, 독립종속변수, 입력출력, 교사학생,

원어민 – 비원어민의 단순계로 이해했고 집단이나 개인의 특성을 구분하면서 양적 자료로 측정했다. 언어를 배우는 과정은 어떤 구조적인 시스템 안에서 예측가능한 순서대로 진행되는 것이며 그것이 언어습득의 보편적이면서 자율적인 규칙으로 인식되었다. 언어를 사용하는 주체들의 상호작용성, 언어사용의 사회역사적 맥락, 생태적 언어환경, 언어정체성과 사회화 등에 관한 본격적인 논의는 최근에서야 국내 언어교육 혹은 응용언어학 분야에서 시작되었다.

생태적 언어환경을 이해하기 위해 '사랑'에 대해 한번 얘기해보자. '연애를 한다'고 하면 우린 무엇이 떠오르는가? 어떤 사람은 운명적인 사랑에 대해 말한다. 마치 바코드를 갖고 우리가 태어난 것처럼 말이다. 또 누구는 둘이 만나 만들어지는 화학작용에 관심을 갖는다. A형 남자와 O형 여자가 만나면, 경상도 남자와 서울 여자가 연애하면, 남자가 여자보다 나이 5살이 많으면, 잘 지낸다, 혹은 못 지낸다, 그렇게 간단하게 말하는 사람이 있다. 그런데 그런 내재된, 혹은 관계적인 속성이 아닌, 좀 더 복잡하게 서로 사랑하고 헤어지는 사건을 해석할 수도 있다. 사랑하다가 헤어지는 것을 둘의 고정적인 특성, 혹은 둘만의 관계적인 상호작용으로도 이해할 수도 있지만 복잡하고 역동적인 변수들이 더 개입된다. 직장에서 벌어진 사건, 부모 형제와 갈등, 국가 재정이나 지역경제의 변화로부터도 영향을 받을 수 있다. 아프거나 세월이 지나면서 연인의 개별적 혹은 관계적 속성이 변할 수 있다. 예측할 수 없는 변수들이 예측할 수 있는 변수들보다 훨씬 많다.

누군가의 연애 비법이 다른 연인들에게 쉽사리 적용되지 않는다.

저곳에서 이뤄진 사랑이 이곳에서는 이뤄지지 않기도 한다. 사랑을 선불리 예측하고 일반화하고 통제하지 못할 거라면, 사랑은 복잡계로 이해되어야 한다. 보편적이고 내면적이고 운명적인 사랑을 찾고 지키는 것보다 구체적인 맥락에서 이런저런 사랑들을 구체적으로 실천(practice)하는 일에 관심을 가져야 한다. 보고 싶다, 그럼 전화를 한다. 만나면 안아 주고, 뽀뽀를 해주고, 약속을 지키고, 주말에 어떤 일을 돕고, 혹은 창업을 함께 준비하거나, 유학을 준비하려고 도서관에서 같이 공부할 수도 있다. 목적도 있고, 배경도 있고, 갈등이 생기고, 그러다가 해결도 된다. 구체적인 일상에서 어디선가 누군가와 그렇게 관계를 유지하고 있다면 당신은 사랑을 생태적으로 실천하는 셈이다.

비숑, 스피츠, 말티즈의 싸움에서나 연인들의 연애 사건에서도 보듯이 의사소통적 행위를 쉽사리 개별적 특성이나 관계성 수준으로 예측하기 힘들다. 복잡한 사회문화적 의사소통의 행위 혹은 언어습득의 다면적인 진행 과정을 몇 가지 범주로 묶어서 차례차례 원인–결과 수준으로 이해하는 건 축소주의적 접근이다. 생태주의적 언어교육을 설명하면서 나는 언어를 배워가는 것이 순서대로 예측한 대로 획득(acquisition)하는 것이 아니라, 일종의 출현(emergence)적 경험이란 점을 강조하고자 한다.

생태주의야말로 미래 한국의 새로운 언어환경을 설명할 수 있는 이론적 토대가 될 것이다. 수 세기 전에 제안된 르네 데카르트(René Descartes)의 이원론 세계관, 아이작 뉴턴(Sir Isaac Newton)의 기계론적이고 고전역학적 세계관으로 언어사용의 현상을 더 이상 이해할 수 없다. 이제는 양자역학, 복잡계, 카오스 이론, 생태적 세계관으로 우리가 살아가는 방식, 말과 글을 사용하는 현상을 이해해야 한다.

코미디언 김숙의 해외여행기

동물보호 운동가들이 페북에 올린 'Beegle Freedom Project'이란 동영상을 본 적이 있다. 9마리의 비글이 평생 우리에 갇혀 새끼만 낳다가 동물보호 활동가들에게 구출되었다. 비글은 흔히 '악마견'이란 칭호를 받을 만큼 에너지 넘치는 사냥개 견종이다. 귀엽게 생긴 외모와 달리 온 집안을 난장판으로 만든 영상은 인터넷에서도 쉽게 찾아볼 수 있다. 가혹 행위로부터 구출된 9마리의 비글은 각자 이름을 처음으로 부여받고 햇빛이 비치는 잔디밭을 밟게 된다. 처음엔 잔뜩 위축되어 있지만 잔디 위에서 이내 걸어보고 달리면서 뛰어놀기 시작한다. 비글은 역시 비글이었다. 갇혀 살아온 비글은 우리가 아는 비글이 아니었다. 그러나 시간이 지나도 좀처럼 잔디밭 음습한 구석에서 여전히 겁먹은 채 꼼짝 못하는 비글도 있었다. 자유가 허락되어도 뛰어놀지 못하는 비글이다.

나는 그걸 보면서 연필을 꽉 붙잡고 심각한 얼굴 표정으로 시험지를 골몰히 쳐다보는 나이 어린 영어학습자들이 생각났다. 나름 부지런히 공부했지만 성적이 좋지 않아서 자책하는 중등학생들, 영어를 그다지 못하는 것도 아닌데 영어 말 한마디 제대로 못한다고 자책하는 청년 학습자들도 생각났다. 그들은 영상 속 비글 모습이나 별반 차이가 없다.

그들에게 붙은 꼬리표는 그들의 정체성을 왜곡하고 위축시킨다. '동기가 부족한', '성격이 내향적인', '비원어민이기 때문에', '한국인이라서', '토익 점수가 700점이라서' 그런 범주로부터 그들은 일찌감치 묶여 있었다. 좀 더 자유롭게 풀어두면 훨씬 더 잘할 수도 있고, 아니 못해도 사실 그리 큰 문제도 아니며, 교실에서 텍스트로 가르치고 배우는 언어규범이 생태적으로 볼 때 그다지 중요하지도 않을 수 있다. 그럼에도 그들은 너무 일찍 학업부진아, 영포자가 되어 버렸다. 그리고 어쩌면 생태적 언어환경이란 잔디밭에 놓여도 평생 자유를 누리지 못할 거란 생각이 든다.

MBC '라디오 스타' TV쇼에서 코미디언 김숙이 나와 해외여행을 엄청 많이 했다고 자랑한 적이 있다. 진행자인 김구라가 "그럼 영어를 좀 하시겠네요?"라고 하자 "아뇨, 어딜 가도 한국말로 다 하는데 아무런 문제가 없던데요."라고 말한다. 주위 사람들은 고개를 끄덕이며 낄낄댄다. 사실 해외여행 해본 사람들은 다 알지만 김숙의 말이 아주 엉뚱한 건 아니다. 그런 너스레가 부럽기도 하고 그래서 웃는 것이다.

모어를 배우는 어린아이든 제2언어를 새롭게 배우는 성인이든, 어휘나 문법의 입력정보를 머릿속으로 집어넣는 것만으로 언어를 새롭게 배울 수 없다. 전통적인 언어습득이론 중에서 학계에서조차 가장 빈번하게 인용되는 것은 입력-출력, 저장, 그리고 정보처리 기반의 이론이다. 우리의 언어사용 기제가 마치 컴퓨터와 같다고 전제하고 개인이 언어입력을 저장하고, 정보를 처리해서, 출력으로 전환시키는 인지적 과정에 주목한 것이다. 교실에서, 차례대로, 처음부터 끝까지, 작은 것부터 큰 것으로, 혹은 파닉스부터, 어휘, 문법, 그리고 회화 등의 순서로 중요한 것을 머릿속으로 차례대로 저장시키는 언어교육모형은 오랫동안 현장에서 정당화되었다.*

그런데 참 열심히 차례대로 머릿속에 저축을 해뒀는데도 실제 대화를 하고 스토리를 전할 때 여전히 불편하고 어렵다고 느껴지는 이유는 뭔가? 그냥 발음이 어색하고 문법 오류가 발생하는 수준이 아니라, 말이나 글을 길게 끌어가지 못하는 이유 말이다. 순서대로 열심히 외우고 공부를 했는데도 여전히 세상 밖에서 제대로 된 언어를 사용하면서 누군가와 관계를 맺지 못하는 이유 말이다. 언어를 배우고 사용한다는 행위는 어휘나 문법과 같은 지식을 우리 내면에 저장하는 것이 아니다. 언어사용이 의사소통 전략의 레퍼토리(a repertoire of strategies)를 최적화하는 실천이라면 코미디언 김숙의 너스레는 웃고 넘어갈 개그가 아니다. 세상 밖에서 여행한 김숙에게 언어는 내면화된 규칙만이 아니었다. 거창하게 말하면 김숙이 여행길에서 보고 배우고 사용한 모든 것이 생태적 언어자원인 셈이다. 김숙에게 모(국)어인 한국어, 어설픈 영어는 부끄러울 것이 전혀 없는, 자랑스럽고도 유용한 언어자원 중 하나인 것이다.

---

*   영어학을 포함해서 언어에 관해 가르치는 대학의 교육과정을 보면 대개 미시언어학에 포함되는 형태론, 음운론, 통사론, 의미론 정도를 공부한다. 언어에 관한 응용/거시 분야, 학제간 접근, 사회적 논점은 고학년 과목으로 등장하기도 하지만 대부분 교육과정에서 빠져 있다. 언어학에 관한 전공을 했다는 대학생들은 대개 현미경으로만 언어를 들여다보다 망원경 한번 붙들어보지 못하고 졸업을 한다.

                    앵무새 살리기

피아제 vs 비고스키, 인지 vs 사회문화

보다 구체적으로 생태주의 관점의 언어사용과 학습을 설명하기 전에 여러 학술 분야에서 인용되고 있는 피아제(Jean Piaget)와 비고스키(Lev Semenovich Vygotsky)의 논점을 비교하고자 한다. 언어를 인지적 관점, 사회문화적 관점으로부터 다르게 인식할 수 있다는 점을 먼저 보여주고 싶다.

초등학생 5 - 6학년이 되었는데도 뭘 먹을지 메뉴를 정하지 못하는 아이들이 있다. 문구점에 가서도 한참 골라도 결국 결정을 하지 못하는 아이들이 있다. 스위스의 철학자이자 발달심리학자인 피아제의 인지발달 이론에 따르면 아이들은 스스로 창조적으로 이해할 때만 진정으로 이해하게 된다. 너무 교사가 주도하면서 주입식으로 가르치거나, 혹은 어른 말을 복종적으로만 따르게 하면, 아이들은 스스로 인식하고 판단하는 구조를 갖지 못한다. 부모나 선생이 다 알려주는 곳에서는 아이가 자기주도성과 같은 인지적 독립심을 발휘하기 힘들다. 피아제의 논리에 따르면 개인은 환경으로부터 지식을 수동적으로 흡수하지 않고 적극적으로 지식을 구하고, 다시 편집하고, 재구성한다. 환경도 중요하지만 개인은 능동적으로 학습에 참여한다. 아이들이 누구나 자신의 세계를 능동적으로 구성하면서 성장한다. 그런 중에 언어는 인지적 발달에 도구적 기능을 맡는다.

그에 반해 구소련의 심리학자였던 비고스키 논점은 피아제식 주장과 다르다. 피아제가 학습과 발달은 분리된 것이고 발달이 주된 과정으로 진행되면서 학습이 따라오는 것으로 보았다면 (그래서 언어학습은 발달을 돕는 것이라면) 비고스키는 학습이 발달을 앞선다는 주장을 한다. 어린아이는 그(녀)를 돕는 누군가의 적절한 개입, 즉 비계(scaffolding)의 도움을 받으며 성장하는 사회적 존재이며, 개인의 지적 발달을 이해하려면 각자가 처한 사회적 관계를 이해하지 않으면 안 된다. 그때 언어는 비고스키가 강조하는 상호작용의 핵심요소이다. 언어가 아동이 발달하는데 가장 중요한 요인이기에 도구적 기능으로 언어를 바라본 피아제의 관점과 구분된다. 비고스키에게 언어는 곧 자신인 셈이다. 언어를 배우지 못하면 발달도 없다. 개인의 성장에서 언어는 도구 이상의 역할을 한다. 그도 사고의 발달과정에서 인지적 성장을 주목했다. 그러나 사회적인 관계성을 이미 획득한 선행 학습자(예: 부모, 교사)를 통해서 학습하는 관계적-사회문화적 학습과정을 더욱 강조했다.

그런데 언어를 배우고 사용하는 현상을 생태적으로 이해하고자 하면 피아제와 비고스키 논점 중 누가 더 설득력이 있다고 다툴 필요가 없다. 생태주의 언어교육론에 따르면 어린아이의 사고가 발달할 때 획득되는 인지적 성장을 인정할 수밖에 없고, 사회적인 관계성을 가진 누군가가 돕는 관계적-사회문화적 학습과정도 중요하다.

다만 비고스키의 논점이 국내 언어교육현장에서 좀 더 언급될 필요는 있다. 언어를 학습하고 소비하는 관행이 맥도날드화의 속성을 닮게 되면 개인들은 각자가 공부하는 교육공간 안에서 고립된다. 서로 경쟁적으로 시장가치가 높은 언어 단면을 손쉽게 획득하기 위해 분투하게 된다. 비용과 이익, 수요와 공급, 표준화와 위생화 언어담론이 넘치게 되면, 비계, 조력자, 앞선 자로부터 배우고 다시 배움을 전달하는 관계망이 간과된다. 인간이 환경과 상호작용을 하며 '학습은 학습자의 사회문화적 맥락에서 가능하다'는 비고스키식 언어교육관이 숙고되지 못한다. 비고스키의 논점이 빈약한 곳이라면 생태적 언어환경을 상상하기 쉽지 않다.

생태학과 생태주의

언어를 인지적 발달이나 사회화의 부산물 수준으로 단정하지 않고 보다 유기체적인 속성으로, 혹은 생태적인 속성으로 이해하고자 한다면, 가장 먼저 '인간은 언어를 작은 단위부터 큰 단위까지, 차례차례, 마치 물리적인 대상물을 획득하고 소유하듯이 습득하고 있다.'라는 전통적인 언어습득 담론에 도전해야 한다. 이것을 설명하기 위해서 생태학이란 학문을 개관하고 생태주의 관점의 언어관에 대해 살펴보기로 한다.

우선 생태학은 생물학에서 시작했다. 생물체 상호 간에, 혹은 생물과 환경의 관계성을 주목한 학문이었다.* 전 학문 분야로 확장된 생태학적 접근은 크게 둘로 나눌 수 있다. 첫째는 기존의 과학을 이용해서 생태적 환경을 개선하는 노력이며 이를 표피생태학(shallow ecology)이라고 부른다. 둘째는 복잡계, 상호관련성을 보다 도전적으로 수용하고자 하는 지적 접근이며 이를 심층생태학(deep ecology)이라고 부른다. 생태적 혼란을 환경 개선으로부터 해결하고자 한다면 표피생태학에 관심을 가질 것이다. 우리 모두가 서로 다른 존재적 이유란 것을 성찰하고 삶과 세상을 향한 목적론적 질문을 하게 되면 심층생태학에 관심을 가질 것이다.**

생태주의는 언어를 가르치고 배우는 교육현장에서도 적용할 수 있다. 우리는 언어를 통해 무엇을 공부하는가? 무슨 목적으로 새로운 언어를 사용하고 공부하는가? 반생태적 언어사회라면 차이와 다양성, 공존과 균형을 염두에 두지 않을 것이다. 개인들이 빨리 표준적으로 배워야 하고, 시험으로 측정하고, 즉각적으로 교정하고, 서로 경쟁하고, 잘한 사람에게 커다란 보상을 제공하고, 못한 사람을 부진아로 판정하는 행위가 반복되는 곳이라면 생태적 언어환경을 기획해볼 수 있을까? 없다. 생태학적 논의를 포용한다면 서두르고, 통제하고, 경쟁시키고, 획일

---

* 인간 중심주의 세계관은 자연을 끊임없이 정복할 뿐 아니라, 우월한 인간에 의한 열등한 인간의 정복 역사를 정당화시켰다. 수 세기에 걸쳐 인간은 이성, 과학, 혹은 신의 이름으로 마음껏 착취하고 파괴할 수 있는 권한을 자랑했다. 케빈 코스트너(Kevin Costner)가 주연한 '늑대와 춤을(Dances with Wolves)' 영화를 보면 인디언과 카우보이가 정복 문화를 어떻게 다르게 인식하고 있는지 선명하게 구분된다. 20세기 후반부터 세계전쟁, 환경오염, 동물학대 등의 문제를 직시하고 자연과 공존하고, 나와 다른 사람들이 함께 화평하게 살 수 있는 세계관이 학술적으로도 다뤄지기 시작했다. 생물학의 생태학은 그런 중에 인문사회 분야로 전이되고 확장된 것이다.

** 언어든, 인종이든, 종교든, 여가든, 차이와 다양함을 수용한 유기체적 집단/사회가 동질적이고 폐쇄적인 속성을 가진 집단/사회보다 더욱 오랫동안 지속되고, 역동성이 넘치며, 서로에 대한 이해의 폭이 더 넓다고 생각하는가? 단일언어/단일문화주의자들이 주장하는 것처럼 다양성을 인정하면 사회적 혼란이 온다는 주장은 어떻게 생각하는가? 아마도 둘 다 근거는 부족하고 신화적인 믿음 수준으로 주장하는 듯 하다. 분명한 건 한국은 위계질서가 선명하며, 유교적 질서나 가부장적인 체제가 엄격했다. 단일언어-단일민족-단일국가의 정체성이 지배적으로 드러난 곳이었다. 동화, 사회질서, 집단의 동원에 관한 담론이 보다 지배적으로 구조화되어 있기에 그만큼 언어소수자, 이주민, 타자들이 배제되기 쉬운 곳이었다.

적으로 분리하거나, 시험준비 수준으로만 학습을 제한시키는 교육행위를 반성할 수 있다. 함께 살아가는 공존의 정신, 관계의 유의미성을 두고 고민한다.

인지과학자이자 생성문법학자로 잘 알려진 노암 촘스키(Norm Chomsky)는 I – 언어(Internal Language)와 E – 언어(External Language)를 구분했다. I – 언어는 과학적 분석의 대상이며, E – 언어는 진짜가 아니고 과학적으로 증명할 수가 없다고 설명했다. 이건 일종의 교리처럼 언어를 전공하고 연구하는 수많은 사람이 믿고 있는 이론이다. 그런데 이렇게 한번 촘스키의 논점을 반박해보자. 생태주의 관점을 수용한다면 언어는 생태적 맥락의 언어이다. 좀 더 쉽게 말하면 언어는 맥락 안에 위치된 문법화된 텍스트가 아니다. 언어는 텍스트를 포함한 맥락 그 자체인 것이다. 나는 가설로 시작되어 추상적인 내재화 모형으로 완결된 보편문법이론을 폄하하고 싶지 않지만 그걸 절대적인 교리처럼 붙들고 있는 학계의 태도는 불편하다.

'물'이란게 뭘까? 어떤 정의가 내려져 있는가? 나는 'H$_2$O' 속성을 가진 물을 연구하기보다 내 눈앞에서 보이고 내가 느끼고 들을 수 있는 '물'에 종합적인 관심이 있다. 맥주제조업체의 물 이야기, 낚시꾼의 강 이야기, 기상청 직원의 비에 대한 논점도 모두 물에 관한 것이다. 물에 관한 분자적 속성뿐 아니라 보다 다양한 관점으로 물에 관한 넓은 세상을 알고 싶다. 마찬가지로 여러 가지 방법으로부터 언어(행위)를 기술하고 해석하고 설명할 수 있다. 형태소, 음성, 문장 문법은 전통적으로 언어학의 핵심 요소(core linguistics)로 알려져 있지만 그것으로부터 의사소통, 상호작용, 언어의 사회적 실천 등을 이해하기엔 턱없이 부족한 정보 단위이다.

흔히 언어학습이나 사용을 모형화할 때 벽돌을 하나씩 쌓아 벽을 만들고 그렇게 차례차례 집을 만든다는 메타포를 사용한다. 음가로 벽돌 하나 놓고, 어휘나 문법으로 줄 하나 맞추는 식이다. 그래서 한국의 영어교육은 파닉스 학습부터 시작해서 어휘, 표현, 문법에 그토록 집착을 하나 싶다.* 그런데 그렇게 벽돌을 차례대로 세우는 동안 많은 어린아이가 영어로부터 멀어진다는 사실을 잊고 있다. 왜 영어를 공부하는지도 모르고 영어로 말해보는 친구도 없고, 읽고 싶은 것을 읽을 여유

---

* 이런 걸 보면 우리는 아직도 고전역학의 시대에 살고 있는 듯하다. 고전역학에선 인과법칙이 제일 중요하다. 우연성은 배제된다. 결정론적 세계관을 갖는다. 현재 상태를 정확하게 알면 미래의 순간을 예측할 수 있다는 것이 결정론적 세계관이다. 뉴턴의 물리학이 그렇다. 그에 반해 양자역학은 어떤가? 현재 상태를 정확히 알아도 미래에 일어날 일을 정확히 모른다는 확률적인 세계관을 갖는다. 고전역학의 시대를 지나온 인과성, 예측, 일반화, 이상화, 축소주의 등이 자연과학적 작업의 유일한 방법일 수 없다. 과학을 '유의미한 이해를 위한 창조적 탐구활동'으로 이해한다면 질문, 자료 수집, 분석방법에 대한 인식의 폭이 넓어져야만 한다. 진리, 이해, 탐구의 길은 여러 경로로 흩어져 있고 거미망처럼 복잡할 수도 있다. 단순계, 물리학적 실체나 기계론적 방법만 있는 건 아닐 것이다. 물리적 세계도 갈릴레오, 데카르트, 뉴턴, 아인슈타인 등으로부터 사실(fact)의 역사를 완전히 변화시켰다. 누구도 양자물리학을 이해하지 못한다고 한다. 띄엄띄엄 떨어진 것의 힘과 운동 이론, 이 모든 것을 예측하기가 쉽지 않은 것이다. 언어를 다루는 사람들, 언어를 가르치고, 시험을 만들고 정책 만드는 사람들도 이런 세계관이 필요하지 않을까? 물리나 생물학을 보면 복잡계도 나오고 카오스 이론도 등장한다. 겉보기에는 불안정하고 불규칙적으로 보이면서 나름대로 질서와 규칙성을 갖고 있는 현상이 주목받기 시작했다. 작은 변화는 예측할 수 없는 엄청난 결과를 가져온다. 언어학습과 사회화, 언어교육이나 평가 영역 등에는 서로 충돌하는 이론들이 많다. 그런 것이 어찌 보면 당연하다. 설명이 쉽게 안 되는 것이다. 그러니 문제를 쉽게 해결하려고 하지 말아야 한다. 언어를 단순하게 처리하고 위생화시킨 건 언어가 원래 그럴 수 있어서 그런 것이 아니라 언어의 속성을 잘 몰라서 그런 것이다. 아직도 폐쇄된 시스템에서 예측가능한 인과모형에 집착하는 건 고전역학적 접근이다.

도 없고, 뭘 해봐도 재미가 없다.

언어는 입력과 출력의 문제만이 아니다. 차례대로 습득되는 것도 아니다. 우리는 마치 컴퓨터처럼 주어진 입력으로부터 정보를 처리하여 예측가능한 수준으로 산출하는 기계가 아니다. 하나의 어휘조차도 맥락과 관계를 바꿔가며 평생 동안 순환적으로 새롭게 학습한다. 그래서 제한된 어휘와 그림만으로도 스토리텔링을 일찌감치 배워야 하고, 문법을 충분히 배우지 않아도 대화에 참여해서 눈치껏 말해보며 요령 있는 화자의 정체성도 만들어야 한다.

그런 점에서 보면 생태주의 언어모형은 양파의 모양과 비슷하다. 양파의 가장 안쪽에는 음성, 형태소, 어휘, 문법의 속성이 있다. 가장 외곽의 껍질이라면 관계, 맥락, 사회정치적 역사성 등이 둘러싸여 있을 것이다. 양파는 바깥부터 보이며 벗길 때도 바깥부터 벗겨야 한다. 그렇다고 바깥 양파만 중요하다는 건 아니다. 양파는 안쪽이든 바깥쪽이든 모두 양파이고, 안과 밖을 사실 구분할 것도 없다. 양파는 껍질을 까도 계속 양파이다. 안부터 바깥이든, 바깥부터 안이든, 차례차례 먹을 이유도 없다. 나름 근사한 메타포 아닌가?

생태주의 관점으로 바라보면 언어는 분리되거나 고정된 것만이 아니다. 언어는 맥락이고 활동이고 관계이다. 언어습득은 문법이나 어휘를 시스템 안에 차곡차곡 모으고 관리하는 것이 아니다. 언어가 그와 같은 시스템의 문제로 해결된다면, 지금까지 우리에게 익숙한 입력-출력, 수신-송신, 교사-학생, 저축-저장, 분리식 모형으로부터 누구나 쉽게 영어를 배웠을 것이다. 시스템으로만 언어를 보면 언어의 생태적 속성은 간과된다. 마치 컴퓨터 기자재 다루듯 언어교육을 맥도날드화시킨다. 영어교육현장도 미국영어, 남성언어, 문어(written text), 토익과 수능 같은 특정 시험의 언어만 남겨진다. 다시 말하지만 반생태적 언어 환경은 다양한 언어들의 공존을 허락하지 않는다.*

생태주의와 언어교육

모더니즘 시대의 자연은 정복의 대상이었다. 식민주의 정책, 성장주의 담론으로 자연을 훼손시킨 지난 300여 년이 정복 역사의 정점이었다. 그러나 다행히 자연이든, 동물이든, 소수자 집단이든, 타자와의 공존과 균형을 모색하자는 새로운 담론이 만들어졌다. 이 책에서 다루고 있는 링구아 프랑카, 에코링구얼, 트랜스링구얼, 메트로링구얼, 다중언어주의, 언어정체성과 언어권리 등은 '경쟁과 정복의 언어' 담론을 극복하기 위해 대항과 대안으로 고안된 것이다. 경제주의, 관료주의, 기술주의, 성장주의, 분리주의로 쉼 없이 정복하고 복종시키고, 투입하고 변화시키고, 계몽하고 성장시키는 세계관을 만들다 보니 언어적 생태환경 역시 힘이 세고 합리적이라고 생각되는 언어 중심으로 위계적 질서가 만들

---

* 영어를 배우는 것만이 제일 합리적으로 판단되면 다른 언어(교육)들은 공존할 수 없다. 그것도 심각한 문제인데 영어들 중에서 특정한 형태의 영어만이 또 다른 형태들과 공존을 허락하지 않는다면 가까운 미래의 언어사회는 전체주의적 국면을 맞이할 수 있다.

어졌다. 그리고 다른 언어들, 소수 언어들을 사용하는 개인들을 위축시키고 있다.

한국에서도 언제부터인가 영어는 모두에게 정복의 대상이었다. 정복하기 위해 투입하고, 변화하기 위해 예측한 대로 성과를 검증하고, 성장해야 한다고 계몽하면서 영어를 공부시켰다.* 영어공부를 하다 보면 경쟁하고 대립해야 했다. 진화주의, 정복주의 담론이 좀처럼 힘이 빠질 것 같지 않다면 생태적 언어교육 담론은 새롭게 논의될 수 없다. 아직도 나와 다른 언어(사용자)를 공격하고, 무시하고, 빈정대고, 그래야 할까? 이제는 서로 타협점을 찾으며 공존할 방안을 찾아야 하지 않을까? 그런 걸 성찰하고 언어적 레퍼토리로부터 함께 공유하고 살아가는 요령이 생태적 언어기술이다. 생태적 언어기술로부터 언어와 언어교육을 다시 보려면 다음 세 가지 명제(관계, 맥락, 출현)에 주목해야 한다.

첫째, 언어는 관계를 만든다. 언어를 배우고 사용하는 우선적인 이유는 언어지식을 획득하기 위해서가 아니다. 다른 사람과 공존적인 관계를 만들기 위해서이다. 다른 세계, 혹은 자연과의 관계를 보다 낫게 만들기 위해서이다. 모어뿐 아니라 제2언어를 새롭게 배우면 새로운 관계가 시작된다. 새로운 언어를 5년, 10년동안 배웠는데 그 언어로 소통

---

* 　실제로 영어공부 책 제목이나 교육과정 광고를 보면 정복, 결투, 전쟁을 연상하는 문구가 많다. 지금 기억에 남는 것이 내가 재직하는 학교의 학생회관에 오랫동안 붙어있던 '총상금 3000만 원! 토익 점수로 한판 붙자!'라는 지면 광고이다. 두 청년이 어둡고 번개가 치는 듯한 배경에서 서로 마주 보며 마치 싸움을 곧 시작할 듯 분노에 가득 찬 표정이다. 학생들은 매일 그와 같은 결투와 정복의 이미지를 소비하며 그곳을 다닌다.

하는 관계가 어디서도 만들어지지 않고 혼자서 지식을 습득하고, 시험 준비 전략을 획득하는 관행만 계속된다면, 그건 관계를 전혀 염두에 두지 않는 반생태적 교육이라고 볼 수 있다. 생태적인 언어교육이라면 서로 인정해주는 관계성 형성에 도움을 주어야 한다. 언어와 언어교육을 관계성의 관점에서 바라보면 언어를 연구하고 언어를 가르치는 현장에도 혁신적인 변화가 따라올 것이다. 음악교육도 그렇지 않은가. 홀로 기술을 수련하는 것보다 함께 나누고 협력하는 관계성이 강조된다면 음악교육의 목적과 내용은 달라질 것이다.

둘째, 언어는 맥락 그 자체이다. 우리가 흔히 떠올리는 맥락적 언어의 의미는 개체적 언어 – 나무들을 둘러싸고 있는 사회문화적 맥락의 숲이다. 그런데 생태주의 언어교육관으로부터는 숲에 둘러싸인 참나무, 대나무만 언어가 아니다. 언어는 나무와 숲을 포함한 그 모든 것이다. 코드화시킬 수 있는 말이나 글뿐 아니라 다양한 기호체계 전체를 언어라고 불러야 하는 것이다. 언어를 나무들이 아니라 숲이라고 이해하면 역시 가르치고 배우고 시험을 만들고 교재를 만드는 방법이 달라질 수밖에 없다.

셋째, 언어학습은 출현(emergence)의 경험이다. 제2언어를 배운 경험이 있다면 잘 생각해보라. 차례대로, 예측한 대로 습득(acquisition)이 잘 되던가? 사람들은 언어란 걸 잘게 쪼개서, 차례대로, 저금하듯이, 열심히, 획득(acquisition)하려고 노력한다. 언어라는 대상물을 저금하고 소유했다고 생각했는데 내 것이 아닌 것 같다는 느낌도 자주 받는다. 그에 반해 무언가 혹은 누군가 알아가는 과정에서 긍정적 감정, 호기심, 욕심, 자의식이 출현할 때가 있다. 언어를 배우고 사용할 때도 출현의 개별적 경험은 중요하다.

'출현적이다'라는 표현이 이상하면 창발적이란 단어도 괜찮다. 뒤에서 좀 더 부연하겠지만 우선 간단하게 이렇게 설명해볼 수 있다. 축구와 같은 운동을 처음 배울 때 기술적으로 아직 미숙할 수 있다. 그렇지만 이런저런 기회에 노출되고 반복적으로 연습하고 게임에도 참여하면서 축구를 배워가는, 축구를 좋아하는, 축구를 할 수 있는, 축구를 하고 있는 '새로운 나', '멋진 나', '더 잘하고 있는 나'로 느껴지는 창발적 순간들이 있다. 예를 들면, 우리 편이 골을 넣었을 때 같은 팀 구성원으로서 함께 축하하고 기뻐하는 감정. 우르르 몰려다니며 왠지 미숙하지만 그래도 게임의 규칙을 준수하면서 나름 축구장 안에서 자신이 무언가에 적응하고 좋아하고 있다는 느낌. 어느 순간에 동료 선수의 멋진 자세 때문이든, 코치의 칭찬 때문이든, 자살골을 넣어서 분발의 마음이 생겨서든, 축구가 좋아지고 나는 축구를 계속하고 싶다는 의지적인 순간이 쓱 생긴다. 그게 축구장에서 경험하게 되는 개별적이면서 창발적인 학습의 과정인 것이다.

그림도 마찬가지다. '내가 그림을 좋아한다.' '내가 그림 그리기를 잘한다.' '나는 그림을 계속 그리고 싶다.' 이와 같은 자의식의 출현을 그림을 배우는 중에 문득 느낄 수 있다. 물론 남과 같은 때에 느끼지 못하는 사람도 있다. 획일적일 수는 없다. 누구는 더 빨리 참여하고 몰입할 수 있고 누구는 천천히 다른 경로로부터 좋아할 수 있다. 춤을 배울 때도 어느 날 문득 동료 춤꾼과 함께 무언가를 배우고 있다는 소속감을 갖는다. 어떤 춤판에서 관객들과 하나가 된 듯한 감정은 내가 춤을 추는 누군가라는 정체성이 출현되는 순간이다. 바로 그때가 내가 춤을 배웠다라고 말할 수 있는 어떤 단계가 된다. 춤 기술만 하나씩 외우고 따라 한다고 춤을 추는 누군가가 되는 것이 아니다. 퍼즐을 맞출 때도 모양으로 맞추고, 색깔로 맞추고, 이런저런 시도를 하다가 어떤 순간에 전체 모양에 대한 느낌이 온다. 그런 느낌이 모든 학습 과정에서 가장 주목해야 하는 창발적 순간이다.*

언어의 맥도날드화 현상이 불편한 이유는 언어를 너무 쪼개고, 순서를 정해두고, 시험이나 수업내용을 자꾸만 효율적으로 관리하고 측정하려고 하기 때문이다. 누군가에게 대단히 합리적일지 몰라도 생태주의 교육의 관점으로 보면 지나치게 획일적으로 보인다. 도무지 창발의 순간을 기다려주지 않는다. 어쩌면 언어학습은 참여가 전부다. 내가 말을 하고 글을 읽고 쓰는 누군가가 반드시 되어야 한다. 길게 그리고 이런저런 경로로 자꾸만 참여하면 어떤 창발점이 나올 수 있을 것인데, 자꾸만 쪼개고 짧게 끊어서 진도를 나가고, 시험을 치르니 창발의 과정에 관대할 수가 없는 것이다.**

---

* 연애로 치자면 어떤 순간에 '내가 이 사람을 좋아하는구나', '이 사람이 나를 좋아하는구나' 이런 느낌이 올 때가 있다. 그게 연애의 어떤 단계로 넘어가는 때이다. 그걸 잘 붙잡는 사람이 연애쟁이인 것이다. 게임의 규칙을 배울만하다고 느낄 때가 바로 출현의 순간이다.

** 다독 프로그램에서 영어공부의 재미를 깨우쳤다는 사람들이 자주 등장하는데 그건 분명히 '아하' 라고 느낄 수 있는 본인 주도의 창발적 책 읽기 환경 덕분일 것이다.

기호들, 언어행동 유도계, 출현

음성인식엔진, 온라인 데이터베이스, 멀티미디어 기자재 등을 자주 언급하는 언어교육현장은 학습자를 마치 컴퓨터와 같은 정보처리 기계로 묘사한다. 송신된 입력정보를 수신하여 출력정보로 전환한다는 방식의 전산화된 정보처리 메타포가 자꾸 등장한다. 가끔 행동주의 이론으로부터 학습자에게 제공된 입력이 저장 모형으로 처리되는 과정도 언급된다. 문법요소, 단어의 뜻, 혹은 음운의 차이를 분리적 모형으로 처리한다. 참으로 아쉬운 건 그 모든 모형이 너무나 미시적이고 계량적이고 논리적이기만 하다는 것이다. 좀 더 쉽게 생태주의 언어교육의 유의미성을 부여하기 위해 누군가 알아가고 사랑하는 행위를 먼저 예시로 들기로 한다. 사랑하는 과정은 다음과 같이 다감각적이고, 맥락적이며, 출현적인 사건이다.

첫째, 사랑은 특정 감각으로만 지속되지 않는다. 우리들이 누군가를 사랑하는 감각의 경로는 다양하면서도 복잡하다. 다감각적으로 감정을 전달하고 느낌을 교환한다. 목소리, 향기, 동작, 몸(짓), 옷차림, 머리 색깔, 손이나 몸으로 느껴지는 촉감 등 온갖 복잡한 감각들의 조합으로부터 무언가 느끼고 해석하고 경험을 나름대로 편집한다. 다감각적 경로의 복잡한 교류를 인정하지 않는다면 사랑은 그저 단순한 원인 – 결과의 경로로 이해될 것이다.

둘째, 사랑은 맥락에서 성사되긴 하지만 어느 맥락인지 고정적이지 않고 예측하기도 힘들다. 초딩 때 동네 편의점은 친구와 과자나 사 먹는 곳일지 몰라도, 시간이 흘러 누군가를 설레는 마음으로 기다리고, 애 틋하게 누군가를 지켜볼 장소가 될 수 있다. 과자를 사서 먹을 뿐인 편 의점은 이제 사랑의 감정을 주고받는 유의미한 맥락이 되는 것이다. 다 만 편의점이 서로에게 다른 기억, 추억, 기대, 일상을 제공하기에 누구 에게나 비슷한 방식의 감정 출현을 예상할 수 없다.

셋째, 사랑의 성취는 출현적 사건의 모음이다. 사랑은 내 감정의 저 금통에 저축해서 만들어지는 것이 아니다. 연애는 시작과 끝의 보편적 순서로 설명되지 않을 때가 많다. 사랑이 그렇게 학습한 대로, 예측한 대로 모두 되는 것이라면, 모범생은 모두 연애박사가 되었을 것이다. 매일 본 옆집 누나를 사랑하겠다고 작정한 것이 아닌데 어느 날 문득 다르게 보인다. 영화에 보면 그런 장면 있지 않은가? 사랑에 '훅' 가는 눈빛.

이처럼 사랑하는 행위를 다감각적이고, 맥락적이고, 출현적인 사건 으로 이해하듯이 언어를 학습하고 사용하는 현장에서도 동일한 논리가 적용될 수 있다. 첫째, 언어를 배우고 사용하는 곳에서는 다양한 기호체 계가 다감각적으로 교환될 수 있다. 식물이나 동물은 기호로 살아간다. 넓은 자연의 기호 모두는 그들에게 곧 언어인 셈이다. 꽃의 색깔이 벌과 나비를 부른다. 색깔이 말을 거는 언어인 셈이다. 동물은 몸짓이나 울부 짖는 소리를 기호로 사용한다. 인간의 언어는 그것보다 훨씬 더 복잡한 기호체계이다. 좋은 교육은 언어를 다감각, 다기호의 속성으로 수용한 다. 특정한 언어 단면만 의존하지 않는다. 문법에 맞는 문장 구조가 아 니더라도, 원어민의 발음이 아니더라도, 단어선택이 적절치 않더라도,

다양한 언어기호들을 여러 경로로부터 활용한다.

둘째, 언어학습은 표준적인 순서와 내용을 따르기보다는 다양한 맥락적 상황에 의존해야 하며 그중에서도 나만의 어포던스(affordance: 언어행동 유도계)로부터 본격화된다. 어포던스는 무언가를 행동하도록 유도하는 기회, 관계, 사물, 맥락 등으로 이해하면 된다. 예를 들면, 연못가의 징검다리는 다리가 짧은 어린 꼬마에게 아무런 의미가 없다. 징검다리가 바로 앞에 있어도 개울가를 건널 마음이 없다. 징검다리가 무슨 기능을 하는지 인식하지도 못하고 개울을 건널 재주도 없다. 그런데 키가 자라고, 다리가 길어지면, 얕은 물이 겁나지 않는다. 이제 다른 사람들이 징검다리로 개울을 건너는 모습이 눈에 들어온다. 이때 물가의 징검다리는 꼬마 때와 다른 유의미한 기회, 사물, 맥락으로 보인다. 징검다리는 이제 개울을 건널 수 있는 행위를 유도한다. 이때 징검다리는 일종의 어포던스 기능을 제공하게 된다.

생태주의 관점으로부터 언어는 '맥락에 둘러싼 언어'가 아니라 '맥락 그 자체'가 된다. 그리고 언어학습은 맥락의 모든 언어기호에 노출되어 무언가를 선택적으로 이용하면서 어포던스를 발굴하고 사용하는 행위가 된다. 생태적 언어환경에 오랫동안, 적절하게 노출되면 우리는 필요한 때에 필요한 어포던스를 찾을 수 있다. 그러한 어포던스로부터 맥락-지향적인 언어를 보다 적극적으로 학습하거나 사용하도록 유도된다.*

---

*   예를 들어, 'get'이란 단어 하나를 제대로 이해하려면 다양한 언어사용 활동에 계속 노출

그것에 반해 관행적인 영어교육 현장에서는 누군가(예: 학원의 명강사) 입력물을 제공하고 다른 누군가는(예: 학원 수강생) 그걸 자신의 머릿속에 열심히 저장한다. 한번 저장되면 마치 그 언어를 소유한 것처럼 생각한다. 그래서 시험을 이용해서 즉각적으로 암기된 것, 중장기적으로 저장된 것, 그리고 저장한 것을 관리할 수 있는 능력을 측정한다. 얼마나 많이 어휘를 소유하고 있는지, 얼마나 정확한 문법지식을 소유하고 있는지, 얼마나 빨리 답을 찾는지 측정한다. 맥도날드화된 교육과정이라면 학습자에게 개별적인 유의미성이 있어야 하는 어포던스를 제공할수 없다. 표준화된 교재나 시험을 사용하기 때문에 개별화된 어포던스를 찾을 기회도 마땅치 않다. 입력의 단계적인 난이도를 잘 수행한 학생은 맥도날드화된 교육체계에서 우등생이 되겠지만 '내가 언제 무엇에의해 언어를 학습하고 사용하였는지'에 관한 성찰적 기억이나 경험이충분히 축적될 수 없다.

셋째, 어포던스로부터 개별 언어학습에 지속가능한 필요, 동기, 기회, 대상, 자원 등을 얻게 되면 해당 언어사용에 관한 능숙함, 자신감, 편안함, 소속감의 느낌이 출현된다. 기호적으로 풍성한 생태적 언어환경에서 자신에게 유의미한 어포던스가 계속적으로 제공된다면 앞서 설

이 되어야 한다. 언어사용자는 자신에게 의미 있는 활동으로부터 'get'의 용례를 학습한다. 'get'이라고 하는 단어의 모양과 의미를 중학교 1학년 때 공부하고 나면 끝나는 것이 아니다. 다양한어포던스에 계속 노출되면서 우리는 동일한 언어형태를 반복적으로 사용하고 그와 동시에 새로운 기능과 의미를 학습한다. 어포던스에 적절하게 노출되면 누구든지 학습을 하면서 언어를 사용한다. 그리고 언어를 사용하면서 언어를 학습한다.

명한 출현의 자의식, 혹은 창발적 학습자의 정체성을 갖게 된다.

언어가 기호이고, 본격적인 언어학습의 시작은 어포던스를 통해서 가능하며, 언어에 능숙해지고 언어 사용자로서 어떤 소속감이나 자의식을 갖는 것이 창발적 학습의 필수적 과정이라는 발상은 전통적인 언어습득 이론과 충돌한다. 우리가 학교나 학원에서 영어를 어떻게 가르치고 배웠는지 생각해보자. 교사든 학생이든 문자로 된 기호에 집중한다. 원어민이 표준적으로 사용한다는 문장-문법을 교사가 입력물로 가르치고 학생은 그걸 인지하고 암기하고 머릿속에 저장한다. 저장된 것은 제한된 시간 동안 속도시험을 통해 여러 번 측정된다.

반면에 영어교육을 생태적으로 기획한다면, 우선 교실환경이라도 다양한 언어기호를 제공한다. 예를 들면, 유튜브를 이용해서 실제적인 영어사용을 한없이 쳐다보게 한다. 이런저런 주제의 책들을 쌓아두고 골라서 다독을 해볼 기회를 허락한다. 링구아 프랑카 영어로 비원어민끼리라도 재미난 과업을 수행하도록 한다, 학습자들에게 어포던스를 찾게 해주려면 속도시험, 고부담 시험, 시험을 통한 사회적 보상과 같은 위협적이고 경쟁적인 시험 기반의 교육환경을 없애야 한다. 보다 자유롭게 듣고, 읽고, 말할 기회가 허락되어야 창발적 경험을 할 수 있다.

이처럼 출현 혹은 창발의 개념은 관행적인 언어교육 방식과 크게 충돌할 수밖에 없다. 창발의 학습은 차례대로, 쪼개서, 벽돌을 쌓아 집을 짓는 것과 같은 선형적 습득모형과 거리를 둔다. 오히려 비환원적 변화를 전제로 한다. 번데기에서 나비가 되는 것이 일종의 비환원적 변화인데 번데기만 계속 쳐다보면 번데기가 나비가 된다는 것을 상상할 수 없다. 전통적인 언어교육은 번데기가 나비 된다는 식의 비환원적 변화를 아예 꿈꿀 수도 없게 한다. 번데기가 좀 더 빨리 움직이거나 보다 큰 모양의 번데기가 되기 위해 노력하는 식이다.[*]

언어능숙도의 개념을 보다 다양한 경로로 이해해야 한다. 이태원에서 외국인을 상대로 웃가게 하는 상인의 영어를 들어본 적이 있는가? 발음이든 문법이든 어휘 선택이든 엄밀하게 보면 그들 중에는 어리숙한 영어 화자도 많다. 그렇지만 고객과 별문제 없이 영어로 소통한다. 말하고 싶은 것을 망설이지 않고 말한다. 계속 말차례를 교환하고, 의미를 협상한다. 그 상인들은 고부담 영어시험에서 고득점을 획득하지 못했더라도 다른 차원의 능숙함을 가지고 있다.[**] 수영 자세는 기가 막히게

---

[*]   어린 학생들은 파닉스를 배우고 그다음 어려운 등급인 문장-문법 학습을 한다. 다음으론 어려운 문장들을 모아둔 지문을 읽고 답을 찾는 연습도 한다. 그런데 파닉스부터 그토록 지루하게 시작해서 언제 나비가 되나? 꼬마들이 일기 쓰듯이 처음부터 스토리로 전달해보고, 자기 수준에 맞는 책을 맘 편히 찾아 읽어보고, 잘 이해를 못 해도 1시간이든 2시간이든 영어로 전달되는 영상도 찾아보고, 그러다가 나름 주도적인 언어사용자 정체성을 가질 수도 있는 것인데 그런 교육내용은 학원이든 학교에서든 좀처럼 허락되지 않는다. 대학교의 영어영문학과에 들어와도 마찬가지이다. 1학년부터 음성음운론을 배우고 통사문법을 배우고 문장 수준의 의미론을 배운다. 어쩌다가 영어회화, 영작문 수업 좀 듣고, 어학연수 다녀오고 그러다 보면 전공과목 다 들었다며 영어에 관한 전공자라고 졸업한다.

[**]   이태원이나 명동의 상인들은 목표언어의 지식을 체계적으로 소유하고 있지 못하지만 구체적인 필요를 직면하고 지속적인 언어사용을 통해 상인-고객과의 관계를 유지시킨다. 관계성 유지를 위해서는 본인들의 언어적 레퍼토리를 최적화시킬 수 있는 실천이 필요하다. 그런 점에서 그들의 언어는 늘 관계-지향적이고 맥락-지향적일 수밖에 없다. 마찬가지로 영어회화 수업에서 발음도 좋지 않고 영어시험점수도 낮지만 강사, 동료와 관계를 잘 구축하는 학생들이 있다. 영어를 경쟁적으로 공부해온 시샘 많은 학습자는 이와 같은 학생들이 감당할 수 있는 관계성이나 실천의 전략에 주목하지 못하고 제한적으로 소유한 그들의 언어지식만 주목한다. '발음도 좋지 않으면서 말 대개 많네. 저런 영어 하면 창피하지도 않나.' 그렇게 쉽게 판단하곤 한다.

좋은데 실제로는 10m 이상을 나가지 못하는 사람과 촌스러운 개헤엄이라도 언제든 어느 곳이든 앞으로 계속 나아가는 사람이 있다면 누가 수영기술에 더 능숙한 건가? 개헤엄을 배운 사람은 학원에서 비싼 수업을 받으며 차례차례 기술을 획득하진 못했지만 일단 물에 언제든 들어갈 수 있다. 친생태적 잠재력이 있는 셈이다.

맥도날드화된 교육과정, 교실환경, 교재, 시험은 표준화, 효율성, 예측가능성, 관리, 개입, 통제 등의 가치에 주목한다. 생태주의 언어교육과 분명히 대립된다. 영어만 놓고 봐도 학생들은 너무나 표준적인 절차와 내용으로 공부하고 있다. 진도도 너무 쪼개져 있고, 시험도 너무 자주 본다. 쪼개서 분리해서 가르치면 숲을 품을 수가 없다. 창발의 씨는 말라 버린다.

소유와 존재

부활절에 영어예배에 참석하는데 교회 입구 현수막에 다음과 같은 세 단어가 나란히 나열되어 있었다.

Belong

Become

Bless

아마도 교회로 와서 예배 공동체에 소속되고(Belong) 함께 믿고 교제하는 구성원이 되고(Become) 그리고 축복을 주고받아라(Bless), 뭐 그런 의도로부터 적어둔 문구였을 것이다. 이건 생태주의 교육현장에서도 적용될 수 있다. 목표언어를 공부한다면 일단 해당 언어를 사용하는 어떤 곳에 소속되어야 하고, 그곳에서 부여받은 사회적 정체성으로부터 누군가가 될 때, 언어사용자로서 성장하고 성취할 수 있는 기쁨이 있다. 혼자서 도서관에서 공부하면, 학원에서 분리되어 경쟁만 하면, 누군가가 되어가고 기쁘게 뭔가를 나눌 수 있는 과정에 충실할 수가 없다.

생태주의 언어교육을 다시 부연하기 위해 소유(having)와 존재(becoming)의 정체성을 구분해 보기로 하자. 우선 세상의 모든 남편에게 이런 질문을 해볼 수 있다. 사랑하고 결혼한다는 것은 다음 둘 중 어떤 의미인가?

1번: 결혼을 한다는 것 = 내 아내(혹은 여자)를 소유하는 것.
2번: 결혼을 한다는 것 = 좋은 남편이 되려고 하는 것.

당신은 누군가를 소유하고 있는가(1번)? 아니면 그(녀)에게 누군가가 되었고 지금도 새로운 의미를 부여하면서 또 다른 누군가로 계속 성장하고 있는가(2번)? 고등학교 동창이 자신의 아내를 지칭하며 '내꺼'라고 말한다. 와이프는 '내꺼'라는 거다. 그런 표현을 쓸 수 있는 걸 부럽다고 해야 하나? 나도 결혼해서 아내와 오랫동안 살고 있지만 그렇게 내 소유가 되면 좋은 것일까? 좋다 싫다 이런 판단을 떠나서 가족 구성원의 관계에서 아내가 나의 소유로 고정될 수는 없다. 세월이 흐르고 이런 저런 사건을 만나면서 우린 조금씩 변해가고 있다. 나는 그녀에게, 그녀는 나에게, 또 주위 이웃과 상황으로부터 어떤 의미를 새롭게 부여하고 협상해야만 했다. 사랑, 관계, 맥락의 의미는 계속 타협되었다. 사랑의 관계를 오래 유지하려면 그렇게 해야 하지 않을까?

내가 속한 영어영문학과에 편입한 학생들에게 이렇게 물어본 적이 있다. 열심히 공부해서 편입한 영어영문학과에서 '공부를 한다'는 의미는 다음 중 무엇인가요?

1번: 영어영문학과에서 공부하는 것 = (교수님들이 가르쳐주는)
중요한 것을 획득하고 소
유하는 것

2번: 영어영문학과에서 공부하는 것 = 그 곳(의 지식전통)에 소속
되어 내가 다른 누군가로
성장하는 것

1번을 선택한다면 홀로 분리되어 경쟁하고, 지식을 암기하고, 명강사를 찾고, 자격증을 따고, 공인시험 점수를 획득하는 과정에 전념하는 것이다. 모든 활동은 소유의 목적을 가지고 있다. 그런데 무언가를 계속 획득해도 영어영문학과의 구성원으로 소속감이나 긍정적인 정체성을 갖지 못할 때가 있다. 겉도는 느낌, 창피하다는 느낌이 있다면 제대로 영어영문학과에서 공부하고 있는 것일까? 2번을 선택한다면 영어영

문학과의 일원으로 소속되고 누군가로 관계를 맺고 함께 성장하는 것이다. 어떤 친구들에게, 어느 소모임에서든, 누군가가 된다. 그렇게 소속된 정체성으로부터 학습은 계속 진행된다.

언어를 배운다는 것도 이와 마찬가지로 두 가지 패러다임으로 나눠서 생각해볼 수 있다. 1번: 언어를 배운다 = 언어를 소유한다. 2번: 언어를 배운다 = 언어를 사용하는 관계/공동체에서 누군가가 된다. 즉, 어떤 언어사용자가 된다.

당신은 어떤 언어학습자인가? 아무리 새로운 어휘를 획득하고 토익 점수를 획득하고 좋은 자격증을 획득해도 여전히 누군가가 되지 못하는 언어학습자가 많다. 영어를 공부하고선 10년이 지나도, 20년이 지나도, 영어로 말하는 친구도 없고 영어사용에 관한 친밀한 호기심도 없다. 공부는 그저 규칙을 외우고 시험을 잘 보고 스펙을 만드는 행위이다. 그런 사람은 결코 생태주의 관점으로부터 '언어(공부)는 관계를 묶는 것'이란 명제를 이해하지 못한다. 언어를 아무리 배워도 언어를 사용하는 관계, 언어를 사용하는 누군가가 되는 정체성에 관심을 가지지 못한다, 그 학습자에게 언어는 관계가 아니라 획득해야 하는 지식 덩어리일 뿐이다.

관계는 사건이다. 관계는 출현적이다. 누군가와 관계가 시작되고 만들어지는 건 획득이라기보다는 그곳에서 그(녀)에게 누군가가 되어보는 반복적인 의례이거나 의지적인 실천이다. 나는 어린 학습자들이 컴퓨터 앞에 혼자 앉아 공부하는 영어공부에 대해, 멀티미디어 전문가들이 여러 장점을 줄줄이 나열한다고 해도, 여전히 부정적일 수밖에 없다. 생태주의 관점에서 보자면 홀로 앉아 영어공부를 해서는 결코 관계를 지향하는 언어정체성을 제대로 배울 수 없기 때문이다. 누군지도 모르는 수화기로만 들려오는 전화영어 강사도 마찬가지이다. 그들로부터 과연 진정성 있는 출현적 학습과정을 만날 수 있을까? 낯선 누군가와, 심지어 인공적인 시뮬레이션에서 갑자기 관계를 맺으라고 하는 영어공부는 위협적인 데이트나 다름없다. 멀티미디어 환경도 생태적으로 구축할 수 있다. 그렇지만 내가 본 다수의 프로그램은 모두 개인들을 분리시키고 쪼개진 언어지식을 효율적으로 입력 – 저장 – 출력시키는 활동에만 관심을 두고 있다.*

관계 공동체에 소속되어 누군가가 되어가는 과정에서, 상대방도, 나도, 그리고 주변 상황도 계속 변하기 때문에 일관적인 자아정체성을 유지하기 어려울 때가 많다. 모순적이고 복잡한 감정을 안고 있더라도 유의미한 소속감을 통해 존재적 자아에 의미를 계속적으로 부여할 수 있도록 돕는 것이 생태주의 교육의 목적이다. 누군가와 친밀감이나 신

---

* 아무리 공부해도 영어로 말해볼 친구도 없고 그저 혼자서만 공부하고 시험점수만 높이도록 골몰하는 사람만 많아진다면 그곳은 관계성이 간과된 반생태적 환경이 된다. '토이 스토리(Toy Story) 2' 영화에서 버즈는 주인으로부터 외면받는 것이 두려워 차라리 장난감 박물관에 머물고 싶은 우디에게 다음과 같은 정체성의 질문으로 도전한다: "장난감이 뭐니? 버려지더라도 아이들 손에 있어야지 [언젠가 버려지는 것이 겁이 나서] 이렇게 박물관에 박제된 채로 평생 살려고 하는 것이 정상이니?" 버즈의 충고로부터 우디는 한 때 사랑받았지만 이제는 다 큰 주인 아이의 손에 결국 버려질 것이란 두려움을 안고 박물관을 탈출한다. 그리고 사랑하는 자신의 옛 집으로 돌아간다. 우디가 다시 선택한 것은 '관계'였다. 박물관에서 관람의 대상물로 분리되지 않고 다시 사랑받든 버려지든 누군가와의 역동적인 '관계'를 다시 선택한 것이다. 이처럼 관계의 가치에 집중한 서사를 우리 주변에서 쉽게 찾아볼 수 있다.

뢰감을 주고받는 사회화 과정을 거치면서 자신이 어떤 사람인지 긍정적인 자의식을 갖도록 돕는 것이다.

누군가가 되기 위해 계속적으로 학습과 존재의 '의미를 협상'한다는 것은 다음 예시로부터 좀 더 쉽게 이해할 수 있다. 야구선수가 유능한 선수가 되고 싶어서 구단에 소속되어 열심히 연습했다. 그런데 부상을 당하고 더 이상 선수로 활동하지 못하게 되었다. 그런 일은 누구에게나 생길 수 있다. 좋은 아내가 되고 싶은데 이혼을 했다. 전문가가 되려고 했는데 중요한 자격시험에서 떨어졌다. 달리 말하면 무언가를 혹은 누군가를 소유하진 못했다. 그렇다고 해서 되고 싶은 누군가가 되기 위한 노력을 중단할 필요는 없다. 의미를 새롭게 부여할 수 있다. 한 번의 실패가 파멸은 아닌 것이다. 야구선수는 부상을 당해도 스카우터와 같은 야구에 관한 유의미한 일을 할 수 있다. 누군가와 헤어져도 다시 사랑을 시작하고 결혼도 할 수 있다. 원어민 수준의 발화자는 아니지만 여전히 영어로 일을 하는 누군가가 될 수 있다. 잘 되든, 못 되든, 의미 협상을 중단하지 않고 그것을 실천하는 공동체에서 이탈되지 않는다면 삶은 여전히 유의미할 수 있다.*

언어는 체스의 규칙과 같은 시스템만이 아니다. 그런데도 누군가 자꾸 언어를 예측가능하고 폐쇄적인 수준의 시스템으로만 이해하자고 한다면, 그건 특정 집단의 편의나 이익을 위해 언어를 환원적으로 재단하고 편협한 도그마에 빠뜨리는 것이다. 다시 말하지만 언어를 배우는 목적은 관계를 만들기 위해서이다. 언어학습의 목표가 연봉을 높이고, 학점을 높이고, 자격증이나 시험점수를 취득하는 도구적 수준이 되면 그런 언어를 사용하고 배우는 사람의 인생을 살 뿐이다. 그리고 언어세상은 쉽사리 맥도날드화된다. 그러나 언어를 배우고 사용하는 목적이 생태적 균형과 공존이라면, 언어를 잘 가르치고 잘 배우면서 (세계)평화를 구하고, 관계의 갈등을 극복하고, 관계를 새롭게 시작하거나 누군가로 새롭게 변할 수도 있다. 문화와 지역의 차이도 좁힐 수 있다. 그런 목적의 언어를 배우고 사용하는 사람은 그만한 인생을 사는 것이다.

---

*   사랑이란 것도 서로에게 존재적 의미가 될 때, 혹은 서로의 존재를 놓고 일종의 협상이 시작될 때 개별 주체 역시 크게 성장한다. 내가 좋아했던 영화 '제리 맥과이어 (Jerry McGuire)' 의 마지막 장면에서 주인공이었던 톰 크루즈(Thomas Cruise)가 미숙했지만 이제는 진정으로 사랑하게 된 아내에게 이렇게 고백한다: "You complete me. You make me a better person." 그는 스스로 우정(friendship)이란 감정에 능숙하지만 친밀함(intimacy)의 감정에 미숙하다고 생각했는데 결국 사랑하는 사람을 친밀하게 곁에 두는 존재적 성장을 경험했다. 영화가 거의 끝날 때까지, 비서였던, 아내였던, 한 여인을 소유했을 뿐 아내와 동료로부터 온전하게 자신의 존재적 의미를 설명하지 못했던 주인공은 '다른 누군가로 다시 성장하기로 결정하고 자신이 누구인지 의미를 새롭게 부여하면서' 새로운 삶을 시작할 수 있었다.

미래 한국의 언어사회와 생태적 공존

자유주의* 캠페인이 궁극적으로 지향하는 것 중 하나가 세계정부, 세계 시민주의일 것이다. 나는 이러한 캠페인에 대해서 아직도 연구 중이지만 특정한 민족, 국가, 거대 집단이 다른 누군가를, 혹은 소수자 집단을 억압하는 언어사회를 계속 목격하게 된다면 다양한 언어들을 사용하는 개인들이 다수나 지배적 집단에 의해 차별받지 않는 자유주의/평등주의 언어정책을 더욱 붙들 계획이다.

단일언어 – 단일민족 – 단일국가의 대중담론에 익숙한 한국에 사는 토종 한국인이라면 차이와 다양성에 관한 평등주의 언어(교육)정책 논점에 쉽게 공감할 수 없다. 그러나 미국과 같은 다중언어 – 다문화사회에서 공부하거나 체류했다면 다수의 횡포가 소수나 개인을 얼마나 두렵고 불편하게 만들 수 있는지 쉽사리 짐작할 수 있을 것이다. 자신의 정체성을 애써 지우고, 불편하고 어색하더라도 다수의 규범에 편입되고자 한다. 그러나 불편함과 모멸이 커지면, 자신의 언어권리와 정체성을 지키기 위한 저항도 하고 모여나 소수언어문화를 지키기 위한 캠페인에도 참가하게 된다.

나는 (신)자유주의운동이 앞으로 세계시민주의 운동을 어떻게 유

---

* 자유주의는 의회민주주의와 시장경제를 옹호하며 개인의 자유에 집중하는 이념으로 알려져 있다. 그러나 자유주의의 의미는 학자마다 다르게 사용되고 있는 편이며 우선적으로 경제적 자유주의와 정치적 자유주의를 구분하여 사용하는 것이 바람직하다. 이 책에서는 주로 개인의 기회와 권리를 보장하는 정치적 자유주의 논점에 집중하기로 한다.

도할지 좀 더 탐구해보고 싶다. 영어만 놓고 보더라도 이제 영어는 세계어가 되고 링구아 프랑카 매개언어로 인식되면서 비원어민으로 영어를 배우고 사용하는 개인들이 덜 차별받을 수도 있다. 그러나 영어를 포함해서 세계어, 추가언어, 횡단적으로 사용하는 언어들의 복합적인 사용이 미래의 언어시장에서 어떤 위상을 얻을지 아직은 예측하기 쉽지 않다.

지금은 한국어를 제1언어로 사용하고, 한국에서 어문학 학술 분야에서 활동하는 한국인 학자로서, 한국어에 관한 한국(인)의 우편향적 언어정책에 대해 나는 비판적인 입장을 취하고 있다. 한국 밖으로 나와서 보면 한국은 언어에 관한 한 차이와 다양성의 가치가 여전히 제한되고 있는 것으로 보인다. (물론 북한이 이 분야에서 늘 1등이다.)

생태주의는 공존의 문제이다. 생태주의 관점에서 우리의 언어환경을 관찰하면 우린 언어들의 공존에 점점 인색해지고 있음을 알 수 있다. 영어(영문학과)의 이웃인 국어(국문학과)는 (외국인에게 제2언어로 가르치는) 한국어(학과)를 위계적으로 위치시키고 무시하지는 않는가? 특정 남성집단의 엄숙하고 지시적인 명령의 언어체계는 특정 여성집단의 친밀하고도 수다스러운 언어사용을 부적절하다고 전제하지 않는가? 글 문법은 말 문법을 압도하고, 문장 단위의 정확한 문법체계는 담화 문법의 산만함을 떠밀어내고 그것만이 언어학의 핵심/보편이라고 주장하진 않는가? 영어는 기타 외국어들을 가시권 밖으로 몰아내며, 영어 중에서도 미국영어, 미국영어 중에서도 표준영어, 그중에서도 토익, 토플, 수능에 등장하는 시험영어만이 중요하진 않은가? 모두 생태적 공존을 허락하지 않는 독점이라고 말하기 쉽지 않다. 그러나 지배적 언어는 분명 존재하며 반생태적 언어환경을 주도하고 있다. '국어'와 '영어'에 관한 편향적 가치는 민족주의와 국가주의 이데올로기로 결속되기도 하며 잡종 언어, 기타 언어들, 별로 중요하지 않다고 하는 언어들의 차이, 다양성, 역사, 사용, 권리, 정체성 논쟁을 좀처럼 허락하지 않는다.

미래 한국의 언어 생태계는 어떻게 구축이 될까? 솔직히 말해서, 지금의 언어경관이라면 정말 숨이 막히는데 미래는 과연 뭐가 달라질까? 북쪽은 북쪽대로, 남쪽은 남쪽대로, 공존은 인색하고, 편향적인 위계질서가 여전히 선호되는 곳이 되지 않을까? 언어는 개인에겐 생명수와도 같은 것이다. 말과 글을 왜곡하는 곳, 누군가와 소통하고 자신을 표현하는 언어들을 위축하는 곳은 관계적 기쁨이 없는 곳이다. 자신이 배우고 사용하고 있는 언어에 관한 권리는 각자의 삶과 자아정체성의 형성에 커다란 영향을 끼친다.

개인들의 다양성이 존중되지 않는 반생태적 사회체제라면 더욱더 그렇다. 점심식사를 위해 맥도날드에 가야만 하고 커피를 스타벅스에서만 소비해야 하는 일상을 상상해보자.* 합리적 발상으로 잘 꾸며진 세련된 곳이지만 다양한 음식이나 다과가 허락되지 않는 곳은 사실 얼마나 삭막하고 위협적인 공간인가. 올더스 헉슬리(Aldous Huxley)의 '멋진 신세계(Brave new world)' 소설의 인물들처럼 언어와 개인의 창조적 가치와 공존을 계승받지 못하고 그저 쾌락과 전체주의적 질서의 규범으로

---

*   커피 애호가들이 넘치는 이탈리아에서는 2018년 9월에 처음으로 스타벅스 매장이 문을 열었다.

살아간다는 것을 상상해보라. 공존의 언어를 허락하지 않는 곳에서 개인이 행복할 수 있는가? 다양한 언어들로 표현할 수 없는 곳에서 개인이 행복할 수 있을까? 독립적 인지와 초월적 자아를 발휘할 수 있다는 개인도 위로와 회복이 필요하다. 누구든 빈번하게 변화와 회복의 언어에 노출되어야 한다. 그곳이 반생태적 언어공간이라면 더욱더 그렇다. 미래 한국을 상상하며 생태주의 언어교육사회를 보다 쟁점적으로 다루지 않을 수 없다.

3. 도시공간, 재미, 도시민족들의
언어사용

유희와 중첩성의 언어사용, 도시언어현상

기술로부터 삶을 진보시킬 수 있다는 기술중심주의, 혹은 기술만능주의는 인간의 주체적 역할을 기술에 맡기곤 했다. 인간은 스스로를 소외시키면서 기술로부터 사회질서를 예측하고 설명할 수 있다는 '환원적 태도'를 갖게 되었다. 기술이 지배하는 언어교육산업에서도 인간의 자유롭고 주체적인 언어실천을 간과하기 시작했다.

문화를 창조하고 향유하는 만큼 언어 역시 주도적으로 배우고 사용할 수 있었던 인간은 언어행위자의 주체성을 포기하고 반복적으로 투입되는 기술화된 학습내용에 순응한다. 각종 능력인증제, 고부담 시험제도와 같은 교육문화에 포획된다. 앞서 살펴본 것처럼 시험을 잘 치는 방법, 언어능력을 인증하는 절차, 언어를 잘 가르칠 수 있다는 공학적 환경은 이미 도구와 기술의 수준을 넘어 그 자체만으로도 목적이고 제도이고 관습이 되었다. 토익 시험이 영어능력을 추론하기 위한 도구라기보다 토익 시험준비가 영어공부의 목적이 되고, 시험점수를 획득하는 것이 학습자를 움직이는 일상적인 의례가 된 것이다. 이러한 기술지배주의와 대립될 수 있는 대항 담론은 유희적이면서도 즉흥적인, 그리고 중첩적인 언어사용을 허락하는 도시언어현상(metrolingualism), 혹은 메트로링구얼 주체의 등장으로부터 기획될 수 있다.

언어의 형태나 의미가 전적으로 사회적 실천으로부터 도출된다고 주장한 알라스테어 페니쿡(Alastair Pennycook)은 주디스 버틀러(Judith Butler), 미셸 드 세르토(Michel de Certeau)의 수행성 이론을 언어사용과 교육현장에 적용했다.[56] 언어는 사회적 수행의 퇴적된 산물이며 맥락적 행위에 의해 재구성된다는 포스트모던 논점이 가장 잘 드러난 도시언어현상 논점[57]은 기술지배주의와 같은 '위로부터의 이데올로기'와 구분되는 '아래부터의 언어실천'으로 볼 수 있다. 언어학자 존 마허(John Maher)는 이에 앞서 전통적인 풍습, 지리적 경계, 인종, 모어, 종교 등 동질화된 민족성 특성으로부터 설명하기 힘든 도시민족성(metroethnicity) 정체성을 아이누족 일본인의 연구로부터 탐구했다.[58] 그리고 본질주의, 정통주의 사고로부터 설명하기 힘든 도시민족성의 라이프스타일 중에서 언어사용의 특성을 페니쿡이 에미 오츠지(Emi Otsuji)와 함께 도시언어현상의 특성으로 개념화했다.[59]

그들에 따르면 메트로링구얼의 출현으로부터 전통적인 단일언어주의-복수언어주의의 이항 구도가 해체될 수 있다. 언어를 보편적이고 고정된 대상처럼 객체화시키는 본질주의적 사고 역시 문제화할 수 있다. 서로 다른 교육경험과 성장 배경을 가진 도시민족 구성원들이 자신만의 일상에서, 놀이처럼, 혹은 각자 고유하면서도 특수한 목적을 달성하기 위해, 다양한 언어자원들을 조합하면서, 기술주의 사회질서로부터 지배되지 않는 능동적이면서도 혼종적인 언어수행성을 발휘할 수 있다는 것이다. 언어사용과 교육뿐 아니라 언어정책과 계획에서도 거대한 테크노폴리 담론으로부터 구축된 언어결정주의, 언어전체주의는 '언어가 문제/해결책이니 그것을 기술로부터 처리한다'는 문제-해결, 진보의 이데올로기, 혹은 직선적 시간관을 지적 토대로 삼고 있다. 이와 같은 언어-기술주의 이데올로기는 모어와 외국어를 엄밀하게 구분하지 않고 언어학습/사용을 겉멋, 소비, 현재성, 즉흥성, 중첩적 소속감, 재미로부터 바라보는 포스트모던적 언어관과 정면으로 대립된다.

신입사원 군기 교육, 시라노 연애조작단

예전에 인터넷 동영상으로 공개된 국내 은행의 신입사원 연수교육을 보고 기겁을 한 적이 있다. 놀라움에 정말 입을 다물지 못했다. 신입사원 전원을 군대식으로 도열시키고 기마자세로 복창 낭독을 반복하는 장면이었다. 낭독문 자체는 별 것 아니었다. 자세가 불편하니까 울고 불며, 땀을 흘리고 고통스러워한다. 쓰러지기도 한다. 그런 중에 상급 직원으로 보이는 교관이 그곳에서 목소리를 높여 애사심과 주인의식을 강조한다.

기가 막혔다. 주인의식은 내 눈에 전혀 보이지 않았다. 개성도 없고, 재미도 없고, 놀이도 없고, 자유도 없다. 그저 오랫동안 관행적으로 계승된 통합의 본질, 전통, 의례로부터 다수 신입사원에게 폭력을 행사하는 것으로 보였다. 그들 중에 도대체 몇 명이 거기서 애사심과 주인의식을 가질 수 있을까? 너무 서글프고, 또 무서웠다. 동영상 창 아래 감동이라고 적어둔 댓글들마저 무서웠다.* 나는 늘 모두 같은 옷을 입고 같은 말을 하는 전체주의적 성인집단의 모습이 참 공포스럽다.

---

* 매년 되풀이되었던 대학 신입생에게 군기 잡는다는 동영상 자료도 섬뜩했다. 문장 어미를 '다', '나', '까'로 끝내야 하거나 선배 누구든 90도로 인사를 하고 선배가 타는 승강기를 이용해서는 안 된다는 내용이었다. 모든 대학 신입생이 그렇게 고통받는 건 아니겠지만 아직도 여러 곳에서 언어에 관한 군사교육이 공적으로 그리고 은밀한 사적 공간에서 실행된다. 단 1년만 선임, 혹은 선배라고 해도 후임, 후배의 말의 모양을 위협적으로 통제하는 문화가 난 정말 불편하고 무섭다. 그들은 어디서 그러한 통제적 언어기술을 배웠단 말인가? 대학과 기업의 언어는 여전히 경직되어 있다. 왜 그 나이만큼 유쾌하고, 가볍고, 즉흥적이고, 서로 협력적일 수 없단 말인가?

'시라노 연애조작단'는 그런 점에서 개별적이고, 서툴러도, 진정성이 있는 말의 효과가 무엇인지 생각해볼 만한 영화다. 시라노 에이전시는 연애에 서투른 사람들의 의뢰를 받고 성공적인 연애를 성사시키는 일종의 연애 조작단이다. 비밀 작전을 수행하는 것처럼 완벽하게 짠 각본 아래 임무를 수행한다. 의뢰인들은 에이전시가 전해주는 대사를 외우고 연기도 익힌다. 영화 초반부에 나온 의뢰인도 귀에 소형 이어폰을 끼고 에이전시가 전달해주는 대사를 여자에게 그대로 읊는다. 마치 자신의 사랑 고백이듯이 열정을 다하는 에이전시나, 숨어서 지켜보는 직원들의 모습이나, 자신이 사랑하는 여자한테 전하는 말인데도 이어폰을 통해 표정까지 구기며 집중해서 듣고 기계처럼 또박또박 전달하는 의뢰인의 모습이나, 그냥 모두 우스꽝스럽다.*

자신의 진심을 전달해야 하는 상황에서, 특히 사랑을 고백하는 상황조차 미리 짜여진 대로 거짓된 대사를 읊는다면 상대방은 진심을 알아줄까? 처음엔 어찌해서 믿었다고 하더라도 그런 사실을 알게 되면 상대가 거짓된 진심을 전했다고 생각할 것이다. 영화 속 상용(최다니엘)이 연애 조작단의 능력을 빌어 희중(이민정)의 마음을 얻어보려고 하지만 계속 실패하는 이유도 그런 것이다. 결국 실패의 이유는 진실성, 변주성, 재미, 자신다움의 인격성이 담기지 않은 탓이다. 연애 도사들은 다

---

* 그런데 그건 영화 속 장면이라고 폄하할 것이 아니다. 정말로 우리는 교실에서, 시험장에서, 처방적이면서 문제를 해결할 것으로 보이는 매뉴얼을 가르치고 배우고 사용하고 있지 않는가?

안다. 언제나 어디서나 한 번에 통하는 건 없다. 어디선 능숙해도 다른 곳에선 또 잘 안 된다. 공간과 관계에 따라 이런저런 말을 새롭게 보태고 포개야 한다. 상대방에 따라, 상황에 따라, 상호협력적으로 말의 내용과 전략은 달라져야 한다.

영화 마지막 장면에서 연애 조작단이 알려준 대사를 전달받지 못하는 상황이 발생한다. 상용은 결국 아무런 도움 없이 홀로 고백을 해야한다. 덜덜 떨고, 눈도 마주치지 못하고, 소심하고, 자신감 없고, 위축된 얼굴로 더듬더듬 말을 이어가는 상용의 모습을 보던 희중은 웃음을 참지 못한다. 그리고 그가 정말 긴장하고 있다는 모습에서 자신에 대한 진심을 확인한다.

언어를 무슨 마법사들의 주술처럼 신비로운 분석의 대상으로 다루고, 거대한 시스템의 성을 짓는데 골몰하는 이데올로기적 기획으로만 보는 방식, 혹은 언어가 경쟁력이고 문제를 해결할 기술이란 논의. 난 그걸 보고 있으면 언어를 놓고 너무 뻥치고 있다고 생각한다. 우리 다수는 대개 상용처럼 말하며 살고 있는데 말이다. 언어가 너무 거창해지면 일상적인 언어, 재미난 언어는 우리 곁을 떠나게 된다. 맥도날드화를 지나 테크노폴리의 언어세상이 되면 그곳의 언어는 한없이 무겁고 진지해진다.

독설가 멘토는 이해할 수 없는 청년들

독설가 멘토들이 있었다. '아파서 청춘'이고 '멈추면 비로소 보이는 것이 있다'고 위로하는 것으로는 부족했다. '개천에서 용 난다', '악착같이 매달려 있을 때 성공한다'고 채근한 김미경과 같은 멘토가 대표적인 독설가였다. 그녀와 같은 독종 – 독설 멘토는 TV에서만 나오는 것이 아니었다. 학교 선생님이든, 부모든, 학원이나 직장에서든, 주변에서 독설가는 늘 넘쳤다. 청춘을 다그치고 분발시킨다. 사회적 구조에 관한 비판적 논의는 뒤로 감추고 개인의 능동성을 최대한 분발시킨다.

자기계발이란 시대적 풍조, 자기계발을 자극시키는 문화산업은 아직도 유효하다. 개인이 가진 모든 것을 최적화시켜서 성공하겠다는 욕망은 신자유주의 사회의 핵심 동력이다. 그러나 자신을 계발시킬 때 자신의 내면만 들여다보고 적극적인 마음가짐과 노력만으로 성공도 하고, 돈도 벌 수 있다는 가르침은 한편으로는 청년들을 참으로 불편하게 다그치는 논리였다.* 그래도 상관없다. 신자유주의는 경쟁을 자극하고 개인의 분발을 독려하는 독설마저도 완벽하게 정당화시켰다. 경제주의, 합리주의, 기술주의, 개인주의, 경쟁의 문화가 무비판적으로 오용되면

---

* 이런 비유를 들어보자. 교통사고 한번 없었다고 자랑하는 운전자들이 있다. 물론 내가 엄격하게 음주운전 하지 않기, 방어적으로 안전하게 운전하기, 차선을 지키며 운전하기, 그런 습관들은 중요하다. 그러나 그것만으로 무사고 기록을 가질 수 없다. 어떤 차가 실수로 내 차를 들이받는 사고가 날 수도 있다. 날씨가 갑자기 너무 나빠지고 애매한 도로표지판 때문에도 사고가 날 수 있다. 그러니 자동차 보험을 반드시 가입해야 한다. 사고가 없어도 계속 겸손해야 하는 이유이기도 하다.

서 독설가의 멘토 담론이 청년의 마음을 파고들었다.

'긍정의 배신: 긍정적 사고는 어떻게 우리의 발등을 찍는가'[60] 책을 보면 다음과 같은 내용이 나온다. 신대륙 미국에서 근면한 노동, 금욕주의, 자기절제를 강조한 문화가 만연했다. 그리고 그런 시대풍조에 반발하기도 하면서 19세기의 미국은 긍정적이고 적극적으로 개인주의 문화가 형성되었다. 미국 문화를 답습한 한국은 (후기−)산업화 사회를 거치며 긍정적인 사고, 할 수 있고 해야만 한다는 분발의 슬로건, 그리고 지친 자아들을 다시 변화시키고자 그들의 마음을 말랑말랑하게 교정하는 힐링의 문화가 전 사회 분야에서 등장했다. 입시학원이든, 대학이든, 기업이든, 교회든, 예외적 영역은 없는 듯하다.

자아의 분발과 경쟁, 실패의 힐링과 성공의 자기계발학이 급속도로 성장했다. 언어교육 분야도 자아에 집중하고 개인을 분발시키는 자기계발식 교수법, 교재, 교육과정 산업이 급속도로 성장했다. 누군가는 '영어공부 절대로 하지 말라'고 하고, 누군가는 '너 입에 빠다를 바르라'고 하는데, 빈번하게 등장하는 주장의 핵심은 쉼과 힐링은 필요하더라도 우리의 영어가 문제이며 해결책은 어떻게든 '개인들이 더욱 분발하라'는 것이었다. 영어공부도 이제 토익이나 수험영어로는 부족하다. 이제 글로벌 인재, 글로벌시민, 글로벌국민이 되어야 한다. 영어를 통한 자기계발과 자기경쟁력은 진학과 취업 때문에 필요한 것만도 아니다. 평생 동안 진행할 만큼 배워야 할 것이 차고 넘친다.[61] 자아든 조직이든 국가든 이와 같은 엄중한 계발 담론은 언어를 열심히 공부해야 하는 중요한 이유 중 하나가 되었다.

그런데 흥미롭게도, 아니 다행히 야멸찬 독설과 독종의 자기계발론이 한풀 꺾이고 있다. 공부든, 자기계발이든, 삶의 방식이든, 죽자사자하라는 채근에 학습자들이 일종의 저항을 시작한 듯하다. 혹은 자포자기하는 것일지도 모른다. 폐쇄적인 교육공간, 가부장적 위계질서와 경직된 의사소통 문화에서 경쟁과 계발 담론이 넘쳤다. 그러나 계몽의 대상이었던 그들은 이제 재미난 것을 찾는다. 개별성을 유지하며, 일상적인 맥락에서 해보고 싶은 것을 하며 살겠다고 삶의 의례를 바꾸고 있다. 심지어 아무 것도 하지 않고 놀면서, 혹은 아주 조금만 일하면서 살고 있다는 일상의 서사가 대중매체에서 쏟아지고 있다.*

영어교육도 새로운 시대풍조에서 예외가 아니다. 수많은 학습자가 독설의 가르침에서 이탈하고 있다. 유희적이고, 즉흥적이고, 작은 문화적 실천으로부터 만족을 얻는 삶의 궤적에 관심을 갖고 있다. 쉽게 말해서 일상성을 유지하면서, 하고 싶은 대로 해보면서, 재미난 것을 체험하며, 영어를 사용하는 주인공이 되려고 한다. 몇 년 전부터 강남 학원, 유명 강사, 베스트셀러 시험준비서 등에 의존하지 않고 자기 나름의 도시적 혹은 가상적 공간에서 주체적으로 영어를 사용하고 교육하는 사례가 빈번하게 유튜브 등에서 소개되고 있다.

학습자들은 꼭 학원에 가지 않고 학원 선생님에게 의지하지 않고

---

* 예를 들면 '하마터면 열심히 살뻔 했다', '나는 나로 살기로 했다'처럼 삶의 완급을 조절하고 그저 재밌게 살자는 논점의 책과, 시골에 내려가 하루 종일 밥만 해먹는 '삼시 세끼' 방송 등이 청년들에게 사랑받고 있다.

그저 자신과 대화를 나누고 이야기를 교환할 사람들을 찾고 도시/가상 공간 어딘가에서 소모임을 갖는다. 가상공간에서 미국인이 현지 영어의 사소한 팁을 알려준다는 '올리버쌤', 'EnglishInKorean 원어민 무료 영어강의' 등의 유튜브 방송이 급증했다. 구독자 수가 수십만 명이 넘는 채널도 많으며 그곳의 운영자는 자신을 강사나 선생이라기보다는 에듀테이너로 소개한다. 김영철이든, 타일러든, 한국인이든, 영국인이든, 미국이든, 홍콩이든, 미드 영어회화든, 스토리가 있는 영어회화든, 원서로 읽는 명작이든, 누구든 돈 들이지 않고 다양한 주제와 소재의 학습 콘텐츠들에 접속할 수 있다. 재미와 학습을 동시에 충족시키거나, 아니면 진지한 학습은 잊어버리고 재미만을 목적으로 언어학습이나 사용을 소비하는 문화가 마치 세계적인 유행처럼 확장되고 있다.

그뿐 아니다. 무슨 언어든 진지하게 다루지 않고 그걸 갖고 노는 사람들이 등장하기 시작했다. 예를 들어, 예전에 미국인이며 유명 배우인 토마스 맥도웰(Thomas McDonell)이 본인의 트위터에 한국어로 '웅앵웅 초키포키' 혹은 '보들보들하고 귀여운 인형들 속에 파묻혀 압사로 죽고 싶다' 등을 포스팅해서 그가 한국어를 사랑한다는 말이 나돌았다. 그러나 그는 아주 단순하게 글자가 예뻐 보여서 트위터에 올라와 있는 글을 그대로 복사해서 올린 것뿐이었다. 한글의 우수성, 한국어교육의 성과 그런 것과 아무런 상관도 없었다.

내가 아는 학생도 SNS 프로필을 올릴 때 별 이유 없이 남들이 전혀 알지 못하는 언어를 사용하곤 한다. 예를 들어, 새해가 되면 한국어, 영어, 일본어 정도는 사람들이 웬만큼 아니까 포털 사이트에 나와 있는

'나라별 새해 인사'를 검색해서, 이탈리아어인 'Felice anno nuovo'를 선택해서 페이스북 창에 올린다. 그냥 글자가 멋있어 보이고 왠지 쿨하게 보인다는 이유이다.

　동네 피시방에서 어린 꼬마나 중학생들이 온라인 게임을 하면서 그냥 영어를 섞어서 말한다. 힙합, 패션, 특정 전자제품 등에 관심 있는 청년들이라면 인터넷에서 그걸 얘기해볼 수 있다면 그냥 뭐든 한다. 아무 말이나 가져다 사용한다. 영어, 일본어, 중국어, 독일어, 불어, 이탈리아어, 알고 있는 몇 마디는 재미로 섞어 다 말한다. 언어 자체가 중요하지 않다. 말하고 싶고, 듣고 싶고, 알고 싶은 도시적 라이프스타일에 더 관심이 있다. 그런 경향은 한국인뿐만 아니라 음악을 듣고, 물건을 사고팔고, 관광하고, 여가활동을 즐기는 도시공간에 살고 있는 전 세계인의 언어적 실천이기도 하다. 가상공간에서도 마찬가지다. 게임 방송을 하는 외국인 스트리머(streamer)를 보면 별 의미 없이 재미로 한국어를 사용한다. K-pop을 잘 아는 많은 외국인이 BTS든 블랙핑크든 한국어 노래가 멋있다며 한국어로 흉내를 내고, 몇 마디 배운 단어로 한국인들 대화에 끼어들기도 한다.

　이처럼 탈영토화된 유희적 도시언어가 넘치는 곳은 아마 기성세대가 보기엔 규범성이라고는 찾아볼 수 없는 별종, 개판, 상놈의 언어공간일 것이다. 독설의 자기계발과 경쟁력 측면에서 보기엔 한가로운 인간들이고, 한심한 언어들이다. 문제를 처방하고 효율적으로 해결하고, 경쟁력을 높이고 효용성을 높여야 하는데 별 것 아닌 문화적 소재나 자신만의 여가나 재미를 위해 SNS에 뭘 올린다. 그냥 재미 삼아, 튀고 싶어서 말이다. 그들은 분발하고 경쟁하고 싶지 않다. 재미있게 하다 보면 더 할 수도 있지만 뭘 하든 어떤 일을 본질화시키고 싶지도 않다. 하다가 어디론가 자유롭게 이동하고 싶을 뿐이다.

사실 언어란 것이 그런 속성도 있는 것이다. 언어적 실천을 경제적이고 합리적이고 기술적으로 관리할 수 있겠지만 언어를 사용하는 인간은 다분히 개별적이고 놀이적이고 감정적이다. 자신도 모르는 무의식적인 욕망에 자유롭지도 못하다. 테크노폴리로 관리되지 않고, 돈이 되지 않아도 하고 싶다. 굳이 하지 않아도 되지만 하고 싶은 마음이 있으니 해보고 싶다. 그와 같은 언어사용의 속성은 진도, 정답, 고득점, 경쟁의 중압감이 있는 곳에 가려져 있었을 뿐이다. 언어를 자꾸만 대상화시키고 사고파는 재화나 표준이나 기술로만 처리하다 보니까 유희적이고 즉흥적인 언어사용의 속성이 자꾸만 사라진 것이었다.

도시공간의 새로운 언어사용은 이미 시장에서도 통용되고 학습에서도 도움이 된다는 콘텐츠를 생산시켰다. 개성, 주관, 경험, 직관, 사유의 다양성을 드러내며 개별적 취향, 흥미, 즉흥성과 같은 가치가 다시 드러났다. 그러다 보니 합리적이다 못해 획일적으로 강요하는 것 같은 테크노폴리 언어교육문화가 더욱 답답하게 느껴진다.

도시민족, 도시언어, 메트로링구얼

도시(metro) 공간에 살면서 외모를 가꾸고 도시적인 라이프스타일에 시간과 돈을 투자하는 유희적인 도시남성은 한 때 메트로섹슈얼(metro-sexual)로 지칭되었다. 전통적인 인종, 국가, 민족의 범주 안으로 구속되지 않고 자신만의 개별적이고 실용적인 삶의 방식을 좇는 집단은 '도시민족'으로 구분되었다. 그들에게 '도시'는 사전적 의미의 도시라기보다 다양한 민족, 국가, 인종, 언어들이 교류하는 접촉지대인 셈이다. 영토 −경계적인 정체성을 버리고 다양한 배경과 경험을 지닌 도시 거주민들과 자유, 개성, 유희를 추구하면서 살아간다. 이들은 흔히 메트로링구얼, 즉 '도시언어사용자'로도 불리면서 단일언어 사용자도 아니면서 그렇다고 전통적인 이중/다중언어사용자도 분류되지 않는다. 필요나 재미에 따라 언어들을 조합적으로 사용하기 때문에 기존의 이중/다중언어사용자와 구분이 된다.

도시언어의 실천이 드러나는 곳은 주로 백화점, 시장, 관광지, 유명 대회, 축제, 대회, 지하철, 공항 등과 같은 다양한 사람들이 모이는 공간이다. 소비적이고 감각적이고 개방적인 공간이다. 예를 들면, 홍콩 야시장에서 쇼핑을 하면, 영어, 중국어, 한국어 등 아는 언어들을 모두 동원한다. 그럼 흥정도 더 잘된다. 그들 상인도 한국어를 안다. 관광객은 홍콩이라고 영어로만 하면 감정과 의도를 제대로 전달하지 못한다. 시장에서 거래할 때 자신의 언어능숙도와 정체성을 진지하게 고민할 필요가 없다, 언어자원을 총동원해서 어쨌거나 잘 사고 잘 파는 것이 제일 중요하다. 해외에서 자원봉사 경험을 하거나 외국인 대상으로 한국에서 물건 팔아본 사람이라면 안다. 험악한 분위기보다는 재미나면 좋다. 즉흥적인 의미협상은 필수다. 기술화된 규범이나 질서보다 흥정이 먼저이거나 사람이 우선이다.

테크노폴리의 언어는 질서와 통제의 특성을 가지고 있다. 위로부터 계몽적 개입이고, 경제주의나 표준주의를 고려한 이데올로기적 기획이다. 위기-관리, 효율성과 경쟁력 담론이 자주 등장하고 문제-해결의 구도로 처방적이면서 절차적인 지식체계를 강조한다.* 언어를 대상화시켜서 표준적이고 기술적으로 이해하며 언어교육의 효율성도 실증적으로 측정되어야 한다. 메트로링구얼의 언어사용은 다르다. 다양한 사람들이 실제로 도시공간에서 사용하는 아래로부터의 언어실천이다. 재미를 나누고 거래를 하고 축제와 대회를 목격하는 곳이니 당연히 수행성, 의미협상, 유동성의 가치가 중요하다. 문제, 위기, 경쟁력의 논점보다는 바로 지금 여기의 일상성, 공간의 필요, 욕망에 충실하다. 절차적 지식보다는 즉흥적 지식, 비선형적이면서 유희적인 언어들이 넘친

---

* 　역사가 이미 설명하고 있지만 어떤 모더니티 기획이 시도된다고 해도 완전하고 절대적인 해방은 존재하지 않는다. 인간주체는 결국 나름의 사회적 압력이나 소외를 겪겠지만 지금까지 그랬던 것처럼 틈새의 자유 역시 찾아낼 것이다. 포스트모더니스트의 시선으로는 대중이 계몽과 해방의 대상일 수만 없다. 그들은 사회구조의 피해자이기도 하겠지만 또 한편으로는 술책, 처세, 수완을 가지고 있고, 소외로부터도 속임수를 쓰며 살아가는 우리(이웃)일 것이다. 일상성을 발휘하며 미세한 창조성으로 학습을 의미화시키기도 하는 것이 우리들이다. '미움받을 용기'와 같은 개인주의 심리학 단행본에서 소개되는 개인들은 커다란 이데올로기로만 설명되지 않는다.

다. 전형적인 포스트모던 언어실천인 셈이다.* 아마도 도시언어적 실천이 가장 잘 드러난 곳은 유튜브와 같은 온라인 대중매체,** K-pop과 같은 대중문화 콘텐츠일 것이다.

우리가 삶을 살아가고 우리의 삶이 위치되는 곳은 도시공간이고, 일상의 언어사용이다. 그리고 바로 지금 여기서 실천된다. 포스트모더니스트에게 모더니티의 기획, 테크노폴리의 통제 담론은 너무나 무겁고 이데올로기적이다. '지금 여기'에서 구성되는 언어의 의미는 간과되고 있다. 드 세르토는 도보를 통해 발화공간이 만들어지고 발걸음의 경로는 공간을 형성하고 도시를 다시 창조한다고 보았다. 기술화된 언어산업의 권력을 흔들 수 있는 대항/대안 담론은 도시언어사용의 일상성과 메트로링구얼의 수행성에 관한 논의로부터 나올 수 있다.

한국에서 한국인으로 한국어를 사용하며 평생 살아온 학생이 있다. 마포구 공덕동에 25년 동안 살면서 10여 년 전과는 비교도 할 수 없

---

* 인간의 가능성을 이성, (자유)의지, 계몽에서 바라보는 모더니티 관점에 반발하면서 일상생활, 놀이, 공간의 특성을 주목하는 포스트모던 경향이 시작되었다. 예를 들어, 영어공부의 필요와 과정을 살펴보면 모더니스트 연구자들은 영어에 관한 문제를 지나치게 진지하게, 계몽적으로, 대상화시켜둔 무언가를 정복하듯이 분석한다. 온전한 보편성을 획득하기 위한 의지적이고 이성적인 행위로만 보는 것이다. 그에 반해 메트로링구얼과 같은 포스트모더니스트 연구자들은 일상성, 공간성, 유희성의 가치에 주목하면서 일상생활의 관점에서 언어로 놀고, 일상을 즐기는 언어행위에 관심을 가진다.

** 유튜브는 10억 명 이상의 사용자를 보유하고 100여 개국에서 100여 가지 언어로부터 서비스를 제공한다. 외국인이 한국어로, 한국인이 영어나 다른 언어로, 혹은 중층적인 정체성을 조합하여, 꼭 수익만이 목적이 아니더라도, 일상과 재미를 담고 있다. 폭증하고 있는 도시언어현상의 영상물은 유튜브로 쉽게 확인할 수 있다.

는 도시언어적 실천들이 자신의 일상을 변화시키고 있다고 한다. 거주하는 오피스텔의 지하 1층이 여행사라서 중국인과 동남아 사람들을 매일 마주치고 있으며, 오피스텔 맞은편 신라호텔 역시 이용객 절반은 외국인들이다. 동네 스타벅스도 자신이 어학연수를 간 미국이나 해외여행을 다녀온 유럽 어느 도시의 분위기와 다를 바 없다고 했다. '최대포'식 고깃집은 사라지고 지금은 인도 커리, 태국식 요리, 일식, 멕시코식 음식점이 즐비하다. 아르바이트를 하는 송도에 갈 때마다, 아버지 직장이 있는 제주도에 방문할 때마다, 유희적이고 파편적인 언어들의 사용이 넘친다. 이제 메트로링구얼 언어는 어디서든 쉽게 들린다고 했다.

그가 사는 공덕동에서도 누군가는 언어의 본질, 전통, 지리적 경계선, 표준적이고 권력적인 언어에 관한 신념을 붙들고 있을 것이다. 그렇지만 그곳에서 일상을 보내고, 그곳의 이웃을 배려하며 함께 살아갈 것이라면 좀처럼 그러한 신념만이 옳은 것이라고 말할 수 없다. 한국에서 한국인으로 살면서 단일언어주의를 버릴 수 없다. 그렇다고 아직 이중/다중언어주의가 필요하다고 말할 때도 아니다. 지금 살아가는 방식은 그저 도시공간에서 도시언어를 적극적으로 소비하는 정도이다. 그러다 보니 알게 모르게 우리는 도시언어사용자의 정체성을 점차로 수용하게 된다.

어디까지가 K-pop인가?

테크노폴리로 구축된 언어산업에 관해 질문하려면 일상적인 언어풍경, 그중에서도 대중매체의 언어경관을 살펴볼 필요가 있다. 언어에 관한 전통적인 규범들을 새롭게 정의해야 할 만큼 대중문화는 도시적 언어 실천의 역동적이면서도 중층적인 현상을 적극적으로 드러내기 때문이다. 예를 들면, K-pop에 등장하는 언어문화는 Korea-Korean이 지켜온 단일국가, 단일민족, 단일언어의 사회통합 이데올로기를 강화시킬 수도 있겠지만 또 한편으로는 지금까지 당연했던 언어사회의 단일성 질서에 균열을 낼 수도 있다.

올림픽이 열렸다. 태권도 종목에서 대한민국이 "종주국으로서" 금메달을 싹쓸이하지 못했다. 언론이 태권도 국가의 수치심이라고 호들갑을 떤다. 그럼 어떤 생각이 드는가? 나는 불편하다. 싹쓸이가 가능하다면, 혹은 싹쓸이를 해야만 한다면 그게 무슨 올림픽에서 열리는 세계인의 스포츠인가? 금메달을 따면 축하할 일이지만 많이 따지 못했다고 눈물로 사죄하고, 보직에서 사퇴하고, 우리 모두가 겸허히 반성할 일은 아니다. 그런 관점을 가져보면 K-pop 역시 '우리'만 주인이고 '그들'은 손님이라는 이항의 구도를 벗어날 필요가 있다. 그래야만 K-culture에 내재된 엄숙한 순수주의, 국가주의, 민족주의, 우리만이 주인이라는 신념체제가 한풀 꺾일 수 있다.

수년 동안 진행된 SBS 'K-팝스타' 오디션 방송에서 박진영, 양현석, 유희열 심사위원이 한국어로 심사했다. 그런데 가끔 외국인이나 한국어가 미숙한 해외 거주 교포 참여자가 등장하면 박진영 심사위원은 영어로 말을 걸고 심사평도 영어로 했다. 어떤 네티즌들은 왜 영어로 질문해야 하냐며 시비를 거는데 내겐 전혀 이상하지 않았다. 난 방송을 보는 내내 그저 눈도 귀도 즐거웠다. 반드시 누군가를 라운드마다 탈락시켜야 하는 경쟁의 서사가 다소 불편하긴 했지만 그래도 춤과 리듬, 영어든 한국어든, 세계 곳곳에서 온 별별 사람들의 서로 다른 기호적 창발성이 마음껏 드러나는 언어와 기호의 축제 아닌가? 거기서 특정 언어의 단면만 사용하자는 발상은 대체 어디서 나오는가?

대부분 참가자는 한국인 작곡가가 만들고 한국인 가수가 불렀던 노래를 편곡해서 부르는데 가끔 해외 팝을 원곡 가사인 영어로 부를 때도 있었다. 그걸 두고도 왜 K-pop 방송인데 영어가 자꾸 나오냐고 짜증을 내는 네티즌들이 있다. 한국말이 어눌한 해외 교포 참가자들의 자세를 지적하면서 왜 K-팝스타 오디션인데 한국말도 못하는 참가자가 나오냐는 댓글도 보인다.

그런데 이런 질문을 한번 해보자. K-pop이란 건 대체 어떻게 정의해야 할까? (1) 한국에서 (2) 한국인 부모로부터 태어난 한국인 국적을 가진 사람이 (3) 한국인 작곡가나 제작자에 의해 만들어지고 (4) 한국인 가수가 부르는 (5) 한국어로 적힌 노래만을 의미하는가? 그럼 (1), (2), (3), (4), (5) 중에 하나라도 빠지면 K-pop이 아닌가? 뭐가 빠지면 그나마 관대하게 봐줄 것인가?

한국일보 2014년 5월 2일 '에이브릴 라빈도 따라하기... 궁금증 더하는 K-pop의 미래' 기사를 보면 위 질문에 논쟁점을 더할 내용이 나온다. 기사에서도 언급이 된 것처럼 K-pop의 K는 분명 Korean, 혹은 Korea일 텐데 그게 국적을 말하는 건지, 언어를 말하는 건지 분명하지 않다. 기사 내용을 간단하게 요약하면 다음과 같다. 우선 유니버설 뮤직은 '소년공화국'이란 아이돌 그룹을 2013년에 데뷔시키는데 한국보다 일본과 같은 동아시아에서 주로 활동했고 2013년 말 일본 K-pop 차트에서 1위를 기록했다. 말레이시아 등에서도 엄청난 인기를 누렸다고 한다. 홍콩 영화배우 성룡이 현진영과 함께 만든 JJCC(Jackie Chan Joint Cultures)란 이름의 아이돌 그룹은 한국계 4명과 중국계 1명으로 구성되었지만 국적은 미국, 호주 등 다국적이었다. 그래도 이들 노래는 K-pop 범주에 소속되어 있다.

미국의 빌보드 차트에 K-pop 차트가 2011년부터 생겼고 일본의 오리콘 차트에도 K-pop 차트가 있다. 한국 국적의 한국에서 부르는 한국어 노래는 모두 차트에 들어가지만 K-pop 정의가 앞으로 복잡해지면 범주가 세분화될 수 있다고, 혹은 K-pop을 재정의할 것으로 모두가 전망한다. 이 기사의 가장 중요한 지적은 K-pop의 정의는 대중 혹은 시장에 의해 타협될 것이며 이제는 한국(인)만이 글로벌 K-pop을 주도할 수 없다는 것이다. K-pop은 미국에서 보기엔 아시아적 인상을 갖지만 아시아 지역에서는 "미래적인 또는 모던한 것"을 상징한다. 분명한 건 "내가 제일 잘 알지만 내 것이 아닌 것이 될지도 모른다"라는 것이다.

K-pop이든, 태권도이든, 접촉언어로서 영어든, 국제어로서 한국어이든, 도시공간의 거주민들이든, 유희적이고 유동적인 속성을 폄하하는 이유는 아직도 특정 영토에 속한 누군가가 주인이라는 사고체계 때

문이다. 그런 것이 도시나 온라인 거주민의 공유된 자원이라고 생각하지 못하는 것이다. 그렇지만 이제 초국가의 시대, 이주의 시대, 세계화의 시대, 언어자원의 시대, 세계시민의 시대가 열리고 있다는 것을 직면해야 한다.

우리도 해외로 떠나고 다시 돌아오곤 하지만 비–한국인인 여행자, 이민자, 외국인 유학생, 결혼이주여성도 자신들이 정주하는 거주국 언어(예: 한국어)를 목표언어로 배우고 사용하며 살아가고 있지 않은가? 국가의 경계를 넘어선 디아스포라적 정서를 가진 사람들이 더욱 큰 폭으로 증가할 것이다. 이는 미래의 언어사회가 국가, 국민, 언어의 요소에 있어서 더 이상 동일한 공간에서 동일한 소유물을 공유하는 단일 집합체로만 존재하지 않음을 의미한다. 많은 사람들이 필요하거나 좋다고 무언가를 함께 나누고 있다면 그건 함께 소유해도 된다. 아니 서로 공유해야만 한다. 태권도 종목에서 금메달에 집착하던 진지함을 버리면 누구나 금메달을 따도 축하해줄 수 있는 유쾌함이 채워질 것이다. 한국–한국어–한국인만의 K-pop으로부터 만든 가슴 벅찬 국민의식이 사라지는 만큼 세계 어디서든 그걸 놓고 같이 따라 하고 불러볼 수 있는 축제의 감정으로 채워질 것이다. 태권도나 K-pop은 우리가 주인이라고 붙들 필요가 없다. 너무 세게 붙들면 이항으로 대립되고 시장도 넓어질 수 없다.

우리의 언어, 언어사용, 언어정체성마저도 이제 그만 고정적인 것으로 붙들지 말아야 한다. 이동과 접촉을 통해 갈라진 틈을 경험하고 이주민으로 조금이라도 살아보았다면, 민족, 국가, 식민지의 근대주의적 정체성이 아닌, 불확실하면서도 유동적인 정체성을 긍정적으로 해석할 수 있을 것이다. 우리 중에 복수의 언어정체성을 경험한 너와 내가 너무도 많아지고 있는데 언제까지 한국어의 주인, 영어의 손님 역할만 맡을 것인가? 섞고 해체하며 깔깔대는 도시인들의 언어사용을 빈정대지만 말고 그곳에서 벌어지는 말놀이에 참여해보면 어떨까?* 그럴 때 테크노폴리로 구성된 진지한 언어규범의 사회의식은 한풀 꺾일 수 있다.

싸이의 '강남 스타일' 뮤직비디오가 유튜브에서 얼떨결에 세계적인 주목을 받았고 그걸 자축한다며 서울시청 앞에서 싸이가 출연하는 대규모 콘서트가 기획된 적이 있다. 그때 시청공연의 타이틀이 '글로벌 석권, 서울시민과 하는 공연'이었다. 세계인들은 그냥 재밌다고 낄낄대며 '강남 스타일'로 놀고 있는데 시청 앞에서 글로벌을 "석권"했다며 자랑하고 있다.** 영토의 언어, 국가의 언어, 정복의 언어를 밀쳐두고 도시공간의 언어, 유희의 언어를 수용했다면 더 좋았을 것이다.

---

* 원어민과 비원어민, 주류와 비주류, 국민과 이방인, 조국과 디아스포라처럼 이분법적으로 구분되는 수많은 근대적 범주가 한국에서도 결국 흔들릴 수 있을까? 나는 그럴 것으로 장담한다. 혼종적인 언어문화 공동체가 증가한다면 거주국의 목표언어는 더 이상 동일한 인종, 민족, 계층만이 사용할 수 있는 전유물이 되지 못한다.

** 왜 글로벌을 정복해야 할까? 글로벌 석권이란 텍스트는 이상화된 국가주의나 민족주의의 재현이다. 참으로 감정적이면서 집단적이고 낭만적이다.

영어마을이 실패한 이유

전국의 영어마을 조성을 유도한 경기영어마을이 12년 만에 폐업한다는 기사를 본 적이 있다. 폐업과 함께 경기도 직속 기관인 평생교육진흥원에 통합되어 '미래인재양성 교육기관'으로 전환된다는 소식이었다. 경기도는 모두 1751억 원을 들여 2004년 안산캠프, 2006년 파주와 양평 캠프, 모두 세 곳의 영어마을을 조성했다. 영어몰입교육의 취지는 무색해지고 비현실적 사업계획으로부터 수요 예측에 실패하고, 고비용으로 누적 적자를 이겨내지 못한 것이다. 폐업하게 된 영어마을은 한때 전국적으로 22곳이나 될 만큼 인기 '영어상품'이었다. 미디어는 수요와 공급, 흑자와 적자, 비용과 효과, 문제와 처방으로부터 영어마을의 흥망을 알렸지만 나는 도시언어현상의 논점으로부터 이걸 다뤄보고자 한다.

영어마을에서는 학생이 마치 영어를 사용하는 국가에 입국해서 생활하는 상황을 설정해둔다. 세트장으로 만든 출입국심사장부터 통과하고, 호텔에서 체크인도 하고, 은행에서 영어마을 전용 EV(English Village) 달러를 바꾼다. 레스토랑이나 우체국도 있다. 교육시설도 있는데 뉴스를 진행해보는 스튜디오, 실험 실습을 해볼 수 있는 과학실이나 로보틱스 교실, 미술이나 요리수업 교실, 도서관도 있다. 편의시설로 체육관, 편의점, 컴퓨터실도 있다. 그런 곳에서 학생은 원어민 혹은 내국인 강사와 함께 영어를 공식어로 사용하면서 여러 시설을 체험한다. 교육 기간으로는 한 달도 가능하고 짧게는 주말이나 5박 6일 프로그램도 있다. 참여자 학생은 주로 초등학생이거나 중학교 1–2학년 학생이었다.

앵무새 살리기

국내 영어마을은 서구 중심주의나 영어만능주의 이데올로기를 비판하는 대중문화연구자에게 분석의 소재이기도 했다. 영어를 사용하는 일상성이 박물관이나 테마파크처럼 만든 마을의 공간 안에서 분리적으로 전시되고 판매된다. 그와 같은 영어상품이 서구의 일상적 소비 양식을 그대로 흉내 낸 것이니 학생은 서구 중심의 이데올로기를 무비판적으로 수용한다. 실제 연구문헌을 살펴보면 영어마을에서는 이국적 공간과 인물이 주로 이목을 끌었고, 많은 학생은 원어민/교사와 협력적으로 의미를 협상하기는 커녕 그저 지시에 따르고 심지어 사인까지 받으려고 했다. 마치 유명인을 따르는 팬처럼 원어민/교사를 추종한다고 언급되어 있다.[62]

물론 이와 같은 이데올로기적 비판도 추가적인 연구가 필요하겠지만 영어마을이 도시적 거주민의 언어현상을 모방한 공간이니만큼 학생에게 어떠한 언어적 실천이 허락되었는지 주목해볼 수도 있다. 그런 점에서 보면 영어마을의 영어사용은 실제적 도시언어사용과 아주 거리가 먼 듯하다. 도시의 레스토랑, 쇼핑 단지, 관광지, 축제 장소 등이 의사소통의 현장이라면 영어를 원어민처럼 사용하지 못하는 비원어민이라도 자신의 관심사인 음식, 음악, 스포츠, 패션, 상품, 작품, 여가, 학업활동 등에 관한 호기심, 필요, 감정을 나눌 수 있다. 그런 건 굳이 영토적 경계에 국한되지 않아도 된다. 서울에 오는 외국인들도 그렇고 우리가 해외 도시를 방문할 때도 마찬가지이다. 사전에 확인한 인터넷 정보로든, 현장에서 만난 현지인과 나누든, 모어를 포함한 다양한 언어자원을 조합적으로 사용하는 것이 도시적 언어실천의 특징이다.

영어마을의 학생이 사용해야 하는 언어는 엄격하게 기술화된 표준언어일 뿐이었다. 미국영어를 사용하는 원어민(처럼 보이는 교사)가 선발되었으며 한국인 교사도 미국식 표준영어를 자연스럽게 사용해야 했다. 표준영어가 아닌 학생의 발음은 교사에 의해 교정되기도 했고, 학생이 재미나 어떤 필요로부터 한국어를 조금이라도 사용하면 'English-only' 규칙을 위배했다는 이유로 범칙금을 부과했다. 영어사용을 자연스럽게 경험하고 편안하게 사용할 수 있도록 배려했다는 영어마을 환경은 BANA 표준영어를 규범적으로 학습해야만 하는 또 하나의 영어교실인 셈이었다.

깔끔하게 그리고 엄격하게 정리된 학습의 절차와 내용으로부터 영어마을 교육과정이 구성되어 있어서 그곳에선 즉흥적인 의미협상, 재미로 말해보기, 새로운 화제의 제시나 전환, 협상적 태도 등이 좀처럼 시도될 수 없다. 영어체험마을 학습모형에 관한 연구를 살펴보면 영어마을의 수업은 세 가지 절차로 구성된다.[63] 우선 교사는 수업에 필요한 새 단어를 가르친다. 학생들은 상황별 대화를 교사를 따라 읽는다. 짝이나 소집단별로 다시 반복적으로 연습한다. 그런 다음 교사는 학생들이 학습한 대화로부터 역할극을 하도록 지시한다. 시간적 여유가 있을 때 교사는 마무리 활동으로 학생들에게 단어를 다시 복습시킨다.

주로 교사의 설명으로 수업은 진행되며 학생들은 주도적인 의미협상의 주체가 되지 못한다. 교사가 대부분 활동을 주도하며 역할극마저도 학생들은 사전에 학습한 대화문으로 연습한다. 나름 재미나게, 즉흥적으로, 말하고 싶은 것을 말해보거나, 자신의 경험, 의견, 느낌을 반영할 아무런 기회가 없다. 진도를 나가야 하니 여분의 의사소통 시간도 충분하지 않다. 도시적 공간으로 가정하고 나름의 수행성을 연습해볼 기회는 차단되어 있다.

영어마을은 접촉지대의 접촉언어를 사용해볼 기회일 수도 있고, 모어를 포함하여 각자만의 언어사용의 개별성이 나타나고, 다양한 언어들이 공존할 수 있는 공간일 수도 있다. 출입국 심사장을 통과하여 외국의 도시와 같은 맥락으로부터 메트로링구얼의 화자로서 그저 즐겁고, 즉흥적인 영어사용을 어린 청소년들에게 허락할 수도 있겠지만 누구도 그렇게 마을 언어를 기획하진 않았다. 규범화된 언어사용만을 학생들에게 요구했다.

아마도 학생들에게 영어마을은 학원이나 학교에서 학습한 테크노폴리의 언어정체성을 다시금 강화시킨 장소였을 것이다. 영어마을은 근엄하고 나이든 원어민 – 어른이 사용하는 표준어를 따라서 연습하는 낡은 박물관이었을 것이다. 구체적인 필요와 자원으로부터 말하고 싶은 것을 말해보는 도시적 언어사용의 교육시설은 되지 못했다. 누가 영어마을의 콘텐츠를 기획했는지 모르겠지만 누구에게나 익숙한 표준과 기술의 절차를 강조했을 뿐 다중적이고 유희적인 언어사용의 공간은 처음부터 없었다.

영어를 사용하는 재미와 일상성을 영어마을의 기획에 반영하면 어떨까? 테마파크, 혹은 축제의 공간처럼 기획하면 어떨까? 그곳을 찾는 참여자들이 고작 10 – 15세 즈음의 어린 초중등학생들이다. 박물관과 같은 전시보다, 축제의 언어, 놀이의 언어를 허락하는 공간 콘텐츠로 기획해보는 것이다. 고작 주말 동안, 혹은 며칠 동안 체험하는 마을 프로그램이라면, 대회가 아닌 축제, 수업이 아닌 놀이로 기획되어야 했다. 누구나 살아온 만큼 언어자원의 레퍼토리는 가지고 있다. 다양한 언어 기호들, 다중적인 언어능력, 언어교차 사용전략, 비원어민성, 상호문화적 배려의 가치 등은 영어마을의 기획과 운영 과정에서 언급조차 되지 않았다. 영어마을은 그저 영어산업을 유지시키는 테크노폴리적 발상과 다름없었다.

4. 다중적 언어자원의 축적,
횡단의 언어들

레퍼토리의 구축, 횡단적 언어실천

국가, 기업, 학교가 주도하는 단일언어주의 기반의 언어계획과 정책은 일종의 언어위생화의 실천이다. 규범으로 설정된 '올바른' 언어사용과 표준적인 학습을 강제하는 언어계획인 셈이며, 언어(사용자)가 규정될 때는 단일성, 통일성, 영토성(territoriality), 동질성, 고정성, 사회통합 등이 지배적인 핵심 가치로 등장한다. 그러나 질 들뢰즈(Gilles Deleuze)와 펠릭스 가타리(Félix Guattari) 같은 포스트모더니스트들이 개념화시킨 횡단성의 개념을 언어산업의 담론구성체에 적용한다면 단일언어주의 기반의 가치체제에 대항할 지적 토대를 구축할 수 있다. 개별성이 존중되면서도 그 안에서 교차, 소통, 유목의 정체성이 추구되는 횡단성의 개념은 언어 연구에도 적용될 수 있다. 횡단언어주의는 언어, 정체성, 문화 사이를 복잡하고 예측할 수 없는 방식으로 가로지르며 '단일성'에 틈새를 만들며 횡단적 언어사용[64]을 허락한다.

양방향성, 협상 가능성의 포스트모던 세계화는 위계적 질서를 근간으로 둔 서구중심의 모더니스트 세계화[65]와 결이 다르다. 포스트모던 접촉지대의 언어는 '횡단적 언어실천'[66]으로 이해될 수 있는데, 언어를 '극복해야 하는 장벽', '관리해야 하는 대상', '고정된 지리적 장소로부터 형성된 위계적 질서'로 보지 않는다. 대신에 자원 담론으로 논거[67]가 구성된다.

횡단적 언어실천을 염두에 두고 대안적 언어담론을 기획하고 집행한다면 언어를 인지적 구조, 독립적 객체, 규범적 문법, 동질화된 공동체의 표지로만 보지 않는다. 혼합된 언어, 다감각적 경험, 사회적 실천, 협상적 전략, 오고가는 복수의 언어사용 맥락과 레퍼토리의 구축 과정에 더욱 비중을 둘 수 있다.

　다양한 기호적 자원, 표정, 눈빛, 자세와 같은 미시적 정보, 그리고 보다 넓은 역사적 배경, 사회정치적 지식과 같은 거시적 정보 등이 결합된 (비)언어적 자원의 횡단적 사용이 허락되는 곳이라면 상호주관적인, 창발적인 학습 과정이 주목을 받는다. 이질성, 유동성, 다양성, 역동성을 전제로 하는 횡단성의 정치, 유목주의, 세계시민주의 이데올로기는 언어(사용) 간의 비위계적 질서, 호혜, 탈영토화, 사회적 상호작용에 비중을 둔다. 물론 정해진 영토 안에서 원어민만이 주인으로 사용해온 단일언어주의, 혹은 사회정치적 이유로 언어(산업)를 계속적으로 위생화시키는 모더니티 기획의 사회질서는 좀처럼 흔들리지 않을 것이다. 그러나 다중적 언어자원이 축적되고 횡단적 언어사용의 실천이 눈앞에 자꾸 보인다면 단일언어주의의 대항/대안 담론이 계속적으로 확장될 수 있을 것이다.

"그래, 너무 기다리게 하지는 마"

가끔 들리는 떡볶이 포장마차에서 있었던 일이다. 20대 초반으로 보이는 대학생들이 다 먹고 난 후에 계산을 하려고 하는데 돈이 조금 모자란 것 같았다. 은테 안경을 낀 무뚝뚝한 표정의 50대 중후반으로 보이는 아주머니 사장님은 흘깃 그들을 쳐다보더니 "그냥 됐어."라고 말한다. 학생들은 미안한 표정 가득한 채 돈을 건네고 "다음에 다시 오겠습니다."라고 반듯하게 인사를 하고 자리에서 일어난다. 그때 사장님의 말 한마디가 내 마음을 훔친다.

"그래, 너무 기다리게 하지는 마."

맞다. 여기 맥도날드가 아니다. 맥도날드에서는 선불을 해야 주문이 가능하다. 1000원 돈이 부족하면 햄버거를 주문할 수도 없겠지만 계산하는 종업원이 본부에서 매뉴얼로 제공하지 않은 표현으로 고객과 의사소통을 시도하지도 않았을 것이다. 프랜차이즈 떡볶이 가게도 아니니 테크노폴리의 기술언어가 사용될 필요도 없다.

돌발적 상황과 상호주관적 관계에 익숙한 떡볶이 사장님의 표현이 참 맛깔난데 아마도 상업화된, 맥도날드화된, 혹은 테크노폴리의 질서로부터 언어를 소비해왔다면 우리는 이와 같은 말의 잔치상을 경험할 수 없다. 위생화된 언어는 매뉴얼의 언어이다. 매뉴얼로 만들어진 언어를 사용하는 우리는 매뉴얼의 인생을 살 뿐이다.

국립국악원에서 일한 학생에게 들은 얘기이다. 국악 공연을 보러 오는 고객의 연령대는 참으로 다양하며 80대 이상의 고령도 있고 미취학 아동도 있다. 그런데 고객을 대하는 언어는 늘 표준적으로 정해져 있다. 표준어를 사용하며 격식체 중에서도 합쇼체를 구사해야 하며 고객에게 말을 전할 때에도 항상 웃는 얼굴로, 목소리는 한 톤 높여야 한다. 두 손은 배꼽 위에 가지런히 놓은 채, 허리를 빳빳이 세워서 긴장을 유지하면서 서 있어야 한다. 경직된 언어를 사용하는 그 젊은 학생뿐 아니라 그와 같은 언어 서비스를 받는 고객들도 매뉴얼로 가다듬은 언어의 소비자이다. 패스트푸드와 같은 기계적 언어를 사용하며, 돈이 되는 언어의 수요와 공급에 골몰하고 있는 우리는 사실상 언어에 관한 한 삶의 질이 한없이 추락하고 있다.*

브라이언 크리스천(Brian Christian)의 '가장 인간적인 인간'[68] 책을 보면 멋진 말이 나온다. "당장 매뉴얼을 버리고 자신의 개성을 살려라." 저자는 여기서 언어의 문제만 집중하지 않았다. 그러나 인간이 기계가 아니라는 점을 분명하게 설명한다. 예를 들면, 그는 대화의 속성을 설명하면서 인간적인 대화를 소개한다. 텔레마케터나 서비스센터에서 일하는 직원의 말은 목표지향적이고 일방향적이다. 원하는 말을 얻어낼 때

---

* 두발과 복장을 자율화시키는 학교와 회사가 늘고 있다. 심지어 군대도 예전 같지 않다. 오죽하면 자율화를 시키겠는가? 두발보다 복장보다 더 중요한 것이 우리의 말이다. 존댓말, 표준어, 격식어, 시험 영어, 원어민이 사용하는 표현, 이런 것에서 자유롭고 싶지 않은가? 말만이라도 횡단적으로 자유롭게 사용하고 싶지 않은가? 말의 자유, 말들의 횡단이 허락되면 언어의 위생화산업에서 벗어날 수 있다.

까지 다그치는 검사나 언론인의 말도 대화적 속성을 제대로 보여주지 못한다. 말차례를 이해하고, 대화를 시작하고, 화제를 바꾸고, 유머를 발휘하고, 자신이 가진 다양한 언어 레퍼토리를 최적화시키는 것은 포스트모던 시대의 인간이 배워야 하고 사용해야 하는 다감각적이고 전인격적인 대인간 의사소통능력이다. 적절하게 질문을 하고, 상대의 감정을 배려하고, 상황에 맞게 말을 변화시키는 것은 기계가 결코 할 수 없다.

언어교육과 사용이 매뉴얼에 의존하고 있다는 것은 언어를 제대로 사용하거나 향유하는 사람이 줄고 있다는 뜻이다. 개성, 자율성, 능동성, 상호주관성이 언어사용의 원칙이 되지 못하고 서로 컴퓨터처럼 말하라고 채근하는 것이다. 다음과 같은 저자의 논점은 표준화되고 위생화된 언어사용의 문제점을 지적하고 있다. "전자제품이나 통신사 서비스센터에 전화로 문의하는 경우, 상대방을 설득시켜 물건을 파는 영업사원의 경우, 대형 결혼정보 서비스 기업의 경우를 떠올려보자. 각기 다른 정신과 육체를 갖고 태어나 각기 다른 문화적 배경에서 성장한 인간들이 몇 가지의 매뉴얼로 표준화되어 정리된다. 고객이 A라고 물으면 직원은 B라고 반응하도록 교육받는다."

이 책에서 가장 흥미로운 부분은 개성을 강조하고 자율성을 주면 일의 능률도 오른다는 논점이다. 기업인 티모시 페리스는 외부 대리인에게 고객 서비스의 하청을 맡겼는데, 이런 저런 상황에서 환불이 가능한지, 고객의 소리에 어떻게 응답해야 하는지 대리인은 자꾸만 그에게 답안을 요청했다. 페리스는 매뉴얼을 제공하기 대신에 "저에게 자꾸 승인을 요청하지 마세요. 그냥 본인이 옳다고 생각하는 것을 하세요."라고 email을 보냈다. 자율성을 그렇게 허락하자 고객 서비스는 순식간에 개선되었다. "사람들에게 책임을 부여하고 그들을 신뢰하는 것을 보여주자, 마치 그들의 지능지수가 순식간에 두 배로 껑충 뛴 것처럼 보였다."라는 그의 논점은 과장된 것이 아닐 것이다. 기계처럼 말하는 사람은 일의 능률성을 만들어낼 수 없다. 언어를 다양한 기호들의 레퍼토리로 바라보는 사람들이 재밌게 그리고 생산적으로 일을 하는 사람들이다. 그 책에 나오는 아래 구절을 읽어보라. 그리고 언어(사용)가 우리의 일상적 삶에서 어떤 역할을 하는지 생각해보자.

> "그는 상을 받은 뒤 대회장 바깥으로 나와 상쾌한 바다 공기를 들이마셨다. 그리고 지역 주민이 운영하는 작은 신발가게에 들어가 여자 친구에게 줄 선물을 샀다. 영국 상인은 크리스찬의 미국식 액센트를 알아챘고, 크리스찬은 자신이 시애틀에서 왔다고 답했다. 상인과 크리스찬은 시애틀의 그런지 록에 대해 잠시 이야기했다. 그리고 서로의 음악 취향을 탐색한 뒤 자기가 알고 있는 다른 밴드를 들어보라고 권했다. 물론 인터넷 음악 사이트도 내 구매 취향을 분석한 뒤, 새로 나온 음악을 권할 수 있을 것이다. 그러나 그것이 바닷가 상점에서 완전한 타인과 즉흥적으로 이뤄진 음악 잡담만큼 흥미롭진 않을 듯하다."

다문화, 다중언어, 횡단성을 바라보는 일반적인 시선

'다문화학생 교육사업에 215억 원 투입한다'는 인터넷 기사를 보았다. 누구든 차별하는 것이 옳지 못하다는 것을 가르치는 중점학교 120곳을 운영해서 중도입국 학생을 돕는다는 기사로 기억된다. 그런데 밋밋한 기사 내용을 훑어가다가 댓글도 읽었다. 살벌하다. 무섭다. 정책의 집행력을 떠나서 다문화, 다중언어, 세계시민의식에 관한 사회적 캠페인을 기획하는 분들, 관련 연구를 감당할 분들, 앞으로 지루하고 긴 싸움을 감수해야 할 것이다.

우린 단일하고 표준화된 언어규범에 익숙하다. 동질성, 영토성, 고정성의 가치를 벗어나는 언어정책이 기획되고 집행되는 곳에선 늘 불편한 시선과 야유를 만나게 된다. 담당자든 연구자든 대중 담론도 무시할 수 없기에 인내심을 갖고 다양한 현장의 목소리를 주목해야 한다. 이때 참 아쉬운 건 담론의 경쟁에 관대해야 할 관련 학계가 단일언어–단일문화 기반의 이데올로기 공세를 제대로 다루지 못하는 것이다. 언어에 관해 연구하는 학자들은 대개 내면, 인지, 중립, 규범, 보편, 단일성의 가치를 붙들다 보니 조금만 민감한 사회정치적 논제가 등장해도 고개를 돌린다.*

---

* 미래의 한국사회는 분명 인종, 민족, 국가의 경계에 더욱 관대해질 수 있고 혼종적 언어문화들로 다원화될 가능성이 높은데 언어 관련 학계는 아직도 언어로 보드게임만 하고 있다. 언어에 관한 비정치적, 비역사적 논점만 집착하는 사람들은 마치 어른이 되길 포기하는 피터팬(Peter Pan)처럼 보이기도 하고, 보고 싶은 것만 보는 '식스 센스(The Sixth Sense)' 영화 속 말

오래전 대선 때 당시 김두관 후보가 모병제를 공약으로 내놓은 적이 있다. 내 기억이 맞다면 그때는 쟁점도 되지 못했다. 그런데 아마 몇 년이 더 지나고 차(次)기 대선 후보 진영에서는 관련 정책을 새롭게 복기할지도 모르겠다. 모병제에 관한 찬반 토론는 사회적 맥락이 바뀌면서 다시 쟁점적으로 등장할 수 있다. 강력한 재분배 정책, 사회적 정의에 관한 정서가 좀처럼 변하진 않을 것이지만 보편적 복지, 통일 한국, 모병제도 등이 쟁점이 되면서 결국 증세, 세제 개혁안, 복지국가 등에 관한 대담한 공약이 등장할 수도 있다. 다만 사회민주주의 - 복지국가에 찬성하는 국민이 있더라도 살기가 팍팍하다면 세금 더 걷기가 쉽지 않을 것이다. 국가시스템이나 정부에 대한 공적 신뢰도가 OECD 32개국 중 31위를 차지한 한국에서는 신뢰, 참여, 배려 기반의 사회적 자본이 거의 밑바닥인 수준이다. 그런 상황에서 부자들이 자신의 몫을 떼어 미래의 공적 자원을 함께 대비할 것 같진 않다. 물론 그런 이유 때문이라도 지속가능한 사회체제의 장기전을 준비해야 한다.

언어사회의 측면에선 어떤가? 언어를 개인들이 극복해야 하는 장벽이거나, 이주민들이 해결해야 하는 결핍이나 문제로 보지 않고, 전향적으로 복지국가의 자원으로, 누구나 접근할 수 있는 공공재나, 사회적 인프라로 바라보는 첫 번째 대선 후보는 누가 될까? 경제적으로 국가

콤 크로우(Makolm Crowe)같다는 생각도 든다. 복잡한 언어 담론은 아예 쳐다보지도 않겠다는 젊은 연구자들이 많다. 한편으론 충분히 이해하고도 남는다. 신자유주의-단일언어주의 사회질서의 토대가 너무나 견고하니 언어의 비영토성, 횡단성, 정치성에 관한 연구를 해도 어디서 그걸 받아줄까 싶은 마음이 있을 것이다.

위기가 온다면 다문화-다중언어 분야는 사회적 투자가 중단되고 곧장 소외 영역이 될 수 있다. 일자리가 없어지는데 전 국민을 대상으로 복지적 공공재로 언어교육이나 정책을 집행시키겠다는 의제가 어찌 주목을 받을 수 있을까?

이주민과 혼합된 언어들을 놓고 누군가 성공적으로 사회적 관심을 환기시킨다고 해도 국민이 그런 곳에 돈을 쓰는 인내심을 언제까지 발휘할지 모르겠다. 유럽의 사례를 보면 통일이 되고 몫을 배분하다가도 살림살이가 좋아지지 않으면, 나와 다른 언어를 사용하고 다른 생김새를 가진 '그들'이 (내 밥그릇 뺏는) 공공의 적이 된다. 그렇게 배타적으로 차별받은 '그들'은 나중에 게릴라전으로 사회 곳곳에서 사고를 치며 그들만의 결속력을 발휘한다. 가까운 미래에 남-녀, 브루조아-프롤레타리아, 백인-유색인종 등의 전통적인 사회질서만큼이나 주인-손님, 내국인-이주민, 모어-외국어 사용자의 사회규범을 놓고 끊이지 않는 충돌이 계속될 것이다.*

궁핍이든 양극화든 자본주의에 틈이 생기면 다문화주의는 횡단의 언어를 사용하는 이주민들을 얼마든지 배제하고 분리시킬 수 있다. 지금의 자본주의는 국경을 넘어 다인종, 다민족, 다중언어에 관대해지고

---

* 　다문화주의가 결국 민족주의와 자본주의 이데올로기로부터 자유로울 수 없다는 슬라보예 지젝(Slavoj Zizek)의 논점을 참고할 필요가 있다. 단일국가-단일민족-모국어 사용자의 정체성 담론으로부터 동화, 사회통합 정책이 지배적으로 실행되고 있고 앞으로 이주민들의 배제와 사회적 분리정책이 발생할 수밖에 없다는 지적이다. 다문화주의는 타자의 정체성을 인정하는 서구 근대성의 원리를 반영한 것이며 민족의 인정욕구로부터 민족주의가 시작되었듯이 하위 혹은 타자 집단의 인정욕구는 민족주의가 자본주의와 결속된 다문화주의로 재현되고 있다.

있지만 국가나 시장은 잠재된 민족적 갈등의 해결보다 자본을 축적시킬 세계화와 다문화적 기표에 더 큰 관심을 가질 것이다. 다문화주의가 이민자들을 민족공동체로 통합시키는 것에 목표를 두지 않고 평등에 대한 이주민들의 요구를 전략적으로 방해하기 위해 고안된 것이라는 비판도 있다.[69]

다문화와 다중언어사회에 관한 기사 댓글을 보면 차라리 미래 한국이 오지 않았으면 하는 생각도 든다. 그렇지만 피한다고 능사는 아니다. 언어가 혼합되면서 사회질서는 역동적으로 재구조화될 것이다. 그걸 차분히 직면하고 뭔가를 준비하지 않으면, 10년이나 20년이 지나면서, '그들'과 '우리들'이 함께 모여 사는 거대 서울 한복판에서 할리웃 영화나 해외 뉴스에서나 보던 이주민의 폭동이 살벌하게 나타날지도 모른다. 댓글의 야유와 학계의 침묵은 미래 폭동의 정서를 방조하는 셈이다.

혼합언어와 언어다원주의가 시작되는 미래 한국사회

서울 지하철 교대역 안에서 어느 국적을 가진 남자인지 모르겠지만 'god'의 '촛불 하나'를 기타 하나만으로 감칠나게 부른다. 거기가 분명 서울 한복판 맞다. 우리가 가곤 했던 익숙한 해외 관광 도시가 아니다. 페이스북과 같은 인터넷 공간에서 꽤 많은 사람이 본 동영상이다.[70] 한국어 가사로 전달되는 외국인 액센트가 전혀 어색하지 않다. 오히려 더 재밌다. 리듬이 한국적이면서도 라틴 음악의 느낌도 묻어나서 더 흥겨운 것 같다. 표정도 신난다.

중국인 배우 탕웨이와 김태용 감독의 결혼 소식에 관심도 없었는데 '채림 주고 탕웨이 받고…'와 같은 네티즌의 위트 넘치는 글에 엄청 웃었던 기억이 난다. 국제결혼이나 연애를 놓고 외국인에게 마치 몸을 바치는 것처럼 비아냥대는 네티즌도 많았는데 탕웨이를 좋아하는 한국 팬들이 많아서 그런지 탕웨이－김태용의 결혼은 어쩌면 단일민족－단일국가－단일언어를 규범화시켜온 한국인들의 (국제연애나 다문화가정사의) 인식에 기념비적인 사건이 될 것 같다.

나와 다른 곳에서 태어나고 다른 모어를 사용하는 외국인 체류자들, 유학이나 장기체류 중인 이주민들. 그들끼리만 사용하거나 우리와 함께 공통적으로 사용하는 링구아 프랑카 영어나 한국어, 혹은 공부하고 일하고 살아가면서 전략적이고 교차적으로 사용하는 언어기호들의 조합과 횡단적 사용을 우린 어떻게 생각하고 있나? 결혼이든, 유학이든, 여행이든, 국제업무든, 그들은 단일하고 보편적이고 위생화된 원어민의 지배적인 언어만을 사용할 수 없다. 모어를 포함해서 여러 언어를 사용할 수 있다면 사용하는 것이고, 사용하고 싶으니까 또 사용하는 것이다. 그런 언어사용이 원어민 규범으로 볼 때 표준적이지 않다고 폄하할 순 없다. 액센트가 있거나, 보편문법에서 이탈하거나, 어휘 선정이 부적절해도, 적정 수준의 의사소통자로 누군가로부터 수용될 수 있다. 그들만의 언어적 레퍼토리를 놓고 순수와 오염의 기준을 섣불리 들이대기도 힘들다. 그건 그들이 살아온 삶의 궤적을 부정하는 것이나 다름

없기 때문이다.

한국어를 제1언어로 사용하지 않는, 혹은 영어를 제2언어로 능숙하게 말할 수 있는 내/외국인이 급증하고 있다. 국내에서 거주하는 외국인은 전체 인구의 4%에 육박하고 있으며 이건 90일 이상 체류한 외국인 수치이다. 한국관광공사의 발표에 따르면 한 해 동안 한국을 찾은 단기 관광객 수는 1200만 명을 넘는다. 10－20년 후의 미래 한국은 전체 인구의 5－10%, 약 300－400만 명이 한국어가 아닌 다른 언어를 모어나 제1언어로 사용하며 살고 있는 공간이 될 것이다. 정부나 기업이 폐쇄적인 언어정책을 갑작스럽게 운용하지 않는 한 다원적 언어사회로의 변화는 피할 수 없다.

자유주의자들은 언어소수자의 권리 차원뿐 아니라 다중언어 혹은 횡단언어 국가로 행정적 편의성을 높여야 한다며 영어를 한국어와 함께 공용어로 사용하자는 정책안을 다시금 상정할 것이다. 영어 공용어는 현실적인 필요성 때문에 국가의 미래전략으로 논의할 필요가 있다. 전체 국민을 대상으로 두지 않더라도, 특수 목적, 특정 지역이나 기업에서 선별적으로 상용어 언어계획이 집행될 수 있다. 대학에서도 공용어 정책을 실행할 가능성이 높다.*

다만 저성장 기조와 통일 한국도 부담스러운 판에 새삼스럽게 사

---

* 　국가의 영토, 민족성을 단일언어주의 이데올로기로 묶어온 역사적 배경을 살펴보면 대개 전체주의적 의도가 드러난다. 미래 언어사회를 보다 역동적으로 기획하다 보면 때로는 조폭 수준의 단일언어주의 담론과 충돌할 수밖에 없다.

회적 비용을 감수하면서 모든 법령과 공문서뿐 아니라 초중등 교육과정 – 교과서 등을 한국어와 함께 영어로도 사용하사는 전체 국민 대상의 공용어 정책은 쉽사리 수용되기 힘들 것이다. 민족주의 담론의 공세도 거칠 것이고 사교육 담론과도 전략적으로 결속될 것이다.*

그럼에도 불구하고 절충주의자와 시장만능주의자가 결속되어 특정 지역 혹은 특수 목적으로 영어를 공용어로 채택하자는 영어 상용어 정책은 일군의 정치 공약으로 빠른 시기에 한국 사회에서 수용될 것으로 나는 전망한다. 경제특구뿐 아니라 병원, 관공서, 학교 등 영어를 상용어로 사용하는 사회적 인프라에 대한 국가의 투자도 대대적으로 이뤄질 것이다. 추후 10 – 20년 동안 어느 정당이 집권하든 비슷한 정책안을 내놓을 것이다. 국가와 민족의 언어, 동질적이고 고정적이고 영토에 기반을 둔 사회통합식 언어정책은 앞으로 복수의 언어들을 생태적으

---

* 고종석 작가의 2015년 10월 18일 경향신문 칼럼 '에밀 시오랑 선생님께' 글을 추천한다. '아무도 읽어줄 사람 없는' 루마니어로 적힌 글에 절망하며 모국어가 아닌 프랑스어로 평생 글을 쓴 에밀을 소환하면서 영어공용어화와 언어민족주의자들의 저항을 다음과 같이 전망하고 있다: "영어의 공용어화가 민족들의 힘을 약화할 것은 분명합니다. 그러나 그것이 민족어를 없앨 수는 없을 것입니다. 민족어에 대한 사랑을 뒷받침하는 민족주의가 쉬 사라지지 않을 것이기 때문입니다. 게다가 민족주의 때문에 영어에 벽을 치는 것이 현명한 일인지 저는 의심스럽습니다. 영어를 공용어로 삼지 않는다면, 많은 나라에서 '영어 갭'이라고 할 만한 현상이 일어날 것입니다. 부유한 사람들은 영어를 배워 많은 지식과 정보를 얻게 되고, 그 지식과 정보에 기대어 더 많은 부를 쌓을 것입니다. 가난 때문에 영어를 배울 기회를 잃은 사람들은 지식과 정보에서 소외돼 끝내 가난할 것입니다. 제가 배운 민주주의는 이런 불평등을 용인하는 제도가 아닙니다... 한국에도 한국어로만 글을 쓰기 때문에 문학사에 이름을 남기지 못할 젊은 재능들이 수두룩합니다. 저는 가능하면 제 손녀 세대가, 늦어도 제 증손녀 세대가, 한국어와 함께 영어를 자유롭게 쓰기 바랍니다."

로 공존시키는 사회적 인프라 작업으로 전환될 수 있다. 투자의 규모는 노무현 정부 때 시작한 국가영어능력평가시험 NEAT 사업과는 비교도 안 될 것이다.

상용어 정책이 본격적으로 집행되면 공용어 논쟁의 씨앗을 뿌리게 되는 셈이라 한국에서 영어와 한국어는 순결/지배언어였지만 앞으로 혼합언어로 인식될 수 있다. 모어 화자가 아니지만 영어나 한국어를 링구아 프랑카로 사용하는 공간과 관계성도 더 많아질 것이다. 한국은 원어민의 표준언어로만 한국어교육, 영어교육을 분리하여 실행하는 곳이다. 그래서 사회구성원들이 복수의 언어가 서로 혼합된 일상적 언어실천을 상상조차 하기 힘들다. 그렇지만 나와 다른 모어를 사용하는 사회구성원이 국내에 계속 유입되고, 많은 내국인이 추가언어들을 학습하거나 해외 체류로부터 새로운 언어정체성을 갖게 된다면 지금까지와는 전혀 다른 언어사회로 재조직화될 수밖에 없다.

언어경관이 계속 바뀌면 혼합언어, 횡단언어, 다중언어에 관한 태도와 인식이 바뀔 수 있다. 단일국가와 민족주의 지지자들의 거센 반대에도 불구하고 언어시장은 더욱 유연해질 것이고 후기-세계화는 중단되지 않을 것이며, 링구아 프랑카, 트랜스링구얼, 메트로링구얼, 에코링구얼 등의 대안 담론이 학계에 확장될 것이다. 그렇게만 된다면 '우리'와 '그들' 모두가 함께 더불어 살아가기 위해서 새로운 언어정책/계획이 기획되지 않을 수 없다.[71]

모노링구얼 마인드 vs 트랜스링구얼 마인드

대학에서 학생들을 가르칠 때 원어민-비원어민 이항 구도와 모노링구얼 마인드를 버려보자고 자주 얘기한다. 링구아 프랑카로 영어를 사용한다고 생각하면 원어민-비원어민 구도에서 자유로울 수 있고, 아예 그런 이항적 프레임조차 벗어나려면 바이링구얼, 에코링구얼, 메트로링구얼, 트랜스링구얼과 같은 언어정체성을 가져보자고 제안한다. 그런데 비교적 언어적 경험과 직관도 풍성하고, 언어기호의 레퍼토리도 많을 뿐만 아니라, 심지어 중급 능숙도 이상 수준으로 복수의 언어들을 사용할 수 있는 학생들이 단일언어, 보편언어, 순수언어의 패러다임을 좀처럼 버리지 못한다. 그들은 여전히 영토성 관점으로 언어의 주인(원어민)에게 권위를 허락하고, 언어사회의 기능을 동질성(사회통합)의 가치로 판단하며, 언어의 속성은 보편성이나 고정성의 논리로 이해한다. 한국어, 영어는 능숙하고, 중국어든, 일본어든, 불어든, 복수의 언어들을 초급 수준이나마 배운 적도 있고 장난스럽게 언어들을 교차적으로 말할 수 있는데 그건 장난칠 때만 통하는 비합법적 언어사용으로 생각한다. 자신을 한국에서 살고 있는 한국인, 한국어가 모어인 단일언어 화자, 영어로는 비원어민, 혹은 고부담 시험을 잘 준비해야 하는 수험자 정체성으로만 이해한다.

학생들은 한국이 아직도 모노링구얼리즘 언어사회이고 그럼 그곳에 속한 자신도 모노링구얼이라는 단편적이고 단일한 집단 정체성을 갖지만 한반도의 영토에서는 역사적으로 중국어나 일본어가 오랫동안 공식어로 사용되었다. TV 사극을 보면 배우들의 말은 현대식 한국어인데 글은 한자로 모두 적혀 있다. 당시 구술 한국어를 제대로 고증한다면 우리는 자막이 아니고는 이해할 수도 없을 것이다. 1945년 해방이 되면서 생활어이자 모어인 한국어가 우리 사회의 공식어가 되었지만 일본어가 수십 년 동안 공식어로 사용된 역사도 있다. 한국전쟁이 끝나고 근대화와 성장의 시대를 본격적으로 거치면서 한국인의 한국어 - 모노링구얼 체제가 사회발전의 특별한 원동력으로 작동했을 뿐이다.

나는 단일언어사회는 악이고 다중언어사회는 선이라는 (혹은 그 반대의) 이항대립의 논점을 섣불리 신뢰하지 않는다. 한국도 이제 다중언어정책으로 서둘러 선회해야 한다는, 특히 실증적 자료로부터 논거가 구축되지 않은 낭만화된 주장에 비판적이다. 다중언어국가들이 (특히 단일언어주의에서 다중언어주의 정책으로 선회한 국가들이) 엄청난 사회적 비용을 감수하고 있는 사실을 잘 알고 있기 때문이다. 그렇다고 해서 경직된 모노링구얼 사회체제를 방관하고 있을 수도 없다. 모노링구얼 마인드가 미래 한국에 결코 지배적으로 작동하지 않을 것으로 확신하기 때문이다. 우린 모노링구얼 사유에 익숙하지만 언어들의 공존이 본격적으로 시작되면 선택적으로 그리고 횡단적으로 복수의 언어들을 사용해야만 한다.

미래 한국이 탈영토화된 언어사회가 된다고 상상해보면, 한국어를 민족어만으로 한정시켜서도 곤란하다. 영어를 접촉지대의 접촉언어로 인식하고 새로운 언어정책을 기획할 수 있듯이, 한국어 역시 민족어가 아닌 접촉어, 혹은 세계어의 특성으로 바라볼 수 있다. 영어는 이미 원

앵무새 살리기

어민 화자가 아니더라도 접촉언어 수준으로, 누구든지, 어디서든, 선별적인 수준에서, 특수 목적으로, 필요와 맥락에 따라, 적법하게 사용되고 있다. 앞서 살펴본 것처럼 특정 국가나 지역의 원어민만이 영어의 주인이고 나머지는 손님이 되는 원어민 – 비원어민의 구분은 문제화되고 있다.* 한국어 역시 예외일 수 없다.

모노링구얼 시험을 준비하는 학생들의 의사소통 훈련과정을 관찰해 보면 왼발과 오른발을 절도 있게 움직이며 걸음걸이를 연습하는 군인들의 제식훈련이 연상된다. 그러나 우리가 살아가는 언어사회는 언어들의 레퍼토리로 가득 차 있다. 메타포를 찾자면 스케이트를 탈 수 있는 빙판과 같은 곳이다. 그 곳은 굳이 왼발, 오른발을 큰 폭으로 떼지 않아도 된다. 다양한 언어(와 기타 기호)들이 교차적으로 미끄러지듯이 사용된다. 언어를 사용하며 의사소통을 한다는 것은 음운이나 통사 단위로 하나의 단일언어체제로 설명할 수 없다. 보이고 들리고 느껴지는 것이 모두 언어이며 의사소통은 모든 종류의 기호를 전략적으로 사용하는 활동이다. 모어가 한국어이고 한국에서 평생 살아온 한국인 학생이라도 Google에서 영어논문을 검색하고, Naver로 한국어 기사를 참조하며, Facebook에서 중국어로 제작된 동영상을 보다가, Instagram이나 Pinterese에서 이미지만을 검색한다. 하나의 개념을 공부할 때 복합적인

---

* 특정 국가/지역/계층/원어민만이 영어의 주인이 아니라면, 즉 영어를 링구아 프랑카로나, 횡단적이면서 생태적인 언어자원의 일부로 수용한다면, 관례적으로 표준영어 기준으로부터 제작하여 시행해온 언어평가, 언어교육과정, 언어정책, 기타 프로그램 개발과 연구 분야에 커다란 변화가 시작될 수 있다.

언어경관으로부터 다양한 이미지와 텍스트를 바라본다.

실제 대화에서는 문법서에 나오는 규범적 언어형태보다 수집하고 숙지하고 해석해야 하는 정보가 훨씬 더 많다. 얼굴이나 몸짓을 전략적으로 잘 사용하는 사람과 대화를 나눈다면 그(녀)가 구문을 온전히 완성하지 못하는 외국인이라고 해도 우리는 관대한 마음으로 대화를 유지시킬 수 있다. 누군가 옷차림이 멋있고 말투가 사랑스럽다면 우리는 그게 좋아서라도 그(녀)와 언어적 정보를 계속 교환하고 그(녀)의 언어적 정체성을 인정하곤 한다. 상대편이 말할 기회와 권리를 큰 폭으로 허락할 때 우리는 언어의 특정 단면에 집착하지 않는다. 언어능력의 이해는 언어권리의 문제이기도 하고, 언어자원의 조정, 타협적인 언어정체성, 혹은 생태적 언어환경과도 연관되어 있다.

그런 점에서 모노링구얼 마인드를 벗어나려면 언어들 간의 전쟁이 먼저 중단되어야 한다. 한국어 vs 영어, 영어 vs 중국어, 미국영어 vs 영국영어, 이런 식으로 언어들끼리 전쟁의 경계선을 만들지 말아야 한다. 언어의 특성에 이름을 붙이고 그걸로 언어들을 대립시키는 것은 대부분 정치적인 개입이고 어디선가 기획한 담론이다.

학교에서부터 다양한 언어주체들이 긴장감을 풀고 언어기호들 사이를 오가면서 의사소통의 필요를 채워보는 개별성이 존중되어야 한다. 미디어 기사만 검색해보더라도 영어 vs 한국어, 내국인 vs 외국인, 다문화주의 vs 민족주의 등의 대립이 불필요한 수준으로 충돌하고 있다. 국가 수준에서 다중언어정책을 수용하는 것은 신중해야 한다. 그러나 학교든 기업이든 복수의 언어가 이미 사용되는 곳, 링구아 프랑카로 영어나 한국어가 이미 사용되는 곳에선 언어들끼리 전쟁을 만들고 모노링구얼 마인드에 집착할 필요가 없다.

원어민–비원어민의 이항대립을 버리고 영어를 사용해야 하는 곳이 있다. 거기서 필요와 전략에 따라 영어를 나름의 방식으로 사용하고 있다면 '신생 이중언어 구사자(emergent bilingual)'로서 자신의 언어적 정체성을 새롭게 만들 수 있다. 모든 언어를 원어민 수준으로 말해야만 이중/다중언어 사용자가 되는 것이 아니다. 해외 학계는 이미 원어민 수준의 개별 언어능숙도로 이중/다중언어 화자의 자격을 부여하지 않는다. 자신이 속한 언어사용환경에서 필요하거나, 요구되거나, 혹은 자신이 스스로 그런 정체성에 의미를 부여한다면, 얼마든지 모노링구얼에서 벗어난 새로운 언어정체성을 갖는 것이다.

내가 아는 학생 두 명이 대학을 졸업하고 모두 같은 다국적 기업에서 일한다. 영어영문학과를 졸업했고 영어 공부를 많이 했고 둘 다 외국에서 살거나 공부한 경험도 있다. 국적은 한국인이다. 그런데 한 명은 자신을 한국어와 영어, 두 언어를 재미나게 오가는 트랜스링구얼 혹은 이중언어 사용자로 소개한다. 다른 한 명은 곧 죽어도 영어는 도구이며 자신은 한국인이거나 외국인일 뿐이다. 두 사람이 하는 일의 모양, 언어를 통한 세상의 인식, 앞으로 삶의 변화가 5년 후, 10년 후에 더욱 큰 폭으로 달라질 것이 분명하다.

모노링구얼을 열등한 정체성으로 위치화시키는 것이 아니다. 분명 우리는 국경에 상관없이, 능숙도의 수준에 상관없이, 모노링구얼이 아닌 삶을 살고 있는데 자꾸 자신을 모노링구얼이라고 고집 피우지 말자는 것이다. 그런 사람들은 언어를 정복해야 한다는 생각이 있으며 원어민 언어를 고정적인 규범으로 삼는다. 언어들은 분리되어 있고, 개별적인 언어는 어떤 신비롭고도 폐쇄된 시스템으로 구성되어 있다고 생각한다. 중세의 성과 같은 언어를 마음에 품고 있으니 언어들 사이를 놀듯, 여행하듯, 편한 마음으로 횡단하지 못한다. 언어에 관한 생각은 한없이 무겁기만 하다.

예전에 필리핀에서 온 학생들을 가르친 적이 있는데 필리핀에서는 영어가 공용어임에도 불구하고 자신들이 영어로는 비원어민라고 말했다. 내가 그럼 "원어민은 누구냐?"라고 물었더니 "미국 사람"이거나 "영국 사람"이라고 말했다. 내가 인도든, 홍콩이든, 필리핀이든, 공용어로 영어를 사용하고 있다면 원어민이 아니냐고 다시 물었더니 그들은 영어를 잘하지만 원어민은 아니라고 말했다. 충분히 영어를 잘해도 원어민 규범으로부터 자신들을 타자화하는 삶이 참으로 안타깝다. '아름다움', '편리함', '재미'에 관한 정의가 바뀌어야 디자인이든 집이든 테마파크든 기획안이 바뀐다. '언어를 (잘)하다'의 정의가 원어민 – 모노링구얼의 기준으로부터 바뀌어야만 언어에 관한 이야기, 콘텐츠, 세상을 바꾸자는 기획도 달라질 수 있다.

언어차별 다시 보기

성차별(sexism)이나 인종차별(racism)은 언론이나 교육현장에서 우리에게 이제 꽤 익숙해진 차별 담론이다. 쉽사리 여성을 차별하거나 특정 민족이나 인종을 폄하하는 발언을 했다가 고발이 되고 징계를 받는 사례가 언론에서도 자주 보도된다. 태어나면서부터 가진 피부색이나 성별로 차별해서는 안 된다는 사회적 통념이 확장되었다. 그에 반해 아직 언어차별(linguicism)은 공적 담론장에서 제대로 주목받지 못하고 있다.

　다문화와 다중언어사회가 구성되면서 언어차별은 차이와 다양성의 사회질서를 부각시키고자 하는 담론적 기획에 어떤 식으로든 적용될 것이다. 한국 사회에서 언어차별은 성차별이나 인종차별 못지않게 중요한 사회적 의제가 될 수 있다. 언어들이 합법적으로 공존하고 횡단적으로 언어사용을 할 수 있는 상황이 되면 특정 언어(단면)의 차별과 배제는 문제화되지 않을 수 없다. 예를 들면, 이런 것도 포함될 수 있다. 언어에 의한 차별과 종속성 문제를 인권의 관점에서 이해하면 국내 사회 곳곳에 불평등과 분배 문제가 쉽사리 드러난다. 2008년 보건복지부의 장애인 실태조사에 따르면 23만 명의 시각장애인 중에 97%나 점자 해독이 불가능했다. 1% 수준이 배우고 있고 2%만이 점자 해독을 통해 문자로 된 언어정보에 접근 가능하다고 응답했다. 많은 사람에게 언어로 정보에 접근할 수 있는 기회가 아예 차단되어 있다는 것이다. 언어로 정보에 접근할 수 없다면 배울 수 있는 교육의 권리도 차단된 것이다.

　2010년 국립국어원의 통계로 다문화가정 자녀 수가 해당 연도에

약 11만명 정도인데 다문화가정의 가장 큰 애로점(전체 응답자의 40% 수준)이 '언어문제'라고 호소한다. 이와 같은 소수자 집단은 정치적 힘도 없고 사회참여의 기능이 제한적이기 때문에 언어차별 문화를 일상적으로 경험하고 있지만 뭘 어떡해볼 도리가 없다. 그들의 가정, 자녀, 그다음 세대는 종속적 위치를 벗어날 가능성이 있을까? 없다. 공적 자본이 투입되지 않는다면 자신이든 가족이든 사랑하는 사람들이든 평생 차별받는 언어소수자로 살지 않기를 기도하며 살아야한다.

언어차별은 모어나 다수어를 사용하는 편에서는 아무런 상관이 없는 것 같지만 그렇지 않다. 학교라는 공간에서 지배적인 언어가 아닌 소수어를 사용하는 모든 사람은 불이익이나 불편함을 감수해야 한다. 외국인은 말할 것도 없고 내국인도 언어로부터 차별을 겪고 있지만 그걸 문제로 의식하지 못하고 있을 뿐이다.

구체적인 예를 들자면 다음과 같다. 많은 고등학생이 정시 전형으로 수능시험을 보고 대학에 입학한다. 그런데 지난 10여 년 동안 원어(영어)강의 수가 큰 폭으로 증가했다. 대학 재정에 도움이 되는 외국인 유학생이나 교환학생 등록을 위한 수업 개설이기도 했지만 대학평가를 받을 때 국제화 항목의 점수를 높이는 방안이기도 했다. 국내 언론은 자꾸만 어리숙한 영어를 사용하는 한국인 교수의 수업진행 역량을 지적하곤 했지만 내국인 학생이 자국어로 교육을 받을 권리 역시 따져야 한다. 내가 속한 학과에서도 20여 개의 전공과목 중 다수가 원어수업으로 개설된다. 한국어 강의가 분반으로도 아예 없는 경우도 있다. 쉽게 말해서 원하는 내용의 수업을 들을 때 한국어와 영어 둘 중에 하나의 언어를 선택할 권리가 학생에게 없다. 다수 내국인 학생들이 원어수업을 선택하는 이유 중 하나는 모어(한국어)로 진행되는 수업이 엄격하게 상대평가를 적용하기 때문이기도 하다. 예를 들면, 영어로 개설되는 과목은 전체 학생 중 50%가 A학점을 받을 수 있다. 원어수업은 A학점을 상대적으로 받기 좋다고 알려져 있다.

영어만을 사용하는 상황에 몰린 학생은 "얼굴이 달아오르고, 부끄럽고, 내가 여기에 계속 있어야 하나라는 공포감마저 생긴다."고 말한다. 영어를 전공하는 학생이 갖는 부담감은 더 크다. "정말 울고 싶고 억울하고 대학 올 때까지 영어 못한다고 생각하며 학교 다닌 적이 없었는데 영어 때문에 처음으로 수모를 느낀다."고 말할 정도였다. 학원도 다니고 영어시험도 준비하고 어학연수도 다녀오지만 원어수업에서 불편한 느낌을 자꾸 갖게 된다. 나는 대학 수업의 현장에서 차별과 수치심이 발생하는 이유를 다음과 같이 이해하고 있다.

고등학교에서 공통영어 수준의 교과서 지문을 달달 외우다시피 하며 수능시험을 준비했던 다수의 신입생들은 영어로 진행되는 수업을 제대로 경험하지 못했다. 국내 국제학교나 외국인학교에서, 혹은 조기유학을 경험하며 그만한 원어수업을 이미 들어본 동료와 달리 한국어로만 입시 준비를 하다가 대학 신입생 때부터 갑자기 원어수업 활동에 적극적으로 참여해야 했다. 그리고 영어를 잘한다는 이유로 입학한 동료 학생들(예를 들어, 영어특기자 전형, 재외국민 전형 등으로 입학한 학생들)의 병풍 역할을 맡는다. 마치 수영 배우라고 하면서 초보자를 수영선수들과 함께 찬물에 냅다 내던지는 모양이다. 정시 전형으로 입학한 학생들은 입학 전에 pre-college 과정으로, 혹은 전공영어 1학년 과정에서, 어디에서도 원어수업 수강에 도움이 되는 예비활동을 경험하지 못했다. 갑자기 영어로 하는 수업에 부지런히 참여하고 발표도 해야 한다. 그것도 미국식 스타일로 말이다. 그리고 교수님들은 영어 잘하는 소수 학생을 칭찬하기 시작한다.

수능 영어의 지문 난이도는 미국의 초등학교 3 - 5학년 교과서 수준에서 크게 벗어나지 않는다. 영문 텍스트의 난이도 정보를 제공하는 렉사일(lexile) 척도로 설명하자면 약 400 - 500 수준의 읽기 난이도로 보면 될 것 같다. 그런데 영어영문학과 1학년 학생이 전공기초 교재(예: 영미문학 정전)로 사용하는 텍스트 난이도는 대부분 900 - 1100을 넘는 수준이다. 교수님들이야 자신들이 오랫동안 공부한 '원어민들이 실제적으로 사용하는' '진짜' 영어영문학 교재를 사용하는 것이지만 갑작스럽게 2배 수준 이상으로 높아진 텍스트 난이도를 국내 고등학교에서 수능시험만 공부한 학생들이 쉽사리 감당할 수 없다.

게다가 교수님들은 원어수업으로 강의만 전하는 것이 아니라 학생들에게 발표와 토론을 하도록 유도하고, 영어로 에세이나 리서치 페이퍼를 쓰도록 요구한다. 예를 들어, 한 학기에 두어 번 쓰는 5000자 내외의 영어 쓰기 과제를 1 - 2학년 학생에게 요구하면 교수는 학생을 책망하기에 딱 좋은 결과물이 나온다. 그런 경우 일반 전형으로 입학한 다수의 학생은 '내가 왜 영어영문학을 무슨 자격으로 공부하나'라는 자격지심에 빠질 수밖에 없다. 학생들은 과제 제출을 포기하거나, 누군가의 도움을 구하거나, 심지어 번역기를 이용해서 말도 안 되는 문장들로 번역해서 제출한다. 교수는 혀를 차며 다들 노력이 부족하다고, 세계화 시대에 영어를 이런 수준으로 해서 곤란하다고 지적할 수 있다. 교수는 그 중에서 제일 잘하는 학생을 주목하고 칭찬할 수 있다. 그러나 다수는 주변인으로 위치되며 영어영문학에 기초적인 관심을 일찌감치 잃게 된다.

횡단적 언어사용의 시대라면 학생이 영어를 사용하고 학습할 수 있는 기회, 소수어를 포함하여 언어들을 교차적으로 사용할 수 있는 권리도 주목해야 하겠지만, 내국인 학생들에게도 모어(한국어)로부터 교육 기회가 충분히 제공되어야 한다. 그리고 예비학교, 오리엔테이션 프로그램, 몰입교육과정 등을 통해 학생들이 영어로 학업을 수행할 수 있는 의사소통 연습, 새로운 정체성 형성에 구체적인 도움을 제공해야 한다.

신입생 모두 대학입학시험을 적정 수준의 성적으로 통과했거나 학교나 학과의 입학요건을 충족시킨 다음에 정식 학생이 된 것이다. 그러나 대입을 준비하면서 정상적인 범주에 속한 그들이 갑자기 원어강의, 해외에서 출판된 원서를 제대로 감당하지 못하고 곤혹스러움을 호소한다. 교육내용은 당연히 재고되어야 한다. 제1언어든, 제2언어든, 누군가가 언어차별로부터 교육의 기회가 제한되거나 박탈된다면 그건 분명 적절하지 않은 교육적 상황이다. 그들은 공식어인 모어로 학습받을 기회에 관해 주장할 수 있고, 제2언어로 학습해야 한다면 천천히 배울 권리가 보장되어야 한다고 학교 측에 요구할 수 있다.

교수 측은 학생들의 영어실력이 낮다고 불평한다. 마찬가지로 학생 측도 교수들의 영어가 불만이다. English-only 원칙이 지나치게 강조되면서 모어인 한국어를 포함한 의사소통의 다양한 레퍼토리는 교실

환경에서 허락되지 않고 있다. 교수든, 학생이든, 동료든 조금이라도 어눌하게 말을 하면 이해가 안 된다는 표정, 마음에 안 든다는 표정이 수업에서 발견된다. 대충 말하고 관대하게 넘어가지 못한다. 그건 아마도 목표언어를 지나치게 신격화해서 그런 것이다. 말의 규범을 정해두고 언어로부터 차별하는 것에 익숙해서 그럴 수 있다.

언어차별은 권력 및 자원의 불평등한 분배를 수행하는 이데올로기로 이해될 수 있기 때문에 성차별이나 인종차별처럼 인간의 기본적인 언어권리를 침해하는 개념으로 볼 수 있다. 영어만을 강요하는 수업에서 물리적인 강압이 개입되진 않았지만 언어에 의한 차별, 그에 따른 열등감, 소외가 생겨날 수 있다. 외국인뿐만 아니다. 정당한 자격으로 대학에 입학한 모(국)어 화자에게도 언어차별이 있다. 그런 차별은 장학금을 받거나 더 나은 교육을 받을 기회를 빼앗는다.

학교에서 그런 차별을 받으면서 자신의 언어역량에 회의를 느낀다면 학생들은 반강제적인 수준으로 목표언어 학습을 위해 사교육에 참여하고 해외 어학연수 등의 기회를 찾기도 한다. 여러 경로의 사회적 보상이 특정 권력언어를 통해 차별적으로 분배되고 있는 상황이기 때문에 많은 학생은 자신이 수행할 수 있는 교육/연구활동에 자신감을 잃고 있다. 교수도 예외가 아니다. 모어로 학술활동을 감당했던 자신감이 사라지면서 학술활동의 사기가 떨어지고 있다.

식민시대에 일본어가, 중세시대 영국 땅에서는 프랑스어가 소수어였지만 지배적인 언어로 작동되어 다수를 차별하고 소외시켰다. 한국에서는 지금 영어가 그런 역할을 한다. 영어로부터 다수 학생이 심리적

박탈감을 느끼고 있고, 현재뿐 아니라 미래에도 원하는 삶에 진입할 수 없을 것으로 생각한다. 무엇보다 한번 학습부진아, 영포자의 정체성이 만들어지면 좀처럼 앞선 자들을 추격할 수도 없고 심리적 위축감도 회복되지 않는다. '영어 vs 한국어'의 이항대립은 민족주의자와 영어만능주의자가 과장하고 있는 언어전쟁이다. 그곳에서 공존이 좀처럼 모색되지 않는 채 너무나 많은 개인이 불편함을 감수하고 있다.

언어의 병리화, 의료화

보다 자유롭게 언어들 사이의 횡단적 실천을 허락하려면 언어의 병리화(pathologizing), 혹은 의료화(medicalizing) 관행 역시 문제화해야 한다. 정신병자, 동성애자, 재소자 등의 개인들이 사회적 규범 권력으로부터 '비정상'으로 낙인찍히고 신체가 통제되었다는 것은 프랑스의 철학자 미셸 푸코(Michel Foucault)의 주장이다. 그의 논점을 가지고 와서 신자유주의 혹은 단일/표준언어주의 시대에 부당하게 범주화된 언어사용자/학습자에 관해 성찰해볼 필요가 있다.

지난 수십 년 동안 수많은 전문가 지식이 바깥의 대중은 감히 넘볼 수도 없는 수준으로 구축되었다. 그리고는 삶의 모든 시시콜콜한 영역까지 간섭하고 있다. 언어에 관한 지식과 권력 역시 정상과 비정상의 언어행위를 구분하고 결핍, 문제, 불완전을 측정하고, 처방하고, 교정하는 일에 담론을 개입시킨다. 전문가의 시스템이나 지식체계는 대개 엄격하고 폐쇄적인 편이라 전문가들은 손쉽게 결핍이나 문제 담론을 세상에 과장하면서, 자신들의 공의, 경제적 이익, 혹은 정치적 기득권을 유지시키거나 확장시키곤 한다.

모국어든 외국어든, 말하기든 쓰기든, 발음이든 어휘사용이든, 의사소통 전략이든 시험준비 비법이든, 말과 글을 수행하는 과정과 결과물을 놓고, 교정, 치유, 혹은 치료가 필요하다며 개입하는 전문가 행위가 언어교육, 언어평가, 언어정책, 언어치료 분야 등에서 거대한 산업으로 자리 잡았다. 어른의 언어를 제대로 구사하지 못하는 어린이, 표준어를 사용하지 못하는 주변인, 원어민 언어를 학습하는 비원어민, 복수의 언어들을 횡단적으로 조합하는 이주민이 대개 처방의 대상이다. 그리고 관행적으로 분류된 이상화된 특정 행동과 규범적 성향으로부터 결핍이나 문제를 발견하는 의료화, 병리화, 위생화 처방이 개입된다. 이와 같은 언어문화는 단일/표준언어주의 이데올로기가 지배적인 언어사회에서 자주 나타난다.

모어뿐 아니라 추가언어를 사용하고 교육하고 평가하는 어느 현장에서나 언어를 바라보는 다양한 관점이 있다. 언어를 '문제'로 볼 수도 있고, '권리'의 속성에 집중할 수도 있고, '자원'으로서의 잠재력에 집중할 수도 있다.[72] 언어를 병리적이고 의료적인 관점으로 보면 언어는 늘 '문제'일 뿐이다. 전문가의 지식체계에 의해 결핍은 쉽게 발견될 수 있기 때문에 '못한다', '조금 잘한다', '잘한다' 등의 결핍-미결핍의 선형적 모형으로 언어의 사용과 사회화를 단순화시킨다.

합리성, 이성, 과학적 탐구, 인과관계, 결정론, 예측가능성, 일반화

등의 지배적인 지식 체계가 언어에 관한 병리적 해결책, 위생화 작업의 강박증을 도왔을 것이다. 그러나 이제 언어의 문제 때문에 사회구성원이 대립되고, 영어포기자와 학습부진아 집단이 등장하고, 차별과 불평등 때문에 사회적 비용을 감수해야 하는 시대가 되었다. 언어에 관해 문제가 있다고 낙인찍은 그들을 새롭게 바라볼 때이다.*

이주와 횡단의 가치에 집중할 것이라면 이제 모든 언어들을 개인의 삶과 사회의 자원으로 바라보아야 한다. 모어는 능통한데 추가적으로 학습한 언어는 미숙하고, 읽기는 잘하는데 말하기는 못하고, 학술언어는 익숙한데 관계를 맺는 일상적 언어사용은 서툴고, 문화적 친밀감은 쉽게 갖는데 액센트가 너무 강하다. 우리 모두는 이처럼 각자 보유한 언어자원을 쪼개고 다시 쪼개면 어느 단면에서는 결국 미숙함이 드러날 수밖에 없다. 그러나 그 모든 언어적 레퍼토리를 조합해 보면 분명 삶의 유용한 자원으로 해석될 수도 있다. 그렇게 다중적 언어자원을 계속적으로 축적하면 언어는 개인과 사회의 변화를 유도할 수 있는 동력이 될 수 있다.

---

* 언어는 가르치고 평가할 필요가 있다. 의식적인 교실학습도 필요하다. 그러나 언어(사용자)를 다루는 방식을 지나치게 위생화시켜 병리적 모형을 연상케 하는 것은 이주와 횡단의 시대에 반드시 재고되어야 한다. '문법 오류가 많고', '비원어민의 액센트가 있고', '주저함과 망설임이 있고', '적절한 단어를 선택하지 못하고', '표정과 몸동작이 자연스럽지 못하고', '모국어 화자가 사용하지 않는 행동을 하는' 결핍을 교정하고 치료해야 한다는 강박적 문구들이 언어평가 교육 현장을 채운다면 횡단적이거나 생태적인 언어사용 모형이 어찌 제대로 자리 잡을 수 있을까? 지금을 후기-세계화의 시대라고 부른다. 대안적인 지적 토대가 없는 것도 아니고 해외 학자들에 의해 새로운 논점들이 계속 보강되고 있다. 병리적 결핍 모형, 원어민-비원어민 기반의 중간언어 단계를 버릴 때이다.

3

좋은 언어사회를 위한
실천과 각성

3장에서는 1장에서 다룬 신자유주의 언어체계의 통치질서를 경계하면서도 2장에서 소개한 대항/대안의 언어사회 담론들을 공존시키기 위해 함께 고민하고 실천해야 할 사안들을 몇 가지 정리했다. 첫째, 언어권리와 언어정체성에 관한 사회적 의식을 분명하게 환기시키고 싶다. 둘째, 국가나 시장의 개발주의 담론에 손쉽게 포획되지 않기를 바라며, 언어가 공공재, 복지재로 인식될 수 있는 언어자원 담론을 다시 한번 강조하고자 한다. 셋째, 비판이론 지식전통으로부터 신자유주의 기반의 언어정책을 경계하고 대안을 모색해보고 싶다. 비판적인 연구 문헌이 더 많이 축적되어야만 보다 실용적이면서 학제적인 관련 연구가 기획될 수 있다. 넷째, 초기 비판이론의 계몽적이고 해방적인 접근을 지양하고, 후기구조주의적 사유를 보탤 때만 신자유주의 통치질서를 온전히 포착할 수 있고 보다 다양한 방식의 저항과 대안 담론의 모색까지 가능하다는 점을 부연하고 싶다. 포스트모던 접근으로부터 무력해진 듯한 저항 논점은 탈식민주의 관점으로 보강될 수 있으며 횡단적 언어실천을 종전의 신자유주의 언어사회로부터 분명히 구분해야 한다. 이와 같은 실천적 운동과 각성이 모여야만 단일언어주의/신자유주의 이데올로기로 통치되는 언어사회가 다원주의, 민주주의 가치를 보다 적극적으로 수용할 수 있다.

1. 언어권리, 언어정체성에 관한 의식 변화

언어인권, 언어권리, 언어정체성의 이해

인권을 인간이라면 누려야 할 평등과 자유의 자연법적 권리로 이해한다면 언어인권 역시 언어에 의한 차별과 불평등을 문제화시킬 수 있는 인간의 기본적인 권리라고 말할 수 있다.[73] 언어인권은 어디에서 태어나고 살아가던지, 아동도, 이주자도, 소수어 사용자도, 모두 존중받으며 기본적인 삶을 살기 위한 전제 조건이다.

국제자유권규약 제 27조에 따르면 종족적·종교적·언어적 소수자에 속하는 개인은 자신의 언어를 사용할 권리가 부인되어서는 안 된다. 이는 분명 소수언어 사용자를 위한 인권으로 이해된다. 인권은 무권리자의 권리라고 할 수 있다. 모든 개인에게 해당되지 않더라도 언어소수자에게 자신이 선택한 언어를 선택할 권리를 허락할 때 도덕적 정당성이 유지된다. 자신의 언어를 사용할 수 있는 권리는 특정 집단에게 일종의 특화인 셈이다. 한 집단의 언어를 보다 전체 공동체에서 공식적인 언어 중 하나로 인정하는 것, 해당 언어문화를 보존시키기 위해 보조금을 지급하는 것, 해당 언어를 통해 교육·경제적 기회를 확대하는 것 등이 언어적 권리행사에 모두 포함된다.[74]

언어에 관한 권리를 명시적으로 언급하고 있는 국제적 문서 중 하나는 1966년 '언어권에 대한 세계위원회(World Committee of Linguistic Rights)'에서 채택한 '경제적-사회적-문화적 권리에 대한 국제협약'이다. 개인, 집단, 이민자, 난민, 추방자 및 이산자에 상관없이 누구나 자신이 속한 지역에서 자신의 언어공동체에 속해서 공적으로나 사적으로 자신의 언어로 의사소통할 수 있고, 차별받지 않고 평등한 위치를 보장받을 수 있는 권리가 제1조에 명시되어 있다. 또한 1992년 유럽회의(Council of Europe)는 '지역어와 소수 민족어에 관한 유럽헌장(European Charter for Regional or Minority Language)'을 제정하였는데 여기서도 소수 이민자의 언어권리가 명시적으로 포함되어 있다. 헌장의 서문에서는 소수자 집단의 언어가 유지되고 발전되기 위해서는 소수어가 손실되어서 안 되며, 소수어를 공적으로 배울 필요가 있다고 언급되었다. 1992년 선언에서 소수자 개인이 모(국)어를 학습하거나 교육받을 수 있는 권리가 있음을 인정했다면, 2001년 유네스코의 '세계 문화다양성 선언'에서는 가능한 모든 단계의 교육에서 다수어든 소수어든 개인의 모(국)어를 존중해야 한다고 명시되었다.

언어인권 운동의 전체적인 맥락에서 학교에서의 언어권리, 즉 공교육 기관에서 언어를 배우거나 사용할 수 있는 권리는 매우 중요한 의미를 갖는다. 특히 초중등학교에서 개인이 모(국)어나 자신이 선택한 언어를 사용하고 교육받을 권한을 갖지 못할 때 해당 언어의 사용자는 언어를 통한 정체성 형성에 혼란을 겪을 수밖에 없다. 관련 연구자는 공적인 교육기관에서, 교재, 교육과정, 교수법, 그리고 크고 작은 언어정책 분야에서, 어떻게 언어차별이 발생하는지 관심을 가져야 한다. 언어의 권리는 크게 둘로 나눠볼 수 있다. 고유한 언어를 사적인 공간에서 편견이나 박해 없이 사용할 수 있는 권리를 언어의 소극적(negative) 권리라고 하고, 공적인 공간에서 사용할 뿐만 아니라 고유어로 교육을 주고받을 수 있는 수준의 권리를 언어의 적극적(positive) 권리라고 한다.

언어로 소통하면서 존재하는 것이 인간답게 살 수 있는 하나의 경로이기 때문에 언어에 관한 권리는 언어, 역사, 철학, 문화, 윤리, 정치, 경제, 법률, 복지, 사회, 교육 등의 여러 전문 영역이 협력하고 문제의식을 공유할 필요가 있다. 언어인권 문제는 단순히 윤리적인 배려, 심리적 치료, 적절한 교육내용 수준의 담론이 아닌 민족 간의 갈등과 전쟁으로까지 확장될 수 있다. 국가가 소수민족이나 토착민들에게 고유어로 교육을 받을 수 있는 권리, 즉 기본적인 언어인권을 보장하지 않는다면 민족분쟁도 일어날 수 있는 것이다. 언어갈등을 줄이고 분쟁을 예방하기 위해서는 소수언어 사용자에게 고유어/모어 교육과 사용의 권리를 어떻게 보장할지 고민해야 한다.

정체성은 내가 누구인가에 관한 의식이거나 내가 타자를 어떻게 바라보고 있는가와 관련되어 있다. 언어교육 분야는 후기여성주의, 비판적 페다고지, 후기구조주의 등의 인식론을 수용하면서 1990년대 후반부터 언어학습자의 정체성을 주체성(subjectivity)이란 개념으로 이해하기 시작했다. 후기구조주의적 관점에서 주체성은 개인의 (무)의식적 사고나 감정, 자의식, 그리고 세상과 자신과의 관계를 이해하는 방식으로 이해될 수 있다. 이와 같은 입장은 종전의 인본주의 관점에서 개인을 고정된 본질로부터 해석하는 접근과 다르다.

주체성은 늘 불안정한 것이며, 모순적이며, 역동적으로 진행되고 있으며 우리의 일상적인 담론으로부터 재구성되는 것이기 때문에 맥락적인 변화에 개방적일 수밖에 없다. 후기구조주의는 언어와 정체성 간의 상호구성적 효과를 강조하기 때문에 언어적 규칙과 행동을 단순히 독립적인 요소로 보지 않고 사회문화적 담론의 효과로 이해한다. 이것을 언어를 가르치고 배우는 곳에 적용하면 모든 주체의 역동적인 언어정체성을 보다 이질적으로 고려하지 않을 수 없다.[75] 즉, 언어를 가르치고 배우는 곳에서는 개인의 주체성이 형성되고 충돌하고 다시 만들어진다. 언어를 사용한다는 의미는 우리가 누구인지 정체성을 형성하고 협상하는 과정이기도 하다. 그런 점에서 정체성교육은 언어교육의 핵심 내용이고 목적이 되어야만 한다.

언어에 관한 권리

앞서 2장에서 성차별이나 인종차별 등과 함께 언어로부터 발생하는 차별과 배제의 문제를 이미 다루었다. 좋은 언어사회를 만들려면 다양한 언어들이 공존해야 하고, '우리들'과 다른 언어들을 사용하는 '그들'도 차별받지 않아야 한다. 한국어나 영어를 제대로 사용하지 못하는 국내외 언어소수자의 최소한의 언어권리를 존중하자면 각자 사용해온 모어부터 존중해야 한다.

수업에서 언어의 기본적인 권리, 혹은 언어인권에 대해 물어보면 학생들은 자신이 언어를 사용하면서 겪는 불편함에 대해 자주 언급한다. 그러나 물건을 사면서, 여행을 다니면서 소통이 어렵다는 불편함을 권리와 인권의 문제로 보기 힘들다. 인권은 기본권이다. 언어인권은 언어차별로부터 일상, 생활, 업무를 지키지 못하는 심각한 문제이다. 예를 들면, 궁색하고 가난한 사람들, 노숙자, 범법자, 학습부진아, 혼혈인, 장애인, 동성연애자, 알콜중독자가 있다고 하자. 그들 중 일부가 꼴도 보기 싫으니 이 사회에서 없애버리고 싶다고 할지도 모르겠다. 그들에 관한 사회적 규범이 무엇이었건 간에 인간으로 살아가고 있는 그들에게 반드시 보장되어야 할 최소한의 권리가 인권의 문제이다.

다음은 목수정의 '야성의 사랑학'에서 언급된 사건이다. 2009년에 고등학교 3학년 여학생이 임신하고 남자친구와 아이를 낳기로 했다. 학교에서 해당 여학생에게 자퇴를 강요했다. 여학생은 출산의 이유로 교육받을 수 있는 권리를 상실했고 부모가 국가인권위원회에 제소했다.

여학생은 고등학교에 재입학하고 결국 대학에 진학했다.[76] 비슷한 상황이 대학에서 발생했다면 어떨까? 어쩌면 대학조차도 온갖 추문이 넘치면서 비혼모인 여학생이 공부를 포기할 지경이 되지 않을까? 교육부 조사에 의하면 비혼모 학생 85%가 자퇴나 휴학을 강요받지만, 학업을 지속하기를 원하는 학생은 86%이다. 목수정은 북유럽의 여러 국가의 상황을 언급하면서 비혼모가 아이를 낳아도 사람답게 살아갈 생활의 권리가 보장되어야 한다고 주장한다.[77]

북유럽 국가에서는 비혼모에게 의식주를 보장하고, 차별 없이 경제적인 독립을 돕는다. 한 학기에 270만 원 정도 학비 보조를 제공하면서 비혼모의 자녀 양육을 보장한다. 어떤가? 결혼도 하지 않고 임신한 여자에게 국가가 지원금을 주면서 돕는다? 유럽에서는 비혼모가 그렇게 살고 있다. 관련 정책이 내 연구영역이 아니라서 자세한 건 모르겠다. 다만 비혼모로 엄마가 되었지만 계속 살아가면서 무언가를 해볼 수 있는 주체적 삶의 기회가 보장된 점은 분명하다.*

인권은 이 세상에서 인간으로 태어났다는 것 말고는 아무것도 묻지 않는 모든 인간의 생존 권리이다. 결핍으로부터의 부자유를 인권으로 보호해야 한다. 아파도 치료받을 수 없고, 굶주려서 너무 고통스럽

---

* 자신과 타자의 주체적 삶에 관심이 없다면 다른 사람들의 삶에 감시자가 된다는 말이 있다. 연예인 흠을 보고, 주위 사람들을 빈정대고, 남들 얘기만 하면서 다니는 사람들이 있다. 무기력한 자를 증오하고 배제시킨다. 센 사람 앞에서는 아부하고 복종한다. 그처럼 위계질서와 이항대립을 만들면서 약자와 소수자를 제외시키고 차별하는 사람들은 차이와 다양성, 기본적인 권리와 생존의 문제에 늘 둔감하다.

고, 배우고 싶은데 배울 수 없는 상황을 인권 운동가들이 주목한다. 마찬가지로 내 모어를 말하고 싶은데 말할 수 없고, 내가 배우고 사용해야만 하는 제2언어 때문에 부적절한 차별을 받는다면 그것 역시 인권 운동가가 개입할 수 있다. 기본적인 권리가 없으면 (혹은 결핍되면), 사회 경제적으로 부자유가 오고, 그것이 누군가를 무기력하게 만든다. 무기력은 흔히 정치적 부자유로 연결된다. 결핍에서 자유로울 때 개인은 자유와 평등을 주장할 수 있다. 궁핍과 결핍의 인간은 자유로운 인간이 아니다. 그래서 노동의 권리, 적절한 식량과 주거의 권리, 의료보호의 권리, 교육의 권리가 누구에게나 허락되어야 한다고 꾸준히 논의되고 있다.

교육권이야말로 인권 중의 인권이다. UN과 같은 국제기구는 교육이야말로 모든 다른 인권을 풀어내는 열쇠와 같다고 인권 활동 중에서도 특별한 비중을 둔다. 그런데 교육 중에서도 특히 언어를 통한 의무교육, 아동교육, 문식력교육, 혹은 모어나 공식어를 가르치는 교육이 앞서 1장에서 살펴본 것처럼 지나치게 상품화되거나, 표준화되고, 기술화되고, 위생화된 상황이라면 기본적인 권리로서의 언어교육이 제대로 실행될 수 없다. 언어교육을 상품, 표준, 기술, 단일성의 기제로만 인식하고 권리의 속성을 간과하게 되면 우리는 다른 권리들을 옹호하기가 더욱 힘들어진다. 언어를 통한 교육의 권리는 다른 권리운동의 모태이기 때문이다.

UN 등의 국제기구는 여성의 권리, 아동의 권리, 피고용자의 권리 등의 분야에서 인권의 침해를 놓고 한국 정부를 압박했다. 그중에서 가장 걱정스러운 부분이 어린 학생들의 권리 문제이다. 공교육마저 상품성의 논리에서 자유롭지 못하다. 어떤 교육이든 수요와 공급의 경쟁재, 수익과 비용의 공리재로 인식되고 있다. 고부담-표준화 시험을 둘러싼 경제주의, 관료주의 논점은 여전히 지배적이다. 한국은 지금 학부모가 '마음 놓고' 아이를 학교에 보낼 수 있는 나라가 아니다. 어린 학생들의 기본적인 권리도 간과되기 때문이다. 아니, 아침 7시부터 밤 11시까지, 월요일부터 일요일까지 공부를 시켜달라고, 더 많이 시켜달라고 오히려 교장이나 교사를 압박하는 나라이다.*

대학에서도 언어에 관한 권리는 잘 다뤄지지 않는다. 학생이 영어를 어떻게 공부하고 있다는 페다고지 연구는 많지만 모어나 제2언어를 사용하는 기본적 권리에 관한 쟁점은 찾아보기 어렵다. 대학생은 권리의 주체인가? 보호의 대상인가? 그들은 졸업인증을 요구받고, 진학과 입사를 위해 토익이나 오픽 영어시험을 공부해야 하고, 미국 ACTFL(American Council on Teaching of Foreign Languages) 기관이나 유럽 공동체에서 사용하는 CEFR(Common European Framework of References for languages) 언어능숙도 등급으로부터 자신의 언어능숙도를 수시로 점검받는다. 그런데 과연 언어사용, 언어학습, 언어교육에 관해 자신이 사용

---

* 그곳의 교육은 권리가 아니다. 돈을 주고 사는 상품이고, 시스템과 절차로 다스려야 하는 기술이다. 많은 사람이 초등/조기 영어교육이 불평등의 원천이라고 생각하는데 그런 논리로부터 심각한 인권 침해에 대해 관련 이해당사자들이 고민해야 한다. 사교육을 좀처럼 줄일 수 없다면 영어를 통한 사회적 보상이나 시험만으로 고부담 의사결정을 하는 교육문화라도 없애야 한다. 영어시험 성적만으로 좋은 학교에 가는 지름길부터 차단해야 한다. 그런 고민을 좀 더 엄밀하게 하지 않는 걸 보면 우리에게 언어는 아직도 권리로 이해되지 않나 보다.

할 수 있는 언어의 권리가 제한되거나 왜곡되어 있다고 단 한 번이라도 고민해본 적이 있을까?

외국인 유학생, 중도입국자녀, 이주노동자, 다문화가정 구성원, 귀환한 조기 유학생, 기타 다중언어사용자들의 언어권리 문제도 여전히 간과되고 있다. 그들은 현재 자신의 모어를 편한 마음으로 사용하고, 자신이 선택한 목표언어로부터 창조적인 교육(문화)활동을 할 수 있을까? 한국에 거주하는 외국인 숫자가 200만 명이다. 특히 중국인 유학생은 약 7만 명이며 전체 유학생의 60 - 70%를 차지하고 있다. 중국인 유학생은 국내에서 장기체류하고 공부를 하는 중에 빈번히 고립되고, 분리되고, 주변으로 위치되었지만, 대학 안팎에서 손상된 그들의 언어권리는 아무도 주목하고 있지 않다.[78] 중국어를 공용어로 사용해야 한다는 것이 아니다. 합법적으로 이주자를 받아들였으면 모어를 이용하거나, 한국어를 잘 배울 수 있거나, 사용하고 있는 다양한 언어들의 조합을 존중해야 한다는 것이다.

한국이 다문화와 다중언어사회로 진입하고 다양한 언어문화를 관용적으로 인정하고 외국인 체류자를 포함한 소외된 약자 집단을 국가나 사회단체가 지원할 것이라면, 그들이 모어나 공식어를 비위협적 상황에서 배우고 사용할 수 있는 언어권리에 관해 고민해야 한다. 글을 이해하고, 대화를 주고받고, 스토리를 나누고, 의견을 낼 수 있는 권리는 민주주의 언어공동체를 유지시키기 위한 기본 조건이다. 배우지 못한 사람들, 억압받는 사람들, 맥도날드화된 언어교육으로부터 소외된 사람들을 위한 권리와 기회 담론에 더 큰 관심을 가져야 한다. 누구나 언어학습을 적절히 받을 수 있는 평생의 기회가 보장되어야 한다.

언어를 단순히 수단, 도구, 상품, 기술 등의 신자유주의 가치로만 보지 않고 기본적인 권리, 평생의 기회, 공공재로 바라볼 때, 언어교육/평가 활동에 관한 경쟁과 시장 논리를 그나마 누그러뜨릴 수 있다. 깨끗한 물을 마시지 못하면 결국 죽음으로 이르기에 그 누구라도 깨끗한 물을 마실 권리가 보장되어야 한다. 언어로 배제하고 차별한다. 언어로부터 폭력을 행사한다. 그럼 누군가는 죽고 싶고 또 죽기도 한다. 수평적인 관계에서 대화를 나누고, 말하고 싶은 스토리를 말하고, 자신의 의견을 말하고 경청하는 언어활동은 모어이든, 세계어로 배우는 영어이든, 지성과 감정을 교환하며 살아가는 우리 모두의 기본 권리이다.

왕따

'Britain's Got Talent' TV쇼에서 왕따를 당한 영국인 아이가 랩으로 자신의 감정을 표현한 걸 보았다. 꼬마의 노래를 듣고 있으니 감정이입이 되면서 눈물이 났다. 누군가 무기를 휘두르면 맞을 수밖에 없다. 아프지만 저렇게 사람들 앞에 나와 씩 웃으며 랩으로 포장된 스토리를 하나 건네니 장하기도 하고 애잔하기도 하고 그렇다.

왕따 얘기를 조금만 해보자. 왕따는 다수가 특정인을 다양한 형태의 폭력으로 괴롭히는 것이다. 언어적 장치도 왕따의 기제에 활용된다. 청소년의 문제만 아니다. 성공을 갈망하는 현대인은 내가 중요한 집단

밖으로 밀릴까 고민한다. 그런 걱정을 이겨낼 자신감도 부족하다. 소외된 자로 살아갈 수 있다는 배짱이 없다. 차라리 왕따의 (준)가해자 집단에 속한다. 그리고 그곳엔 조직의 특별한 내부에 속하고 싶다는 욕망을 불쏘시개로 휘저으며 우리 셋만, 우리 넷만, 우리끼리만, 더 많이, 더 중요한 것을 알고 있다며 달콤하고 끈끈한 결속을 만드는 모사꾼이 있다. 그렇게 은밀하게 혹은 공개적으로 약자와 타자를 마음껏 비아냥대며 다수의 힘을 과시한다.

나는 그와 같은 모사꾼들을 늘 멀리했다. 불쏘시개를 쥐고 있는 빅마우스가 어떤 힘을 과시하든 그(녀)를 피해 다녔다. 그런 사람에게 정보도 있고, 권력도 있고, 백도 있다는 걸 알지만 소수에게 휘두르는 집단성이 너무나 불편했다. 왕따는 비열한 행위이고 희생자의 자아에 깊은 상처를 안긴다.

다수의 학부모는 자녀의 왕따 문제를 매우 심각하게 걱정한다. 아이들도, 어른들도 언제든 누구에게든 왕따가 될 수 있음을 불편하게 생각한다. 왕따의 피해자 의식이 크다 보니까 (준)가해자 집단은 사실상 보이지 않게 커져만 간다. 집단이 개인을 한심하다는 듯이 쳐다보는 것. 다수의 울타리에서 겁에 질린 소수, 약자에게 야유하고, 빈정대고, 돌을 던지는 것. 나는 그걸 언어를 사용하는 인간의 가장 더러운 욕망 중 하나라고 생각한다.

집단으로 모여 폭력의 언어를 의도적으로 쌓아두는 건 학교에서도 자주 목격된다. 대학, 학과, 동아리에서는 늘 어느 학번에서나 "요즘 후배들이 너무 개인주의적이고 단결심이 부족하다."라고 가르치는 꼰대

선배나 교수가 있다. 그리고 그들은 가끔 집단의 힘으로 자신들과 다르게 살아온, 아니 다르게 살 수밖에 없는 이질화된 타자들의 삶의 공간을 마음대로 침범한다.

그럴 수 있는 권한이 대체 어떻게 주어진 것일까? 왜 동질성, 고정성, 위계성은 늘 당연한 것으로 전제되는 것일까? 예를 들면, 시골에서 올라온 학생, 재수생, 삼수생, 복학생, 외국에서 중등학교를 다닌 학생, 전과생, 편입생, 외국인 학생, 교환학생이 섞여 있는 곳이 내가 속한 영어영문학과이다. 거기서 들리는 언어가 단일하지 않다는게 뭐가 문제인가? 다양한 개인들이 섞여 있는 곳에서 왜 단 하나의 지배적인 언어를 사용해야만 하는가?

외국인 유학생이 왕따가 되는 상황이 자주 목격된다. 중국인이 가장 많은 외국인 유학생 집단에 대해 한국인 교수/학생이 자주 불만을 토로한다. 예를 들어, 유학생의 한국어능력이 부족하다는 것이다. 어찌 보면 외국에서 온 유학생의 한국어능력은 원어민보다 못할 수 있겠지만 결핍된 한국어능력 때문에 엄청난 문제가 발생하고 있다고 과장되고도 있다. 정말 언어능력 때문에 문제가 발생하고 있는 것인가? 소속감을 허락해야만 새로운 언어로 말할 기회가 생긴다. 그런 기회가 생겨야 다양한 학술활동에 계속 참여하고 정체성과 언어능숙도에 변화가 생긴다. 그런데 처음부터 언어가 문제라고 아예 제외시키면 결핍된 언어화자의 위치성에서 어떻게 벗어날 수 있는가?

지금 수준의 이주와 세계화 시대라면 거주하고 있는 국가의 공식어 사용에는 미숙하지만 링구아 프랑카로 사용되는 접촉언어를 포함하여 복수의 언어들을 횡단적으로 사용할 수 있는 언어권리에 좀 더 관대해야 한다. 많은 한국인이 영어를 공식어로 사용하는 국가로 가서 유학도 하고 취업도 했다. 대부분은 모어(한국어) 생활권을 떠나지 못했다. 한국어를 사용하는 한국인 교회도 가고, 한국 식품을 살 수 있는 가게도 갔다. 미국에서 유학할 때 생각해보면 한국어는 공식어가 아니지만 학교 안팎의 (비)공식적 상황에서 한국어를 사용할 수 있는 권리에 대해 침해받지 않았다. 한국어로 공부도 하고 생활도 했다. 한국어든 영어든 단일한 언어만을 사용해야 하는 곳은 여행자든, 유학생이든, 이민자든 얼마나 끔찍한 공간이었던가?

언어의 권리, 언어인권에 관한 논제가 나오면 그건 서구적인 개념일 뿐이고 국내 단일언어주의 맥락에서 잘 맞지 않는다는 지적이 나온다. 한번 더 강조하지만 한국은 이미 단일언어 – 단일민족 – 단일국가의 영토로만 보기엔 너무나 많은 언어들이 공존하고 있다. 너무나 다른 사람들이 복수의 언어들과 함께 살아가고 있다. 우리는 매해 200만 명 넘게 토익 시험을 응시하고 그보다 훨씬 많은 수가 유사 시험을 대비하고 있다. 그러한 비용의 반의반만 투입되어도 미래 한국의 언어권리 환경은 많은 사람에게 큰 행복을 선물할 것이다.

언어시험의 권력

학생들로부터 중등학교 때 경험한 영어공부의 이야기를 들어보면 놀랍게도 폭력적인 언어–시험–준비 문화가 자주 등장한다. 학생들은 아직도 소외감과 공포감을 기억하고 있고 여전히 영어공부는 기회, 자유, 재미, 권리, 자원으로 수용하기 어렵다. 아래 학생들(모두 가명)의 이야기는 내가 수집한 것이다. 동시대를 살고 있는 우리 중에 누구도 남 얘기로 보이지 않을 것이다. 시원 얘기부터 보자.

"초등학교 때 놀듯이 작은 학원을 다니던 나는 이제 지하철로 다섯 정거장이나 가야 하는 학원에 다녔다. 매번 셔틀버스를 이용하기도 했는데 지금은 아무것도 아니지만 그때 그 거리는 참 멀었다. 수천 명이 강의를 듣는 거대한 학원이 처음부터 탐탁하지 않았는데 아니나 다를까 입학시험을 본 후 결과가 좋지 않아서 제일 하위 반에 들어가서 공부하게 되었다. 지금도 제일 기억에 남는 건 반마다 교육과정이 있어서 그 틀에 맞춰서 딱딱 진행했고, 조금이라도 못하면 무조건 선생이 때렸다는 것이다. 영어가 중요한 만큼 이 학원도 영어수업에 시간을 많이 할애했는데 이 수업의 특징은 무조건 칠판만 바라봐야 한다는 것이다. 만약 칠판을 보지 않고 아래를 보고 있으면 무조건 처벌의 대상이었다.

중학교 3학년 어느 날 몸살감기가 걸린 나는 몸 상태가 좋지 않았다. 영어수업 시간에 선생님은 내가 칠판을 제대로 안보니까 영어에 자신이 있냐 하면서 나에게 영어 문제를 질문하기 시작했다. 그러나 내가 선생님의 문법 문제에 대해 시원하게 답하긴 불가능했다. 결국은 나를 복도로 나오라고 하더니 엎드리라고 한 뒤에 매타작을 시작했다. 그때는 내가 맞을 거라고 단 한 번도 생각해본 적도 없고, 맞더라도 그렇게 아플 것으로 생각해보지도 못했다. 또 그렇게 많이 때릴지도 몰랐다. 나는 영어를 공부한다고 하면 아직도 그 생각이 나면서 영어라는 과목 자체에 혐오감이 생긴다. 내가 복도로 불러나갔을 때 몸이 안 좋아서 죄송하다고 했는데도 그건 너 사정이라는 식으로 나를 때리던 선생을 보며 '영어라는 과목은 원래 이렇게 터지면서 공부해야 하는 과목이구나'라는 생각밖에 안 들었다."

위의 매타작 얘기는 수많은 학생에게 참으로 자주 들은 얘기인데 학교나 학원 측은 절대 때리지 않는다고 말한다. 그러나 나는 학생들이 거짓말을 한다고 생각하지 않는다. 마음이 아프다. 많은 학생이 언어 – 공부 – 시험 – 준비를 하며 폭력을 경험한다. 그런데 시원이가 말한 사회나 역사 과목의 경험이 상대적으로 흥미롭다.

"나는 사회라는 과목을 초등학교 때부터 좋아했다. 깊게 파고드는 지식보다는 얇게 알아도 넓게 이것저것 많이 알면 점수를 받는 과목이었다… 나는 역사라는 과목도 좋았다. 그걸로 죽자사자 때리는 경우가 없어서 좋았다."

시원도 어쩌면 영어를 잘했을 학생인지 모른다. 그러나 영어라는 과목은 처벌과 보상의 체계가 선명하게 대립된 공간이었다. 아래 다른 학생들도 비슷한 얘기를 했다.

"'우선순위 영단어'란 책이 있는데 이 책을 무조건 사게 하여 매일 수십 개에서 수백 개 단어를 외우게 했다. 그 단어와 유사한 단어나 비슷한 뜻을 가진 단어도 외우게 했는데 외우지 못하면 무조건 맞는 거였다. 수업을 하다가 대답을 못하면 맞았다. 학창 시절 거의 대부분 영어수업은 항상 처벌이 있었던 기억이 나는데 다른 수업들도 그랬다면 그러려니 했을 텐데 그 수업을 제외한 다른 수업들은 처벌이 거의 없었다. 물론 선생마다 하나씩은 꼭 매가 손에 들려 있었지만 그 시간만큼 사용된 경우는 없었다. 나중엔 영어선생님의 매가 사라지는 일도 여러 번 있었는데 애들이 너무 맞다 보니까 맞는 것이 싫어서 몰래 훔치거나 밖으로 버렸기 때문이었다."

"중학교 3학년과 고등학교 1학년 때 00학원을 잊을 수 없다. 내가 사는 곳에서는 가장 유명한 학원인데 최악의 교육방식이라고 그때도 생각했지만 시험결과는 잘 나오곤 해서 계속 다니지 않을 수 없었다. 이 학원의 교육방식은 이랬다. 잘하면 반을 승급한다. 못하면 맞는다. 반을 승급하면 보통 다른 학생이나 부모님에게 인정받는다. 또 자신이 잘하고 있다는 것을 알 수 있는 척도가 된다. 못해서 맞게 되면 모두가 싫어한다. 맞지 않기 위해서 정말 열심히 하게 된다. 학원 선생님들 모두 기다랗고 넓고 굵은 나무막대를 들고 다녔는데 낮은 수준의 반을 내가 다녀서 그런지 몰라도 항상 수업시간에는 맞는 소리가 들렸던 기억이 난다.

이 학원의 영어교육 방식 중 가장 기본은 단어를 외우는 것이다. 매번 학원 갈 때마다 적게는 30개, 많게는 200개를 외워야 했고 보통 70-80%를 맞추면 넘어가고 그 이하로 틀리면 틀린 수대로 맞는다. 영어 기초가 없는 아이들은 어떤 영어지문을 줘도 이해를 못했는데 그렇게 패니까 영어단어를 외우고 떠듬떠듬이라도 영어지문을 이해하기 시작했다. 맞기 싫어서 외웠다. 단어 외우기가 끝난 다음엔 문법 외우기가 시작되었다. 시험이 다가오면 같은 영어교과서를 쓰는 학교 학생끼리 모아서 공부를 했는데 그 학원이 오랫동안 각 학교의 시험문제를 수집하고 분석한 것을 나눠주고 시험에 나올만한 것을 모아둔 책 한 권 분량의 내용을 모두 달달 외웠다. 이것을 못 외우면 남아서 반드시 외워야만 했다. 그리고 실제로 시험을 보면 학교 시험문제가 유출된 것이 아닌가 싶을 정도로 비슷한 문제들이 나왔다."

어떤가. 이게 우리가 지금까지 가르치고 배웠던 언어라니 몸서리나지 않는가. 언어는 인간만이 사용하기에 고유한 인격적 속성이 있다고, 그래서 우리는 창의적이면서도 자연스럽게 언어를 배울 수 있다고, 나는 대학수업에서 학생들에게 가르친다. 그러나 그들이 일상적으로 경험했던 언어는 괴물이었다. 권리와 정체성을 배려하지 않는 단일성의 언어교육사회는 차별과 폭력을 어떤 식으로든 재생산한다. 학교나 학원에서만 그런 것이 아니다. 가정에서 가족구성원도 어린 자녀에게 언어를 배우고 사용하는 것을 놓고 폭력을 행사한다. 아래 수연의 글을 보라.

"아빠는 영어에 관심이 많으셨다. 사회생활을 하면서 대학의 어학당을 다니며 영어를 다시 공부하셨다. 회사 안에서 영어시험에 1등도 했다고 했다. 아빠의 영어에 대한 열정은 자연스럽게 내게로 옮겨졌다... 엄마의 증언에 따르면 나는 서너 살 때부터 아빠에게 영어를 배웠다고 한다. 아마 내가 10살 때로 기억한다. 그날도 아빠와 나는 내 방의 조그만 상을 펴 놓고 'Fundamental English in Grammar' 검은색 책을 공부하고 있었다.

나는 문법을 꽤 좋아했는데 'Side by Side'는 싫었다. 어렵고 영어 발음에 대한 지적을 아빠에게 자꾸 받으니까 영어를 입 밖으로 내는 것 자체가 싫어졌다. 나는 그 공부가 싫다고 했지만 내 주장은 아빠에게 한낱 투정에 불과했을 것이다. 'English Vocabulary in Use'도 공부했다. 10살짜리 아이가 표정을 제대로 관리할 수 없다. 난 'Side by Side'를 공부할 때 입을 삐죽 내고 있었고 뭘 하라는 것에 대답도 안 하고 모든 Exercise 문제는 다 틀렸다. 아빠가 설명할 때는 나도 모르게 한숨도 쉬고 눈엔 초점이 없었다. 직장을 다녀와서 힘든 몸과 정신으로 쉬지도 못한 채 다시 상 앞에 앉아 딸에게 영어를 가르치는데 딸내미는 감사한 줄도 모르고 입이 삐죽 나와 있으니.

아빠의 단호하고 화가 서린 어조 때문에 나는 그만 눈물을 쏟고 말았다. 나는 어려서 눈물이 많았다. 아빠는 내 헤픈 눈물을 싫어했다.

내 눈물을 본 아빠는 끝내 화가 머리끝까지 나시고야 말았고 책을 동그랗게 말아 상을 힘껏 내리쳤다. 몇 번을 내리치더니 상은 부러졌다. 울지 말라고 하면서. 그러나 난 아빠의 그런 폭력적인 모습을 보며 더 눈물을 흘린 기억이 난다. 놀랍고 무섭고 난 아주 서럽게 울었다. 난 그리고 한동안 영어가 아주 싫었던 기억이 난다. 10년이 지났지만 난 그때 일을 생생하게 기억하고 있다... 아빠와의 영어공부는 감옥이었다. 목적도 없었다."

닐 포스트만이 그런 말을 했다. 교육의 핵심은 '자유로운 인간적인 대화와 마음 끌리는 곳으로의 방황'이라고. 인격적인 대화가 없는 언어 공부. 다수의 아이에게 영어가 '웬수'인 이유는 그런 것이다. 인격, 권리, 차이, 다양성을 배려하지 않고 그저 심각하고 엄격하기 때문이다. 그렇게 우린 아직도 언어를 배우고 있다. 그렇게 가르치고 배운 언어로 우리의 정체성이 구성되는 것이 참으로 무섭고 끔찍하지 않은가? 대학생이 되고 직장인이 되어서도 괴물이 된 언어 앞에선 우린 위축된 어린아이 자아로 살아가고 있다.

가르치는 학생 한 명이 호주로 어학연수로 가서 들려준 얘기다. 옷차림이 세련된 남학생으로 기억하는데 외국에서는 풋내기 촌놈이라고 자신을 소개했다. 왜냐고 물었더니 호주를 갈 때 홍콩을 경유하면서 겪은 에피소드를 들려줬다. 면세점 쇼핑을 좋아해서 이런저런 물건을 사고 계산을 하려는데 직원이 "Can I see your passport, please?"라고 물었다. 그때 그걸 어느 나라에서 왔느냐는 말로 알고 "I am from Korea."라고 자신 있게 대답했는데 자신의 실수를 알고 너무너무 창피했다고 말했다. 그걸 지금도 생생하게 기억하고 있다고 말했다. 그런데 잠깐만. 너무 이상하지 않은가? 그걸 그렇게 말한 것이 왜 그리 그토록 창피한 것일까? 그게 정말 그렇게 창피한 일인가? 내 돈 주고 내가 쇼핑하는 고작 면세점에서?

4개 도시, 6개의 언어로 완성된 영화 '바벨(Babel)'을 보면 언어가 가진 위력에 제압된다. 영화를 보는 내내 답답했다. 사람들 사이에 소통과정이 매끄럽지 못하다. 그러나 그게 우리가 살아가는 언어세상이다. 언어로 인한 불통은 답답하다. 그렇다고 해서 무슨 언어에 힘을 잔뜩 실어주면, 특정 언어공부가 진짜 중요하다고 힘을 실어주면, 사람들은 무모해지고 교만해진다. 바벨탑을 쌓게 된다. 바벨탑이 무너지고 언어가 달라지면서 소통의 불협화음에 고통을 받는다. 위압적인 힘은 갈등과 견제로 대치된다. 갈등과 불통도 답답하다. 그러나 하나의 그 무언가에 모두 집착하고 그것을 갖거나, 갖지 못한 것으로 지배하고 종속하는 것이 너무나 무섭지 않은가?*

---

* 영화 '바벨'에서는 대화의 단절, 단절에서 오는 혼란을 여러 장면을 통해 보여준다. 농아 소녀와 주위 사람들의 의사소통 문제, 모로코인들과 총상을 당한 미국인 부부의 의사소통 문제, 멕시코 여인과 미국 경찰과의 의사소통 문제, 모로코 경찰과 가난한 자국민과의 의사소통 문제, 같은 관광버스를 타고 있던 미국인끼리의 의사소통 불가 상태. 이와 같은 상황에서 언어 뒤에 숨은 힘이 늘 작동한다. 모로코 국민을 지켜야 하는 모로코 경찰이 미국정부의 압력을 받고 자국민에 대해 강압수사를 하고 가차없이 총격을 가한다. 이미 18년을 미국에서 살아온 멕시코 여인에 대해 사정을 들어보지도 않고 추방해버린다. 언어가 통하지 않을 때 쉽게 작동하는 힘의 논리이다. 이 영화에서는 두 사람을 특별히 주목할 필요가 있다. 농아 소녀에게 단호하지만 부드러운 태도로 (유혹을 거절하며) 이야기를 들어주던 형사와 총상 당한 미국인 여인을 치료받

언어교육은 언어정체성교육

'My Fair Lady' 영화 이야기는 언어학자인 헨리 히긴스(Henry Higgins) 교수가 그의 절친한 친구 휴 피커링(Hugh Pickering) 대령과 묘한 내기를 하면서 시작된다. 하층민의 신분을 가진 일라이자 둘리틀(Eliza Doolittle)의 언어구사능력을 상류층의 수준으로 바꿔놓겠다고 장담하면서 히긴스 교수는 영화에서 언어를 계급 상승의 중요한 수단으로 간주한다. 그는 이렇게 장담한다.

> "이 피조물이 뒷골목 영어를 계속 사용한다면 아마 평생 동안 빈민굴 신세를 면하지 못할 것입니다. 제가 6개월만 교육시키면 대사관 무도회장의 공작부인으로 바꾸어 놓을 수도 있어요."

히긴스 교수는 6개월 동안 둘리틀의 언어사용을 교육하는데 그녀는 화가 나고 감정이 격해지면 빈민가에서 사용하던 난폭한 언어를 사용한다. 그러나 히긴스 교수가 단언한 것처럼 둘리틀은 언어를 바꾸고 상류층에 유입된다.

을 수 있도록 도와준 모로코 청년이다. 치료하는 모로코 의사와 미국인 리처드의 통역을 그 청년이 맡았다. 상대방을 측은하게 바라보며 인격적인 존재로 존중했다. 아마도 그런 것이 불통의 언어세상에서 소통의 언어를 만들 수 있을 것이다.

"바로 '아우'나 '허어'라는 말 때문에 저 여자는 언제나 그 자리에 있어야 하죠. 그건 넝마 같은 옷이나 더러운 얼굴 때문이 아닙니다."

이 영화에서는 옷이나 얼굴 때문이 아니라 바로 일라이자가 사용하던 언어 때문에 그녀가 빈민가에 머물러 있다는 대사가 나온다. 돈을 주고 비싼 옷을 사 입으면 상류층에 속한 듯해도 언어란 것은 쉽사리 바꿀 수 없다. 언어는 그 사람이 자라온 환경과 가치관을 고스란히 드러내는 창문과 같다. 언어와 자신이 누구라는 의식이 쉽게 분리될 수 없다면 언어는 그(녀)가 누구인지 설명할 수 있는 중요한 요인이다. 개인이 정체성을 드러내고, 정체성을 구성하고 재조정하는 것이 언어를 통해서 가능하다.*

우선 자아정체성이 무엇인지 간단히 살펴보면 다음과 같다. 라틴어의 'identities'에서 유래된 정체성이란 단어는 '동일한 것' 또는 '본인이 확실하다'는 의미를 가지고 있다. 에릭 에릭슨(Erik Erikson)에 따르면 자아정체성은 타인에 의해 자신이 갖춘 동일성, 내적 통일성, 혹은 그러한 연속성을 유지하는 자신의 능력에 관한 일종의 자신감이다. 개인이

---

* 해외연수를 가면 내가 돈 주고 공부하는 자격을 얻는 것이다. 교환학생이라면 합법적으로 그곳 대학에 속한 학생 자격을 부여받는 것이다. 그런데 내가 알고 있는 학생들은 그런 말을 자주 한다. "가슴 한구석에 나도 모르게 불편한 감정이 자리 잡고 있어요. 그들이 친절하든 불친절하든 내 실력만의 문제는 아니거든요. 내 모국어가 아니니까 자연스럽게 말할 수 없는 것도 잘 알아요. 그래도 나를 깔보지 않을까, 나 때문에 불편하진 않을까, 그런 생각이 자꾸 들어요." 이런 감정은 도대체 왜 생기는 것일까? 언어의 문제는 '내가 누구인지', '내가 무엇을 말해도 되는 사람으로 인정되고 있는지'에 관한 정체성과 깊게 연관되어 있기 때문이다.

나름의 방식으로 자아를 통합하고 세상의 변화에 대처하는 능력, 끊임없이 개정되는 자신에 관한 현실감으로도 이해할 수 있다. 자아정체성은 사회적 관계에서 형성되는 만큼 신체적인 변화와는 다르게 어느 순간 만들어지거나 일정 시기에 특별하게 발달하는 것이 아니다. 오히려 지속적으로 타협되고 변화한다. 대학생이 되어서, 결혼하면서, 유학이나 이민의 경험을 통해서, 부자가 되면서, 건강이 나빠지면서, 얼마든지 우리의 정체성은 새롭게 변할 수 있다.

변할 수 있는 정체성의 재구성 과정에서 언어적 경험은 중요한 역할을 한다. 우리는 언어를 통해 세상을 인식한다. 언어를 통해 나에 대한 인식(a sense of who I am)을 구체화시킨다. 언어활동을 통해 자신에게 존재감을 부여하고 계속적으로 의미를 조정한다. 언어는 자아정체성을 형성시키는 중요한 장치인 셈이다. 예를 들어, 욕을 들으며 저주 속에서 자란 아이는 그와 같은 언어를 기반으로 자신의 사회적 정체성을 부정적으로 구성한다. 또 성장하면서 욕을 하는 집단에서 자란 아이는 욕쟁이 정체성을 능동적으로 형성할 수도 있다. 언어와 정체성은 등식은 아니지만 상관성이 높다.

보니 놀턴(Bonny Norton)은 언어학습자와 그들이 속한 사회적 관계를 이해하는데 언어정체성을 탐구하는 것이 중요하다고 주장했다.[79] 무슨 언어를 누구와 어떻게 구사하는 것은 단순히 그 언어를 사용하고 이해하는 기능적 측면만 상관된 것이 아니며 자아정체성을 형성하는데 커다란 영향을 끼치기 때문이다. 2장에서 여러 번 강조한 것처럼 가르치고 배우는 언어는 입력－정보처리－저장－출력의 기술이 아니다. 학습자가 속한 맥락, 다양한 관계, 그리고 자신의 정체성과 밀접하게 관련된 일종의 사회적 작용이고 실천이다. 언어는 자신의 사회적 위치를 반영하는 정체성의 재현인 동시에 정체성을 능동적으로 재구성시킬 수 있는 경로이고 매개이다.

정체성을 단일하고 고정적인 객체로 보지 않고 사회적 맥락에서 역동적으로 변하는 다면적이고 갈등적인 구성체로 본다면 언어학습자들에게 자신(이 속한 언어사회)에 관한 비판적 문식력(critical literacy)을 꼭 가르쳐야 한다. 나를 알고, 내가 속한 관계망과 권력구조를 이해하는 것은 문식력 학습을 통해서만 가능하다. 비판적 문식력이 없다면 내가 붙든 가치, 신념, 이념, 세계관을 이해하면서 내게 허락된, 혹은 내가 감당할 수 있는 정체성을 새롭게 재구성할 수 없다.

정체성은 사회적 관계를 통해 변화할 수 있지만 문식력의 언어가 있을 때만 조정될 수 있다. 복잡한 사회일수록, 위험사회일수록, 개인을 집단의 이념에 함몰시킨 사회일수록, 문식력의 언어교육을 통해 차이의 정체성을 탐색시켜야 하고 언어교육은 곧 정체성교육이란 교육목표도 실현시켜야 한다. 미래 한국의 여러 교육현장에서 언어를 가르치고 배우는 곳, 언어에 관한 정책을 만들고 행정적인 집행을 실현하는 곳, 복수의 언어들을 사용하도록 허락하는 곳, 그 모든 곳에서 언어사회 구성원의 정체성에 관심을 가져야 한다.

언어정체성에 관한 세 편의 클래식 영화

조지 오웰(George Orwell) 소설을 영화로 옮긴 마이클 래드포드(Michael Radford) 감독의 '1984'부터 보자. '1984'의 현실에서는 언어를 통제한다. 통제된 언어만을 강요한다. 개인의 무기력한 모습이 끔찍하게 묘사되어 있다.

오세아니아, 유라시아, 동아시아 세 나라만 존재하는 '1984'의 세계에서 오세아니아의 국가, 혹은 당으로부터 모든 것이 통제된 주인공의 무력한 시선에서 영화 속 이야기는 시작된다. '전쟁은 평화, 자유는 예속, 무지는 힘'이라는 이데올로기로부터 유지되는 사회에서 언어는 사상의 통제를 목적으로 최대한 단순화되어 관리된다. 독재하는 지배 세력은 전체주의적 사회를 강화하기 위해 개인들을 억압하며, 그런 과정 중에 언어는 통제의 장치로만 활용된다.

'1984'에서는 언어를 관리하면서 개인의 정체성까지 왜곡하는 여러 장면이 등장한다. 예를 들어, '새로운 언어(New Speak)' 위원회는 사회 구성원을 통제하기 위한 수단으로 사람들이 사용하는 언어를 의식적으로 개조한다. 위원회 측은 "단어의 파괴가 얼마나 짜릿한가"라며 기존의 복잡한 언어를 간단하게 바꾼다. 주인공인 윈스턴 스미스(Winston Smith)는 기록국의 하급 당원으로서 '새로운 언어' 사전으로 신문을 교정하는 일을 한다.

윈스톤은 자신이 사람들과 다른 생각을 가지고 있는 사상범이란 것을 알고 있다. 자신은 남들이 알고 있는 왜곡된 사실이 아닌, 진실에 가까운 것도 알고 있고, 아름다움과 사랑 그리고 쾌락의 즐거움도 알고 있다고 생각한다. 그는 몰래 일기를 쓴다. 물론 개인적인 견해를 어딘가 기록하는 일기 쓰기는 금지된 언어활동이다.*

원스톤이 죽음으로 몰리면서 "살아있는 것이 중요하지 않고 인간으로 남아 있는 것이 중요한 것이다."라고 말한 장면을 보면 인간이 언어로부터 어떻게 존재하는지를 생각해볼 수 있다. 자유로운 언어사용을 통제하는 언어위생화 정책은 개인의 삶과 사회적 의사소통체계를 억압시키는 시작점이다. 기사를 검열하여 제한된 정보들만 접하게 하고, 일상생활의 대화마저도 통제한다. 개인들의 지적 토대를 통제한다. 그리고 각자의 자아정체성을 동요시키고 왜곡시킨다.

원스턴은 줄리아(Julia)를 만나 밀회를 즐기며 자유를 갈망하다 결국 체포된다. 고문을 받는 중에 고문관 오브라이언(O'Brien)이 손가락 네 개를 펼쳐 보이고 그것이 몇 개인지 묻는 장면이 나온다. 원스턴이 네 개라고 말할 때마다 육체적 고문이 반복된다. 결국 다섯 개라고 말하자 고문은 그친다. 획일적인 말, 누군가가 원하는 말만 하도록 언어를 통제하는 이 장면에서 주인공은 참혹한 심정을 느끼며 한 인간으로서의 존재감을 내던지게 된다.

'뻐꾸기 둥지 위로 날아간 새(One Flew over the Cuckoo's Nest)' 영화는

---

* '1984'에서는 자유에 관한 소망이나 의견을 일기로 쓰는 행위는 금지되어 있다. 그리고 보면 말하고 싶고 느낀 것을 자발적으로 쓰는 행위는 결박당한 언어적 존재를 자유롭게 하는 가장 혁신적인 방법 중 하나이다.

정신병원이란 공간에서 환자들에게 가해지는 반인권적 횡포를 보여준다. 교도소에 수감된 건달 랜들 맥머피(Randle Patrick McMurphy)는 형무소의 중노동을 피하기 위해서 미친 척하며 정신병원에 후송된다. 그곳에서 환자들에게 가해지는 언어의 통제와 감정의 억압을 목격한다. 그리고는 동료 환자들에게 제도적 억압에 저항하고 자신의 존엄성을 주장하는 방법을 가르쳐준다. 여자들을 병원으로 끌어들이고 파티를 열기도 하는 그로부터 자유와 존엄의 의미에 대해 눈을 뜬 환자들은 자신들이 부당한 감시와 조종 속에서 무조건 순응하며 살아온 것을 깨닫는다. 결국 병원 측의 처벌은 시작되고 맥머피는 붙잡혀 전기충격을 받고 식물인간이 된다. 그의 동료 환자들은 저항을 시작하며 맥머피와 가장 친한 인디언 추장 '빅 치프(Big Chief)'는 자유를 찾아 병원을 탈출한다.

여기서 몇 가지 장면을 주목할 필요가 있다. 우선, 치료 프로그램을 한다며 수석간호사 빅 너스(Big Nurse)와 환자들이 빙 둘러앉아 한 명씩 돌아가며 자신의 이야기를 말하는 시간이다. 겉보기엔 수석간호사는 환자들에게 아무런 압력을 주지 않는 듯하다. 모두 차례대로 혹은 자유롭게 발화하도록 기회를 얻은 것처럼 보인다. 그러나 수석간호사 래취드(Nurse Ratched)는 '환자에게는 인권조차 사치'라고 생각하는 인물이다. 환자들이 저항할 때마다 전기충격이나 인격적 모독을 통해 그들을 복종시키곤 했으며 치료와 교화의 이름으로 억압과 폭력을 서슴지 않았다. 환자는 말하고 싶은 것을 결코 말할 수 없다. 눈치를 본다. 정신병원에서 억압과 통제를 받아오면서 자아정체성이 위축되었으니 누구도 쉽사리 입을 뗄 수 없다.

아무도 말을 하지 않으면 수석간호사는 먼저 말하는 사람에게 좋은 평가점수를 주겠다고 한다. 그리곤 한 명씩 이름을 부르며 시작하겠냐고 물으면서 살벌한 분위기를 만든다. 이야기를 편하게 하려면 화자 −청자의 인격적 관계가 있어야 한다. 내용도 바꿀 수 있고, 상호작용, 놀이성, 즉흥성이 허락되어야 한다. 그러나 환자들은 수석간호사와 동등하게 이야기를 교환할 관계성을 갖지 못했다. 상태가 호전되었는지를 평가받는 고부담 발화의 상황에서 하고 싶은 말을 전할 수 없다. 치료사와 환자라는 비균형적 위치로부터 억지 발화가 강요되고 있다.

그런 점에서 빅 치프란 인물을 주목해야 한다. 내내 침묵을 지켜온 그가 목소리를 내고 말하는 장면에 큰 반전이 있다. 그는 수석간호사와 병원의 폭력에 침묵하면서 자신을 지켜왔다. 제도적 폭력 앞에서 침묵만으로 자신을 방어하다가 시간이 흘러가면서 자신을 표현할 수 있는 언어조차 상실하게 되었다. 그때 맥머피가 그에게 말하는 법을 가르쳐준다. "미치지 않기 위해서는 우리를 괴롭히는 것들을 비웃어주어야만 해."라고 빅 치프를 격려한다. 빅 치프는 다시 웃게 되고 말을 시작하게 된다. 그가 정신병원을 탈출하고 원초적 광야를 돌아가는 가장 중요한 동기 중 하나가 자신의 말로부터 자아정체성을 회복하는 것이었다.

'킹스 스피치(King's Speech)' 역시 언어와 정체성의 상관성을 긴밀하게 보여주는 영화이다. 앞서 소개한 '1984', '뻐꾸기 둥지로 날아간 새', 'My Fair Lady' 영화 등을 보면 언어를 통제하거나 교정하면서 자아정체성을 변화시킨 모습이 등장한다. '킹스 스피치'에서는 자아정체성을 압박하면 언어까지 변하는 장면들이 나온다.

영화가 시작하면서 이런 장면이 나온다. 연설을 앞두고 영국의 왕 조지 6세로 즉위한 버티(Bertie)는 초조하다. 말더듬이란 언어장애를 가지고 있는 그는 공적 연설을 할 때 더욱 긴장한다. 단상 위에 올라간 버티. 사람들의 시선이 버티에게 향한다. 입이 열리지 않는다. 사람들이 계속 쳐다보니 가까스로 첫 마디를 연다. 그러나 다음 말이 나오지 않는다. 버티는 낙담한다. 국가 행사에서 사람들 앞에서 말하는 것이 너무나 두렵다.

이 영화를 보면 오래전이긴 하지만 2011년에 나온 로제타스톤 리플렉스(RosettaStone Reflex) TV 광고가 떠오른다. 외국인이 타고 있는 엘리베이터. 한 층에서 한국인 남자가 탄다. "Good morning"이라며 인사하는 외국인(아마도 미국인으로 설정된 듯하다). 한국인 남자는 그 순간부터 어깨가 움츠러든다. 외국인이 다시 말한다. "What floor?" 남자는 당황한다. 흐르는 땀방울. 결국 남자는 아무 말도 못하는데 외국인이 내린다. 한숨을 크게 쉬는 남자. 남자는 혼자 남아서 "I... go..." 이렇게 말하지만 할 수 있는 건 거기까지. 그리고 또다시 긴 한숨을 쉰다.*

조지 6세는 자신의 언어장애를 고치기 위해서 여러 언어치료사를

---

* 한국에서는 조지 6세와 같은 영어학습자들이 많다. 그들은 말더듬이란 언어장애를 가지고 있진 않다. 그러나 자기가 해야 할 말이나 하고 싶은 말을 제대로 하지 못하고 늘 머뭇거린다면 그게 조지 6세와 뭐가 다를까? 미디어에서 그런 이미지를 과장하고 조작하는 것도 있지만 조지 6세와 크게 다르지 않다. 우린 초등학교 때부터 영어공부를 시작한다. 그리고 대학에 들어오고 직장에 들어가서도 내내 공부를 한다. 그런데 영어 말하기만은 불편하다. 말이 불편한 건 조지 6세도 마찬가지다. 왕족으로 연설하는 모습을 어릴 때부터 늘 보고 들었을 것이다. 그러나 그는 말하는 것이 괴롭고 싫다.

만난다. 언어치료사들은 각자 고안한 방법으로 조지 6세를 치료하지만 결국 고치지 못한다. 마치 우리가 수많은 학원을 전전하고 인터넷 수업, 전화영어까지 동원해 영어를 배우지만 여전히 신통치 못한 것처럼 말이다. 말하고 싶은 것을 말하지 못하는 '영어 말더듬'의 장애를 가진 느낌. '킹스 스피치'의 조지 6세와 우리는 모국어와 외국어, 연설과 대화, 시대적 상황에서 여러 차이점이 있지만 말하기의 심리적 압박만큼은 비슷하다.

언어로 소통하는 건 코드의 교환이 아니다. 말하기가 언어의 코드를 교환하는 수준이라면 조지 6세도 없었고 영어교육 현장의 조지 6세도 없다. 언어를 통해 우린 자아정체성을 형성하며, 만들어진 정체성은 또 다른 언어적 경험을 통해 새롭게 재구성된다. 많은 사회학자, 정신의학자, 심리학자는 자아정체성이 기본적으로 의사소통의 경험을 통해 획득된다고 믿는다. '나는 누구인가'라는 생각은 언어적 경험에 의해 조정되고 협상된다. 빈번한 의사소통 행위를 통해, 타인의 반응을 경험하면서, 나의 그림이 그려진다. 의사소통 과정이 자연스럽다면 정체성도 긍정적으로 형성되는 편이고 반대로 의사소통 과정이나 언어교육의 경험이 통제되고 조작된다면 정체성 또한 온전히 형성되지 못한다.

조지 6세는 자아정체성을 자연스럽게 형성하지 못하면서 언어학습에도 문제가 생겼다. 그는 다섯 살 때부터 궁전의 권위에 복종하도록 교육받았다. 비행기 모형 만드는 걸 좋아했지만 아버지 조지 5세는 그것을 허락하지 않았다. 조지 6세는 아버지가 좋아하는 우표수집을 해야만 했다. 왼손잡이였지만 오른손을 사용하도록 교육받았다. 안짱다리를 교정하기 위해 금속 부목을 항상 착용해야 했다. 늘 자유로운 의지는 억눌렸고 누군가로부터 정해진 틀로 살았다. 그러한 심리적 압박감은 분명 부정적인 자아정체성과 관련되어 있을 것이다. 그리고 언어사용의 장애로도 연결되었을 것이다.*

> "왼쪽 팔꿈치로 몸을 기대시고 손등을 턱 아래 놓으신 채 엄지손가락과 나머지 손가락 사이에 목이 들어가도록 합니다. 그렇게 턱을 손 위에 받치고 계시다가 소리가 잘 안 나올 때에는 아래위로 힘껏 눌러 주시면 됩니다. 이렇게 하면 근육이 조절되면서 모든 어려움이 사라질 것입니다."

어떤 언어치료사가 조지 6세에게 지시하는 영화 속 대사이다. 언어치료사들은 조지 6세의 문제를 단지 신체적인 요인에서 온 것으로 본다. 호흡법에 치중하거나 말할 때의 자세를 문제 삼는다. 심지어 구슬 7개를 입안에 가득 넣고 책 읽기를 시킨다. 그를 교정하려고 한다. 구슬을 가득 입에 물고 힘들어 하는 그에게 언어치료사는 집중하고 빨리 말을 해보라고 다그친다. 이런 방법은 아무런 효과를 유도하지 못한다. 언

---

* 한국의 조지 6세들도 마찬가지다. 말과 글을 가지고 자유롭게 뭘 해볼 수 없다. 초등학교 고학년만 되어도 비문을 사용하거나 말하고 싶은 것을 자유롭게 말하는 것은 허락되지 않는다. 주어진 틀 안에서만 답을 빠르게 찾는 연습만 해야 한다. 답이 아닌 건 틀리기 때문에 맞는 답을 말해야 한다는 강박이 생기지 않을 수 없다. 학생들의 자아정체성은 위축되며 자신의 언어사용 습관은 부정적으로 변한다. 그래서 모든 언어교육 프로그램은 언어사용자/학습자로서의 정체성을 제대로 형성할 수 있도록 변해야 한다.

어사용, 개인의 정체성, 심리적 부담감의 관련성을 간과하고 언어사용이 그저 신체적 활동, 인지적 작용 정도로 이해한다면 말을 잘하기 위해서는 발음, 자세, 호흡만이 제일 중요할 뿐이다. 조지 6세가 어린 시절 겪었단 통제와 규율에 또 다른 통제적 기억을 심어줄 뿐이다.

그러나 로그(Logue)는 달랐다. 조지 6세에게 로그가 가장 먼저 요구한 건 상호신뢰와 평등이 전제된 관계였다. 그는 조지 6세를 '버티'라고 부르며 친구의 관계를 요구했고 자꾸만 이야기를 들어보려고 했다. 그는 자격증도 없는 돌팔이였지만 언어를 실행하는 것이 자아정체성과 상관이 있다는 걸 알고 있었다. 로그는 사적인 질문을 금지하라는 조지 6세에게 목 근육을 이완시키거나, 지정된 어휘만을 반복하거나, 배에 힘을 주는 기능적인 치료는 문제의 해결책이 아니라고 자신 있게 말했다. 조지 6세는 그가 어린 시절에 겪은 통제, 형의 조롱, 유모의 괴롭힘에 대해 결국 말할 수 있었다. 로그와 대화를 나누며 과거를 성찰했던 것이다. 로그는 조지 6세가 말에 대한 두려움을 극복하도록 노래로 이야기하곤 했다. 욕을 하면서 내면의 분노를 발산하게끔 유도했다. 다른 치료사들처럼 그에게 말을 다그치지 않았다. 로그는 인격적인 관계를 이해하고 조지 6세의 심리적 안정과 분노의 해소에 집중했다.

언어의 통제적 메커니즘인 획일성, 고정성, 환원성의 규범은 자아정체성과 깊은 관련성을 가지고 있다. 혜진은 내가 가르친 학생 중 한 명인데 중학교 1학년 때 영어가 싫어졌다고 했다. 아래 내용은 혜진의 기억을 간단하게 요약한 것이다.

"저는 중학교 1학년 때 2개월 동안 영어회화를 배운 경험이 있어요. 선생님은 자유롭게 학생과 이야기하거나 게임을 했어요. 낯을 가리는 제 성격에 이런 활동을 한다는 것이 제게 큰 부담이었어요. 그러나 영어 퀴즈를 하면서 당시 제가 좋아하는 노래나 가수를 몸짓을 이용해서 설명하고 같이 웃고 떠들면서 게임을 재밌게 했어요. 선생님은 모범답안을 엄격하게 제시하지 않았고 저는 보름 만에 수업시간에서 가장 목소리가 큰 학생이 되었어요.

그런데 그 선생님 사정으로 새로운 선생님이 오면서 상황은 달라졌어요. 실력 테스트가 시작되었고 첫날부터 문법을 공부했어요. 선생님은 제게 'go'와 'going'의 차이점을 물었는데 저는 '가다'와 '가는 것'으로 대답한 기억이 납니다. 선생님은 그것만으로 저를 영어실력이 별로인 학생으로 단정했는데, 아마 그때 선생님의 모범답안은 'go'는 평소에 가는 것, 'going'은 지금 가는 것이었어요. 지금 생각해봐도 참 답답한 수업이 계속되었어요. 저는 갑자기 '영어실력은 별로이며 공부를 더 열심히 하지 않으면 안 되는 답답이'가 되었고 수업시간에 말수도 적어지고 흥미도 잃게 되었어요."

우리나라 영어교육을 생각하면 '킹스 스피치'에 나오는 무자비한 언어치료사들이 쉽게 떠오른다. 묻지도 따지지도 않고, 발음 연습을 시키고, 대화지문을 다 외우게 하고, 억양, 목소리 크기, 주저하는 태도를 늘 지적하고, 어휘 사용은 늘 정답이 있다며 단언하는 교육현장. 얼마나 그렇게 오랫동안 공부를 했는가? 머리에 저장된 건 점점 많지만 갈

　　　　　　　　앵무새 살리기

수록 마음은 늘 불편하고 불안하고 창피하다.* 부정적인 자아정체성이 언어교육의 다양한 현장에 축적되면서 (심지어 아무리 영어를 좋아한 학생이라도 영어수업 몇 번만에 부정적 자아정체성이 만들어진 경우가 빈번하다) 영포자, 만년 초중급 학습자들이 양산된다. 그리고 그들은 자신을 탓하며 좀 더 스스로 노력해야 한다고 다짐한다. 미래 한국의 언어교육자들은 학습자의 마음에 주목하고, 정체성교육의 유의미함을 주목해야 한다.

언어교육이 정체성 교육이고 정체성 교육을 위해 스토리텔링 교육을 해야 한다. 다양한 서사를 읽고, 듣고 본 것을 다시 텔링하는 활동이 강화되어야 한다. 교실 안팎에서 역할극과 같은 학생이 주도할 수 있는 페다고지에 관심을 더 가져야 한다. 역할극은 무의식적으로 학습자 자신의 현실을 제한적인 수준으로나마 새롭게 형성할 수 있도록 돕는다. 실제 세계의 지식을 경험하게 되고, 다른 사람과 상호작용을 할 수 있도록 돕는다. 심리적 부담감을 느끼지 않는 역할극이어야 하고 필요에 따라 몸동작을 배제한 목소리극, 목소리의 톤조차도 부담을 주지 않는 낭독 수준의 역할 연습도 괜찮다. 소리를 직접 내면서 내 목소리를 직접 듣고 함께 읽고 동작을 만드는 활동은 언어를 통해 나다움을 만들어 보는 연습이기도 하다. 연극으로 만들 수도 있고 팟캐스팅 등에 동영상으

---

* 　생태언어교육관으로 보면 관계를 만들자고 언어를 배우는 것이기도 한데 아무리 배워도 배운 언어로 말해볼 사람이 없다. 전화영어를 할 때 수화기 건너편에 있는 사람과 특별한 관계 이상으로 발전할 수가 없다. 음성으로 들리고 컴퓨터 화면으로 보이는 사람, 혹은 만화 캐릭터와 어찌 관계가 쉽사리 만들어질까? 시험을 준비하고 여전히 문법이나 독해 기술이 제일 중요하다면 서로의 이야기가 어떻게 나눠질 수 있고 자아정체성이 뭐가 중요하단 말인가?

로 올려볼 수도 있다.[80]

성형수술

2014년 공정거래위원회는 국제미용성형수술협회 자료로부터 다음과 같은 내용을 발표했다. 한국의 성형수술시장 규모가 전 세계의 4분의 1 수준이라는 것. 연간 성형시장 규모는 약 5조 원. 국제 성형시장 규모가 약 21조 원이니까 우리나라가 전체 성형시장 규모의 25%를 차지한다. 참고로 성형수술이 가장 많이 이뤄지는 국가는 1위 미국, 2위 브라질, 3위 중국, 4위 일본, 대한민국은 7위이다. 인구대비로 환산할 경우 한국이 1위를 차지한다. 성형수술을 이처럼 많이 하는 이유는 무엇일까? 그저 예뻐지기 위한 개인의 능동적인 선택이라고 단정하기 어렵다. 잘생긴 외모를 선호하는 사회구조를 주목해야 한다. 어린 학생이나 청년이라면 그러한 사회적 풍조를 외면하긴 힘들 것이다.

어떤 결정적 사건이나 관계 형성 과정에서 여성이 성형수술을 결심하는지, 그리고 성형 후엔 과연 어떤 정체성이 새롭게 구성되는지, 관련 연구문헌이 있는지 궁금하다. 성형은 단순히 개인의 문제, 내면의 문제만이 아니다. 우리는 변하는 사회적 질서 안에서 자신을 새롭게 인식한다. 다른 누군가의 시선에 반응하고 영향도 받는다. 성형을 결심하고 실행하는 정체성은 성형을 하는 사회문화적 맥락이라는 씨줄이 나다움의 날줄을 만난 것이다.

언어교육의 내용과 과정도 혼자만의 능동적인 결과물이 아니다. 언어를 가르치거나 배우거나, 사용하고, 그걸로 일하면서 살아가는, 누군가로 되어 가는 사회화 과정이 개입된다. 내가 가르치고 배우고 사용하는 언어는 곧 내 정체성이 되며 언어학습은 언어정체성의 학습이기도 하다. 모(국)어만을 사용했던 내가 두 번째 언어를 배우고 그걸 사용하는 누군가로(예: 영어교사) 살아가게 되면 복수의 언어적 자아들이 공존한다. 모(국)어와 제2언어를 사용한다면 다음과 같은 ①-④번 조합으로 자아들은 서로 충돌하고 공조할 것이다.

	모(국)어를 사용하는 자아	두번째 언어를 배우고 사용하는 자아
①	작다	작다
②	크다	작다
③	작다	크다
④	크다	크다

①-④번 조합처럼 모(국)어인 한국어를 배우고 사용하는 나는 두 번째 언어(예: 영어)를 새롭게 배우고 사용하는 나와 자아정체성의 크기가 다를 수 있다. ④번의 개인이 가장 이상적인 이중언어사용자일 것이다. 한국어를 쓰는 자아도 어른이고, 영어를 쓰는 자아도 어른이다. 두 언어를 횡단하는 화자로서, 다중언어문화의 개방적 수용자로서 복수의 언어들을 사용하며 각 언어로부터 건강한 정체성이 구축되었다.

①번은 내가 만난 많은 학생에게서 쉽게 발견되었다. 한국어로도,

영어로도 다 못났다. 말 사용은 위축되어 있고 자아정체성 역시 건강하게 구성되어 있지 않다. 외국에서 조기 유학생으로 지낸 학생들이 여기에 속하곤 한다. 특히 중등학교 때부터 외국에서 수학한 학생은 한국어 능력도 어중간하고, 영어사용역량도 어중간하다. 언어적 경험은 누구보다도 풍성한데 두 언어를 분리하고 개별언어의 원어민 집단을 참조기준으로 두면 자신을 어디서도 결핍된 자아로 폄하하게 된다.

②번도 자주 발견된다. 모어를 사용하는 한국에서, 한국어로, 한국인으로 살아가는 자아가 어떤 식으로든 너무 강하면 (인물이든, 학벌이든, 소속 직장이든, 무엇으로든 상징적 문화자본을 나름 충분히 모아둔 상태라면) 두 번째로 구축되는 새로운 언어적 자아는 성장하지 못할 수 있다. 물론 모어를 사용하는 내가 건강한 언어정체성을 구축하고 있다면 두 번째 언어를 배우고 사용하는 꼬마 자아에게도 물을 주고 격려할 수 있다. 그렇지 않으면 두 번째 자아는 영원히 미성숙한 자아를 벗어나지 못한다. 자신은 비원어민 – 외국인 – 학습자에 불과하다는 일종의 약자, 혹은 피해자 정체성마저 갖게 된다.

국가의 5% 수준 GDP가 사교육에 투입되고, 200만 명이 넘는 수험자가 토익을 보며, 수백만 명의 외국인이 장기체류로 살아가고 있는 한국에서 두 번째 언어를 빈번하게 사용하거나 복수의 언어들 사이를 일상적으로 횡단하는 언어정체성을 간과할 수 없다. 한국은 다문화, 다중언어 기반의 사회질서가 빠른 속도로 확장되고 있고, 글로벌기업, 국제학교를 적극적으로 수용하고 있으며, 대도시에서는 나와 다른 언어를 사용하는 사람들이 넘쳐난다. 그곳에서 모어만을 사용하는 자아에 집착한다면 국가주의–민족주의 기반의 협소한 언어관을 벗어날 수 없다. 언어정체성은 인격적이고 횡단적이며 생태적인 속성으로도 이해되어야 한다.*

대학의 원어강의와 언어정체성

언어정체성의 관점에서 대학의 원어(영어)강의를 다시 한번 다뤄보고자 한다. 국내 많은 대학에서 이뤄지고 있는 원어강의가 학생들의 언어정체성에 어떤 영향을 주고 있을까? 흥미롭게도 모어(한국어) 화자로서의 언어정체성이 강한 학생일수록 영어수업에서 성취도가 낮다는 연구가 발견된다.[81] 많은 학생들이 영어로 진행되는 강의에 대해 큰 불만을 갖고 있으며 영어강의 의무화 규정에 반대하고 있다. 영어가 중요하니 영어강의를 열면 좋다라는 관행에 배치되는 연구결과이다.

앞서 2장에서도 설명한 것처럼 국내 대학은 영어로 수업을 듣지 않은 많은 학생의 교육경험을 충분히 고려하지 않고 영어로만 읽고, 듣고, 말하고, 쓰는 수업을 늘린다. 많은 학생이 새로운 언어로 학술활동을 감

---

* 어느 대학의 어학원에서 영어수업을 공고하는 광고지를 보았다. 거기 적혀 있는 첫 문구가 이렇다. '사생결단 7주 영어 집중과정.' 참 비장하고 살벌하다. 단기간 경쟁을 강조하며 성공과 산출물을 만들어내겠다는 의욕이 드러난다. 그런데 '사생결단'하며 영어를 배울 때 정체성교육은 도무지 기획될 수가 없다. 어쩌면 너무 '사생결단'으로 공부하기에 그들은 열등감에서 자유로울 수 없을지도 모른다. 제2언어를 사용하는 성숙한 자아는 사생결단으로 살지 않는다.

당해야 하면서 대학에 오기 전까지 모(국)어로 구축한 언어정체성은 갑자기 동요된다. 영어사용에 무력감을 느끼면서 모(국)어 사용에 집착하기도 하고 학술언어인 영어와 모(국)어 사이를 마음 편히 횡단하지 못하면서 부정적인 자아정체성이 생기기도 한다. 영어를 사용하는 가치체제가 제대로 형성되지도 못하고 그저 영어를 잘하는 '그들'처럼 자신도 영어만 잘하고 싶다는 협소한 자의식이 만들어진다. 모(국)어에 집착하든, 영어에 집착하든, 양쪽을 횡단적으로 이동시키지 못하고, 생태적으로 두 언어를 공존시키지 못하고, 하나의 자신, 하나의 언어만 고집하기도 한다. 그렇게 되면 차이를 인정하고 나와 다른 언어를 사용하는 타자를 수용하기 어렵다. 내가 보기에 지금의 원어강의 관행은 영어가 너무나도 중요하다는 사회적 강박만 확인할 뿐이다. 복수의 언어들을 전략적으로 공존시킬 수 있는 언어정체성 교육에 아무런 기획도 배려도 없다.

부정적인 경험에 의해 개인의 자존감은 점차 떨어진다. 많은 대학 신입생들이 강의실에서부터 영어 화자로서 소외나 열등함을 경험하고 있다. 모(국)어와 목표언어를, 그럭저럭, 재밌게, 횡단적으로, 필요할 때마다 언제든 사용할 수 있다는 자신에 대한 믿음도 무너진다. '영어를 멋있게 하고 싶다'는 사회적 압박감은 너무나 크지만, 학교-교실-원어수업에서 영어를 말해보는 화자로서의 존중감은 좀처럼 경험하지 못한다. 소수의 동료 학생들이 너무 잘해서 불편하고, 그저 그들을 위해 병풍처럼 앉아 있는 자신의 모습이 초라하다. 영어로 수업을 하는 곳은 영어에 관한 자아존중감이 상실되는 곳이다.

'영어'로 수업을 하는 것 자체에 시비를 걸 수 없다. 그러나 어디서나 비슷하게 가르치고 비슷하게 평가하는 '제도화된' 혹은 '위생화된' 영어수업에서 제도나 절차의 효율성만이 지나치게 강조되고 있다. 서로 필요하고 사용하는 영어가 다르다. 그럼에도 특정 지역이나 계층에서 사용하는 영어를 표준으로 두면 서로 다른 개인이 경험한 다양한 언어 자원이 나름의 방식으로 최적화될 수 있는 토대가 사라진다.*

서로 다른 자아정체성을 배려하는 원어수업을 구성하려면 우선 영어의 다양한 형태를 인정해야 한다. 국제대회 자원봉사자들은 개방적인 태도로 여러 지역에서 온 다양한 참가자들의 서로 다른 영어를 존중하고 이해한다. 영어능력을 협소하게 정해둔 수업에서는 비위협적인 영어사용의 환경이 만들어질 수 없다. 대학진학을 도운 모(국)어로 구축한 학업 경험과 언어정체성을 흔들면 안된다. 어린 나이부터 모(국)어와 영어 둘 다 잘하면 좋지만 그런 경우는 드물다. 어느 쪽 언어든 천천히 배울 수 있도록 허락하고 양편이 서로 희생되지 않는 언어교육환경이 필요하다.** 다른 언어가 학습되고 모(국)어와 적절하게 조합되면 보다 역

---

* 　내가 잘 아는 나정이란 학생은 남미에서 오랫동안 공부한 학생이다. 포르투갈 언어를 능숙하게 말할 수 있고, 한국에서 꼭 대학을 다니고 싶어서 한국어도 꾸준히 배웠고 영어로도 일상적인 의사소통이 가능했다. 이처럼 언어적 레퍼토리가 풍부한 나정이라도 한국어나 영어를 사용할 때 남미 특유의 액센트를 가지고 있어서 그런지 원어수업에서도 관심조차 제대로 받지 못했다. 차이와 다양성의 언어자원, 언어정체성에 무심하다면 다수의 학생은 이중/다중언어사용에 관한 호기심을 가질 수 없다. 오히려 소외를 경험하게 될 것이다.

** 　학교의 원어수업에 관한 논의가 좀 더 사회적 쟁점이 되어야 한다. 영어가 국제어로서 큰 힘을 갖고 있기 때문에 대학 구성원들이 쉽게 소외의 감정을 느낄 수 있다. 심리적 결핍은 사회적 억압과 연결되어 있다. 영어 학습량은 증가하지만 개별적인 자아정체성의 측면에서 보면 영어를 배우고 공부하는 건 그저 사회적 억압 기제로만 인식되기도 한다.

동적인 제3의 언어정체성이 구축될 수도 있고 언어학습의 새로운 재미가 시작될 수도 있다. 복수의 언어정체성을 균등하게 배려하지 않은 교육은 서로 다른 언어자원에 관한 존중과 배려는커녕 왜곡된 언어(교육)관을 형성하고 누군가의 말과 글을 부끄럽게 생각하게 한다.

2. 언어자원, 언어복지 담론의 발굴

언어자원 담론의 가능성과 한계

신자유주의 원리로부터 구성한 언어정책 문서라면 흔히 시장재, 경쟁재, 소비재를 연상하게 하는 텍스트가 자주 배치된다. 그에 대항하는 담론을 기획하고 있다면 언어를 공공재, 가치재, 기초재, 복지재의 속성으로 바라보자는 논점이 포함될 것이다. 언어에 관한 주류 담론은 흔히 언어가 문제이니 투자하고 교정하자는 우파적 논리와 언어는 모두에게 (특히 소수자들에게) 권리나 평등한 기회로 다뤄져야 한다는 좌파적 신념체제가 있으며 둘은 늘 서로 충돌하는 편이다.

영어나 한국어 사용능력이 문제나 갈등의 원인이면서 해결책이라는 논점은 다수의 정책문서나 미디어에 빈번하게 등장하고 있다. 결핍과 문제 담론의 재생산을 중단하고 모어, 소수언어, 이중언어, 방언, 초중급 수준의 외국어 능숙도 등을 긍정적으로 의미화시키거나 일종의 권리로 존중해야 한다는 관용 담론 역시 꾸준히 유포되고 있다. 그러나 문제가 되기 때문에 교정하고 해결하자는 논리나, 기본적인 권리이니 법이든 관용으로든 보호하자는 것이나 모두 언어에 어떤 지위를 부여할 것인가에 관한 경제적이고 정치적인 접근이다.

학계는 문제나 권리 담론을 고집하지 말고, 학제간 논점을 조합하여 개인이나 사회가 보유할 수 있는 언어 자원성(resourcefulness) 담론을 새롭게 발굴해볼 필요가 있다. 언어가 자원이라든가 복지적 인프라로 접근하자는 사회적 담론은 좌-우 진영 모두 관심을 두고 있으며 한편으로 보면 시장-친화적으로만 보이지만 자본, 자원, 복지 논점을 잘만 재구성한다면 이질회된 언어사회의 가치를 새롭게 모색할 수 있다. 언어를 자원으로 인식하면 문제-권리의 대립적 이데올로기 경쟁이 완화될 것으로도 기대된다. 다문화주의나 다중언어교육이 위계와 동화를 여전히 전제하고 있는 언어정책이라고 비판하거나, 귀화시험 기반 정책이 국내에서 빠르게 형성되고 있는 다중언어사용 환경을 제대로 수용하지 못하고 있다는 지적이 국내 학술문헌에 이미 등장하고 있는 만큼 여러 학술 분야의 연구자들이 연합하여 '자원이 되는 언어' 담론을 새롭게 발굴하고 이를 신자유주의 담론전략과 구분해볼 필요도 있다. 해방주의적 전통의 비판연구와 달리 언어를 자원으로 설명하려는 연구자들은 다분히 개량적이고, 절충적이고, 실용적인 이데올로기를 지적 토대로 삼지 않을 수 없다.

어쩌면 2장에서 살펴본 링구아 프랑카, 생태주의적 언어환경, 도시언어현상, 횡단적 언어실천이 기존의 담론질서에 수용되려면 저항과 해방의 수사보다는 자원과 공공성의 언표가 전략적인 접근일 수 있다. 국제기구나 비영리단체도 '지속가능한 발전목표(Sustainable Development Goals)'를 위한 실행안에 언어 관련 항목을 반영시키고 있고, 소외되고 낙후된 지역과 계층의 학습자를 배려하기 위한 '적정교육(appropriate pedagogy)' 역시 언어정책에 고려되고 있는 만큼 언어의 자원, 복지, 기회 담론이 학제간 연구자로부터 새롭게 기획되고 확장될 필요가 있다.[82]

언어가 자원이란 담론을 발굴할 때 유의해야 할 점이 있다. 언어자원이라는 담론의 생산은 경제주의, 국가주의 기반의 기존 담론으로부터 침잠되거나 오독될 여지가 크다. 심지어 언어가 자원이란 논점은 언어가 자본이란 기존 담론과 손쉽게 공모될 수 있다. 예를 들어, 국가의 산업이나 학교의 경쟁력을 발전시키기 위해 영어가 중요하고 필요하니 개인들이 영어를 습득하고, 학습하고, 사용하는 경로에 집단적으로 동원되어야 한다는 발전/진보의 이데올로기는 언어를 탈맥락적인 도구로 전락시킬 뿐이다. 차이와 다양성의 논점을 사실상 매몰시킨 종전의 신자유주의 체제와 다를 바도 없다. 개발주의(developmentalism)의 도구가 된 언어는 언제든지 언어사용자 간의 갈등, 사회적 불평등을 유도할 수 있기에 언어가 자원이고 사회적 인프라가 된다는 이데올로기는 그런 점에서 모순과 한계를 가질 수밖에 없다.

자원이 되는 언어는 언어정책의 적극적인 개입이 없다면 시행될 수 없다. 국가와 같은 큰 힘이 의식적으로 정책의 집행에 개입하면 문제가 발생하는 역설적 상황을 놓고 추가적인 담론경쟁이 필요할 것이다. 개발과 발전의 개념을 근본적으로 문제화하는 논점 역시 주목하면서 언어사회 연구의 영역에서 지속가능한 발전, 국가의 개발주의, 진보적 사회 가치의 의미를 놓고 학제간 논의를 시작해야 한다. 이 책은 이러한 논의까지 온전히 담지는 못했다.

언어는 자원 그리고 복지

언어를 기초재, 공공재와 같은 일종의 사회적 자원으로 바라보자는 제 안은 총론 수준에서 다들 동의한다. 그러나 언어를 적극적 복지체계 안 에서 다루자는 논점*은 사회구성원 다수가 합의하기 힘들다.

영국의 사회학자 앤서니 기든슨(Anthony Giddens)은 '좌파와 우파를 넘어서'[83] 저서를 통해 후기 현대사회의 정치적 대안으로 손상된 연대 의 회복, 삶의 정치, 대화 민주주의 회복, 적극적 복지, 폭력의 부정을 제 안한다. 그는 포괄적 복지국가를 지향하는 사회민주주의와 시장원리를 극대화하는 신자유주의의 극단 대신에 '제3의 길'을 제안한 셈인데 국 내 언어사회 연구에서도 새로운 담론질서에 참조가 될 수 있다. 이 책 1장의 모더니티 언어사회의 질서, 2장의 포스트모더니티 대항/대안 담 론의 변증법적 통합을 기획해본다면 기든스의 문헌은 참고할 부분이 많다.

예를 들면, 기든스의 적극적 복지 논점은 언어사회의 불평등과 차 별 문제를 새롭게 바라보게 해준다. 적극적 복지는 돈으로 복지를 감당

---

* 다시 강조하지만 언어-자원 담론은 공시적 판단으로 언어능력을 검증하고 소수자나 이 주자의 언어적 결핍을 지적하면서 입국, 수학, 체류, 자격, 시민권의 기회를 관리해야 한다는 전 형적인 언어-문제 담론과 구별이 되어야 한다. 예를 들어, 데이비드 캐머런(David Cameron) 전 영국총리는 영어를 못하는 이주민들 대상으로 입국 2년 반이 지난 후 시험을 봐서 영어능력 이 향상되지 않았다고 검증되면 비자 연장까지 거절하고 추방할 수도 있다고 제안했다. 그러나 복잡한 사회적 문제를 영어의 문제로 전환시키는 담론으로는 이주민이 겪는 배제와 대립의 해 결책이 될 수 없다.

하기보다는 교육이나 일자리를 제공하면서 복지정책을 운영하는 방식이다. 이 책의 1장에서 검토한 것처럼 신자유주의자들은 늘 경제/투자 가치를 강조하는데, 기든스의 중도적 입장으로 보면 국가 정책의 일차적인 투자는 사회가 된다.

국내 언어사회의 문제적 상황은 시장 메커니즘에 의한 수요와 공급으로, 혹은 비용과 이익으로 쉽사리 해결할 수 없다. 국가는 사회적 기반인 교육, 주거, 복지, 노후 등에 대한 정부 차원의 투자를 감안하면서 다문화, 다중언어사회의 사회적 쟁점을 다루어야 한다. 경쟁, 효율, 수익의 논리로만 언어에 관한 문제를 해결하지 말고 교육을 통한 인적/물적 자원에 투자하면서 복지 체계를 구성해야 한다. 그래야만 이주와 세계화 시대를 사는 언어사용자 개인들의 삶의 질이 높아진다. 어릴 때부터 토익과 같은 고부담 시험을 반복적으로 응시하는 사회적 관행을 줄일 수 있다고 상상하면 언어복지, 언어자원에 관한 이와 같은 논제가 별나라의 이야기는 아닐 것이다.*

---

* 지금과 같은 후기-세계화 시대를 살면서 단 하나의 단일한 언어, 혹은 자신만의 모어만을 제한적으로 사용할 수 있다는 것은 마치 인쇄된 문서와 책만 접근할 수 있을 뿐, 컴퓨터나 인터넷을 모르는 것과도 같다. 영어와 같은 접촉언어를 평생 동안 저부담 언어정책의 배려를 통해 계속 학습할 기회가 없다면 정보, 문화, 교육에 관한 권리에 접속할 수 없다. 언어교육과 정책을 시장의 논리로만 맡긴다는 건 안이하고도 끔찍한 발상이다. 깨끗한 물을 마실 수 있는 삶의 기본 권리를 시장에 맡기는 것과도 같다. 통역자든 번역자든 교수자든 언어를 잘 다루는 사람은 성인이 되어서 손쉽게 사회적 보상을 받을 수도 있지만 어린 학생으로 하여금 일찌감치 언어를 시장의 사유재, 소비재로 인식하게 하면 언어에 기반을 둔 최소한의 기회, 권리, 교육, 정책이 경쟁이나 상품의 가치로 왜곡될 수 있다. 돈으로 언어(능력)을 거래하지 말고 교육을 시키고 일자리를 제공하는 복지적 개념으로 국가가 언어(교육)정책에 적극적으로 개입할 필요가 있다.

언어를 복지와 자원의 문제로 풀어가자고 설득하려면 여러 현장에서 새로운 쟁점을 담론으로 기획하고 지배적인 담론질서와 충돌시켜야 할 것이다.* 예를 들어, 접촉, 생태, 도시재생, 횡단의 인문 담론을 계속 축적시키면서 언어교육과 사용에 관한 복지와 자원 논점을 부각시킬 수 있다. 다양한 언어사용자들의 공존과 협력, 접촉지대에서 횡단적인 언어사용을 실천하는 개인들의 언어권리와 정체성, 언어의 생성, 갈등, 변화의 역사성을 다양한 현장의 내러티브로 유포해야 한다. 그러한 내러티브를 모으는 것이 기든스가 언급한 너와 나의, 서로 다른, 삶의 정치학이 될 것이다.**

이와 같은 논점은 언어를 기초재, 공공재, 사회적 인프라, 자원, 복지로 바라볼 수 있는 사회적 인지를 키울 것이다. 앞서 언급한 적정 수준의 교육(appropriate pedagogy) 담론 역시 계속적으로 유입시켜서 언어교육과 정책 집행의 현장에서 당연하게 인식되고 있는 시장과 공리의 가치를 재고해야 한다. 모더니티의 과잉은 지역성(locality), 생활, 일상, 관계, 재정을 고려한 적정성의 가치로부터 다시 논의되어야 한다. 우리는

---

* 기존의 담론질서에 개입하려면 기든스가 언급한 해방의 정치와 삶의 정치가 동시에 고려될 필요가 있다. 이 부분은 뒤에서 좀 더 살펴보기로 한다.

** 접촉, 생태, 횡단의 가치를 붙들고 있는 연구자라면 중심-주변의 이항대립, 제거, 교체의 문제해결을 선호하지 않을 것이다. 예를 들어, 집안에서 가부장적 아빠의 목소리가 너무 크다. 새로운 국면이 필요하다. 그럼 아빠의 반대편에 있는 엄마에게 힘을 실어서 아빠로부터의 종속에 해방되는 방안을 가장 먼저 모색할 수 있다. 엄마가 아니라면 아빠와 대립시킬 큰 형이나 이웃으로 대항적 권력을 만들 수 있다. 그러나 그로부터 떠나거나, 그를 제거/제압하거나, 혹은 누군가로 손쉽게 대체하면 동일한 가부장의 권력구조가 여전히 승계될 수 있다. 그건 공존도 횡단도 아니다. 아빠, 엄마, 나, 어느 누구라도 중심이 되지 않도록 권한을 위임하는 것은 어떤가?

너무나 당연하듯이 적정 수준을 넘어버린 언어교육, 상품이 되고 맥도
날드화된 테크노폴리의 언어를 소비하고 있다. 적정 수준을 훌쩍 넘은
언어교육, 불필요하게 과장된 언어사용능력의 측정과 진단, 그것이 정
말 타당하고 공평한 것인지, 복지와 자원, 차별과 불평등의 관점에서 논
의할 필요가 있다.*

일상의 회복, 삶의 정치

앞서 기든스의 논점으로 언급한 것처럼 후기 현대사회의 정치적 대안
은 해방의 정치뿐만 아니라 삶의 질을 주목하는 생활의 정치 역시 실현
되어야 한다. 삶의 정치는 거시적인 해방의 정치에 비해 문제적 상황을
바라보는 시선이 다르다. 해결책도 구분된다.

　　해방의 정치는 부적절한 전통과 구조화된 관습의 굴레를 주목한

---

* 　　적정성은 산업공학과 같은 학문 분야에서 다뤄졌다. 적정기술은 사회공동체의 정치, 문화,
환경 조건을 고려해서 해당 지역에서 지속적인 생산과 소비가 가능하도록 고안된 것이다. 자원이
넉넉하지 않은 곳이라면 적정기술은 그곳의 삶의 질을 긍정적으로 향상시킬 수도 있다. 예를 들
면, 페트병 전구는 개발도상국 빈민가에 버려진 페트병과 세제, 접착제만으로 전기요금을 들이지
않고도 집안에 전등을 켠 것과 같은 효과를 갖는다. 버려진 페트병에 세제나 표백제를 탄 물을 채
우고 지붕에 구멍을 뚫고 꼽아 두면 방안을 밝힐 빛이 만들어진다. 라이프스트로(lifestraw)도 먹
지 못하는 물을 정화시켜 안전한 식수로 제공하는 간단한 적정기술 도구이다. 적정 수준으로 기
술력을 갖는 것이 가난한 곳에서 자원이 될 수 있다는 사실은 부유한 곳 역시 적정 수준을 훌쩍
뛰어넘은 기술이 어떤 유익함이 있는지 고민하게 한다. 동일한 고민을 언어에 관한 자원/복지
담론에서도 적용할 수 있을 것이다.

다. 착취, 불평등, 억압은 권력구조의 불평등한 분배에서 온다고 보면서 정의를 실현하다. 참여의 윤리가 제시되는 절대명령을 강조한다. 그에 반해 삶의 정치는 정치적 결정이 선택의 자유에서 나온다는 것을 부각시킨다. 세계화라는 상호의존의 맥락에서 개인마다 자아실현을 시도하고 도덕적으로 정당한 삶의 양식을 추구하는 것이 필요하다. '어떻게 살아야 하는가'라는 실존적 질문은 해방의 정치로 해결할 수 없으며 개인들의 자율성에 기댄 인권, 환경, 생활 운동이 새롭게 시작된다. 기든스는 그렇게 거시와 미시 정치가 결합되는 것이 새로운 정치 대안이라고 보았다.

국내 비판 학계는 오랫동안 거시적인 사회구조, 이데올로기 비평, 해방의 정치 담론에 관한 문헌을 축적했지만 이제는 일상, 권리, 정체성을 변화시키는 생활의 정치 역시 주목하고 있다.[84] 언어사회에 관한 비판적 연구도 동일한 변화가 필요하다. 새로운 언어사회를 상상하면서 자본주의, 관료적 사회구조, 기술중심주의나 단일언어주의 이데올로기 등과 같은 권력구조의 변화를 논하지 않을 수 없다. 그러나 언어에 관한 거시적 사회구조는 쉽사리 바뀌지도 않고 변화의 속도 역시 좀처럼 느끼기 힘들다. 그렇다면 언어를 통해 살아가는 서로 다른 개인들의 자아정체성, 권리, 일상, 태도, 신념에 변화를 주면서 보다 나은 언어사회를 기획하고 실행해볼 필요가 있다. 언어에 관한 개인들의 삶에 아무런 변화를 찾아볼 수 없다면 이 책의 1장에서 다룬 경제주의나 기술만능주의에 관한 언어이데올로기 비평이나, 2장에서 소개된 횡단언어주의나 세계시민주의와 같은 대항/대안 담론은 좀처럼 대중에게 확장되지 못할 것이다.

신자유주의 언어사회를 질책하면서 원인 - 결과, 문제 - 해결, A언어 - B언어와 같은 이항으로 언어에 관한 문제를 해방시킨다는 논점이 자주 등장한다. 예를 들면, 식민주의를 언급하면서 영어, 원어민, 영어사용, 영어시험 정책을 거칠게 비판한다. '그들'과 '우리'로 구분하여 모어와 외국어, 원어민과 비원어민, 수입과 토종의 대립 담론을 만들어낼 수도 있다. 그러나 영어를 배우는 필요, 사용하는 사람들, 다양한 교육 공간, 각자 다른 교육경험을 수집해보면 문제 - 해결, 원인 - 결과를 쉽사리 단정하기 힘들다. 너무 문제라고 호들갑 떨며 새로운 시험, 새로운 정책을 갑작스럽게, 위에서부터, 강제하면 문제는 더 커지곤 한다.

모어, 제2언어, 이중언어, 링구아 프랑카 등을 횡단적으로 사용하는 사람들의 일상적인 내러티브나 실제적인 언어사용의 사례는 그런 점에서 귀한 미시적 연구자료가 된다. 결혼, 유학, 이민, 취업, 여행, 관계의 내러티브는 거창한 해방적 이데올로기로 전달되지 못한다. 그렇지만 각자의 언어사용 공간이 바뀌고, 일상이 달라지며, 자기만의 특별한 언어정체성을 품고, 타자의 언어권리에 비판적 의식이 축적된, 현장의 크고 작은 글과 말은 해방의 정치 수사 못지않은 영향력을 언어사회 구성원들에게 끼칠 수 있다.

목표언어를 새롭게 배우고, 유학을 가고, 다시 한국으로 돌아오고, 영어를 사용하는 기업이나 학교에서 근무하고, 다른 모어를 사용하는 사람과 사랑에 빠져 결혼을 하고, 자녀는 복수언어를 동시에 사용하면서 가정과 학교에서 살아가는 크고 작은 일상이 보다 폭넓게 사회구성원들과 나눠진다면 언어에 관한 삶의 정치가 보다 혁신적으로 상상될 수 있을 것이다. 언어는 우리의 삶에 기회였고, 자원이었음을 서로 고백할 때 복지적 삶이나 사회적 인프라를 구상하면서 언어자원 담론을 확장할 수 있다.

언어를 배우고 사용하는 건 연애와 같은 것이다. 언어는 거창한 수사만큼이나 일상의 사건, 관계, 기억, 추억이 필요하다. 일상성이 없고 요란한 이데올로기만 남아 있다면 그게 다 뭔가? 영어든 한국어든 일상적으로 사용하지 않는다면, 너와 나의 내러티브가 모이지 않는다면, 무엇을 위한 언어교육인가? 세계화든 신자유주의든 다문화주의든 아무리 거창한 이데올로기로 언어교육의 문제점이나 해결책을 설명해도 너와 내 곁에 그걸 배우고 가르치는 감동과 재미의 내러티브가 모이지 않는다면 거창한 수사가 다 무슨 소용일까? 거시적인 언어정책을 토론하지만 매일 매일 일상적으로 언어를 사용하고 공부하면서 실력이 늘고 그걸로 어떤 이득이 생기지 않는다면 누가 거창한 정책 토론에 모여들까? 권리, 정체성, 생태적 공존, 다중적 언어사용, 시험준비 학습 등에 관한 일상의 논술은 새로운 언어사회를 기획하고 실행시킬 수 있는 정치적 의제이기도 한다. 실존의 문제를 정치적으로 풀어야 하는 시대라면 일상적 언어 담론이 좀 더 정치사회적인 의제로 주목받을 때이다. 바로 그 지점이 언어자원, 그리고 언어복지 담론이 생성될 곳이다.

앵무새 살리기

사회적 경제, 자율공동체

영어처럼 전 세계적으로 사용되고 있는 접촉언어는 시장 가격으로만 매길 수 없는 모두에게 일상적이면서 유의미한 삶의 자원, 사회구조의 인프라가 되어야 한다. 그러나 시장의 가격, 소비와 상품의 속성이 지나치게 과장되고, 사회구성원들이 불필요한 수준으로 언어의 특정 단면을 소유하려고 애쓰거나, 혹은 그렇지 못하다는 이유로 열등감을 가지고 있는 곳이라면, 언어의 기초재, 공공재 담론은 쉽사리 자리를 잡지 못할 것이다. 그곳은 미래의 언어사회를 왜곡하고 언어를 통한 삶의 기회를 억압하는 곳이다.

그렇다고 해서 의무교육, 초중등교육, 다중언어정책 현장에 변화를 주기 위해 언어의 공공재 담론을 공산주의 이데올로기처럼 받아들이면 곤란하다. 나는 자본가 계급이 소멸되고, 노동자 계급이 주체가 되며, 생산의 공공 소유, 계급이 없는 사회 조직에 관한 정치적인 수사를 전혀 신뢰하지 않는다. 그런 점에서 언어(습득, 사용, 교육, 사회화)에 관한 담론에서 시장을 개입시키지 않고, 개인의 필요(욕망)를 간과하고, 정치/행정 기관이 모든 것을 결정한다면, 그건 언어를 공산주의 이데올로기로 보는 것과 같다.

신자유주의 언어사회의 병폐를 비판해야 하지만 대안을 찾는 중에 언어'시장'이나 언어적 아비투스 속성을 한편으로 인정해야 한다. 그래야 언어사회를 제대로 이해하고 새롭게 변화시킬 수 있다. 언어에 관한 전통적인 이론은 대개 언어를 내면적이고 고정적이며 보편적인 속성으로만 본다. 공통의 매개를 지나치게 관념화시키며, 무엇보다 이상적인 언어화자(예: 특정 지역의 원어민 집단), 동질적인 언어공동체를 명시적으로 가정하면서, 역사, 정치, 경제, 사회의 변인으로부터 언어적 실천을 보지 않는다. 그처럼 언어와 정치를 분리시킨 언어이론이 주류 학술담론이다. 그러다 보니 신자유주의와 같은 시대풍조에 언어교육현장은 무력하게 왜곡되고 있다. 언어의 공공재 담론도 시장을 완전히 부인하는 논점으로 흘러가면 영향력을 발휘하기 힘들다.

그런 점에서 보자면 언어의 공공재 담론을 확장시키기 위해서 '사회적 경제'와 같은 대안적 경제조직에 주목할 필요가 있다. 신자유주의 세계화에 몸살을 앓고 있을 때 일종의 대안처럼 유럽에서부터 등장했고 국내에서도 이미 여러 분야에서 논의되고 있다. 비영리 민간단체들이 일자리 만들기 프로그램에 참여하고 있고 사회적 서비스를 제공하는 다양한 사회적 기업이 여러 매체를 통해 빈번히 소개되었다. 2006년에 사회적 기업의 제도화를 위해 육성 법안도 제정되었고 생협, 생태기업, 이주노동자 지원 등의 사회적 기업들이 공인을 받은 상태이다. 경제를 국가나 시장뿐 아니라 사회의 품으로 돌려주자는 사회적 경제의 기본 발상은 여전히 시작 단계이다. 국내 사회적 기업 중에 국가에 의존하지 않고 자율적이고 독립적으로 운영되는 사례는 아직 많지 않다. 언어교육과 사용에 관한 사회적 경제조직은 아직 국내에서 들어본 바가 없다.

언어를 자원, 기초재, 공공재로 바라보자는 사회적 인지를 확장시키려면, 어린 학생들이든, 다문화가정 구성원이든, 유학생이든, 복수언어 사용자이든, 그들을 위한 언어사용과 교육의 기회를 저가로 그리고 비경쟁적인 공급으로 누군가 감당해야 한다. 국가에만 이러한 공급체계를 맡길 수 없기 때문에 다양한 종류의 사회적 기업, 협동조합 등이 시장에 등장해야 한다. 산업 콘텐츠가 만들어지고, 사람들이 비용을 지불하고 구매하는 서비스가 나와야 한다. 번역기를 만들 수도 있고 통역 서비스를 제공할 수도 있다. 언어치료나 기타 특수 목적으로 기획된 언어교육과정이 개발될 수도 있다.

이처럼 언어를 놓고 이윤만 극대화시키지 않고 개인들의 가치나 필요를 고려하는 사회적 경제구조가 만들어지면, 언어학습자가 고부담시험에서 고득점을 확보해야 하거나 사교육을 반드시 받아야만 하는 언어시장에 틈새가 생긴다. 맥도날드화 과정을 거치지 않아도 다양한 내용과 경로로부터 습득되는 언어, 보다 관계적 속성이 드러나는 언어공동체, 진학과 취업의 필요로 사용되는 수준이 아니라 평생학습이나 정체성교육에 필요한 언어교육, 또는 복수언어를 횡단적으로 사용해야만 하는 사람들에 대해 유연하면서도 관대한 입장이 좀 더 빈번하게 논의될 수 있다. 시장과 국가를 대립시키거나, 수입시험과 토종시험을 애써 대립시키지 않아도 된다. 언어에 관한 경제구조를 분권화시키고 민주화를 유도하면 기존의 국가 주도 혹은 시장의 수요/공급 질서로 언어자원이 균등하게 제공되기 어렵다는 점을 인정하게 된다.

강수돌 교수가 쓴 '생태적 자율공동체'[85]를 읽으면서 언어에 관한 사회생태적 구조에 관해서 비슷하게 생각해본 적이 있다. 언어를 거대한 권력과 자본의 패러다임 안에 가둬두고 모두가 서로를 비난하고 불평하는 환경에서 벗어나자면 패러다임을 바꾸는 고민이 필요하다. 지속 가능한 운동을 감당할 개혁적 캠페인이 필요하다. 나는 다른 학술영역의 글로부터 대항과 대안의 참조문헌을 찾곤 하는데 '생태적 자율공동체'는 거칠지만 신자유주의 언어문화에 맞설만한 논점이 가득하다.*

미래 한국의 정부가 언어자원의 다양성과 필요를 간과할 수 있기 때문에 경제공동체, 마을공동체에 관한 논점이 언어사용이나 교육의 현장에서 계속적으로 논의되면 좋겠다. 시장과 경쟁의 가치로 포장된 거대한 시험(준비)문화가 학습자나 교육자로 하여금 언어능력을 잘게 쪼개고, 시험을 잘 보기 위해 공부하고, 학교나 학원은 그걸 관리하는 시대풍조가 자리 잡았다. 이러한 사회구조의 대안은 다양한 학습공동체나 언어사용문화의 공존, 풀뿌리 시험, 목적형 교육, 비위협적 언어교육환경과 같은 것이다. 국가-시장보다는 크고 작은 공동체가 마을처럼 언어를 사용하고 배우는 장소가 되는 것이다. 달리 말하면, 사회적 경제

---

* 생태적 자율공동체의 개념은 간디가 수억 인구의 인도를 살리기 위해 약 70만 개의 마을공화국을 대안으로 제시한 것과 비슷하다. 강수돌 교수는 우리 역시 수십만 개의 생태적 마을이 필요하다고 주장하며 그것을 현실화시키기 위해서 사회구조의 변화가 있어야 한다고 주장한다. 그럴 때 국가는 다음과 같은 역할을 감당한다. 첫째, 국가는 자본의 대리인 역할이 아닌 풀뿌리의 행복 실현에 대해 고민해야 한다. 둘째, 국민의 주거, 교육, 의료 문제가 공적으로 해결되어야 한다. 셋째, 분야별로 노동시간 감축을 과감하게 실천해서 모든 사람이 일단 적게 일해야 한다. 넷째, 전 사회적인 구조혁신이 이뤄지면서 모든 마을마다 실질적인 자치가 이뤄지도록 정치경제적 자원의 배분이 필요하다. 이와 같은 주장이 처음 나올 때만 해도 낯설었지만 2017년 대통령선거 후보들이 하나같이 노동시간 감축, 퇴근 시간 보장 등을 공약으로 제시하는 것을 보면 삶의 생태성 논의는 이제 충분히 대중적이란 생각도 든다. 강수돌 교수는 정부가 이와 같은 풀뿌리 운동을 도울 것으로 보지 않는다. 풀뿌리의 힘으로 국가를 다시 사회 품으로 안으려면 생태적 자율공동체를 적극적으로 포용하지 않을 수 없다고 주장한다.

구조나 생태적인 언어사용 공동체를 생성시키지 않고는 언어의 상품화, 공리화, 합리화, 기술화 등의 시대풍조를 저지할 수 있는 대안이 좀처럼 떠오르지 않는다. 기득권력이 주도하고 있는 지금의 언어사용과 학습 문화는 인문적이고 횡단적이며 생태적인 구조로 쉽사리 이동하지 않을 것이다. 그런 점에서 주체의 전이를 막기 위해서라도 좀 더 의식적으로 풀뿌리 운동을 기획해 볼 필요가 있다.

사회적 기업가, 적정교육가의 활동

모어나 영어와 같은 접촉언어를 가르치고 평가하고 정책으로 집행할 때 기업은 선한 사마리아의 역할을 감당할 수 있을까? 기업가의 혁신 정신은 사회적 변화와 무관하지 않을 것이다. 나는 1장에서 소개한 현대화된 언어사회의 위기를 사회적 기업(social enterprise), 혹은 사회적 기업가(social entrepreneur)가 마치 위기의 순간에 등장하는 구원투수처럼 떠맡을 수 있다고 생각한다.* 자본주의와 시장 메커니즘을 근원적인 악으로 보는 사람들도 있다. 나는 기업이 국가와 함께 주도했던 신자유

---

*   사회적 기업가의 개념은 아쇼카(Ashoka Fellowship Program)를 세우고 수천 명의 사회 혁신 기업가들을 발굴하고 지원한 빌 드레이튼(Bill Drayton)에 의해 창안되었다. 자본주의의 혁신적 역동성을 조지프 슘페터(Joseph Schumpeter)가 말한 것처럼 새로운 것을 창조하고 변혁을 일으킬 '창조적 파괴(creative destruction)' 개념으로 이해한다면 기업가의 정신은 개별 기업 수준이 아닌 사회적 혁신에도 참여할 수 있다고 드레이튼이 본 것이다.

주의 언어문화를 비판하면서도 여전히 기업과 기업가의 선한 사마리아 역할을 포기할 수 없다. 시민단체들과 연합하면서 운영되는 사회적 기업은 신자유주의와 단일언어주의가 결합된 시대풍조를 뒤흔들 수 있을 것이다. 사회적 기업가가 등장하면 공익 재단도 도울 것이고 사회적 투자 펀드도 마련될 수 있을 것이다.

언어의 문제는 견고한 성안에서 관례화되고 있다. 그래서 프로보노와 같은 실천적 운동가, 변화를 꿈꾸는 혁신가들이 함께 협력하지 않고는 성문은 꼼짝도 안 할 수 있다. '보노보 혁명'[86] 책을 보면 여러 사회적 기업가의 예시가 등장하는데 언어의 영역에서도 그들처럼 혁신적으로 문제를 풀어갈 모험가들이 등장하면 좋겠다. 다음 사례는 '보노보 혁명'에 등장하는 사회적 기업가들을 일부 소개한 것이다.*

예를 들면 오로랩(Aurolab)은 값싼 의료용품을 만드는 회사인데 빈민에게 저렴한 가격으로 물건을 공급해주는 사업을 한다. 벨(BELL)이라는 단체는 빈민가 초등학생들을 가르치는 사회적 기업이다. 교육환경의 차이가 곧 빈부격차를 유지시킨다고 보고 이를 개선하기 위해 빈민층 자녀들의 공부를 돕는다. 미국 12개 주에서 음악수업을 하는 리틀 키즈 록(Little Kids Rock)이란 사회적 기업은 빈민층 아이들에게 공짜로

---

* 우선 같은 유인원이지만 보노보와 침팬지가 구분되어야 한다. 침팬지가 우락부락하고 폭력적이라면 보노보는 평화를 사랑하고 낙천적인 천성을 가졌다고 한다. 책의 저자는 사회적 기업이 마치 보노보와 닮았다고 설명한다. 기업의 이익을 극대화하기 위해 돈 없는 사람들을 고려하지 않는 침팬지식 기업에 비해 보노보와 같은 사회적 기업은 기업의 이익을 추구하면서 사회의 이익도 추구한다. 사회적 기업은 회사의 이익만이 목표가 아니다. 사회적 가치, 사회적 이익을 고려한다.

악기도 나눠주고 음악수업도 한다. 1990년대 미국의 교육재정이 나빠지면서 음악수업이 점차 사라질 때 빈곤층 아이들을 위한 음악교육 사업이 시작되었다.

오프닝 마인드(Opening Minds)라는 사회적 기업도 비슷하다. 초중등 교육현장에서 예술 교육의 부재를 안타깝게 여기면서 수학, 과학, 사회 등의 교과과정과 음악, 미술, 문학 등의 수업을 접목시키는 사업을 한다. 그라민 은행(Grameen Bank)은 방글라데시에서 무담보 소액대출을 그 지역 빈민들에게 제공한다. 그 일을 시작한 경제학자 무하마드 유누스(Muhammad Yunus)는 노벨평화상을 받기도 했다. 가난한 자들에게 무담보로 대출을 한다는 발상은 분명 돈을 벌기 위한 수단이 아니다. 다음은 이 책에서 내가 참 좋아하는 부분이라서 직접 인용하기로 한다.[87]

"빈곤, 환경, 인권, 주택, 실업, 장애인 등 사회적 문제가 있는 곳이면 [사회적 기업가들은] 어디든 가리지 않았다. 남들이 사회적 빈틈을 걱정만 하거나 외면할 때 그들은 그곳으로 직접 뛰어들었다. 발품만 판 것이 아니다. 정부나 시장, 기존의 시민단체와는 달리 혁신적이고 효율적이며 지속가능한 해법을 찾아냈다. 당장의 아픔을 치유하면서 다시는 그런 아픔을 겪지 않도록 제도와 세상을 바꾸려는 보노보, 그들이 바로 사회적 기업가들이다.

사회적 기업가들이 보노보인 것은 그들이 세상을 바꾸는 방식에서도 뚜렷이 드러난다. 그들은 세상을 도박판으로 만들고 있는 침팬지를 향해 하이킥을 날리지 않는다. 그들은 침팬지의 방식으로 침팬지의 힘에 맞서지 않는다. 대신 헝클어진 세상을 추스르고, 그 뒤에 해법을 보여줌으로써 어수선한 사회는 지탱될 수 없고, 가지런한 세상이 모두에게 이득이 된다고 설득한다. 그들은 그렇게 침팬지 스스로 반성하게 만든다. 나아가 안 하겠다는 은행의 팔을 비틀기보다는 마이크로 크레디트(Microcredit Bank) 사업을 통해 가난한 사람들에게 금융 서비스를 제공하는 식으로 시장 안에서 새로운 최적의 균형을 찾는다.

이처럼 그들은 어떤 일을 하기에 앞서 늘 그 근본을 먼저 생각하며, 낙천적이고 실용주의적으로 행동한다. 보노보들은 변화된 세상에서 어제의 해법은 내일의 변혁에 맞지 않다며, 일방적인 전복이 아니라 협력과 연대를 통해 '보노보식 혁명'을 실천한다. 그래서 사회적 기업가들의 반란은 부드럽지만 강하고, 반짝이지만 지속적이고, 치열하지만 평화롭고, 작지만 아름답다."

'아름다운 거짓말'[88] 책에서도 가슴 설레는 내용이 많다. 인도의 사회적 기업들이 인도에서 펼친 몇 가지 프로젝트를 묶어서 소개한 책이다. 그들은 시장 중에서도 인도의 취약 계층을 주목했다. 그리고 열악한 위생환경의 개선과 담수시설 확보를 통해 빈민들을 대상으로 다양한 영업활동을 펼친다. 사회적 기업들이 프로젝트를 성공시키면서 취약 계층의 사회구성원도 경제적으로 자립할 수 있는 발판을 마련하게 되고 하나의 오롯한 시장구매자로 자리 잡게 된다.

네스트(Nest)는 가난한 사람들에게 소형 태양광 램프를 판매하고 있는데 인도의 많은 저소득층이 꼭 필요로 하는 전구의 기술을 그곳 실정에 맞게 개발하면서 판매한다. 적정기술 기반의 수익모형을 유지한다. 나는 이와 같은 적정 수준의 필요를 채워주는 일이 참 감사하고도 멋있게 보인다. 국제개발사업(International Deveopment Enterprises: IDE)의 설립자인 폴 폴락(Paul Polak)은 공학설계자의 90%가 부유한 10%를 위해 일하고 있다고 지적하면서 소외받은 가난한 90%를 위한 적정기술 운동의 필요성을 강조한 적이 있다.

영어를 잘 공부하고 영어교육을 전공한 수많은 대학원생, 혹은 석박사 학위까지 소지한 사람은 대개 누구를 위해 일을 하는지 생각해보라. 특히 학자나 전문가 집단은 문제가 있다고 진단하면서도 머리나 몸통을 흔들지 못하고 결국 수월성 교육, 시험준비 교육의 첨병 역할을 맡기도 한다. 소수의 우수 학생을 선발하고 배치하는 입시, 다수를 획일적으로 희생시키는 교육 시스템을 전문가들이 부추기곤 했다. 특목고 입시나 대학의 영어특기자 전형에서 영어시험이 어떤 기능을 했는가? 수많은 어린 학생들이 10번이고 20번이고 토익이든 토플이든 닥치는 대로 시험을 볼 때 전문가들은 그걸 방관했고 심지어 그러한 평가체계를 조장했다. 이쯤 되면 혁신, 사회적 기업, 적정 수준의 교육을 실행시킬 새로운 혁신(가)을 꿈꾸지 않을 수 없다.

물론 기득권력의 저항을 이겨내기 쉽지 않을 것이다. 정부 지원금, 기업과 개인들의 기부금으로 사회적 기업이나 적정교육 캠페인을 하곤 하는데 기존의 권력구도를 비판하는 혁신가의 담론은 낯설고 불편하게 보이며 누가 어디서 도움을 줄지 막막하기도 하다. 그래도 사회적 기업가가 지속적인 혁신을 감당하다 보면 어떤 실천이든 기존 질서에 틈을 낼 것이다. 예를 들면, 취약 계층의 학습부진아를 위한 적정교육을 기획할 수도 있고, 거품 가득한 고부담 의사결정의 시험문화를 흔들고 대안평가 운동을 할 수도 있다. 누군가는 의사소통의 필요를 실질적으로 채우자는 링구아 프랑카 영어교육으로, 또는 다문화, 다중언어사회에서 필요한 이중언어교육을 기획할 수도 있다. 맥도날드화된 영어교육에서 벗어나 서로 다른 속도와 내용을 학습하게 하는 스토리텔링 기반의 교재와 교수법으로 재화를 창출할 수도 있을 것이다.*

신자유주의 시장 메커니즘은 생태적이고 횡단적인 언어환경을 수용하는 듯 하면서도 좀처럼 허락하지 않고 있다. 그게 불만이라고 제도와 시장을 버리긴 힘들다. 차라리 사회적 기업을 지원하고, 다른 제도를 만들고, 시장에서 해결점을 모색하는 방안을 찾아야 할 것이다. '아름다운 거짓말'에서 미시간대학의 코임바토레 크리슈나라오 프라할라드(Coimbatore Krishnarao Prahalad) 교수는 "저소득층 시장을 공략하라(The Fortune at the Bottom of the Pyramid)"고 제안하면서 기업의 이익과 사회적

---

* 기부에만 의존하는 것보다 언어교육의 적정 수준을 사회적 기업의 사업내용으로 연결하면서 일정 수익까지 낼 수 있다면 명분과 수익이란 두 마리 토끼를 다 잡는 것이다. 예를들어, 스토리텔링이 사회적 기업, 혹은 적정교육의 중요한 콘텐츠가 될 수 있다. 수익보다는 캠페인으로 우선 유도하고 고객은 거대 기업이나 학원이기보다 보통 사람들이 된다. 영어책 읽기의 붐을 일으킨 '잠수네 영어'와 같은 운동은 엄마들의 열정으로 대안적 영어교육의 모양과 방향을 보여준 예시였다. 그와 마찬가지로 보통사람의 주머니에서 재정적 기반을 확보한다. 보다 혁신적인 교육을 할 수 있는 학교, 연구소, 대안단체와 협력하는 방안을 사회적 교육기업가들이 고민해야 한다.

가치가 대립될 것이라는 전통적인 생각을 깨고 기업 창출과 사회적 가치 형성이 함께 갈 수 있는 가능성을 언급했다. 거대한 시장이 존재하는 언어교육산업 역시 사회적 가치와 기업의 이익이 반드시 충돌할 필요는 없다. 신자유주의 시대풍조의 골이 깊을수록, 언어의 공공재 성격을 주목하면서 소외계층, 외국인 유학생, 다문화가정, 다중언어 사용자, 탈북자 등을 보다 유연하게 도울 수 있는 기업, 그들을 위한 사회공헌지수를 조직의 성장으로 보는 기업, 학습부진아, 언어소수자, 청소년 학습자들의 권리와 정체성에 투자하는 기업을 더욱 절실하게 기다려 본다.

새로운 시민의식, 지식전통들의 공존

언어는 유기체적인 속성이 있다. 그렇다면 언어에 관한 정책을 기획하고 집행할 때도 그러한 속성이 고려되어야 한다. 언어의 속성은 다면적이기 때문에 그만큼 협상의 여지도 다면적으로 허락되어야 한다. 일원화되어 있거나 극단적인 이념으론 미래 한국의 언어정책을 손쉽게 재단할 뿐이다. 언어를 통해 특정 이익만을 배타적으로 확장하려는 적자생존과 약육강식의 논리로 기획해서도 안 된다. 다양한 개인들의 다양한 가치들이 공존되려면 보다 복수의 사상적 토대 위에서 유연하게 논의되어야 한다.

언어를 자원이나 복지적 제도로 바라보면서 여전히 시장에서 교환할 수 있는 재화나 서비스로 유지시키려면 언어를 사용하고 배우고 가르치는 사람들의 태도, 신념, 지식, 가치관도 변해야 한다. 그걸 개인마다 알아서 변화시키는 것이 아니라 국가, 기업, 학교, 시민단체 등이 연합하며 보다 구조적으로 새로운 시민의식을 태동시켜야 한다. 다양한 언어기호를 자원으로 사용할 수 있는 언어권리가 사회적 의식으로 자리 잡으려면 앞서 언급한 비판적 문식력, 비판적 언어인식에 관한 지식 전통도 필요하지만 개인주의, 자유주의, 포스트모던 가치 등이 서로 경합하고 함께 논의되어야 한다.

예를 들면 사회학자인 김호기 교수의 '연대적 개인주의'에 관한 논점[89]이 있다. 그는 한국이 권위적 공동체주의, 자유적 공동체주의 사회를 거쳐 왔으며 이제는 개인주의에 기반을 두면서도 연대(solidarity)의 가치를 포기하지 않는, 즉 개성이 존중되면서도 공동체적 연대가 발휘되는 사회적 정체성을 수용하자고 제안한다. 개인의 자율성이든 공동체적 연대든 한편에서 극단의 논리로 작동되면 부작용이 발생한다. 언어처럼 공공재의 속성이 강하면서도 개별성과 시장 친화성을 버릴 수 없는 재화와 서비스는 싫든 좋든 여러 이해당사자들이 절충하고 타협하면서 교육과 정책을 집행시켜야 한다.

김호기 교수의 주장은 새롭지 않다. 서구 지성사만 봐도 자유사회주의자로 불릴 존 스튜어트 밀(John Stuart Mill)이 떠오른다. 존 듀이(John Dewey)는 진보적 자유주의자, 혹은 공동체적 자유주의자로 불릴 수 있다. 개별성과 사회성의 균형을 맞춘 인물들은 적지 않았고 나는 이와 같은 지식활동에 늘 관심을 가졌다. 듀이는 개인의 역할론을 강조했다. 자유가 있지만 개별화된 자아의 성장이 필요하다는 것이다. 윤리적인 이상 안에서 책임감과 자기주도성을 가진 개인(주의)은 사회와 인류의 번영에 동력이 된다는 주장을 했다. 그가 말하는 자유는 자유방임이 아니다. 자기주도성을 가진 개인들이 갈등을 해결하고 공론을 형성하며 민주주의 공동체를 구성하면서 요구하는 자유이다.

나는 민주주의만 전제되면 개인의 효용성은 극대화될 수 있다는 그와 같은 논점에 동의한다. 그러나 민주주의가 전제되지 못한 상황이라면 문제가 발생한다. 예를 들면, 국내 사회구조를 살펴보면 여전히 위계적이고 가부장적인 의사결정 체계가 있다, 중앙집권형 권력구조에서는 다양한 목소리들이 절차적으로 민주적 의사공동체에 제대로 구성되지 못할 때가 많다. 그래서 개인주의 운동은 민주주의 운동이어야 한다. 자유주의 운동도 민주주의 운동일 수밖에 없다. 그리고 대중, 국민, 학생, 다수가 각자의 혹은 타자의 자유와 권리, 차이와 다양성의 문화를 인정하고 서로 공존하게 할 수 있도록 관련 연구자들이 도와야한다.

밀은 타인에게 부당한 피해를 주지 않는 범위에서만 자유가 허용되어야 한다고 했다. 개인주의의 가치는 이기주의와 다르다. 전체주의, 집단주의는 여전히 수많은 개인을 불편하게 한다. 소수언어를 사용하거나, 공식어를 제대로 사용하지 못하거나, 영어를 빨리 배우지 못하거나, 복수언어를 횡단적으로 사용하고 학습하는, 개인들의 기회와 자유를 뺏는다. 1장에서 소개한 단일화되고 위생화된 언어사회는 하지 않을 권리, 천천히 할 수 있는 기회, 다르게 배우고 표현할 수 있는 경로를 허락하지 않는다.

개인들이 자신을 표현하면서 각자의 능력을 발휘하는데 커다란 영향을 준 자유주의 사상은 근대까지 소수에게만 허락된 사회적 특권과 독점을 금지시키고 민주적인 제도를 구축했다. 개인의 존엄성과 가치를 주목한 개인주의 사상은 피지배계급, 여성, 아동, 유색인종, 학생의 존엄성과 평등을 발전시켰다. 개인의 자율적인 삶을 허락할 수 있는 교육의 기회는 누구에게나 허락되어야 한다는 사회풍조도 여기서 출발한 것이다.

언어시험이나 교육정책을 집행할 때도 마찬가지이다. 모든 수험자, 학습자에게 동일한 기회를 주면서 사회의 성장과 변화를 유도하겠다는 의도는 표준적이면서 큰 규모의 국가시험이 개발될 근거이기도 했다. 사회적 보상을 획득하기 위해서 개인들은 열심히 공부했다. 보다 독립적이고 안정적인 삶을 살기 위해서 큰 시험에 응시했다. 신분 상승, 성취의 기회를 큰 시험 하나로 해결하다 보니 좀 더 객관적으로, 좀 더 과학적으로 시험을 만들어야 한다는 명분이 획득되었다. 그러면서 언어평가기관은 큰 수익기관과 권력기관으로 성장하게 되었다.

언어능력을 객관적으로 평가한다는 표준화 시험은 개인 학습자가 물량화 단위로 환원되면서 등장했다. 누군가가 될 수 있는 개인들의 기회, 자유, 권리를 특정 시험(기관)이 지나치게 개입하는 것을 비판하는 사회적 의식이 이때부터 생겼다. 개인주의 기반의 시험이 개인의 성장을 오히려 막는 상황이 발생했기 때문이다. 특히 공룡 시험들은 시장마저도 독점하는 권력화 과정을 거치게 된다. 이제 언어에 관한 권리를 보호받지 못한 채 언어, 언어공부, 언어에 관한 각종 자격과 역량은 턱없이 비싼 재화가 되어갔다.

1장에서 언급한 마이클 샌델과 같은 공동체주의자는 아마도 이와 같은 때에 한국에서 큰 주목을 받은 듯하다. 공동체주의 교육자 관점에서는 개인주의가 개인의 이익, 독자성, 자율성을 지나치게 과장했다고 비판할 수 있다. 사회 전체를 경쟁적으로 만들었다고 비판할 수 있다. 관념화되어 있는 개인의 실체를 의심할 수 있고 개인의 선한 의지를 지나치게 이상적으로 바라보고 있다고 지적할 수 있다.

그러나 나는 공동체주의 주장을 쉽사리 수용하지 못하는 편이다. 지금까지 구축된 국내 사회의 역사성으로 볼 때 공동체주의는 여전히 의심스럽고 불편하다. 한국은 국가, 민족, 가문, 성, 계층, 지역, 동문회, 교회 기반의 집단주의 기세가 너무 강해서 공동체주의라는 선한 의도가 쉽사리 왜곡되었다. 시장이든 성장이든 개인이든 다 마찬가지이지만 부작용이 발생한다. 시장의 메커니즘은 신자유주의 거대문법을 만들었다. 그렇지만 나는 여전히 개인의 권리, 차이와 다양성의 배려에 관한 자유주의 운동이 좀 더 필요하다고 생각한다. 신자유주의의 폐해를 흔들 수 있고 거대 집단 속에 가려진 개인들의 차이와 다양성을 드러낼 전략이라고 본다.

정당을 포함한 공식적인 단체에서, 내국인이든 외국인이든, 아이들이든 소수자들이든, 좀 더 개인들을 배려하고 포용하는 지식전통들이 새롭게 등장하고 확장되고 또 서로 경합해야만 한다. 의회민주주의와 시장경제 안에서 나는 남자든 여자든, 백인이든 흑인이든, 이민자든 유학생이든, 비슷하지만 다르게 살아가는 개인들이 위협감을 받지 않기 바란다. 그들이 안전하게 살아갈 수 있는 권리는 존중되어야 한다. 개별적 자유는 더욱 배려되어야 한다.

앵무새 살리기

3. 비판과 잡종 지식전통의 구축

비판적 지식전통의 수립과 대학의 새로운 변화

비판적 지식전통은 사회를 보다 거시적인 질서로 이해할 뿐 아니라 정치적 변화를 유도하고 차별과 불평등을 해결할 수 있는 실천적 지식의 토대가 되어왔다. 앞으로도 현대화된 언어사회의 기존 질서에 대항과 대안의 원리를 제공할 수 있을 것이다. 1990년대 이후부터 서구 학계는 이미 언어사회나 언어정책 연구를 비정치적이고, 탈이데올로기적 단면으로만 볼 수 없다고 자각한 비판적 전환(critical turn)을 수용했다. 예를 들어, 비판적 담론분석 연구자들이 등장해서 신자유주의 사회구조의 역동성을 어휘, 문장구조를 포함한 텍스트적 요소뿐 아니라 비언어적 담론질서로부터도 분석했다. 이와 같은 연구전통으로부터 사회구성원들에게 일상적으로 유포되어 있는 지배적 담론과 소수이긴 하지만 저항적 담론들과의 경합 상태가 점검될 수 있다.[90]

비판적 지식전통이 지속적으로 유지되려면 관련 연구자들도 당파적이거나 인상주의적 해석에서 벗어나야 하고 자기성찰, 참여적 실천 등을 놓고도 고민해야 한다. 아울러 다양한 지식전통을 발굴하고 수용하면서 제도권 연구자들도 보다 개방적이고 유연한 태도로 이론을 점검하고 실제적인 연구 데이터를 수집해야 한다. 새롭게 출현한 국내 다문화, 다중언어사회 현상을 비판적으로 바라보고 대항과 대안을 논의하는 것은 쉽지 않은 과제이다. 이주, 세계화, 신자유주의 질서가 복잡하게 얽힌 언어사회를 이해하기 위해서는 전통적인 언어학, 언어교육론의 경계선을 벗어나야 하며 새롭고도 학제적인 연구 주제를 수용해야 한다. 어문학, 인문학과 결속된 융합적 학술 분야가 새롭게 탐색되어야 한다.

공룡이 된 언어시험을 경계하는 지식운동

1장에서는 모더니티 가치의 과잉을 살펴보았다. 상품화, 표준화, 기술화, 위생화 과정을 거치며 다양한 언어들이 사라지거나 축소되고, 생태적 언어환경이나 언어권리는 간과되고, 언어 간의 불필요한 전쟁과 대립이 생겨난 것은 모더니티 가치가 적정선을 넘었기 때문이다. 그러한 문제를 환기시킬 수 있는 대항적 비판 담론이 학술문헌으로 보다 선명하게 등장해야 한다.*

국내 언어사회에서 대항적인 비판 담론이 확장되어야 하는 가장 중요한 분야 중 하나가 고부담 언어시험의 개발과 시행 현장이다. 언어에 관한 신자유주의 혹은 단일언어주의 신념체계를 이끄는 가장 중요한 지식 동력이 고부담 의사결정을 유도하는 거대 언어시험산업이기 때문이다. 물론 지금 시대의 사회구조가 형성된 과정은 복잡하다. 산업화, 자본주의, 합리주의, 공리주의, 기술중심주의, 집단주의, 몰개성화, 경쟁 등의 언어문화는 나름 상호교차적으로 서로에게 영향을 끼쳤다.

---

* 지배적인 이데올로기는 대항적인 이데올로기, 해방의 정치학, 비판이론으로 맞서게 할 수 있다. 미국 여성운동가이자 시인인 애드리언 리치(Adrienne Rich)의 On Lies, Secrets, and Silence (거짓말, 비밀, 그리고 침묵의 시집)에서 '저는 언어교사입니다'로 시작하는 시를 읽어보라. 누군가에게 언어는 그저 말랑말랑한 대상이 아님을 쉽게 알 수 있다. 여성, 유태인, 심지어 레즈비언의 정체성을 갖고 삼중의 억압을 받은 리치 시인에게 정체성은 정치학의 담론이었다. 1929년에 태어난 리치 시인은 본인이 성장하면서 경험한 현모양처의 삶이 얼마나 억압적인지 묘사했고 남성의 손에 달려 있는 여성의 권리를 성찰한 그녀의 개인적인 글은 정치적이면서 충분히 비판적이었다. 비판 담론이 필요한 공간과 시간은 분명 있다.

고부담 시험이 지배적인 원인이거나 결과물이라고 말하긴 어렵다. 그래도 고부담 언어시험이 신자유주의 언어정책/계획을 실제적으로 움직이는 테크놀로지이며, 누구에게나 가시적인 거대 권력이고, 다양한 언어학습과 언어사회화를 가로막거나, 언어권리와 정체성 담론을 축소시키는 역할을 맡고 있음은 분명하다. 고부담 언어시험의 지식전통을 흔들 수 있는 비판 운동은 시급하다.

언어를 가르치고 배우고 평가하는 크고 작은 현장이 점차 인간다움의 향기가 사라진다. 시장, 표준, 기술의 모더니티 가치가 개별성과 윤리성을 대체하고, 인문적 가치는 소멸되고 있다. 그러한 곳은 늘 효율성과 수익을 좇는 고부담 시험(제도)이 문지기 역할을 맡고 있다. 허버트 마르쿠제(Herbert Marcuse)는 '일차원적 인간(One Dimensional Man)'이란 개념으로 사회가 개인들에게 구조화된 욕망을 강요하며 개인은 무력하게 강요된 욕망을 내면화하며 살아가고 있다고 설명했다. 개인들의 다양한 필요, 삶의 경험, 살아온 역사가 서로 다르다면 다원주의 사회가 될 수 있고, 그곳에서 다면적인 욕망이 공존할 수 있겠지만, 다수는 그저 '억압하는 욕구(repressive needs)'로만 살아간다.

언어를 가르치고 배우는 교육현장에서도 그와 같은 거짓 욕구는 영향력을 발휘하고 있다. 억압의 욕구를 내면화시키는 가장 중요한 기제가 고부담 시험(준비)을 통한 사회적 인정과 보상이 허락되는 평가문화이다. 고부담 시험으로 인한 의사결정력이 점점 커지면 비윤리적인 경로라도 고득점 결과물을 획득하고자 하는 사회적 욕망이 커질 수밖에 없다. 수많은 응시자는 구체적인 이유도 모르고 시험준비를 통한 욕망을 키우게 된다. 그것만 있어도 더욱 유명한 상급학교에 갈 수 있고, 보수가 좋은 직장도 갈 수 있다는 암묵적인 사회적 지시가 있기 때문이다.

고부담 시험의 통치가 이처럼 유지되면, 시험에 등장하는 언어, 시험을 준비하는데 필요한 언어가 더욱 커다란 힘을 얻게 된다. 반복적인 시뮬레이션을 통해 거대 시험의 언어는 개인과 집단의 다양한 언어사용이나 언어학습의 복잡한 경로를 단순계로 전환시킨다. 개인의 왜곡된 욕망을 충족시키기 위해 효과적으로 고득점을 획득할 수 있는 비법이 매매되고, 심지어 대리인을 통해 시험점수를 획득하는 극단적인 효율성이 추구된다. 외국의 유명 평가기관으로부터 수입한, 혹은 국가에서 운영하는 큰 시험(제도)에 맹목적이고 복종적인 자세를 키워온 다수는 무슨 언어능력인지, 왜 그런 시험이 필요한지, 관심을 갖지 않는다.

한국은 다수의 고등학교 학생들이 아직도 새벽부터 일어나 학교에 가고 밤 11시까지 공부하는 나라이다. 토익과 같은 표준화 시험을 매해 200만명 넘게 응시하며 그걸 보다 효율적으로 준비하고 너도 나도 고득점을 받기 위해 돈과 시간을 오랜 시간에 걸쳐 투자하는 나라이다. 관례적으로 사용하는 고부담 시험에 문제가 생기면 또 다른 고부담 시험을 수입하거나 시급히 국가가 개입해서 비슷한 시험을 만들려고 하는 나라이다. 수백원을 투자해서 개발하다가 문제가 생기면 NEAT 영어시험처럼 수년 만에 폐기하기도 한다. 큰 시험을 다시 개발하고, 원어민 강사를 더 많이 데려오고, 테크놀로지 기반의 교육환경을 제안하는 식의 미봉책은 계속 반복되고 있다.

이러한 시험문화가 여전히 지배적인 사회질서로 고착되는 이유는 고부담 시험(제도)를 흔들 수 있는 비판적 지식전통이 신통치 않기 때문이다. 지역화된 권한위임형 교육모형을 시도하고, 링구아 프랑카, 횡단언어, 생태적 언어환경 등과 같은 대안적 지식이 확장하고, 사회적 기업 활동 등을 지원하면서 언어에 관한 공공재, 기본재 논점을 사회적 쟁점으로 만들자는 담론이 학술단체의 간행물 지면에 등장하지도 못한다. 고부담 시험문화를 쟁점화시킨 연구는 거의 찾아볼 수 없다.

시험준비의 기술

진학, 취업 모두 경쟁이 넘치고 인문학은 위기라고 설명하면서 이제 인문학을 가르치는 '서원'이 뜨고 있단다. 서원이 입학생을 뽑으면서 토익 800점을 요구하는 문구를 발견했다. 참 흥미롭다. 인문학이라면 뭘 가르칠까? 분명 개성, 역사, 문식력, 세계시민 의식, 타문화와 타자에 대한 배려 등을 가르칠 것으로 짐작되며 아마도 영어로 적힌 문헌을 읽힐 수도 있겠다. 그래서 영어시험을 직접 만들어 입학 대상자로 하여금 영어 지문을 읽고 이해하는 능력을 검증할 수 없으니 토익 점수를 요구했을 것이다. 내부적으로 그렇게 회의를 했을 것이다. 그런데도 거기서조차 토익 점수 800점을 요구하니 참 안타깝다.

토익과 같은 큰 시험의 점수를 인문학 서원조차도 관행적으로 사용하는 시대풍조라면 시험준비(teach-to-the-test) 교육문화는 앞으로도 좀처럼 수그러들지 않을 것이다. 요즘은 말하기가 중요하다고 토익-스피킹, 오픽과 같은 말하기시험을 기업이 자주 사용한다. 그렇지만 토익 지필시험의 정답 찍기 전략이 사교육기관에서 제공된 것처럼 말하기와 쓰기 시험에서도 점수를 높이기 위한 전략이 학원에서 유통되고 있다. 수험자들이 비싼 학원에 등록을 하면 시험대비 강사는 이렇게 가르쳐준다.

"뭐가 되었든 일정한 틀과 전략으로 말하라. 가능하면 서로 겹치게 준비해서 예시 답안을 사전에 만들어라. 예를 들어, 오픽 시험의 배경설문 조사에서 '취미' 항목에 조깅을 기입할 것으로 정하고 조깅에 대한 대본을 만들어서 외운다. 그건 내가 도와준다. 이때 조깅하는 장소가 등장할 수 있다. 장소에 관한 질문이 나올 때를 대비해서 조깅을 하는 해당 공원이나 도시 풍경을 사전에 자세히 만들어둔다. 이걸 '대본 돌려막기' 전략이라고 하는데 어떤 문제가 나오든 사전에 달달 외워서 암기한 정보를 시험장에서 유용하게 사용할 수 있다."

사전 대본은 소위 족보가 되는 셈이며 수험자는 철저하게 족보를 구해서 암기한다. 이런 족보식 학습전략이 소위 사교육기관의 체계적인 수업내용이기도 하고, 고득점을 만들 수 있는 자랑스런 비법이다. 어른이든 어린 학생이든 사전에 대본을 작성하고, 검사받고, 계속 읽고, 외우고, 또 외운다. 그리고 기출문제를 풀면서 자주 사용해야 할 문구를 좀 더 외운다. 자신의 이름과 적당한 단어만 교체하는 학습이 계속 반복된다.

　학원 명강사들은 오픽 시험의 질문을 대비시키면서 학생들이 답안을 달달 외우게 하고 못 외우면 맨 뒷자리로 보낸다. 잘 외우면 맨 앞자리로 앉힌다. 물론 더 잘하면 칭찬도 하고 밥도 사주고 술도 사준다. 채찍도 있고 당근도 있다. 학생들은 한가롭게 '이런 식으로 공부하는 것이 무슨 의미가 있나?'라고 질문하면 시험준비에 집중하지 못한다. 관행처럼 큰 시험에 의존하는 행정적 편의성이 언어사회의 역동성과 다양성을 계속적으로 단절시킨다. 큰 시험을 치밀하게 준비하고 그런 시험결과를 편의적으로 사용하는 교육문화가 있다면, 어떤 혁신적인 언어교육정책도 좀처럼 성공할 수 없다.

　예전에 수능 영어시험이 쉽게 출제된다고 보도가 되면 늘 나오는 반박 기사의 논점이 있다. 바로 변별력이 떨어져서 문제가 된다는 것이다. 그런 기사를 볼 때마다 늘 궁금하다. 왜 1년에 한 번 시행하는 수능-영어-지필시험을 통해 그놈의 변별력을 그렇게까지 확보해야 하나? 지필시험 성적으로 왜 자꾸 변별의 의사결정력을 그토록 키우는가? 언어이고 교육이기 때문에 한 번의 시험결과로 높은 변별력을 갖게 하면 더 안되는 것이다.

　개인들은 천천히 배우고, 다르게 배우고, 능숙함이나 성취도를 다른 방식으로 보여줄 수 있다. 링구아 프랑카 혹은 디글로시(diglossia) 언어가 되고 있는 영어를 특정 계층에 독점시키지 않으려면 지금과 같은 공교육 체제에서 고부담 영어시험을 어렵게 출제하면 안된다. 다수의 학습자(가정)에게 재갈을 물리는 차별 정책이기 때문이다. 영어시험 하나로 변별력 운운하는 대중담론은 결국 지금까지 해온 고부담 시험준비 문화를 유지시키자는 것이다. 영어시험 성적만으로 좋은 대학도 갈 수 있다는 영어특기자 전형은 모두 폐기되어야 한다. 전교생이 토익 점수 제출하게 하는 졸업인증제도 없어져야 한다. 언어의 속성으로 보든 언어권리의 관점으로 보든 모두 어이없는 차별적 정책이다.

긍정적 자아, 개인의 능동성 다시 보기

언어에 관한 문제를 해결하기 위해 고부담 시험(제도)이 관행적으로 사용되면 언어에 관한 개인의 권리, 각자 다른 학습의 방식이 존중받지 못한다. 모든 시험(제도)을 제거하자는 것이 아니다. 새로운 언어사회를 목격하면서 고부담 시험(제도) 기반의 전체주의적 관행을 반대하는 것이다. 특정한 시험에 힘이 들어가고 시험의 전지전능한 용도에 모든 사람을 참여시킨다면 개인의 능동성은 사라질 수밖에 없다.

계몽주의, 이성주의, 공리주의 철학에서 보면 개인은 어떤 권력에도 지배적으로 종속되지 않으며 개인마다 고유한 존재성, 혹은 능동적인 자아가 있다고 전제된다.* 국내 교육현장에서도 학습동기를 유도하는 긍정적 자아에 관한 연구가 진행되고 있다. 개인은 주변 환경에 영향을 받지만 고유하면서도 능동적인 자아가 있기 때문에 그것이 제대로만 도출되면 자신의 삶도 변한다는 논점이다. 나도 변할 수 있다면 너도 변할 수 있고 사회구조도 그만큼 변한다는 논리도 있다. 개인의 능동성에 커다란 의미를 부여하면 개인은 치유되고 변화하고 성장한다. 꿈, 가능성, 회복, 영향력을 믿는다는 건 자유의지를 가진 개인이 환경이나 주변 권력에 휘둘리지만은 않는다는 것이다.**

물론 개인의 능동성을 순진하게 채근하지 말아야 한다. 지금은 자기계발, 힐링, 독설 멘토의 시대이다. 그런 문화는 개인의 분발, 자아의 능동성을 지나치게 강조한다. 개인이 감당해야 하는 몫이 너무 크고 무겁다. 언어를 배우는 것도 그렇다. 동기를 부여하고 분발하고 최선을 다하면, 다시 말해 개인의 능동성을 발휘하면, 누구나 잘할 수 있다는 논리가 미디어에 자주 등장한다. 결핍과 분투의 담론이 등장한다. 언어는 공동체에서 천천히 배우는 것이기도 하다. 언어(능숙도)는 생각보다 그리 대단치 않은 것일 수 있다. 개인들의 경쟁으로 속도 내기를 할 필요가 없다. 그런데 언어에 관한 결핍된 개인, 분발하는 개인, 성공하는 개인, 실패하는 개인, 동기가 있는 개인, 동기가 없는 개인을 자꾸 내세운다. 언어를 함께 배우고 사용하는 관계, 맥락과 사회화에 관심을 두지 않고 능동적인 개인이 획득하는 언어(의 양, 속도, 결과)에 관심을 가진다.

---

* 서양의 경우 개인주의 전통이 오래전부터 시작되었고 자아에 관한 논의가 학계에서도 넘쳤을 뿐 아니라 미디어를 통해서도 자주 논의되었다. 개인은 사회구조로부터 영향을 받지만 '자유의지'를 가진 능동적이고 주도적인 주체라는 논점은 구조주의와 같은 반인본주의 학자로부터 반박되고 폄하되기도 했지만 개인에 관한 낙관적 담론은 지금까지도 학계에 넘치도록 계승되어 있다.

** 예를 들면, 서양식 자아가 참조되면 영어를 공부하는 한국인은 수동적으로 묘사된다. 영어회화 시간에 한국인 학습자는 능동성을 제대로 발휘하지 않는 수줍은 언어학습자로 보인다. 그러나 달리 보면 한국의 영어학습자는 나름의 사회적 규범 안에서 그들만의 능동적인 자아와 관계성을 구축하고 있다.

'해리포터(Harry Potter) 시리즈' 3부에 보면 교도관 디멘터(Dementors)가 나온다. 그를 만날 때마다 해리포터는 졸도한다. 알고 보니 디멘터는 그를 보는 사람마다 인생의 최악의 순간을 기억하게끔 한다. 언어를 학습하고 사용하면서 좋은 기억도 있을 것이다. 그러나 끔찍한 기억도 많다. 내가 충분히 열심히 하지 않았고, 더 적극적으로 참여하지 않았고, 성적도 더 좋지 못하다고 자책한다. 그런 기억 때문에 나름의 독립된 언어사용자로 성장하지 못한다. 열 중 여덟이 대학을 가는 나라, 청소년들의 수면 시간이 하루 5시간인 나라, 대학 전공과 무관하게 다시 취업용 과외를 받아 일자리를 구해야 하는 나라, 다수의 대학졸업생이 배출되지만 특정 기술이나 전문지식도 없어 다시 장기 실업자가 되는 나라, 대학입학이 사회적인 구별로 유도되는 나라, 그곳에서 공부하는 자아는 늘 능동성을 분발시켜야 했다.

많은 학생에게 자신을 무력화시키고 능동성만을 분발시킨 가장 끔찍한 기억은 무엇일까? 내가 만난 다수의 학생은 초중등학교를 다닐 때부터, 시험으로부터, 경쟁적으로 언어를 공부한 경험을 말한다. 코딱지만큼이라도 남보다 더 알아야 한다. 그걸 속도시험, 상대평가 기준으로 측정하는 교육문화, 그건 디멘터의 언어교육이다. 비판적 연구자들은 힘을 모아 그걸 세상에 고발해야 한다.

내가 아는 학원의 강사는 모의성적 순으로 앞자리부터 뒷자리까지 수강생을 앉히는데 많은 학생이 여전히 그 학원을 좋은 학원이라고 말한다. 디멘터와 같은 강사는 뒷자리 학생이 조금만 서툴게 학습하면 이렇게 말한다. "그러니까 거기 뒷자리에 앉지." 성인이 된 그 대학생은 머쓱한 얼굴로 고개를 숙이고 책을 다시 들여다본다. 중고등학생 때부터, 그러니까 10대 때부터, 다수의 학생은 학습부진아, 낙제자, 내향적인, 노력이 부족한, 동기가 충분하지 않은 학생이 되었다. 반복적인 학습, 지루한 암기, 연속적인 시험의 부담을 감당하면 승자가 되는데 그러지 못한 학생도 사실 큰 죄인은 아니다. 그렇지만 일상적인 수모를 당연하게 감수한다.

다음은 고등학교 때 운동을 좋아했고 체육 시간엔 누구보다도 열정적으로 축구를 했고 활발한 성격으로 반에서 체육부장을 맡아온 (벌써 참 이쁘지 않은가?) 요셉의 이야기이다. 요셉은 선생님들과 관계가 좋았다. 특히 체육 선생님이 아꼈다. 이런 학생은 운동으로 성공하지 못해도 좋아하는 걸 계속 좋아하게 놔두면 결코 사고를 치지 않는다. 요셉의 중학교 3학년 담임은 영어선생님이었다. 그는 담임 반에서 영어성적이 잘 나오지 않자 반 평균 영어성적을 깎아 먹는 학생들에게 매일 영어단어 30개씩 외우게 했다. 방과 후 교실에 남기고 시험을 보게 한 후 시험에 통과하지 못하면 부담임 선생님인 체육 선생님이 틀린 개수대로 몽둥이로 때렸다. 이 당시 요셉의 학교에는 부담임제도가 있었다. 요셉은 영어시험 평균을 깎아 먹는 집단에 속했고 늘 방과 후에 추가 학습과 체벌의 대상이 되었다.

체육을 좋아하는 요셉이 체육 선생님에게 몽둥이로 맞는다는 것은 자존심이 상하는 일이었다. 요셉은 '패배자'라고 잔소리하는 영어 선생님 앞에서 투덜대다가 학생과에 끌려갔고 20대를 더 맞고 부모님까지 소환되었다. 그리고 그날 밤 아버지에게 2차 체벌을 받았다. 그때 몸으로 때운 사건이 요셉에게 영어학습에 관한 기억 중 최악으로 남아 있다. 그 때부터 학교생활이 꼬이기 시작한 요셉은 결국 자퇴를 한다. 그러다가 다시 학교로 돌아갔지만, 한동안 공부에 거리를 두었다.

요셉은 호기심 많고 명랑한 학생이었다. 도무지 영어성적을 높이지 못한다고 그토록 맞아야 했던 이유를 모르겠다. 요셉은 그저 순응적으로 행동하지 않았다. 인격적으로 존중받지 못할 때 요셉은 선생님 말씀이라도 귀를 막았다. 이런 태도가 선생님에게는 악몽일지 몰라도 정말 고만한 나이에서는 정상이지 않은가? 요셉은 학생 때부터 고구마 장사, 체대나 미대 입시 준비, 요리학원 공부, 식당 아르바이트 등을 경험했다. 또래 아이보다 어른스럽고 문제해결 능력도 있었다.

경쟁의 담론을 지나치게 선호하면서 이기고 지는 것에 자아의 능동성을 활용하면 요셉과 같은 희생자가 나온다. 관료성은 체계성과 효율성을 지향점으로 삼아 모든 것을 통제한다. 개인을 시스템 안에서 경쟁시킨다. 개인은 경쟁하는 단순화 과정을 거치게 된다. 그곳에 무슨 놈의 자아가 제대로 살아남을 수 있겠는가? 비판적 연구자들은 목소리를 더 높여야 한다. 언어와 공부와 시험을 무슨 신비로운 괴물로만 키우지 말고 언어를 사용하는 개인들의 차이와 다양성에 집중해야 한다고.

인문학의 위기를 바라보며

대학에 재직하는 인문학자들은 늘 인문학의 위기라고 혀를 찼다. 나는 그게 못마땅했다. 변화에 무감했고, 위기에 무력했고, 그래서 어찌 보면 위기를 자처했는데 세상이 인문학을 흔들고 있다고 불평한다. 난 그게 민망하기도 했다. 보편성, 내재성, 통일성, 단일성의 가치를 가르치는 인문학자라면 학교 밖 접촉지대, 생태적 환경, 횡단적 실천에 관심도 두지 않는 편이다. 급증하는 이주민들, 글로벌 기업과 학교로 유입되는 외국인(유학생)들이 눈에 들어오지 않는다.

나는 교육부가 지원하는 BK21 사업단장으로 일할 때 전국 대학의 어문학과 교육과정을 검토한 적이 있다. 언어에 관한 세상은 수십 년 전에 비해 엄청나게 바뀌었는데 교육과정이나 교재는 내가 대학을 다닐 때와 다를 바 없었다. 후기-세계화 시대의 언어사회를 다루는 교과목은 거의 배치되지 않았다. 교과목이 없다는 건 언어의 사회적 실천, 비판적 언어학, 담화/담론, 언어와 권력의 결속을 가르치고 연구하는 교수도 거의 없다는 얘기다. 대학원에 입학한 학생들의 안목이 안타깝다. 그들이 공부하는 연구, 기획, 개발, 쟁점이라는 것이 너무나 구태의연하고 진부하다. 도전도 상상력도 부족하다. 이들은 앞으로 신자유주의 언어세상에서 비판적이고 대안적인 논점을 발굴할 수 있을까? 언어에 대한 다면적이고 실천적인 속성을 배우질 않았는데 어찌 시대풍조에 도전하는 발칙한 생각을 품을 수 있을까?

언어는 다감각으로 전달되는 복잡한 기호체계이다. 언어는 막힌 시스템이 아니다. 계속 이동하고 새로운 의미를 다시 만드는 사회적 기호이다. 언어를 사회적 실천, 이동하는 자원, 정체성과 권리의 표지, 생태적 환경태 등으로 이해하지 못한다면 미래 한국, 세계시민, 미래 지식, 개척 학문, 융복합 학제간 지식을 다룰 때 언어를 전공한 사람은 뭘 할 수 있을까? 회의장에서 무슨 얘기를 보탤 수 있을까? 학교 안에서 토익이나 영어회화를 가르치는 교양영어실을 운영하며 그걸 무던히 가르칠 원어민교사를 뽑아 관리하고, 영어졸업인증제를 꼭 해야 한다고나 주장할까? 토익 점수를 모든 학생에게 제출하게 하고, 학교 밖에 나가서는 영어경시대회 심사자나 고부담 시험 출제자로 일한다면 어떻게 언어의 맥도날드화나 고부담 언어시험의 문지기 역할을 비판하고 새로운 언어세상을 기획할 수 있을까?

인문학으로 돌파하자는 대학에서는 교수나 박사들이 즐비하다. 그들은 왜 아직도 시험 성적만으로 신입생을 선발하는 영어특기자 전형을 허락하고 있을까? 그들은 왜 마땅한 지침도 없이 편입시험이든 대학원 입시에 영어시험을 넣고 선다형 문제까지 출제하면서 그걸 기계적으로 채점하고 있을까? 왜 아직도 전교생을 대상으로 영어졸업인증제를 실시하면서 토익 시험으로 학생을 관리하고 있을까? 갑작스럽게 전국 대학생 영어말하기 대회를 운영하기도 하고 곧장 다시 폐기한다. 교내 재학생 대상으로 1시간 만에 영어 에세이를 후다닥 쓰게 하고 그중에서 최우수 에세이라고 뽑아 시상하는 정체불명의 영어경시대회도 아직 범람한다.

BK21 스토리텔링 사업단장을 내가 맡았을 때 (결국 못했지만) 해보고 싶은 일이 참 많았다. 예를 들어, 학생들과 스토리를 텔링하는 축제를 기획했다. 미국에서 본 적이 있는 스토리텔링 축제를 머릿속에 떠올렸다. 텐트를 치든, 강의실에서 하든, 스토리를 나누는 축제이다. 재미난 스토리, 아픈 스토리, 함께 자유롭게 스토리를 듣고 사고팔 수 있는 곳, 디지털이든 아날로그든 마음껏 스토리의 모양을 나누고 상상하고 고백하는 그런 시간과 공간을 축제처럼 학생들과 기획하는 것이다. 대학은 이와 같은 상상력의 보고가 되어야 한다. 학생들은 상상하고 기획할 줄 알아야 한다. 언어로 먹고 먹이는 잔칫상을 벌이자, 언어를 갖고 놀 줄 아는 연금술사를 발굴하자, 그렇게 하려면 일단 진지하게 가르치고 배우고 경시대회 이런 것 하지 말고 그냥 놀 수 있는 스토리텔링 잔치를 한번 만들고 싶었다. 그런데 학교에서 그걸 제안했을 때 모두가 심드렁했다. 맥도날드화된 언어로 경직되어 있으니 어찌 보면 당연하다.

신자유주의 시대가 언어의 모양을 점점 표준화된 코드나 매뉴얼로 환원시키고 있기 때문에 새로운 언어세상을 꿈꾸는 사람들이 사라진다. 기업에서도 마케팅, 재무, 정보관리 등의 분야에서 인재를 뽑고 있지만 아직도 기업의 언어문화를 혁신시킬 수 있는 최고언어책임자(Chief Language Officer: CLO) 같은 직책을 상상하지 못한다. 인문학으로 돌파한다고? 좋다. 그런데 무겁고 어렵고 정복해야만 하는 언어의 패러다임으로는 결코 돌파할 수 없다. 학계나 학교가 군대처럼 보일 때가 있다. '돌파'란 키워드도 너무 무거운 단어로 보인다.

잡종 학문의 수용

흔히 자신의 학술 분야가 순수학문이라고, 예를 들어 순수문학, 순수어학을 전공한다고 소개하는 사람들이 있다. 나는 '순수'의 속성을 믿지도 않기에 순수학문을 추구하지도 않는다. 순수를 둘러싼 수사적 관행은 기존권력을 유지시키는 정치적이면서 이념적인 담화전략으로 보고 있다. 순수, 본질, 보편, 이런 말은 관념적이면서 이념적일 수밖에 없다. '순수'의 진영이 못마땅하기도 하고 기존의 응용언어학 학술 분야가 제구실도 하지 못해서 나는 진심 반 장난 반으로 '잡종'언어학자라고 나 자신을 소개하기도 한다. 사실 순수와 대비되는 어휘는 '잡종'이지 않은가?

한국에서, 특히 대학구성원으로 학술 활동을 할 때 잡종의 정체성은 좀처럼 자리 잡기가 쉽지 않다. 순수, 본질, 보편, 단일성을 주로 다루는 곳에서 접촉, 생태, 횡단, 혼합의 주제의식을 다루면 소수자 의식을 가질 수밖에 없다. 어딘가 글을 실을 때도 문지기를 통과하기 위해서 논제든 방법론이든 늘 부연해서 자세히 설명해야 하고 반복적으로 설득시켜야 한다. 그래서인지 나는 성, 출신 지역, 나이, 지방대나 비명문대 출신, 혹은 비-유학파, 학부-대학원 전공을 바꾼 전력 등으로 순종의 정체성을 갖지 못하는 연구자들과 일종의 연대의식을 가지고 있다.

예를 들어, 김용희 교수는 '우리 시대 순혈주의'라는 칼럼[91]을 통해 학계의 남성들이 가지고 있는 '의리문화'를 꼬집은 적이 있다. 형제애를 돈독하게 강화시키는 학연과 지연은 학회와 학교 안팎의 활동을 하는 많은 사람을 불편하게 한다. 학계는 잡종의 정체성을 가진 개인들을 쉽게 수용하지도 않는다. 그러니 잡종끼리 서로 옹호하는 차이와 다양성의 논제는 쉽사리 제안하기도 힘들다. 개인과 자유의 전통이 부실한 대학의 학생들도 동문회의 위상, 선배–후배, 교수–학생의 강력한 위계를 철저하게 내면화시키고 자신의 순종 정체성을 최대한 발굴한다. 편입생, 전과생, 타대학에서 온 대학원생, 심지어 교수까지도 잡종의 성분을 가지고 있는 사람에게 배타적이다.*

---

* 대학에서 잡종의 정체성이 얼마나 곤란함을 주는지 보여주기 위해 김용희 교수의 칼럼 내용 일부를 다음과 같이 직접 인용한다: "순혈주의 전통은 대학사회 지식인 계층에서 더욱 발휘되곤 한다. 학과 내 교수들은 대개 같은 대학 출신의 선후배, 형님이거나 동생이거나 한다. 우리는 남이 아니기에 출신성분과 학연의 혈통은 필수적인 알리바이가 된다. '형님'을 잘 모셔야 하기에 말 잘 듣고 충성스러운 동생이 필요하다. 은밀한 공모, 사실 이와 같은 인사 문제에서의 순혈주의가 학문연구에서의 보수성을 강화한다. 학문연구는 근친상간이 되고 자족적 충족의 장이 된다. 전문성이 폐쇄 회로 속에 갇히게 될 때 자기 복제만을 재생산한다. 학과 내 수업도 명확한 전공 분야의 황금분할로 나뉘어져 있다. 대학원 학생 지도도 엄격한 전공의 경계 속에서 구분된다. 전문성은 폐쇄회로 속에서 더욱 권위적 신비를 발휘하는 법. (의사들의 어려운 전문 의학 용어들) 학제간 연구란 사실상 명목에 불과하다. 대학 인사에서 혼합전공자는 불순한 이물감처럼 경계자에 놓일 뿐이다. 산학연, 학제간 연구 등 '관계'와 '연대'에 대한 관심은 우리 시대 또 하나의 하이브리드다. 문학과 역사, 문학과 경제, 문학과 미술, 고전과 현대, 이 경계의 틈새에서 혼란과 방황이 야기되고 노이즈(소음)가 발생하고 논쟁이 생겨난다. 최근 Y대 교수채용 전공부문을 문학과 문화, 역사와 철학 등 복수 학문으로 공시한 것은 접점 지대에 대한 탐색을 시도하는 고무적인 일이다. 그러나 여전히 학계에서 차이와 다양성을 인정하는 개방과 진보적 시도는 요원한 일처럼 보인다. 대학 전공과 교육 현장은 그 경계와 외연의 확장을 담당하기에 여전히 보수적이고 폐쇄적인 전문성의 아성이다. 순혈주의의 순수성에 대한 강조가 실은 또 다른 파시즘이라는 사실을, 지식을 권력화하는 보수적 전문성이 학문을 현실적 삶과 분리시키고 있다는 것을, 안전한 소득을 보장받으면서 스스로의 세계에서 밖으로 나가길 거부하는 폐쇄적 지식권위가 대학 학문의 위기를 몰고 온 것은 아닌가 고민해 보아야 한다. "우리가 남이가"라고 외칠 때 "그래, 우리는 남이거든"라고 대답할 수 있는 소수성과 다양성에 대한 인정, 서로의 차이를 긍정한 이후 비로소 가능한 '연대'와 '진보적 자유'에 대하여 생각해 본다."

대학교수라는 기득권도 있는데 내가 지금 맘 편한 소리 한다고 비난할 분도 있을 것이다. 그러나 위축된 잡종의 정체성은 순종의 기준점이 있는 어느 직업에서나 있다. 판사든, 의사든, 교수든, 운동선수든, 연예인이든, 누구든지 잡종으로 비춰질 수 있고 그런 자신/타인의 정체성을 놓고 불편하지 않은 사람은 없을 것이다. 나는 지방(대구)에서 살다가 서울로 유학을 왔다. 그 후로 국제봉사활동이나 해외 유학을 경험했다. 해외를 자주 오가면서 언제나 남과 다르게 말하는 내 모습, 혹은 다르게 생긴 내 모습을 통해 타자로서의 나를 오랫동안 바라볼 수 있었다. 물론 대학교수라는 기득권을 유지하면서 겪은 관계와 언어사용도 흥미로웠지만, 아시아인 – 남성으로, 비원어민 영어화자로, 모(국)어가 아닌 제2언어의 사용/평가/정책에 관해 탐구하는 연구자로 겪은 정체성 의식은 특별했다. 그마저도 국내, 대학, 해당 학과와 학계에서 소수 전공자나 연구자로 활동했기에 주류의 위치성과는 늘 거리가 있었다.

　　그와 같은 타자성, 낯설게 보기, 혹은 거리 두기의 경험으로부터 나는 접촉, 생태, 횡단 등의 인문적 가치를 보다 개방적인 태도로 접근할 수 있었다. 나는 석박사 학위논문을 준비할 때만 해도 다소 비정치적인 관점에서 언어능력 모형에 관해 연구했는데 다양한 현장의 경험을 통해 언어는 닫힌 (관념적) 시스템이 아닌 함께 살아가는 사회적 실천이란 논점을 몸으로 수용할 수 있었다. 그리고는 관련 연구문헌을 축적하고 이론적 토대까지 공부하면서 잡종의 정체성으로 살아가는 것이 더 이상 불편하지 않게 되었다.

　　인문학이든, 힐링이든, 종교든, 지금 사회구조는 경제주의, 합리주의, 기술주의, 공리주의, 단일주의와 같은 이데올로기로부터 포획되어 있다. 타자성을 비판적으로 성찰하고 그걸 자신의 글로 써보지 못한 (예비)연구자들은 결국 실증적인 연구 데이터만 의존하고, 인풋을 제공하니 아웃풋이 나왔다든가, 비용 대비 효과나 기술 기반의 효율성만을 주목한다. 마치 기능공이 기계를 다루는 듯 언어를 분석하고 교정한다. 생명력과 유기체적인 속성은 제거되고 그저 무덤덤하게 쪼개지고 분리된 비정치적인, 비사회적인 연구물이 양산된다.*

내가 속한 학계는 치열한 논쟁이 없다. 대안이 없으면 비판도 하지 말라는 식의 얼치기 훈수만 있다. 대체 잡종적 지식, 횡단의 언어실천, 생태적 언어환경의 가치를 주목하며 상품화되고 맥도날드화된 언어문화를 어떻게 흔들 수 있을까? 대안이 구체성을 갖기 전에 비판부터 자유롭게 허락되어야 하는데 교수가 쓴 비판적 논술도 실리지 않는데 어느 젊은 연구자들이 그러한 논제에 관심을 가실 수 있으랴? 대학원생들

---

*　　그나마 그들이 언어에 관한 다양한 생각들을 비아냥대거나 공격하지 않으면 다행이다. 고부담 시험을 비판하고, 단일언어주의를 재고하고, 언어에 관한 다양성과 횡단성 담론을 제안하는 학술원고를 어딘가 실으려고 하면 어떤 학술지의 심사자들은 '한국은 다문화국가가 되어서는 안 된다', 혹은 '안 될 것'이라고 단정하거나, '외국인 대상 정책이 앞으로 개방적으로 변할 수 없다'고 훈계한다. 구체적인 심사평도 없다. 또 '강단 좌파'라고 비아냥대거나 '대안이 구체적으로 없는데 비판만 한다'고 '게재불가' 판정을 내린다. 구체적인 심사평도 반론의 근거도 없다. 만약 좌파-우파 논점 나누는 걸 좋아한다면, 좌파 논문은 좌파 심사자가 보게 하고, 우파 논문은 우파 심사자가 보게 하면 양쪽의 입장이 동시에 수용되면서 학술 담론의 경합이 가능해진다. 다문화와 외국인 유학생 정책을 재고해보자는 비판적 학술연구는 한동안 별다른 이유도 없이 '좌파'라는 비아냥과 함께 논문심사도 거절당했다. 나는 연구자로서 보수와 보존의 가치를 지키며 자유, 차이와 다양성, 개인의 권리에 관해 탐구하는 연구자이다. 연구주제의 위치성은 우파적 가치와 연결되어 있지만 다른 목소리를 내는 잡종 연구자는 그렇게 뜬금없이 좌파가 된다.

은 이와 같은 학술 문화를 눈치껏 잘 파악하고 있다. 나는 테뉴어를 받은 정교수이니 어떤 지면에 비판적 글을 싣지 못해도 다른 곳에 다시 제출할 시간도 있고 마음의 여유도 있다. 그러나 젊은 연구자들은 이런 상황을 민감하게 살핀다. 그들은 결국 '센 비판이 쏙 빠진' 무던한 원고를 준비하게 된다.

나는 지도교수로 대학원생들을 만나면 그들이 누구이고 어떻게 살아왔고 어떤 일상과 소망을 품고 있는지 여러 차례 얘기를 나눠본다. 그런데 수십 년을 살아오고 배워온 이야기, 기억, 경험, 일상, 직관에 대해 자신만의 해석을 하지 못하는 사이보그 같은 (그러나 열심히 하겠다는 투쟁심만 넘치는) 학생들을 만날 때마다 참 곤혹스럽다. 그런 학생들은 인생도, 공부도, 언어도 쪼개고 관리하고 정복할 수 있다고 자신할지 모르겠다. 물론 그런 학생을 탓할 수도 없다. 언어를 가르치고 배우고 연구하는 대학의 학과는 개인 연구자들의 서로 다른 언어경험에 관대하지 않다.

한국은 경제 강국이다. 서울은 국제적인 도시이다. 우리는 모(국)어인 한국어의 변화, 접촉언어인 영어의 확장, 혹은 영어 – 한국어 – 기타 언어의 횡단적 교차를 다양한 매체를 통해 일상적으로 경험하고 있다. 링구아 프랑카, 에코링구얼, 메트로링구얼, 트랜스링구얼, 다이어글로시 등의 현상은 충분히 주목할 만하다. 그러나 언어를 가르치고 배우고 연구하는 대학의 공간은 아직도 순결하고, 순수하며, 위계가 엄격한 곳이다. 나와 다른 언어들을 사용하는 '그들'에게 좀처럼 관심을 갖지 않는다. 언어를 다루고 연구하고 가르칠 때 미시언어학과 언어의 규범적 논의를 배제하자는 것이 아니다. 그러나 언어순수주의, 언어결정주의, 언어민족주의, 근본주의, 심지어 반민주적인 발상이 넘쳐나는 학교와 학계가 변하지 않고는 이 책에서 다룬 언어사회에 관한 새로운 상상과 기획은 결코 확장될 수 없다.

언어를 놓고 전일제로 공부하고 일하는 (예비)연구자는 많지만 리버럴한 학자 한 명 만나기가 참 힘들다. 영어라는 언어의 개방적 역사만 주목해도 '순수'언어학만 고집하고 모노링구얼 마인드로만 개인과 언어를 다루지 않을 텐데 말이다. 나는 언어사회, 담화/담론분석, 정체성, 언어평가(정책) 등을 주로 연구하고 있지만, 문학이든 어학이든 언어교육이든 주류 학계가 수용하지 않고 있는 '스토리텔링'에 관한 다양한 (사회적) 단면을 또 하나의 연구관심으로 붙들고 있다.[92] 그 이유는 거기에 입말과 글말이, 제1언어와 제2언어가, 미시와 거시가, 생활과 이론이, 문학과 어학이, 관념과 실천이, 실용과 비판이 정체불명의 불순체로 섞여 있기 때문이다. 주류 어문학부 연구자들은 여전히 관심이 없겠지만 난 스토리텔링의 회색지대가 참 편하고 좋다. 그곳에서 언어가 다양한 재현을 통해, 세속적으로, 반권위적으로, 흘러가는 모양이 참 좋다.

미술에도 순수미술 분야가 있지만 응용미술, 산업디자인 전공도 있다. 음악도 클래식 전공자들이 있지만, 영화음악 제작이든, 음악치료이든, 대중가요 평론이든 음악에 관한 잡종적 정체성으로 밥 먹고 사는 사람들이 있다. 언어도 음성, 문장문법, 형태소 등을 전공하는 '순수한' 사람들이 있지만, 언어에 관한 심리, 사회, 문화, 정치, 경영, 교육, 인류, 복지, 홍보, 치료 등을 연구하는 사람들이 있다.

'순수'언어학자들이 책상에 앉아서 마치 블록을 쌓고 흩뜨리듯 언어를 '예쁘게' 쪼개고 조립하는 일을 한다면, 나와 같은 잡종학자는 건축가처럼 밖에 나가서 집 짓는 일도 감당하는 사람이다. 시험도 만들고 정책도 기획한다. 교재나 교육과정을 만들고 프로그램 평가도 한다. 위생화된 언어문화를 비평하면서 미래 한국을 예측해보기도 한다. 물론 이 모든 일에 '순수한' 언어학자가 참여할 수 있다. 그러나 그런 일에 본격적으로 참여하려면 그들은 자신이 '순수한' 언어학자라는 수식어를 버려야 한다. 순수-비순수 이항의 구분도 버려야 한다. 순수언어학자로서 누려온 기득권이나 관행도 버려야 한다.

잡종학자가 되면 재미난 일이 많아진다. 잡종의 세상이 눈에 들어온다. 그러나 잡종으로 제대로 일할 것이라면 우선 뭘 많이 알아야 한다. 넓게 볼 줄도 알아야 한다. 그래야 언어에 관한 세상의 욕망, 필요, 목적, 문제, 권리에 대해 새로운 질문과 대안을 찾아볼 수 있다. 가장 중요한 건 비판적 시선이다. 기존의 콘텐츠, 제도, 관행, 문화, 수익모형 등에 대해 온전한 문제의식이 없거나, 비판의 글을 쓸 수 없다면, 새것을 만들자고 말하기 힘들다. 문제의식이 충분하지 않으면 뭔가를 새롭게 실천할 배짱도 못 가진다. 그래서 다시 앞선 자들이 해온 대로 효율적인 모형으로, 혹은 단순한 수요-공급 모형으로, 입력-출력 모형으로 지루하게 만들어온 것을 다시 흉내낸다.

잡종언어학자들의 분발

토론토대학의 홍성욱 교수가 오래전에 쓴 '변방의 교훈'이란 제목의 칼럼[93]을 학생들과 자주 공유했다. 내용을 간단하게 요약하면 다음과 같다. 200년 전 세계 과학의 중심은 파리였고, 100년 전 세계의 이론물리학의 중심은 독일의 베를린이나 네덜란드의 라이든이었다. 그러나 변방지역에서 열차 선로건설을 감독하던 무명 엔지니어인 오쉬스텔장 프레넬(Augustin-Jean Fresnel)에 의해서, 혹은 스위스의 작은 도시 베른이란 변방의 특허국에 근무한 알베르트 아인슈타인(Albert Einstein)에 의해 중심의 과학 연구자들이 당연하다고 믿고 있던 이론이 흔들린다. "중심의 과학자들이 기존의 패러다임을 더 완벽한 것으로 만들기 위해 골머리를 앓고 있을 때 프레넬이나 아인슈타인은 문제의 근원을 직시할 수 있었고 이를 바탕으로 새로운 패러다임을 제창할 수 있었다. 변방에서 상대적으로 고립되어 있다는 '변방성'이 중심의 과학자들은 상상도 하지 못했던 혁신적인 '창조성'으로 전화한다." 나는 자세한 과학사의 배경을 모르지만 변방, 횡단, 잡종의 정체성을 가진 연구자로서 참으로 설레는 과학사로 들린다.

해외 문헌으로부터 사례를 수집해보면 접촉언어, 횡단언어, 도시언어, 생태언어, 다중언어, 스토리텔링 언어는 이제 변방이나 소수의 언어만 아니다. 전 세계적인 현상이고 어디든 일상적으로 발견되는 언어경관이다. 한국의 언어사회를 더 이상 경직시키지 않고 언어의 잔치상을 만들어 볼 것이라면, 변방에 위치한 국내 학자들이 언어에 관한 '당연해서 당연하다'는 구태의연한 상식에 도전해야 한다. 다르게 말해서는 안 되고, 틀려서도 안 되고, 그래서 계속 교정하고 위생화시켜야 하는 가치 체계는 앞으로 변방의 위치에서 잡종의 정체성으로 연구하는 학자군에 의해 문제화되어야 한다.

'디아스포라(diaspora)'는 조국을 떠나 타국에서 소수자로 살아가는 이주민, 유학생, 소수민족 공동체 등을 가리키는 용어로 사용되었다. 그러나 이제 디아스포라의 의미는 민족, 국가, 인종 등의 범주로 제한되지 않는다. 디아스포라는 지리적 경계선을 벗어난 개념이 되었다. 미래 한국은 모(국)어와 함께 링구아 프랑카 영어를 사용하면서 디아스포라 혹은 코스모폴리탄의 정체성을 품은 인재들이 활동하는 곳이 될 것이다. 그들의 변방성은 혁신적인 창조성으로 전환되는 지적 토대가 될 것이다. 개인사, 문학작품, 디지털 콘텐츠가 자유롭게 편집되고, 개인과 사회가 기억하는 크고 작은 내러티브는 보다 다양한 언어로 전해지고, 다양한 매체에서 새롭게 재현될 것이다.

잡종의 연구(자)는 지금의 언어사회로부터 위축되지 말고 좀 더 대범하게 앞으로 펼쳐질 언어경관을 마음껏 상상해야 한다. 나는 오랫동안 국내 대학의 영어영문학과 교수로 일하면서 기득권의 유혹에서 자유롭기 어려웠지만 새롭게 펼쳐질 미래 언어사회에 대한 호기심을 도무지 억누를 수가 없다. 용기를 내서 국내 언어(교육)사회를 양심적으로 다시 바라보고, 해외 사례를 더 찾아보면서 타자화된 나를 재발견하는 시선을 가질 수 있었다. 비원어민, 영어학습자, 변방에 위치한 연구자였던 나 자신을 탈프로그램시키면서 엄격한 교과보다는 생활, 박물관의 지식보다는 현장의 실천, 분과보다는 통합적이고 학제적인 지식에 집중하기 시작했는데 지적 조망권이 크게 넓어졌다.

　무엇보다 교수활동을 하면서 나와 비슷한 잡종적이고 유목적인 배경의 학생들을 만나 함께 공부할 때가 참 좋았다. 전과하고 편입한 학생들, 외국인 유학생들, 조기 유학생이었지만 다시 한국으로 귀환한 학생들, 학부 때와는 다른 전공을 공부한 대학원생들, 그들은 한편으로 위축되어 있지만 조금만 격려하고 위로하면 크게 성장하곤 했다. 나는 그런 학생들과 함께 공과대학생들의 독무대인 창업경진대회에 나가서 언어교육 콘텐츠로 1등도 했고 대학원생들과 스토리텔링 – 진단평가 콘텐츠를 만들어 창업도 해보았다. 기업 컨설팅도 하고 교육콘텐츠 개발자로도 활동했다. 이런 나보다 훨씬 더 많은 연구자들이 보다 당차게 언어사회에 관한 지식을 교실 밖으로 옮기고 실천과 진정성이 있는 지식기업을 운영할 수 있다고 생각한다. 잡종학자들은 뒤에서 밀고 앞에서 당기며 함께 협력해야 할 것이다.

　관념, 인지, 보편, 순수의 학문 전통이 여전히 주도하고 있는 어문학 전통에서, 교사, 학생, 교실, 표준언어에 집중하고 있는 언어교육의 관행으로부터, 혹은 실증주의/양적 데이터 기반의 연구물을 선호하는 학계의 관행으로부터, 잡종학자의 분발이 필요하다. 경계를 계속 넘고, 언어에 관한 발칙한 논점을 제안하고, 미래 언어사회를 변화시킬 탐험적인 연구자들이 필요하다.

　신자유주의 언어사회에 도전하는 잡종학자는 보다 자유롭게 언어를 가르치고, 생태적 언어프로그램을 운영하고, 다원적 언어정책을 집행하고, 다양한 개인들을 돕는 공간을 만들어내야 한다. 대중적인 대안 담론이 만들어지려면, 상품화되었다고, 맥도날드화되었다고, 테크노폴리로 변모했다고, 비판만 할 수 없다. 누군가는 언어교육과 정책의 구체적인 성과를 보여줄 수 있어야 하며 그렇게 하려면 실험적으로 시도해볼 수 있는 언어사용 공간을 발굴해야 한다. 이론만으로는 기존의 고정 관념을 벗어나기 힘들다. 논쟁만으로 언어들의 경계 넘기가 즐겁다는 것을 알려줄 수 없다. 지금 시대의 헤게모니를 일상적인 수준에서 저항하고 벗어나려면 잡종학자부터 언어에 관한 각자의 경험, 기억, 일상, 관계의 내러티브를 다시 기억하고 그걸 글로 옮겨야 한다.

진흙탕의 미꾸라지 다시 보기

음악을 전공한다고 하면 무엇이 떠오르는가? 오선지에 적힌 클래식 음악 악보인가? 미술을 전공한다고 하면 무엇이 떠오르는가? 석고상을 보며 그리는 데생인가? 언어를 전공한다고 하면 무엇이 떠오르는가? 발음과 문법의 규칙인가? 사전적 의미로 보면 '순수'의 의미는 전혀 다른 것의 섞임이 없는 순결, 순백, 천진난만한 성격을 갖는다고 나와 있다. 그리고 순수의 반의어를 찾아보면 '비순수', '추악', '추잡', '불순'의 단어가 검색된다.

내가 이 책을 통해 일관적으로 비판하는 것은 신자유주의 언어사회의 '순수한' 언어이다. 상품으로 만들고, 표준으로 구성시키고, 기술로 관리하고, 단일한 것으로 통제하는 과정은 달리 보면 언어의 순수, 본질, 핵심을 전제하는 것이다. 나는 욕망의 언어, 세상의 언어, 정치사회적인 언어, 가치중립적이지 않은 언어, 서로 다른 현장의 언어들을 연구하는 '비순수'언어 연구자이며 언어의 순수, 본질, 핵심을 담론(의 개입)으로 이해하고 있다. 이중/다중언어사용자의 언어능력을 추론하고, 언어정책/계획 문서에 담긴 텍스트의 선택을 해석하고, 미디어에 나온 편향적인 언어정체성/권리 보도를 설명하고, 횡단적 언어실천이 실패한 사례를 기술하는 일은 결코 '순수한' 언어로부터 논술될 수 없기 때문이다.

대개 순수, 본질, 핵심, 보편의 가치를 지나치게 강조하는 언어사회는 무수한 비-순수, 비-본질, 비-핵심, 비-보편을 생성시킨다. 그와 같은 이항의 대립된 언어사회를 보다 복잡하고 새롭게 바꿔보려면 연구자 집단부터 순수. 본질, 핵심, 보편의 가치에 불필요한 비중을 두지 말아야 한다. 순수하고 표준적인 언어, 보편적 규칙을 찾는 언어 연구의 현장을 깨끗한 연못으로 본다면, 새로운 시대의 언어사회, 다양한 언어들이 출현하는 현장은 미꾸라지 때문에 진흙탕이 된 연못으로 비유할 수 있다. 실제로 나는 전통적인 어문학 학술지에 연구자들에게 다소 생소한 스토리텔링 연구의 필요성을 강조하면서 '미꾸라지로부터 진흙탕이 된 연못' 메타포를 사용한 적이 있다. 아래와 같이 논술했다.[94]

"스토리텔링 연구는 깨끗한 연못가의 미꾸라지를 연상시킨다. 대중매체나 일상생활 중에 포착되는 스토리텔링은 흥미로운 인상을 주며 누구든 잡으면 잡힐 듯하다. 그러나 스토리텔링은 추상적이고도 실용적이기 때문에, 혹은 여러 학술 분야에 걸쳐있는 절충적인 속성을 가지고 있기에 학술담론으로 좀처럼 안착되지 못한다. 어느 특정 분야에서만 잡히지 않고 문학, 어학, 교육, 문화연구 등을 휘젓고 다니며 오랫동안 순수와 보편의 학문적 가치를 지켜온 어문학의 전통을 진흙탕으로 만들 것 같은 불안감을 준다. 미꾸라지는 진흙 속의 생물을 먹으며, 늪이나 논, 혹은 농수로 등 진흙이 깔린 곳에서 살고 더러운 물이나 산소가 부족해도 잘 견딜 수 있는 특성이 있다. 스토리텔링이란 미꾸라지를 어문학부에서 전통적인 학술 분야와 공존시킨다면 진흙탕을 감수해야만 한다.

스토리텔링 교육연구는 유목적이고, 탈경계적이며, 다분히 잡종적이다. 스토리텔링의 언어는 대개 욕망의 언어, 세상의 언어, 현장의 언어이다. 그것이 연구담론, 산업자원, 문화양식, 사회적 실천이 될 수 있다고 전제한다면 스토리텔링 학술활동으로부터 어문학부의 학술적 가치가 질적으로 떨어지는 일은 없을 것이다. 오히려 담화, 스토리, 내러티브 기반의 전통적인 연구자산이 스토리텔링 연구의 원천자료가 되고, 어문학부가 지켜온 학술정체성에 탈각하지 않는 수준에서 시장, 소비, 디지털의 시대에 맞는 새로운 스토리를 발굴하고 편집할 수 있다. 그럴 수만 있다면 어문학의 외연은 확장될 것이고 세부 영역 간의 연합 및 협업이 활발하게 모색될 수도 있다.

스토리텔링은 문화콘텐츠, 대중문화의 시대풍조에 고착되어 시장과 소비, 심지어 국가와 권력의 이해관계에서 자유롭지 못하고 학술운동이나 교육의 효과로 유도되지 못할 가능성도 있다. 그러나 인접 분야뿐 아니라 어문학 내부에서도 스토리텔링 연구자들은 계속적으로 출현할 것으로 기대된다. 그들은 글과 말, 문학과 어학, 비판과 실용, 개별성과 사회성 등의 전통적인 이항대립에서 벗어나 창조적이고 이질적으로 연구주제를 탐색할 것이다. 전통적인 문학연구가 대중적인 콘텐츠, 소비되는 문화로 전환되는 것을 모색하고, 종전의 어학연구도 언어의 보편적 규범만을 가치중립적으로 바라보는 관점에서 탈피한다면, 스토리텔링 연구자는 어문학 내부에서도 협력자를 찾을 것이다. 무엇보다 시장과 소비, 문화콘텐츠의 수요, 스토리텔링의 대중적 매력은 쉽사리 학교 밖에서 망각되지 않을 것이며 어문학자들은 전통적 서사로부터 지나치게 탈각된 대중적 스토리텔링을 경계하는 파수꾼이 될 수도 있다. 다문화-다언어 공동체가 계속 증가하고, 좀 더 쉬운 디지털 매개가 교육현장에 유입되고, 온라인 공간 안팎에서 수집된 스토리의 텔링이 학술 소재로 더욱 포획될수록, 또는 스토리가 가치중립적이지만 않고 산업자원, 문화양식, 정치사회적 실천력을 갖고 있다는 것을 좀 더 많은 사람이 의식할수록, 스토리텔링 연구의 필요는 앞으로 급증할 것이다.

어디서든 언제든 다양한 매체 위에서 스토리를 텔링한다는 건 언어공동체에서 관찰되는 가장 역동적인 언어행위 중 하나이다. 시간이 흘러도 스토리텔링은 획일적으로 규범화될 수 없다. 언어의 변화 혹은 스토리의 서술을 다양하게 묘사하고 상술하는 것이 어문학의 중요한 학술적 책임 중 하나라면 미꾸라지처럼 어문학을 진흙탕으로 만들 여지가 높은 스토리텔링의 다면적 실체를 더욱 많은 연구자가 주목해야 한다. 어쩌면 가까운 미래에 스토리텔링이란 학술 분과는 어학과 문학, 이론과 실제, 서구와 비서구, 중심과 주변, 인문학의 안과 밖 등으로 구분된 어문학 연구에 제3지대가 될 수 있다. 그때까지 스토리텔링 연구자는 어문학의 지경 안에서 당연한 것으로 인식되어온 것에 혼란과 충돌을 유도할 연구물을 쌓아야 한다. 또한 스토리텔링 학술연구를 수행할 때 등장하는 디지털, 미디어, 콘텐츠 등과 같은 용어의 조작적 정의, 이론적 모형의 실제 적용 사례 등에 관해서도 연구가 수행되어야 한다. 이야기(하기), 스토리(텔링), 내러티브, 담화와 담론 등과 같은 학술적 개념 역시 보다 다양한 관점에서 반박되고 부연할 필요가 있다."

어떤가? 정말 그럴 듯 하지 않은가? 언어를 순수한 것으로 신비화시키고 대상화시키면 스토리텔링과 같은 새로운 학술 담론은 등장하지 못한다. 달리 말하면 스토리텔링과 같은 '순수하지 않은 언어' 연구문헌을 등장시켜야만 순수한 어문학 연구의 전통을 흔들 수 있다. 언어가 신비롭고, 대단하고, 우상화할 만한 것이 아니라는 대중 담론을 만들 계획이라면 '순수한 언어' 담론에 도전해야 한다. 비순수와 대립시키는 순수 담론은 다른 학술 분야에서도 종종 등장한다. '공부 논쟁'이란 책을 보면 국내 물리학자가 '순수물리학'을 놓고 이렇게 시비를 거는 대목이 나온다.[95] 재미난 논점이라 일부 내용을 직접 인용해 본다.

"물리학 내부에서는 엉뚱한 싸움을 하고 있어요. 예를 들면 '이건 물리가 아니고 이건 물리고'하는 식으로 순수, 응용을 가르는 싸움을 하거든요. 근데 뭐가 있어야 싸우지. 싸울 이유가 전혀 없어요. 독창적인 결과물을 내지 못하면서 그런 걸로 싸우면 그냥 당파 싸움이에요. 심지어 결론이 나지 않으면 미국 명문대에서 어디까지를 물리로 치느냐를 근거로 대면서 싸움을 해요. 미국은 원래 순수과학이 약하고 공학이 강했던 나라예요. 그러다 보니 노벨상이 아무리 많이 나와도 순수과학은 늘 방어적인 입장이 될 수밖에 없어요. 그래서 응용이 덜 강조되는 이런 전통 때문에 미국 물리학은 많은 분야를 공학 쪽에 넘겨줬어요. 예를 들면 유체역학, 기체, 기상 등은 물리학에서는 더 이상 다루지 않는다는 식이에요. 공대가 다 가져간 거야. 그러다 보니 물리학은 아무래도 이른바 순수 쪽에 치우치게 됐어요.

그런데 유럽은 놀랍게도 공학이 완전히 물리학의 일부예요. 공학을 다 합친 거랑 물리학의 규모가 비슷해요. 유럽은 자기네가 물리학을 시작했잖아요. 자기들이 원조이기 때문에 유럽에서는 물리학에서 무슨 연구를 하면 그게 그냥 물리학 분야가 돼요. 그만큼 물리학의 범위가 넓어요. 미국과 유럽은 물리학의 역사와 범위가 그만큼 달라요. 우리나라에 미국 박사들밖에 없다 보니 미국식이 무슨 절대적 진리인 줄 아는 게 문제예요. 새로운 분야를 하려고 하면 '그건 물리가 아니다' 이러면서 제동을 걸어요. 왜 물리가 아니냐고 하면 '미국에서 아니니까 아닌 거다' 이러고 있어요. 사실은 이런 싸움을 하는 게 하는 것 자체가 웃긴 거죠. 순수든 응용이든 우리나라에서 시작한 게 하나도 없는데 왜 그걸 가지고 싸워요? 자기 것이 없으니 이런 소모적인 논쟁이나 하고 있는 거예요."*

내가 유튜브 영상 중에 아주 좋아하는 장면이 있다. 리트리버 종의 어린 강아지를 발아래 두고 누군가 기타를 치는 장면이다. 기타를 퉁기니까 리트리버가 와서 그 사람의 다리를 베개 삼아 편안하게 눕는다.[96] 그 영상은 한때 내가 아파트에 살면서도 리트리버 강아지를 입양하는 결정적 동기가 되었다. 그러나 나는 고통스럽게 깨달았다. 리트리버와 함께 산다는 건 결코 유튜브의 영상처럼 평화롭고 낭만적이지 않다는 것을. 개는 내가 마음먹은 대로 내 일상과 신념에서 분리되지 않는다. 개는 내게 위로나 주곤 하는 도구가 될 수 없다. 개는 키우는게 아니다. 그냥 개와 일상적으로 같이 사는 것이다. 일종의 사회적 실천 같은 것이랄까.

사랑도, 우정도, 일도, 언어로 살아가는 인생도 다 마찬가지이다. 신비롭고 낭만적인 관념이 될 수 없다. 함께 어울려 일상적으로 살아가는, 의미를 계속 다시 협상해야 하는 사회적 실천 같은 것이다. 나는 그 모든 것에 여전히 미숙하다. 평생 그럴 것 같다. 그런데 바로 그런 이유 때문에 나는 체계화된 랑그가 아닌 개별화된 빠롤의 언어, 진흙탕의 미꾸라지 언어를 연구하는 미꾸라지 연구자가 되고 싶다.

---

*   이런 논쟁이 어디 물리학뿐일까? 이 책에서 내가 다룬 쟁점은 학계나, 학교에서 여전히 비중을 두지 못한다. 접촉, 생태, 도시공간, 횡단, 혼합의 주제는 순수하지 않은 연구이기 때문이다.

4. 모더니티 경계선 넘기

후기구조주의, 탈식민주의 지식전통의 개척

신자유주의적 통치는 지식과 의미를 유연하게 생산하며 상징정치를 발현시키기 때문에 이걸 제대로 논의하기 위해서는 해방적 모더니즘 전통에서 출발한 비판이론에 보다 성찰적이면서 자기비판적인 자각을 보태야 한다. 지배적인 권력관계를 흔들고, 불평등을 해결할 해방적 주제를 드러내기 위한 노력도 필요하다. 그러나 자아와 타자의 통치가 혼재되고, 자발적 이주와 평생 이동의 동기가 분명하지 않기 때문에 언어는 신자유주의 사회질서를 반영하는 대상만도 아니고, 이데올로기를 전달하는 경로만도 아닐 수 있다. 그런 점에서 관련 연구자들은 후기구조주의 논제를 계속적으로 주목해야 한다. 초기 비판이론이 평등과 자유와 같은 근대적 관점을 부각시켰다면 후기구조주의자들은 성, 민족, 사회적 계층 등의 사회문화적 단위를 분해시키면서 인간다움을 실현하는 다양성의 방식을 강조했다.

예를 들어, 앞서 논의한 것처럼 비판 연구자들은 고부담 시험이 다수 학습자를 소외시키고 시험 기반의 모더니티 이데올로기를 강화시킨다고 주장한다. 그러나 고부담 시험 = 억압적 기제라는 등식만으로는 신자유주의 언어사회에서 보다 유연하게 작동하는 시험정책의 통치성을 이해하기 어렵다. 지금의 시험은 억압적으로만 작동하지 않으며 수험자는 지배된 타자로만 학습하는 것이 아니다. 평가자는 가해자이고 수험자는 피해자라는 이항적 구분만 한다면 언어사회의 복잡한 구조와 주체화의 과정을 간과하게 된다. 보다 다양한 변인들로부터 다중적이고 역동적인, 그러나 모순적일 수밖에 없는 복잡한 언어정체성을 이해해야 한다. 제한적이지만 여전히 기회일 수도 있는 목표언어 학습/사용의 권리 역시 후기구조적 논점으로부터 탐구되어야 한다. 비판의 토대를 특정한 거대 이론으로 고정하지 말고 생산적인 회의주의에 기반을 두어야 한다.

비판이론이 거대 이론으로 안주하지 않으려면 특정한 사회문화 공간의 지적 산물로 실천을 새롭게 문제화해야 하는데, 이때 탈식민주의 프레임을 가져오는 것도 보다 좋은 언어사회를 상상할 수 있는 방법이다. 탈식민주의는 언어식민주의 현상을 비판적으로 분석할 수 있는 설명 틀이 될 수 있는데, 관련된 논점 중에서 지배와 저항담론, 타자화, 잡종성(hybridity), 흉내내기(mimicry),[97] 전략적 본질주의(strategic essentialism)[98] 등은 국내 언어사회 연구에도 적용될 여지가 많다. 여기서는 응용언어학자 수레시 카나가라자(Suresh Canagarajah)의 논점 일부만 소개하기로 한다.[99]

횡단언어주의는 BANA−원어민−표준언어로부터 위계화된 거대 단일언어주의를 문제화한 후기구조주의 학술운동이다. 이주노동자, 유학생, 다문화가정 구성원와 같은 주변화된 타자에게 관심을 가질 수 있고 정상(중심)−비정상(주변) 이항, 혹은 객관적이고 절대화된 지식체계를 문제화할 수도 있다. 그러나 이와 같은 지식운동은 역설적이게도 저항적 (집단)주체를 해체하거나 신자유주의의 소비자로 추상화시킨다. 민족의 경계를 낮추면서 시장 자본의 확장을 도울 수도 있다. 그런 점에서 횡단적 언어실천(의 주체)은 전 지구적 자본주의 논리 안에 너무나 쉽게 포섭될 수 있기에 대항/대안의 역할은커녕 신자유주의 안에서 공모하고 전유될 가능성이 높다.

실제로 포스트모더니즘 계열의 연구문헌에 등장하는 혼종성/다중성 언어담론의 거창한 주장에 비해 이주노동자나 유학생의 업무나 학업활동은 협소하게 규정되는 편이다. 예를 들어, 일터에서 영어만 사용해야 하는 정책이 집행되는데 특정집단에게 편향적인 혜택이 주어질 뿐 영어를 할 수 있는 다수의 (흑인) 이주민에게 구직과 승진의 기회는 제한되어 있었다. 그럼에도 불구하고 그들의 횡단적 언어실천은 전략적으로 이주자들 스스로의 한계점을 인식하게 했고, 새로운 정체성을 가져보거나, 소외와 차별, 또는 불안과 불편을 공유할 수 있는 연대의식의 형성에 도움을 주었다. 이주민은 횡단적 언어사용자로서 신자유주의 원리에 충실한 이해 주체이기도 하지만, 또 한편으로는 번번하면서도 과감하게 (주류 언어사회 구성원들이 의사소통의 관례를 바꿀 만큼) 저항적인 주도성을 발휘한다. 효율성과 도구성의 언어기능이 강조되면서 스크립트 기반의 표준적인 의사소통행위가 일종의 공식처럼 다뤄지는 신자유주의 언어사회에서 이주민 개인들은 나름대로 비판적이면서 저항적인 탈식민적 정체성을 보여준다. 그리고 권력언어(사용자)로부터 끌려가지만 않고 의미적 협상을 계속 시도하면서, 자신들이 오래전부터 습득한 지식전통으로부터 목소리를 전달하고, 다양한 언어자원들을 창조적으로 편집하기도 한다. 달리 말하자면 차이, 회복성, 전인적 성장 등의 가치를 드러내면서 각자가 속한 맥락에서 신자유주의적 이데올로기와 충돌을 감내하기도 한다.

흔히 단일언어주의는 신자유주의 원리로부터 포획되어 있다. 다중적인 언어사용 역시 신자유주의 언어사회의 질서로부터 자유롭지 못하다. 그러나 단일언어주의는 신자유주의로부터 포획되지만 않고 탈식민적 이념과 접합되어 저항적으로도 적용된다. 그런 점에서 횡단적 언어실천은 이윤에 집착하는 수준에서만 언어적 다양성이 부추겨지는 축소형(reductive) 횡단주의와 탈식민적 신념체제 기반으로 재정립된 확장형(expansive) 횡단주의로 나눌 수 있다. 일방향적, 제국주의적 보편주의나 상대주의와 모두 구분되는 확장형 횡단주의는 양측을 오가는 대화의 과정이 정치적 목표라고 불 수 있으며 소통 가능한 수준의 보편성, 예를 들어 대화적 세계시민의식(dialogical cosmopolitanism)을 지향한다고 볼 수 있다.

이항대립과 다양성의 내러티브

보다 좋은 언어사회를 상상하고 기획하려면 앞서 제안한 이항대립의 구조(큰 언어의 지배에 맞선 작은 언어들의 해방)보다 후기구조주의 관점을 수용하여 모순적이면서도 역동적인 언어사용자들의 각기 다른 내러티브에 더 집중해야 한다. 언어로부터 발생한 불평등과 억압의 거대 서사만큼이나 언어를 통한 성장과 변화의 작은 서사들도 소개되어야 한다. 실행공동체(community of practice)적 특성으로 보이는 다양한 언어사용 공간의 특성을 내러티브로 수집하다 보면 지배적인 언어문화의 관행이 흔들릴 수도 있다.

우리는 계몽적인 언어, 정치적인 의제에 지쳐 있기도 하다. 그래서 해방의 정치학보다, 기든스도 자주 언급한 성찰성, 자아정체성, 너와 나의 삶의 정치학을 전략적으로 결합시켜야 한다. 페미니즘 운동가들이 남성과 여성을 대립시켰다면 포스트페미니즘 운동은 개인의 선택을 존중하며 가장 개인적인 것을 가장 정치적인 의제로 변형시키곤 했다. 이와 마찬가지로 다른 언어들을 사용하고 교육하며 생긴 내러티브를 수집하고 공유하는 지식운동도 필요하다.*

---

*   '고고70'이란 한국 영화가 있었다. 1970년대의 억압적인 정치 상황과 대비되는 날라리 밴드의 내러티브가 등장한다. 탄압하는 센 놈, 억압받는 약한 놈의 구도가 이항으로 구분되기보다는 개인들의 '차이의 내러티브'로 나는 기억하고 있다. 날라리들의 서사에 집중하다 보면 정치적인 함의도 충분히 드러난다. '빌리 엘리어트(Billy Elliot)' 영화를 보면 권력과 억압이 영원하지 않고 모순적이면서도 역동적으로 변한다는 것을 보게 된다. 빌리의 아빠는 당시 마거릿 힐다 대처(Margaret Hilda Thatcher) 수상이 재임하던 시절 공기업의 민영화 정책 때문에 문을

예전에 대학의 총학생회 선거에서 '정치적인 학생회가 싫다' vs '정치 안하겠다는 총학생회가 더 정치적이다'란 논점이 대립된 적이 있다. 정치적인 학생회와 비정치적인 학생회가 동시에 후보로 등록해서 학생들은 둘 중 하나를 선택해야 했다. 그런데 사회적 쟁점에 매번 적극적으로 참여하는 정치적인 총학생회와 우린 정치를 안 한다는 총학생회 모두 양극단이었다. 그래서 대립이 선명해진다. 정치만 얘기하면 피로감이 쌓인다. 정치적 집행력에 불신이 생긴다. 모든 일상을 정치적인 사안으로 볼 수만도 없다. 그러나 또 한편으로 보면 투표라는 정치적 행위로 당선된 기구에서 정치하지 않고 학생 복지만 전념한다는 것도 웃기다.

　　다양성과 차이의 정치적 담론을 한 방에 무력화시키는 논점은 어찌 보면 가장 극단적인 정치적 입장이다. 대의기구를 통해 정치적 담론이 형성되지 못하면 개인은 무력해질 수밖에 없다. 총학생회를 정치적 기구로 존재시키지 말아야 한다면 국회도 싸움질이나 하니 국민 혹은 집단의 정치적 여론을 결집할 사람을 국회로 보내지 말아야 한다. 그냥 다 파편화시키고 모든 정치적 의제를 회피시키는 곳이라면 앞서 소개한 '1984'나 올더스 헉슬리(Aldous Leonard Huxley)의 '멋진 신세계

닫게 된 광산에서 구조조정을 당한다. 그리고 매일 노동자 연합 시위에 참가한다. 아빠는 강해 보였지만 영화를 계속 보면 언제나 힘이 넘치는 아빠가 아니란 걸 알 수 있다. 아들도 연약해 보였지만 나중에 강인한 어른이 되었다. 아빠가 시켜서 권투를 하면서 남성성을 학습한 꼬마가 나중에 발레리나가 되었다. 아빠는 화가 나서 아들을 때린다. 아들은 자신을 때리는 아빠에게 저항하면서도 자신만의 내러티브로 결국엔 여자들이나 한다는 발레리나가 된다. 영화 끝부분에 나이가 들어 힘이 빠진 아빠는 강인하게 성장한 아들의 발레 모습을 보러 관객석에 앉는 모습이 나온다. 삶의 단면에 집중하는 내러티브로도 권력을 성찰하고 저항하게 한다.

(Brave New World)'에 등장하는 은밀한 독재, 집단주의 체계가 힘을 얻을 것이다.

그렇게 보면 총학생회 선거는 '정치적 vs 비정치적' 대립의 프레임에서 벗어나야 한다. 정치하면서도 비정치적 활동을 할 수 있고, 비정치적 총학생회를 주장한다고 해도 정치적 활동을 하지 않을 수가 없다. 정치적이면서도 학생 복지, 일상적 환경에 관심을 가져야 하고, 학생 복지 수준에 관심을 두게 되면 정치적 논제가 생기고 학생들의 여론을 결집하거나 새롭게 환기시켜야 할 사안도 생긴다.

1980년대 학생운동 시절에는 '파쇼 타도', '군부독재 타도' 구호가 있었다. '독재 vs 민주세력'이란 거대하고 해방적인 이항 정치담론이 선명하게 작동했다. 민주세력은 막걸리 먹고 독재를 타도하자는 구호만으로 결속력을 유지할 수 있었다. 그런데 대학은 변했다. 구성원도 변했다. 외국인 학생도 많이 오고, 교환학생으로 누구는 외국에 나가고, 전과, 편입, 복수전공, 산학협력 등도 활성화되었다. 같은 공간이라도 누가 누군지도 잘 모른다. 문화적 경험도 다양해지고 가난한 학생이 많은 만큼 부자 학생도 적지 않다. 그러다 보니 다름과 차이를 존중해주지 않는 조직, 학생회, 학과, 동아리는 생명력을 잃는다. 오히려 성, 모어, 인종, 사회적 계층 등으로 나와 너의 다양한 내러티브에 관대한 곳이 주목받는다.

초등학생 때 운동회를 하면 청군이든 백군이든 어디든 속해서 죽자고 응원한다. 그럴 때 내 이야기가 있었던가? 아빠 편이든 엄마 편이든, 어떤 편에 속해야 하는 큰 대립항이 만들어지면 나만의 내러티브는 그만큼 사라진다. 김대중 정부나 노무현 정부가 시작될 때 세상이 다 바뀔 것 같았다. 이명박 정부가 시작될 때 정말 부자될 줄 알았다. 그런데 나의 삶과 공간이 그들의 정치적 수사와 달리 좀처럼 변하지 않는다. 청군이 이겨도 사실 내겐 큰 변화가 없다. 맥도날드화, 탈맥도날드화가 되어도 생각보다 내겐 별 차이가 없을 수 있다.

내 삶도 변하려면 나만의 내러티브도 살아나야 한다. 서로 다른 내러티브들이 충분히 축적되고 서로 공존하면 그만큼 사회구조도 변할 수 있다. 다양한 언어들이 공존하고 언어사용, 언어교육, 언어정책에 관한 내러티브가 다양한 매체에서 다양한 담론전략으로 축적되어야 한다. 그런 점에서 나는 이 책에 담긴 논점을 만화, 동화, 자기계발 내러티브가 담긴 책으로 다시 한번 만들어보고 싶다는 생각이 든다.

이렇게 기획되는 지식운동은 자칫하면 일상적이고, 소비적이고, 그저 겉도는 개인의 내러티브들이란 인상을 준다. 그런데 일단 해봐야 한다. 언어들에 관한 명령, 지시, 선언, 계몽, 정보 등은 넘치지만 우리의 언어들을 둘러싼 내러티브는 턱없이 부족하지 않나. 내러티브가 충분하지 않으면 일상적인 감동이나 호기심도 부족하다. 언어공부는 늘 그냥 하던 대로 해야 하고, 어쨌거나 무조건 필요하고, 그래서 누구에게나 힘들고, 불편하고, 그렇게 계속 대상화되고 우상화되는 것이다.

한강시민공원의 욕쟁이들을 바라보며

몇 년 전 기억이다. 화창한 봄볕이 좋아 한강시민공원에서 산책하고 있었다. 좁고 여러 길이 교차되는 지점을 만났다. 도보뿐 아니라 자전거나 자동차도 지나갈 수 있는 곳이다. 저쪽에서 여덟 살쯤 될 것 같은 꼬마가 자전거를 타고 천천히 내려온다. 아이의 아빠도 자전거를 타고 그 뒤를 따라온다. 마침 다른 쪽에서 택시 한 대가 천천히 다가오더니 자전거 길을 지나 회전을 할 것 같다. 택시가 아이가 탄 자전거가 지나갈 때까지 기다리면 좋았다. 그러나 천천히 움직이긴 했지만 택시는 약간의 거리만 두고 자전거와 충돌을 피한 채 쓱 지나간다.

"야, 이 개새끼야. 애가 지나가잖아." 갑자기 아빠가 목소리를 높이며 택시기사에게 삿대질을 한다. "미친 새끼..." 택시기사도 밀리지 않는다. 욕 몇 마디를 거칠게 서로 주고받더니 기사는 택시 속도를 더 내면서 휑하니 달아난다. 아들은 그저 어리벙벙하게 서 있다. 지나가는 사람들은 이내 고개를 돌리곤 무표정으로 제 할 일을 한다.

택시기사가 여유를 갖고, 아이를 배려해서, 자전거가 먼저 지나가기를 기다렸다면 제일 좋았을 것이다. 아빠는 당황했겠지만 그렇게 벌컥 화를 내지 않을 수도 있었다. 욕을 먹었지만 기사는 그저 '죄송합니다.'라는 표시로 손만 들어줘도 더 나빠지진 않았다. 그러나 모두 그러지 못했다.

그래도 택시기사가 언제나 저딴 식으로 운전하지 않았을 것이라고 나는 생각한다. 화창한 주말에 아들과 놀러 나온 아빠도 본인의 언행을 두고 후회했을 것이다. 복잡한 길의 구조를 좀 고치면 달라질까? 그래도 저만하면 나쁘지 않은데 말이다. 저곳에도 양보도 있고 배려도 있었을 터이다. 아이는 오늘도 어른의 말싸움이 내면화되어, 그 길을 지나가는 우리만큼이나 마음에 작은 상처 하나 쓱 그어졌겠지만, 그래도 꾹 눌러 계속 살아가리라.

여기서 내가 당혹스러운 건 택시기사란 놈들이 모두 도매금으로 나쁜 놈이 되는 것이다. 욕한 아빠들은 모두 철없고 거칠게 말하는 나쁜 아빠가 되는 것이다. 택시기사가 원인을 제공했는가? 그래서 더 나쁜 놈인가? 아이 앞에서 참지 못하고 욕한 아빠가 더 못난 놈인가? 나라 경제가 더 좋아지면, 공원길이 더 좋아지면 저런 장면도 이제 줄어드는 것인가? 모두 쉽게 답할 문제가 아니다.

고작 산책길의 정황에서도 이처럼 단순한 해석이 쉽지 않은데, 자연, 정치, 사회, 교육, 혹은 언어사회의 복잡계는 말할 것도 없다. 누구든 문제를 쉽사리 단정하고 이항으로 대립시키기만 한다면 결국 집단, 이념, 권력구조의 대의만 남는 것이다. 정당의 이념이든 개인의 신념이든 우린 복잡한 현실을 부분적으로 정의할 수 있는 제한적인 설명 틀을 붙들고 있다. 어디도 누구도 온전하고 완벽한 답을 갖고 있진 않다.

달리 말하면 누군가를 비판하고 개혁을 요구할 수 있다. 그렇지만 증오의 감정과 폭력적 방법으로 누군가의 존재 자체를 사악하다고 정죄하는 것에 대해 신중할 필요가 있다. 부적절한 행동을 했던 사람을 비판하는 것이 아니라, 사악한 사람, 사악한 정당으로 규정하고, 자신의 서 있는 곳의 선한 기준으로 응징하다 보면 우상의 전쟁이 시작된다.

집단의 폭력이 시작되는 것이다.

공원길에서 그런 일을 당하면 아빠는 욕도 하고 따질 수도 있다. 그러나 구청에 민원을 내는 것이 더 좋은 방법일 수 있다. 자전거 도로를 다시 검토해달라고 말이다. 자동차, 자전거가 다니는 길과 도보가 섞여 있으면 사고가 날 수 있다고 알리고, 길을 바꾸든, 경고판을 바꾸든, 그래야 아이들이나 어른이 큰 사고 당하지 않는다고 알리면 좋을 것이다. 그리고 아이에게 늘 자전거 탈 때 조심하라고 다시 가르치면 좋겠다. 공원길을 놓고 연구자들도 참여하고 공무원들도 관심을 더 가질 수 있다. 당장엔 다 바뀌지 않을 것이다. 그래도 그런저런 요구가 쌓이고 지혜가 쌓이면 더 나은 공원길이 될 것이다. 택시기사가 잘못했는지, 아빠가 잘못했는지 오래 따질 건 없다. 택시기사 집단과 아빠 집단이 서로 원수가 될 필요는 더더욱 없다.

직선일까, 곡선일까?

나는 개인의 삶이든, 연애든, 언어공부든, 모두 직선이 아니라 곡선이란 메타포를 자주 사용한다. 곡선이어야 모순과 역설이 등장할 수 있기 때문이다. 직선적 세계관으로만 보면 더 가진 사람, 더 잘생긴 사람, 더 공부를 잘하는 사람은 직선 건너편 어딘가 위치한 훨씬 그렇지 못한 사람들과 대비(대립)된다. 한쪽은 행복하거나 성실하며 다른 쪽은 불행하거나 게으르다고 구분된다. 그런데 다음을 한번 생각해보자.

못생겼지만 매력있다.

키는 작은데 듬직하다.

적게 소유한 것이 더 많이 소유한 것이다.

내 약함이 곧 강함이다.

비원어민이지만 영어사용자로서 당당하다.

만약 이 명제를 놓고 고개가 끄덕이면 직선의 양극단으로 세상을 보지 않는 사람이다. 잘 이해가 되지 않으면 직선적인 세계관을 붙들고 있는 사람이다.* 그리고 보면 성숙한 사람은 직선의 논리를 늘 초월하지 않았던가. 직선의 삶을 완전히 무시하자는 것이 아니다. 보다 입체적으로 보면, 혹은 곡선으로 보면, 모순과 역설이 보다 역동적인 삶의 단면으로 들어온다. 곡선적 판단은 복잡계로 삶의 질, 공부의 의미, 언어 능숙도를 해석하는 것이다. 우리는 곡선의 세계관을 갖게 될 때 더욱 자유롭고 자족할 수 있다. 곡선의 인생을 수용한다면 다면적이면서도 역동적으로 삶을 바라볼 수 있다. 곡선적 세계관을 가질수록 인생에서

---

* 2011년에 방영된 MBC 드라마 '반짝 반짝 빛나는'은 30%에 가까운 시청률이 말해주듯 당시 많은 사람이 좋아했다. '황금란'이란 질투 많은 젊은 여성은 가난했지만 부자가 되었고 새로운 기회를 얻었다. 그런데 여전히 질투심 많고 타인의 시선에 연연한다. 오히려 '한정원'이란 여성은 부자였다가 가난한 집안의 딸로 신분이 바뀌는데 여전히 밝고 긍정적인 캐릭터를 잃어버리지 않는다. 드라마의 캐릭터이지만 난 현실 세계에서도 그런 경우를 자주 목격한다. 더 많이 소유하기만 하면 우린 성격도 여유롭게 변하고 싸우지도 않고 행복도 보장될까? 직선으로 그려놓은 신분 지도의 상승만으로 우리는 변할까?

하나의 줄만 탈 필요가 없게 된다.*

예전에 개그콘서트 방송에서 코너 제목은 생각나지 않은데 내가 한참이나 웃었던 장면이 있다. 형사가 피의자를 다그친다. 그런데 피의자의 딱한 얘기 들어보더니 울게 된다. 다그치다가 찔찔댄다. 방청객은 그 장면을 보고 깔깔 웃는다. 우리가 잘 아는 나쁜 놈 잡는 형사, 진짜 나쁜 놈이 되어야 하는 범인의 이항 구도 밖에서 인물이 묘사되니 재밌는 것이다. 그런데 그건 개그콘서트에 등장하는 형사와 범인 모습뿐만 아니다. 대개 우리가 하는 일은 불확실하고, 예측하기 힘들고, 복잡하고, 모순되고, 역동적이고, 그리고 늘 변한다. 모더니티의 세상은 늘 입력-출력으로 예측이 가능해야 하는데 포스트모더니티의 세상은 그보다 훨씬 복잡하다.

연애와 같은 사건도 포스트모던적 인식이 필요하다. 연애는 결코

---

* 배우 한석규가 토크쇼에 나와서 배우로 활동하면서 항상 슬럼프라는 느낌을 받곤 한다는 말을 했다. 나는 그게 무슨 말인지 알 것 같다. 나도 영어영문학과에서 오랫동안 교수로 일을 했지만 한동안 슬럼프를 자주 느꼈다. 물론 나는 연구자로, 언어들을 횡단하는 다중언어사용자로 크게 성장했다. 그러나 서구 중심주의의 시선으로 바라보면 변방의 대학에서, 비원어민으로, 온갖 전공들이 다 모여 있는 영어영문학과 교수로 분주하게 활동하고 있다. 뭔가 잡종스럽고 모순적으로 보이는 내 정체성이 불편했다. 그래서 나는 그런 생각을 자주 했었다. '지금 이곳에서부터 최선의 유의미한 삶을 살고 싶다.' 아무리 소유해도 결코 소유의 욕망에서 자유롭지 못한다. 지금의 모순된 존재를 인정하고 조금씩 변화하고 때를 기다리는 것이 더 중요하지 않을까. 100만 원 중에 10만 원을 떼서 십일조를 한 사람이 1억 원을 벌면 1000만 원을 뗄 수 있다. 1억을 벌면 부자가 되니까 1000만 원을 떼는 것이 아무것도 아닌 것 같지만 그렇지 않다. 역할모형과 비교하며 내 자아를 강화시키는 것보다 주위를 살피고 삶을 곡선으로 재구성하는 것, 지금 당장 내가 할 수 있는 일에 의미를 다시 부여하는 것, 결핍의 직선이 아니라 생태적 곡선을 그리며 복합적인 언어를 사용하는 내게 관대할 것, 그런 것이 어깨에 힘을 빼고 나를 변화할 수 있는 지름길이라 생각한다.

예측 가능한 직선일 수 없다. 직선의 연애라면 어찌 그리 수많은 사랑의 서사들이 넘칠 수 있을까? 독립변수와 종속변수로 연애사의 흐름을 결코 단정할 수 없다. 연애는 투자한 입력만큼 산출량을 뽑아내는 것이 아니다. 연애는 에이전시(agency)라고 이름 붙일 수 있는 나만의 능동성으로 모든 것을 완결시킬 수 없다. 연애를 꽤 해본 사람이라면 능동성의 한계를 인정하게 된다.

나는 마음이 불편할 때 내가 좋아하는 책을 다시 뒤적이곤 한다. 예를 들면, '달리기를 말할 때 내가 하고 싶은 이야기(What I Talk About When I Talk About Running)'와 같은 책을 보며 우울한 마음을 달랜 적이 있다. 최근에는 '인생수업(Life Lessons)'[100]을 다시 읽으면서 새 마음을 갖기도 했다. '인생수업'에서는 호스피스로서 수많은 죽음을 목격한 저자들이 생명과 죽음에 관한 깊은 통찰력을 드러낸다. 이 책에서 아주 인상 깊은 구절이 있다. "고통을 겪는 것만이 고통에서 벗어날 수 있는 유일한 길입니다."

많은 사람이 삶의 불확실함을 인정하지 못하고 죽음과 겨루고 정복하려고만 끙끙댄다고 저자들은 지적한다. 결국 상실이 있는 삶, 예측할 수 없는 삶, 평생 불안정할 수밖에 없는 삶을 인정할 때 우리의 삶은 진일보하는 것이며 다시금 성장할 수 있다는 저자들의 통찰력이 얼마나 설득력이 있는지. 곡선, 순환, 복잡, 모순, 역설을 이해할 때 우린 의미를 타협할 줄 알게 되고 진정한 평화를 찾을 수 있다. 관계의 복잡성도, 인생의 불확실성도 인정할 수 있다. 엄격한 기준을 세우고 자꾸 누군가를 탓하지 않는다. 확실하지 않거나 모순된 삶의 속성에 염세적으로 반응하지 않는다. 우린 그렇게 자학하면서 연민과 고통에 빠지지 말아야 한다. 각자의 삶의 곡선을 인정해야만 한다.

우정이든, 효심이든, 동료애든, 사랑이든, 상호작용적인 관계성도 그렇다. 헤어질 수 있는 사랑, 상처를 줄 수 있는 사랑, 이해할 수 없는 사랑을 인정할 때 우리는 한 걸음 더 성장한다. 좋은 사람을 만나고 결혼하면 행복할 수 있는가? 멋진 배우자는 왕자님이 되고 공주님이 되어 우리의 삶을 이제 행복하게 해줄 것인가? 기혼자들은 다 안다. 결코 그렇지 않다. 그건 늘 사랑을 확인하자마자 끝나버리는 '로맨틱 코미디'의 서사일 뿐이다. '로맨틱 코미디'의 남녀 주인공들이 나오는 후속편 얘기는 분명 복잡하고 모순적인 플롯이 가득한 '드라마', '미스터리', 혹은 '액션 어드벤처' 장르물일 것이다.*

사랑이 맺어지려면 개인의 능동성도 중요하다. 그러나 내가 열심히 한다고 성사되는 것은 아니다. 보이지 않는 누군가의 도움으로 사랑이 맺어지기도 한다. 모를 뿐이다. 아가페적인 사랑은 다르겠지만 고작 미

---

* 그 어떤 누군가도 우리 삶을 온전히 완성시킬 수도 없고 나와 상대방을 평생 치유할 수도 없다. 우리는 흔히 사랑하는 사람을 '반쪽'이란 메타포로 표현한다. 반쪽으로 등장한 배우자와 연애하고 결혼하면서 더욱 행복하고 온전한 삶을 살 것이란 건 착각이다. 반쪽의 의미를 폄하하는 것이 아니다. 둘이 합쳐도 한 개인의 모순, 둘이 합쳐진 삶의 복잡성을 피할 수 없음을 지적하는 것이다. 1 + 1 = 2는 수학일 뿐 삶의 공식이 아니다. 둘이 만나면 둘의 복잡성을 합한 다음에 상호작용으로 발생하는 복잡성까지 더해진다. 행복은 타협되고 함께 사는 의미는 평생 새롭게 해석되어야 한다. 불임, 낙태, 사고, 외도, 사업 실패, 양육관의 차이, 질병, 노화, 죽음 등을 어찌 예측할 수 있단 말인가? 그러니 처음부터 온전한 삶은 단독자일 때부터 준비하는 것이 바람직하다. 애인이 바뀌어도, 남편이 바뀌어도, 아빠가 바뀌어도, 상사가 바뀌어도, 삶의 모순과 복잡성의 문제는 여전히 피할 수 없다.

숙한 인간들끼리 나누는 사랑은 자기설명력이 부족하며, 모순되며, 변하고 또 변한다. 사랑을 배우고 연애를 잘하려면 사랑에 대해 지나치게 확신하지 않아야 한다.* 언어습득 이론 중에 '모호함에 대한 관용성(am-biguity tolerance)'이란 개념이 있다. 모호함에 대해 관대할수록 성공적인 언어학습자가 된다는 것이다. 대충 넘어갈 줄 알아야 계속 읽고, 듣고, 말할 수 있다는 것이다. 언어학습만 그런 것이 아니다. 삶의 태도, 사랑에 대한 태도, 사회구조를 재조직화하는 태도 역시 우린 모호함에 대한 관용성이 필요하다.

밀란 쿤데라(Milan Kundera)의 소설 '참을 수 없는 존재의 가벼움'은 이와 같은 곡선적 삶의 단면을 너무나 잘 보여주고 있다. 개인이 감당할 수 없는 사회역사적 씨줄과 개인이 선택할 수 있는 능동성이란 날줄의 직조가 소설의 처음부터 끝까지 이어진다. 한 축에서는 네 인물(토마스, 테레사, 사비나, 프란츠)이 살아가고 연애하는 내러티브가 등장하고 또 다른 축에는 보헤미아를 침공한 소련군의 점령 그리고 그곳에서 고뇌하는 지식인의 투쟁적 역사가 등장한다. 가벼움과 무거움, 개인의 능동성과 개인이 피할 수 없는 사회역사적 맥락은 숨가쁘게 교차된다.**

---

* 　연애는 독립변수–종속변수의 인과 공식이 아니다. 그래서 연애가 뭔지 알고 싶다면 단순한 지침서를 보는 것보다는 감정이 묘사되고, 인물들의 사건들이 복잡하게 서술되는 픽션이 더 좋다. 존재의 가변성, 상황의 복잡성, 예측할 수 없는 사건, 다양한 인물에 관해 읽다 보면 개인이 발휘하는 능동성과 구조적 맥락이 서로 씨줄과 날줄로 직조되고 사랑의 실현은 복잡하다는 것을 알 수 있다.

** 　외과의사였던 바람둥이 토마스는 어떠한 사상적 딱지와도 거리를 둔다. 그러나 그의 가벼움은 진지한 삶을 살아가며 토마스와의 운명적 사랑을 믿는 종업원 테레사를 만나며 무거움

살고 죽고, 사랑하고 배신하고, 쾌락적인 연애와 영원한 사랑, 가벼움과 무거움을 둘로 나눈 구조는 답답하다. 대립의 구도가 획일적으로 유지될 수 없고 누구나 교차적으로 양측을 오갈 수 있는 역동성이 우리 삶에 존재하기 때문이다. 개인의 분발이나 역동성이란 것이 그(녀)가 처한 사회역사적 맥락에서 무력해지는 모순이 있다. 이럴 수도 있고 저럴 수도 있다니 개인의 존재가 허무하게 보일 수도 있지만 개인의 능동성과 구조적 맥락의 직조는 현실적이고 변화의 생명력이 넘쳐 보인다. 가벼운 삶을 살았던 토마스는 무거운 테레사의 삶을 계속 붙들고 살아간다. 왜 그럴까? 일회성 사랑을 하지만 서로를 구속하는 관계가 만들어지면 배신을 서슴지 않는 사비나는 가벼운 듯하지만 사실 무거운 삶이다. 왜 그럴까? 참으로 설명하기 힘든 모순이다. 솜털처럼 가볍다가도 목숨을 바칠 만큼 무겁다. 관계마다 다르고 맥락마다 달라지는 서로 다른 사랑의 방식에 의미를 새롭게 부여하지 않을 수 없다.

내게는 언어도 결국 그렇게 보인다. '언어를 배운다'라는 의미가 뭘까? 삶도, 사랑도, 일도 곡선적인 직조의 구성물이라면, 언어를 사용하고 배우고 가르치는 것도 다를 바 없다. 예측하고, 일반화하고, 범주화

으로 변한다. 게다가 체코 공산주의자를 두고 쓴 글이 문제가 되면서 주위의 압박을 이겨내지 못하고 도시 외곽의 허름한 병원의 의사로, 그리고 유리창을 닦는 노동자로, 시골의 트럭 운전사로 신분을 변화시키며 살아가게 된다. 토마스는 자신을 둘러싼 사회적 압박에서 자유롭기를 원한 화가 사비나를 테레사와 동시에 사랑하면서 자신의 정체성을 찾고자 애쓴다. 프란츠는 대학교수이며 사비나의 애인으로 등장한다. 사비나는 구속받지 않는 자유분방한 예술가의 삶을 선택한 가벼움의 상징이다. 예술, 아버지, 그리고 프란츠까지 배신하는 대가로 외로움을 선택한다.

하고, 관리하고, 정복하고, 소유하는, 거센 모더니즘 논리에 대해 나는 좀처럼 매력을 느낄 수 없다. 잘한다, 못한다, 그런 이항을 일직선으로 긋고, 관리하고, 혹은 정복하듯 공부하면 다수의 탈락자, 미성취자, 학업부진아들이 등장한다. 직선을 긋고, 원어민처럼 잘하겠다고, 영어특기자로 입학하겠다고, 토익 900점 넘기고 취업하겠다고 결심한다. 그러나 적성에 맞지 않거나 필요를 느끼지 못한다면 (앞서 소개한 생태적 개념인 '어포던스'를 만나지 못하면) 결국 학습부진아나 초중급 언어학습자 집단으로 분류될 뿐이다. 언어학습을 직선으로 다루는 사람들의 특징은 언어를 구체적이고 확실한 어떤 대상이나 목표물로 다룬다는 점이다. 그걸 얼마나 소유했느냐가 직선상에서 위치한 자기 자신의 언어정체성이다.

그러나 언어학습은 직선으로 이동하지 않는다. 교실에서 잘한다고 생각했는데 교실 밖에서 망쳤다. 이 사람과는 편하게 대화를 했는데 저 사람과는 잘 안되었다. 이런 과제는 못한다고 핀잔을 받았는데 저런 과제는 흥미롭고 재밌다. 시험을 준비하며 A단어에 대해 공부를 잘했는데, 막상 사용해보니 무슨 뜻인지 감도 안 잡힌다. A언어도, B언어도 모두 엉성했는데 합쳐서 사용하니 내가 아주 성공적인 의사소통자라는 느낌을 받았다. 만약 이런 경험이 우리에게 있다면 곡선이란 메타포는 언어학습에서도 얼마든지 적용될 수 있다.*

---

*   '아빠 어디 가'라고 하는 인기 예능방송이 있었다. 아빠와 자녀가 함께 시간을 보내는 모습을 편집해서 보여준 방송이었다. 네 명의 아빠가 본인의 자녀와 함께 등장했는데 당시에 윤민수 아빠가 제일 인기가 좋았다. 권위적인 한국형 아빠, 잔소리형 아빠, 딸바보 아빠 등이 등장하는 중에 윤민수 아빠는 자녀를 자율적으로 인정해주는 모습으로 큰 인기를 얻었다. 그에 반해

언어학습은 내가 감당할 수 없는 맥락적 씨줄과 내가 감당할 수 있는 능동성의 날줄로 엮어진 직조이다. 그러니 남자보다 여자가 잘하고, 나이 들어서 하면 못하고 어릴 때 하면 잘하고, 비원어민은 불편하고 원어민은 표준이 되는, 이항의 직선을 실질적인 언어교육 현장에서도 버려야 한다. 개인마다도 다르고 개인들이 복잡한 맥락 안에 상호작용을 하면 성공이든 실패든 경우의 수는 더 복잡해진다. 얼떨결에 언어를 잘 배울 수도 있고, 잘 배웠지만 바보같은 느낌을 얼마든지 받을 수 있다. 언어의 산물은 나와 너의 협력이고, 어떤 맥락에서 그저 선물처럼 받기도 하고, 나는 최선을 다했지만 평생 나를 인정하지 않는 상황을 만나기도 한다.

많은 학생은 비원어민의 정체성이 강하고 원어민처럼 말해보려고 무진 애를 쓴다. 나보다 더 나은 누군가가 되지 못한 것이 불만이기 때문에 자신을 결핍의 존재로 위치시키곤 한다. 이럴 때 그들의 머릿속에는 원어민이나 교포 같은 사람이 가장 높은 위치를 차지하고 자신은 밑바닥에 두고 그걸 직선으로 줄을 긋는다. 그리고 사다리를 타고 힘껏 올라가는 심정으로 공부를 해야 한다고 생각한다.*

김성주 아빠는 아들에게 끊임없이 잔소리하고 아이가 모르는 지식을 계속 알려준다. 그걸 강남 아빠 스타일이라고도 하는데 그의 아들은 인지능력과 자기방어 능력은 뛰어나지만 문제해결 능력이 떨어지는 모습을 보였다. 입력을 차례대로 제공하면 학습자는 직선의 A항에서 B항으로 쉽게 이동할 것 같지만, 아들이든, 학생이든, 우리 중 누구도 입력에 반응하며 산출물을 만드는 기계가 아니다.

* 　　결핍을 느끼거나 시기심이나 우월감 때문에 자신의 존재를 놓고 고민하는 사람은 결코 열등하지 않다. 뭐라도 가진 사람이 힘들어한다. 조금이라도 예쁜 사람이 자기만큼 예쁘거나, 자

진리는 덧칠 가득한 회색

나는 진리보다는 진리의 효과가 만들어지는 과정에 더 관심을 두고 있지만 아마도 진리가 색깔로 표현된다면 회색이 될 것으로 생각된다. 진리는 무슨 색인지 단정할 수 없다. 이 색 저 색을 칠해보며 알아갈 수밖에 없다. 색들이 섞이고 자꾸 덧칠하다 보면 회색이 된다.

나는 진리를 알아갈 수 있는 경로나 방법이 단 하나라고 생각하지 않는다. 18세기와 21세기는 다르다. 미국과 한국은 다르다. 언제 어디서나 누구에게나 통하는 절대적인 체계를 발견하고 적용하고자 하는 사회적 욕망을 이해하지만, 나는 덧칠 가득한 회색으로 언어사회를 바라볼 것이다. 나는 다양한 연구방법을 배웠고 늘 이것저것 조합하여 언어사회, 언어정책, 언어평가, 언어정체성, 언어교육을 이해하고자 노력했다. 다양한 단면을 미시-거시, 생활-이론, 일상-역사를 오가며 분석했다. 어쩌면 모든 색의 총합이 진리일 터이고 총합의 색은 회색일 것이다.*

기보다 더 예쁜 사람에게 질투심을 가지는 것이다. 영어를 할 수 있기 때문에 영어를 하는 곳에서 마음이 더 불편해질 수 있다. 미래 한국은 모어와 함께 또 다른 언어들을 빈번하게 사용할 것이다. 거기가 잘하고-못하고, 성공하고-실패한, 언어에 관한 직선적 마인드가 가득찬 곳이라면 언어에 관한 열패감을 다수의 거주민이 피할 수 없게 된다. 경쟁적 체계에서 누가 더 잘한다는 사회적 보상은 그보다 더 못하는 다수가 있기 때문에 가능하다.

* 나는 니체(Nietzsche)-푸코(Foucault) 전통의 비본질적 접근으로부터 담론연구를 수행하곤 하지만 능동적 자아, 초자연적 신의 섭리도 믿고 있다. 푸코 이론을 학교 밖 연구회에서 꽤 오래 공부했는데 함께 공부한 젊은 대학원생들이 너무나 쉽게 주체의 능동성을 폄하하고 푸코나 버틀러(Judith Butler) 이론으로부터 학습한 탈주체적 앎과 자신의 삶을 쉽게 등식화시키는

'회색'은 다소 부정적인 함축을 가진다. '회색'의 진리를 영어로 번역하자면 나는 'everywhere'로 옮기고 싶다. 물론 직역은 아니다. 진리의 역사를 보면 한 편만의 스토리가 아니다. 누구만의 스토리도 아니다. 유럽의 근대사만 진리가 아니다. 역사를 관통하는 진리가 있을 지도 모르겠다. 그러나 제한된 시간과 공간의 역사에 머무는 우리가 마치 언제든 어디서든 다 살아본 것처럼 말하는 건 조심스럽다. 진리가 어느 한 편에서만 위치되어 있고 아주 쉽게 이해될 수 있다는 언술에 대해 나는 늘 불편하다. 그건 아주 교만하고 반지성적인 태도이기 때문이다. 난 진리가 절충적 지대에서, 점진적인 과정으로, 매우 타협적이고 지루하게, 때로는 이해할 수 없는 초월적 사건으로 우리의 삶과 역사에 개입되고 있다고 믿는다. 진리는 어느 한 편만의 선명한 소유물이 아닐 것이다.*

덧칠할 여지를 주지 않고 이항대립으로만 문제를 바라본다면, 그

걸 보았다. 나는 개인성, 삶, 사회구조를 복잡하게 이해하고 있고 내 삶의 경험으로부터 앞으로도 계속 그럴 것 같다. 물론 그런 걸 다 이해하고 공부만 하다가 죽을 생각도 없다. 나는 연구자라면 지적인 충돌, 불확실성, 갈등, 역설을 좀 더 관대하게 수용해야 한다고 생각한다. 그럴 때만 지적으로 성장할 수 있다. 물리학에서도 고전역학에서 양자역학으로 이동할 수 있었던 것은 불확실성을 수용했기 때문이다. 기원, 시초, 문제, 해결책 등이 있다고 선명하게 말하는 세계관은 부담스러울 뿐 아니라 그 의중이 의심스럽다. 앞서 '인생수업' 책을 소개했을 때 설명한 것처럼 삶은 불확실이고 상실이라는 것을 인정하는 것만으로도 진리와 인생을 바라보는 태도가 달라진다. 그래서 나는 내 안에 복잡하게 구성된, 그리고 때로는 알 수도 없는 복잡한 사회적 정체성을 다급하게 해체하거나, 둘을 공격적으로 이항시키지 않으려고 한다.

* 물론 이 부분에서 늘 망설여진다. 이런 논점에 따르자면 어느 한 집단에 오래 소속되어 같은 목소리, 센 목소리만 계속 보탤 수는 없다. 그래도 내 개인사만 성찰해도 세상도 변하고 가치도 변하고 신념도 변했다. 그러니 선명한 진리는 좀 아껴보자 싶다. 잘잘못이 분명한 것 같아도 지켜봐야 한다.

앵무새 살리기

들은 모더니티 가치에 묶인 사람이다. 문제를 해결할 때 얼마든지 둘로 나눠 대립적으로 보지 않아도 되고 양자 중에 선택하지 않아도 된다. 실용, 균형, 절충, 공존, 혼합, 횡단의 가치에 비중을 두면서 문제를 해결할 수도 있다. 근본주의, 극단주의, 축소주의, 환원주의 접근은 더 나쁜 상황을 만든다. 다음 질문에 답을 한번 찾아보라.

동네 나쁜 형들이 이웃에 살고 있어 어린아이의 마음이 불편하다. 그래도 꼬마가 어떤 마음을 품을 때 가장 속이 편할까?

① '문밖에 나가면 나쁜 형들 만난다. 집에서만 숨어 있자.'
② '새벽 일찍 나가고 골목길은 피하고 가급적 옥상으로 이동하자.'
③ '태권도장, 복싱장 등록하고 알통 키우며 매일 운동에 전념하자.'
④ '난 겁 안 난다. 내겐 힘이 센 형, 아니 아빠가 있으니까.'

이건 수년 전 내가 페이스북에 올린 내용이다. 물론 뜬금없이 질문만 달랑 올린 것은 아니다. 극단의 낙관/비관을 경계하고, 개인의 역량만으로도 온전하게 변하거나 회복되지 못하니, 삶의 흐름, 사회역사적 구조, 혹은 (기독)세계관의 큰 그림 안에서 각자의 삶의 궤적을 찾아보자, 뭐 그런 논점으로 포스팅한 글의 일부였다. 내가 나름 답이라고 설정한 건 ④번이었다. 힘센 큰 형이나 아빠만 있어도 맘 편할 수 있으니 너무 혼자서만 애쓰지 말고, 비관적으로도 생각하지 말고, 관계적 가치에 주목하자, 아마도 그런 글을 쓰려고 한 것 같다.

그런데 이 질문을 본 페친들은 내 의도대로 응답하지 않았다. 내 해석에도 동의하지 않았다. 나는 너무 간단하게 생각했다. '아니, 동네 꼬마에게 힘센 형이나 아빠가 버티고 있으면 게임 끝난 거 아닌가?' 그런데 태호 학생이 가장 먼저 이렇게 글을 남겼다. "③번인가? 글쎄요. 고를만한 보기가 없습니다ㅎ 이게 현실인 건가." 독실한 크리스쳔인 난희 대학원생은 더 복잡했다. "저는... ④번이라고 자신있게 말할 수 없구요ㅎㅎ 그렇다고 ②번도 전혀 아니라고 말할 수도 없구요ㅎㅎ 정도의 차이가 있겠지만... 저는 ②, ③, ④번 혼합입니다!!! 삶이라는 것이 하나만 선택할 수 있는 건 아닌거 같구요... 중간중간 섞이면서 나를 만들어가고 또한 만들어지고 그냥 복잡하게 이해하렵니다^^" 고등학교 영어선생님인 인수 후배는 시간의 변수까지 보태어 응답했다. "꼬마가 한평생 받아들일 가치관의 단계적인 변화인 것 같습니다^^; 4개 중에서 40을 앞둔 저에게 두 개는 이미 지나쳐온 여정인 듯합니다.~^^" 모두의 응답은 내가 쉽게 예상한 것과 달리 분명하지 않았다. 다들 이유가 다르고 설명도 복잡했다. 당시에 내 수업을 듣고 있던 눈치 빠른 요한은 내가 앞뒤로 써둔 글을 인용하며 분석적으로 다음과 같은 댓글을 달았다.

　　"마지막 문단에 비춰 보면...

　　극단의 낙관과 비관 경계 (①번, ④번 탈락)

　　개인의 역량만 기대하지 말 것 (③번 탈락)

　　그렇다면 정답은 2번?"

우스개로 말한 것이 아니었다. 정말 2번이라고 생각했다. 형과 아빠라는 관계에 기대는 것도 지나친 낙관으로 본 것이다. 대학원생 민진은 ④번 답안을 선택했다. 그러나 ④번이 답이라면 전제가 있었다. "꼬마의 입장에서, 형과 아빠를 진심으로 믿는다면, 속이 그때 좀 편할 수도 있겠네요. 그러나 꼬마가 20대가 되면 3번의 대처법을 선택할 것 같습니다."

페친들이 그냥 장난친 것 같은가? 아니다. 그렇지 않았다. 각자 경험한 교육과 관계성이 달랐을 뿐이다. 서로 다른 관점, 윤리, 신념으로부터 답안을 찾은 것이다. 정답은 하나가 아니다. 하나라고 우길 수도 없다. 꼬마가 처한 상황을 다면적으로 해석할 수 있다. 이럴 수도 있고 저럴 수도 있다.

언어(교육)사회에 관한 비판과 대안도 하나의 진리만 붙들 수 없다. 보다 입체적이고 다면적으로, 현미경과 망원경 모두 동원하여 탐구해 볼 필요가 있다. 내가 속한 학계의 젊은 연구자들은 세계관, 윤리, 사회구조, 대중문화, 권력, 담론의 개입, 주체성, 역사성과 같은 큰 숲을 보지 못하고 참나무, 대나무만 가려낸다. 물론 그들의 잘못은 아니다. 그런 걸 배우고 토론할 기회조차 없었을 뿐이다. 대개 대학원생들은 자신이 선택한 (혹은 얼떨결에 정해진) 작은 동굴 안에 갇혀 수년 동안 도를 닦는다. 특정 분야에서 학술논문도 쓰고 박사님까지 된다. 아쉬운 것은 세월이 흘러 다양한 현장을 섭렵하고도 그들은 여전히 사과인지 오렌지인지 가려내는 일만 한다. 자신이 서 있는 곳을 여전히 다면적으로 보지 않는다. 인접 분야나 학제간 연구자들과 협력할 줄 모른다. 아직도 기능공처럼 상품이 되고 제도가 되고 테크놀로지가 된 언어를 분석할 뿐이다.*

이 책은 언어사회를 다면적으로 바라보자고 제안하는 것이다. 언어에 관한 세상은 개인적이지만 사회적이고, 좌파적이고 우파적이며, 생태적이기도 하면서 기술적으로 재현시킬 필요도 있다. 차이와 다양성을 인정해야 하지만 표준적 교육모형과 동화 정책을 고려하지 않을 수 없다. 그저 한편에 힘이 너무 실리면 다른 편은 왜곡된다. 그걸 큰 그림으로 보면서 경계할 것은 경계하자는 것이다.

다음은 2009년 7월 14일 중앙일보에 게재된 김우창 교수의 인터뷰 기사 내용 중 일부이다. 좌파와 우파의 극렬한 대립을 두고 그가 제안한 내용은 다음과 같다.

> "이념적으로 좌우의 구분이 없을 순 없겠죠. 하지만 좌에게든 우에게든 대상으로서의 현실은 하나입니다. 현실이 하나일 뿐만 아니라 오늘날엔 (좌우를 벗어난) 다른 대안이 쉽게 보이지 않습니다. 싫든 좋든 좌우를 하나로 합치고 묶어서 그 안에서 해답을 찾아갈 수밖에 없는 게 현실이란 걸 받아들여야 합니다."

맞다. 이렇게 생각하는 분들도 있다. 진보적인 시선도 있다. 그러나

---

* 물론 그 반대의 경우도 종종 있다. 사회적 구조, 사회정의, 불평등의 총론적 문제만 언급할 뿐 각론 수준의 연구에 태만하기도 하다.

보수의 프레임이라고 이상한 건 아니다. 시간이 지나면서 세상은 바뀌고, 내 위치성도 바뀌고, 신념도 바뀌는데 그건 부끄러운 일도 아니다. 그럼에도 저주의 언어로, 저놈은 죽어도 싸고, 저년은 아무 것도 모르는 무식쟁이라는 비아냥이 넘친다. 한쪽의 관점에서 가하는 진영의 폭력이다. 언어의 품격은 손상된다. 양편에 있는 사람들은 치고받고 싸우는 쾌감이 있겠지만 개인, 인격, 자유, 생명, 다양성을 유린시키는 언어문화가 만들어진다.

언어가 그렇게 오용된다는 것이 참 안타깝다. 언어는 소통과 타협이 될 만한 다면적 속성을 갖고 있다. 하나의 경로만 진리라고, 내 관점만 옳다고 선동하고 공격하고 대립하는 편향적인 언어, 그래서 서로 폭력의 수단으로 사용하는 언어는 얼마나 위협적인가. 이념적 간극마저 사실 넓지도 않은 여당–야당 정치인들은 좌파–우파의 집단논리로 상대방을 "좌빨", "보수 꼴통"이라며 저주한다. 자신만이 진리의 편이고 다른 편은 늘 음모를 꾸미는 허위 집단이다. 집단의 권력욕은 넘친다. 개인의 인격, 각자 다른 차이와 다양성은 온전히 존중되지 않는다. 최장집 교수가 늘 지적하는 것처럼 한국의 민주주의는 자유주의 혁신 없이 더 이상 발전하지 못한다는 지적에 전적으로 동의한다.*

---

* 　김우창 교수가 앞서 강조한 타협과 중도의 문화는 다음과 같다: "사실은 안정적인 삶이란 것 자체가 정치와의 거리를 말합니다. 행동주의자들은 모든 사람의 삶이 정치화해야 한다고 보지만, 보통사람들은 안 그래요. 정치가 자꾸 사람의 삶을 흔들어 놓으니까 원치를 않죠. 농사꾼들이 임금이 누군지 모르는 게 태평성대라는 고사도 있잖아요. 중산층이 기회주의자여서가 아니고, 정치적으로 행동하는 사람들이 두려워서도 아니고, 안정적인 삶 자체가 정치로부터 거리를 두는 겁니다."

현대화된 신자유주의 언어사회는 모더니티의 가치를 과신하고 있고 이 책은 그러한 모더니티 횡포를 경계했다. 나는 언어를 가르치고 배우고 사용하고 연구하는 환경이 정치적 의제로 더 채워져야 한다고 생각하지 않는다. 나는 경제주의, 합리주의, 기술만능주의와 결합된 언어에 관한 단일주의 이데올로기를 경계하면서도 비판적 페다고지나 문화상대주의적 지식관을 교육현장에서 신중하게 적용해왔다. 나는 모든 사안을 정치화시키거나 상대화시켜서는 교사, 학생, 정책입안자들이 제대로 일을 할 수 없다고 생각한다. 언어는 일상이고 오랫동안 축적되어 온 역사의 산물이기 때문에 급진적인 해결책이 늘 통하지 않는다. 정치가나 특정 이데올로기에 편향적인 학자들은 한방에 뭘 보여주고 영향력을 끼치는 걸 좋아한다. 바꾸고, 없애고, 다시 만드는 것 말이다. 예를 들면 NEAT 시험의 시행은 너무 서둘렀다. 만들면서 계속 미디어에 등장한 수사가 토플, 토익, 수능 등을 자꾸 "대체한다"는 것이었다. 그러나 한편에서 후다닥 만들어 세상이 바뀔 거라고 기획하는 모더니티의 기획은 NEAT 시험의 사례처럼 모두 실패하고 있다.

비판하고 대안을 모색하는 학술운동의 네 가지 지적 토대

익숙한 신자유주의 언어사회에 변화를 모색하려면 비판하고 대항과 대안을 모색하는 학술전통이 차세대 연구자들에게 계속 승계되어야 한다. 주류/미시 언어학자뿐 아니라 거시/응용 분야의 연구자들 역시 언어의 형태와 보편적 규칙에 관심을 두면서 언어에 관한 지역문화적인 가치나 거시적이고 정치사회적 쟁점에 비중을 두지 못했다. 경직된 과학 이론에 집착하면서 언어를 사용하는 인간이 사회정치적이고 역사적인 존재임을 간과했고 언어사용/교육/평가/정책의 여러 학문 분야의 지경을 제한시켰다.

여기서는 국내 언어사회를 비판적으로 성찰해볼 수 있는 학술운동의 네 가지 지적 토대를 소개하기로 한다. 네 가지 학술운동의 이론적 토대를 구분하면서[101] 유연한 신자유주의 언어문화를 비판적으로 견제할 수 있는 지식운동이 어떻게 전개되어야 하는지 논의할 것이다.

첫째, 자유주의, 인본주의 지적 토대로부터 신자유주의 언어사회를 관망할 수 있다. 다수의 연구자가 비정치적이고 가치중립적인 태도를 유지하면서 (언어를 배우고 사용하는 행위와 현장을 연구할 때 정치적 논제와 거리를 두어야 한다고 주장하면서) 흔히 말하는 '비판적 사고'로부터 객관적인, 실증적인 연구를 실행해야 한다고 믿는다.

이러한 지식전통이 학계를 주도할 수 있었던 이유는 자유주의와 구조주의가 연합한 과거 언어학의 역사적 전통으로부터 이해할 수 있다. 20세기 초중반 유럽과 미국에서는 언어를 구조주의 관점에서 하나의 시스템으로 인식하는 학술 전통이 등장했다. 페르디낭 드 소쉬르 (Ferdinand de Saussure)와 같은 구조주의 언어학자는 언어를 기표/기의로 구성된 기호적 시스템으로 이해했으며 기호의 의미는 차이의 관계성에 의존한다고 보았다. 인간은 스스로 능동적이고 자율적으로 언어를 사용하는 것 같지만 사실은 '랑그'(사회적으로 약속된 언어사용의 규칙)를 실현하는 담지자 역할을 수행한다. 구조주의는 당연히 주체의 창조성과 능동성, 즉 인본주의 기반의 학술 전통과 거리를 두게 된다. 그리고 구조화된 체계를 측정할 수 있는 단위와 절차로 언어를 분리하고 분석하는 실증주의 연구방법론과 결속되면서 거시적이고 사회정치적인 언어사회 연구를 학계 밖으로 밀어냈다.*

개인적인 차원에서는 정치 활동에 참여하지만 언어에 관한 연구는 결코 정치적 속성과 연결시키지 않는 두 번째 지적 토대도 흥미롭다. 변형생성문법학자 노엄 촘스키(Noam Chomsky)가 여기에 속할 것이며 여기서도 첫 번째 지적 토대에 속한 연구자와 다를 바 없는 이중성이 드러난다. 촘스키는 오랫동안 좌파적 정치 운동을 해왔으며 사회참여 지식인의 역할을 감당했다. 조직화된 정치적 계급이나 권위를 거부하고 자유와 평등, 정의와 형제애를 실현하고자 하는 유토피아적 이데올로기, 자주적이고 자발적인 공동체적 삶을 적극적으로 지지하고 있는 학자이다. 국가권력이나 프롤레타리아 혁명에 관해 마르크스식 분석만을 의존하지 않는 일종의 무정부주의적 노동조합주의자(syndicalist) 혹은 자유주의적 개입주의를 지지하는 사회주의자라고 볼 수도 있다. 그러나

---

* 그러나 이와 같은 비정치적이거나 반정치적인 구조주의-자유주의 응용언어학자들의 이중에 대해 여러 학자들이 반박했다. 구조주의 언어학자들은 언어연구의 정치적 접근을 거부했지만 그들 역시 처음 등장할 때 우파적 기득권에 반대했으며 자유주의적 방어진을 정치적으로 구축했다는 점을 상기시켰다. 그들이 연구하는 언어는 비정치적 속성으로만 보일지 모르지만 그들이 일터에서 사용하는 언어는 매우 정치적이었던 것이다. 언어에 관한 연구가 과학적이고 비정치적인 분야임을 강조하는 연구자들은 대개 특정 기득권력과 결속되어 관련 연구를 정치적 의제와 분리할 것을 (정치적으로) 요구하고 홍보했다.

그의 언어(학)연구는 정치사회적 실천과 아무런 상관성이 없다.

앞서 살펴본 구조주의 – 자유주의 언어 연구자들처럼 촘스키의 좌파적 활동이 언어사용과 사회구조, 혹은 언어에 관한 다양한 사회정치적 의제와 전혀 연결되지 않는 점은 참으로 흥미롭다. 언어학과 정치학의 통합성에 대해 촘스키의 입장은 늘 불분명하며[102] 촘스키조차도 예전 문헌이긴 하지만[103] 그의 정치적 활동과 언어에 관한 연구물 사이에 명시적인 접점이 없다고 인정했다. 국내에서 촘스키는 단연 언어학의 최고 스타이다. 학생들에게는 촘스키 이론이 곧 언어학 이론이다. 촘스키식 지식전통을 바라보는 사람들은 주로 경험주의보다 이성주의, 혹은 유심론(mentalism)에 기반을 두고 언어에 관한 논제를 풀어가는 사람들이다. 언어에 관한 인간의 보편적인 능력이 생득적이라고 가정한다거나 인간의 심리 문제를 자연과학의 설명 틀 안에서 이해하고자 한다. 마치 화학이나 생물학의 가시적인 실체를 대하듯이 언어, 정치, 인간의 문제를 다룬다. 또는 구속 없는 인간의 자유, 누구에게나 보편적으로 적용할 수 있는 창조성의 문제에 깊은 관심을 갖고 있다. 이런 논점은 모두 촘스키 학파가 승계하고 있는 지식전통이다. 인간의 본성이든, 언어학의 보편문법이든, 인간이 보유하고 있는 공통성을 찾는 인본주의적 속성이 늘 강조된다. 지식인의 책임이란 것도 인간의 본성을 개념화시킬 수 있는 인본주의 사회이론을 개발하고, 인간사회에서 발생하는 권력, 억압, 파괴의 본질을 이해하는 것이다.[104]

그렇지만 촘스키의 인본주의는 신자유주의 언어사회를 비판적으로 바라볼 수 있는 이론적 토대가 될수 없다. 빈약하고 효용성이 떨어진다. 정치적 의제와 언어에 관한 연구를 분리시킨다면 앞서 언급된 자유주의-구조주의 관점의 지적 전통과 별 차이가 없다. 촘스키에게 언어 연구는 개념적으로 매우 복잡하며 심리적 언어구조를 이론화시켜야 하는 작업이었다. 그에 반해 이데올로기와 주체성과 같은 정치적 분석은 합리적인 회의주의로부터 정치경제적 외연을 포획하는 문서화 작업일 뿐이었다.*

세 번째 지적 토대는 모더니즘 기반의 비판적 연구전통이며 신자유주의 언어사회를 보다 실천적으로 비판할 수 있는 의제와 연구방법론을 제공한다. 관련 연구자들은 절차적이면서 과학적인 연구방법을 수용하면서 언어사회를 연구하는 현장에 비판적이고 사회정치적인 의제를 적극적으로 발굴할 수 있다. 공공의 이익을 주목하고 자본주의, 관료주의 등을 경계하는 주제의식이 연구의 내용과 절차에 분명하게 언급될 수 있다. 이론적 토대는 인문사회 연구자들에게 잘 알려져 있는 비판이론이며 이데올로기나 헤게모니 비판이 중요한 논제였다.[105] 주류/미시 언어학자들에서는 낯선 개념들, 즉, 권력, 담론, 이데올로기, 헤게

---

* 언어와 정치 연구를 서로 연동시키지 않다 보니까 언어의 복잡성 문제는 과장될 여지를 안고 있고, 상대적으로 복잡한 정치적 의제를 복잡한 모형으로 이해해야 한다는 필요는 축소되는 경향이 생겼다. 또한 인간(사회)을 이해할 때 차이점보다는 유사점을 주목하는 촘스키의 보편주의적 학술 전통은 태생적인 결핍을 반박할 수 있는 인간 중심의 지식관이긴 하지만, 엄연히 존재하는 사회문화적 변인과 개인의 차이를 순진하게 간과한다는 비판도 피할 수 없다. 지역적으로 각기 다른 맥락에서 언어사용자가 수행하는 다양한 사회정치적 행위를 이해하기도 힘들다. 언어-정치를 분리하는, 혹은 대립시키는 학술 관행은 신자유주의 언어사회의 다면성을 이해할 수 있는 지적 토대가 될 수 없다.

모니과 같은 정치사회적 개념이 언어사회 연구에 적용된 것이다.

그러다가 신마르크스주의에 얼마나 의존할 수 있는지에 관한 문제의식이 축적되었다. 모더니즘 계열의 다른 지식관에서도 자주 등장하는 이항대립의 논점도 다수 학자들의 피로감을 축적시켰다. 지배와 피지배 계급, 권력과 억압, 가진 자와 갖지 못한 자의 자본주의, 혹은 한 집단이 또 다른 경쟁 집단을 전복시키기 위한 음모나 의도성에 관한 논점은 지나치게 대립적이었다. 무엇보다 이러한 지식전통 역시 과학(적 절차와 실증)을 우위에 두는 위계적인 지식관을 함축하고 있다.*

마지막 지적 토대는 권력과 불평등에 관한 문제의식은 유지하면서 후기구조주의 관점을 비판연구에 적용한 연구전통이다. 비판이론이 제기한 자유, 평등, 변화에 관한 이원론적 인식구조에 도전하고, 구조화된 지식의 절대성을 문제화한다. 그리고 언어를 배우고 사용하는 누군가가 되어가는 과정에 대해 포스트페미니즘이나 탈식민주의 논점을 적용한다. 예를 들면, 캐나다로 이민을 온 다섯 명의 여성들이 영어를 자신들의 모어와 함께 추가언어로 어떻게 사용하고 학습하는지 연구한 보니 노튼이 이러한 연구전통에 속한다. 그녀는 언어사용과 학습의 현장에서 성, 민족성, 사회적 계층의 변인을 주목했고 제2언어 학습자들이

---

* 과학적 접근을 객관적 행위, 또는 진리를 추구하는 것으로 인정하면서 과학적인 절차, 즉 엄밀하게 분리하고 분석할 수 있는 절차에 절대성을 부여한 것이 (불완전할 수밖에 없는) 지식에 대한 다면적인 성찰 행위를 그만큼 포기한 것이라는 비판이다. 이항적 대립과 함께 대안으로 등장하는 해방론 역시 '복잡한 현대 사회를 지나치게 단순하게 설정한 것이 아닌가' 라는 질문을 촉발시킨다. 권력의 편재성에서 자유로울 수 없다고 하면서 과연 하나에서 다른 하나를 교체하고 해방시키자는 담론이 어떤 의미가 있는지도 의문이다.

어떤 관계에서 모순적이면서도 역동적인 언어정체성을 구축하는지, 말을 배우고 사용해볼 수 있는 권리가 어떤 상황에서 강화되고 무시되는지 주목했다.[106]

삶은 결코 가치중립적일 수 없다. 인간이 사용하는 언어 역시 가치가 개입될 수밖에 없다. 언어에 관한 권력 행위, 언어 지식의 정치화에 관한 쟁점을 만든 초기 비판 연구자들의 공헌만큼이나 실증주의 과학을 비판 작업의 도구로 보지 않고 그것 역시 문제화해야 한다는 후기구조주의적 지식관도 언어사회 연구에 크게 기여하고 있다. 다만 이와 같은 포스트모던 접근이 언어에 관한 불평등과 차별의 모더니티 의제를 탈색시킬 수 있다. 접촉, 생태, 도시공간, 횡단, 혼합, 다중의 포스트모더니티는 사회정치적, 제도적 문제를 탈정치화시킬 수사로 오용될 수 있다. 이미 다문화, 다중적 언어정체성, 횡단적 언어사용, 접촉언어의 자원화 담론은 자본, 공리, 합리성, 기술로 견고하게 체계화된 신자유주의 사회질서 안에 포획되어 버린 상태라고 볼 수도 있다. 한번 탈정치화된 담론을 새롭게 정치화시키기는 쉽지 않기 때문에 이 책의 2장에서 다룬 논점은 사실상 신자유주의가 발휘하는 호혜적 배려나 새로운 언어시장 수준으로 이해될 수도 있다. 신자유주의의 통치 안에서 접촉, 생태, 도시, 횡단은 후기구조주의자 자크 데리다(Jacques Derrida)의 표현대로 대리보충(supplement)의 위치를 차지할 뿐이라는 비판은 추후에 좀 더 학제간 연구주제로 다뤄볼 필요가 있다.*

---

* 　대리보충의 개념을 가져오면 동일성과 차이, 내부와 외부라는 이분법을 잠식하면서, 언

또한 세 번째와 네 번째에 언급한 모더니즘 계열의 비판이론 연구 전통과 후기구조주의 기반의 연구전통을 명확하게 구분하기는 현장 연구자 입장에서 쉽지 않다. 왜냐하면 비판적으로 이론화하는 작업은 흔히 자기비판적이고 새로운 논쟁에 대해서 개방적이곤 하기 때문이다. 분명한 것은 신자유주의 언어사회를 비판할 수 있는 지식전통이 만들어지려면 모든 것을 설명할 수 있는 거대 이론에 집착하지 말고 언제나 생산적인 회의주의에 토대를 두고 자기성찰적 능력을 키워야 한다. 국내 관련 학계가 이러한 자기비판, 개방성, 회의주의, 성찰적 능력이 부족하기 때문에 상품, 표준, 기술, 단일성의 언어문화를 흔들 수 있는 지적 토대 역시 취약한 것이다.

유럽과 북미에서 출간되는 학술문헌을 보면 21세기가 지나오면서 언어에 관한 '패러다임'이 서사적 전환(narrative turn)으로, 비판적 전환(critical turn)으로, 담론적 전환(discursive turn)으로, 문화적 전환(cultural turn)으로 급변했음을 확인할 수 있다. 모더니즘을 지나 포스트모더니즘의 담론을 수용한 연구물이 급증하고 있다. 한국은 초고속 성장과 함께 세계화 담론을 수용했기 때문에 모더니즘과 포스터모더니즘 논점이 공존하는 듯하지만 언어에 관한 인식체계만큼은 표준, 기술, 위생화 등의 모더니티 담론이 학계를 압도하고 있다. 연구자들은 언어들을 분리하고 작은 단위와 보편 규범으로 분석하는 실증주의 연구에 전념하고

어사회의 타자들은 기존의 질서 안에서 편입되도록 유도될 뿐이란 비판적 관점을 갖게 된다. 진정한 평등이나 타자들의 자유는 사실상 막혀버리게 된다.

있기 때문에 새로운 지적 토대가 구축되지 못하고 있다. 언어를 다르게 보지 못하니 언어를 기반으로 기획한 교육, 시험, 정책, 계획, 치료, 콘텐츠 개발, 교육과정도 예전에 비해 다를 바가 없다.*

---

* 　　영어시험만 놓고 보더라도 시행사나 전달 매개는 달라졌지만 20여 년 전 시험이나 지금 시험이나 개발과 시행의 절차, 준비와 사용의 내용이 별로 달라지지 않았다. 수입시험이든 토종 시험이든, 기업이 만들었던, 국가가 만들었던, 초중등학생에게 적용되든, 성인학습자에게 적용되든, 늘 국익, 시장, 수익, 편리, 세계화, 경쟁의 담론이 반복적으로 등장한다. 비판과 대안이 다뤄지지 않으면 기득권력이 관행을 유지하기 좋다. 너가 아는 것이나 내가 아는 것이나 뭘 안다는 것이 사실 특별한 것도 없다. 그러니 해외에서 공부하고 원어민처럼 영어 한다는 사람, 명문대에서 학위 마친 사람, 뭐든 쭉 해오던 사람이 다시 관행적으로 배치되고 하던 일을 비슷하게 계속한다. 새로운 지적 토대를 구축하지 못한다면 대학원생들도 언어를 사회적 실천의 속성으로 바라보지 못할 것이다. 쟁점적으로 연구주제를 찾지도 않을 것이다. 연구자 집단도 너무나 빈약하다. 세월호 사건이 터지고 박근혜 정부가 흔들릴 때 나는 한국의 언어사회를 놓고서도 더욱 자유롭게 비판하고 토론하는 공간과 지면이 있기를 희망했다. 1988년 민주당 후보 경선대회에서 제시 잭슨(Jesse Jackon) 목사가 말한 것처럼 새는 결국 양 날개로만 날 수 있다. 펄럭이는 새 깃털에 정신이 없겠지만 생명력이 있는 곳은 늘 소란한 곳이다. 비판도 없고 쟁점도 없는 곳은 늘 수상한 곳이다. 대개 기득권력이 지배적이기 때문에 다양한 목소리는 통제되는 곳이다. 그런 점에서 보면 비판적 연구가 빈약한 한국에서 언어의 자유와 자원 담론이 주목받지 못하는 건 우연이 아니다. 비판의 자유가 없는 곳엔 어느 권력이든 부패해질 수밖에 없다. 비판을 허락하는 학술성이 결국 말과 글의 자유를 열어주는 통로가 될 수 있다.

디아스포라의 새 언어 배우기

김호기 교수가 '밖으로부터의 시선: 장하준과 신기욱'이란 칼럼[107]에서
장하준 교수를 소개하면서 다음과 같은 글을 남겼다.

"지식인이 자신이 태어난 곳을 떠나 다른 나라에서 활동하는 것은
인류 역사와 함께 시작됐다. 고대 그리스 지식인들은 지중해 각 지역
에서 자유롭게 활동했다. 중국에서도 춘추전국시대에 지식인들은 여
러 나라를 유랑하면서 자신의 학설을 왕성하게 펼쳤다. 지식이 본래
보편성을 고유한 속성으로 가지듯이 지식인 역시 출발부터 세계적인
존재일 수밖에 없다.

그가 언급한 거리감은 연구자나 작가에게 축복이다. 자신에게 익
숙한 곳에서 거리를 두고 객관적 시선을 키울 수 있는 거리감 말이
다. 유목적 지식과 지식인의 세계성을 생각할 때면 떠오르는 말이 있
다. "자기 고향을 아름답다고 생각하는 사람은 아직도 상냥한 초보자
다. 모든 땅을 자신의 고향으로 보는 사람은 이미 강한 사람이다. 그
러나 전 세계를 하나의 타향으로 보는 사람은 완벽하다." 12세기에
활동했던 성 빅토르 수도원의 위고가 남긴 말이다.

지식인이 가져야 할 태도에 대해 이 말만큼 정확하게 표현한 언설
도 없다. 이 말에 담긴 의미는 분석 대상인 사회에 대해 지식인이 가
져야 할 거리와 그 거리 속에서 이뤄져야 할 성찰의 중요성에 있다.
자기가 속한 사회를 벗어나 자기 사회를 객관적으로 바라봄으로써

지식인은 비로소 독자적인 비교와 분석의 관점을 가질 수 있다."

나는 미국에서 대학원 공부를 마치고 귀국해서 여러 기득권력과 연결되었고 왕성하게 학회와 학교에서 활동을 했지만 40대가 넘어가면서 대부분의 활동이 중단되거나 제한되었다. 가족이 미국에서 다시 살기 시작한 것이다. 디아스포라 정체성을 다시 품기 시작했고 청년 때와는 또 다른 시선으로, 여전히 낯선 그곳에서 내가 살아왔던 곳과 내가 존재했던 방식을 다시 바라보기 시작했다. 질문은 쌓였고 해답을 찾으며 많은 책을 읽고 경계선 밖의 새로운 사람들을 만났다.

삶의 경험이 특별했고, 글이 쌓여가니, 짧은 호흡의 글로나마 상념이라도 서둘러 남기고 싶어졌고 그래서 기동성이 떨어지는 홈페이지 대신에 페이스북과 같은 공간에서 글쓰기를 시작했다. 국가나 민족의 경계가 없는 페이스북의 글쓰기는 내 존재의 다중적인 욕망을 드러내는 디아스포라적인 언어라는 생각이 들었다. 인터넷 공간에서 한국어와 영어를 교차적으로 사용하면서 실험적으로 디아스포라의 정체성을 탐색했던 것 같다.

내가 미국에서 유학생으로 공부할 때는 '나는 공부를 마치고 돌아갈 나라가 있다.'고 생각했다. 다시 말해 그때는 한국인으로 지나치게 강한 자의식을 갖고 있었다. 요즘 유학생들도 그럴까? 이제는 좀 달라졌을까? 내가 지난 오랫동안 미국에서 관찰한 한국에서 온 유학생, 방문교수, 파견연구자들을 보면 크게 달라진 것 같지도 않다. 대개는 한국에서는 즐길 수 없다는 골프와 명품 쇼핑에 집착하며 다시 돌아갈 안전한 고국을 늘 마음에 품고 미국 생활을 하기 때문이다. 그들에게 미국(인)은 남일 뿐이고 자신은 한국(인)이다. 세계도 없고 문화간 상호소통의 경로는 인색하다. 한국교회에서, 한국사람들끼리, 한국의 위계질서나 지연-학연 파벌을 그대로 옮겨놓고는 미국에서 관광객처럼 몇 년을 살아간다.

내가 기득권을 가지고 있었던 곳, 편리하게 정착해온 장소, 관계, 관습, 그리고 내가 붙들었던 언어를 이방인처럼 낯설게 볼 수 있는 그곳의 위치성이 처음엔 불편했다. 그러나 연구자인 내게 그게 한편으로는 축복이었다. 난 오랫동안 언어와 개인, 자유와 권리, 차이와 다양성에 관한 글을 쓰고 싶은데 평생의 연구주제를 수집했다는 생각도 든다.*

나와 같은 잡종 연구자는 더욱 대담하게 자신이 지나온 길, 지금서 있는 곳, 복잡하고 모순적인 언어정체성들을 직면해야 했다. 연구 텍스트로 읽는 디아스포라 정체성은 내 일상에 배태되어 있었다. 디아스포라의 의미를 굳이 민족, 국가, 인종 등의 범주로 제한할 건 없다. 디아스포라는 지리적 경계선을 떠나 이제 정서와 문화를 설명할 수 있는 포괄적 개념이 되었다. 다시 미국에 거주하는 유학생, 이민자, 한인교포를 바라본다. 그들은 어디든 있다. 그들은 인터넷에서, 한국교회와 학술 공

---

* 나는 무라카미 하루키의 글을 종종 읽는데 일부러 일본 땅을 떠나 유럽이나 미국에 가서 그가 원고자료를 수집하고 초고를 마치는 모습을 이제는 상상할 수 있다. 일본처럼 민족과 국가의 정체성을 특별하게 부여하는 나라에서 '일본인' 작가로 시작한 그가 어떻게 그와 같은 생활양식 혹은 글쓰기 전략을 가질 수 있었을까?

동체에서, 혹은 한국인 동료와 작은 한국을 만들어 '한국인'의 삶을 불편함 없이 유지하고 있다. 그들은 한국의 바깥에 위치되어 있는가? 난 안과 밖의 구분이 모호한 그들 경계인의 정서적 흐름이 아주 궁금하다. 안이지만 밖이고 밖이지만 안에 있는 트랜스내셔널(transnational) 정서 말이다.

그들은 오래전 내가 유학생일 때 그랬던 것처럼 한국 땅으로의 귀환이나 미국(인)으로의 동화를 극단에 두고 선택하고 있을까? 만약 미국에 남을 계획을 세운다면 자신의 고유성을 의도적으로 사라지게 하면서 문화적 동화의 전략을 적극적으로 사용하기도 할까? 아니면 자신의 타자성을 보다 전략적으로 드러내고 하나의 복합적인 인격체로 성장하면서, 한국인이든 미국인이든 누구든지 다면적인 관계망을 구성하려고 할까?

내 젊은 시절을 성찰해보면 나는 언제나 다른 (근사한) 누군가가 되기 위해 자발적으로 스스로를 프로그램화시켰다. 시대적 풍조나 사회적 가치를 내면화시키며 난 누군가가 되기 위한 동화전략을 매일 연습했다. 새 부대에 새 포도주를 채우자고 얼마나 기대하고 또 그만큼 타인의 시선을 품고 최선을 다했던가? 내가 배우고 사용한 언어는 또 얼마나 경직되고 일원적이었던가? 경상도에서 서울로 가서는 서울말을 흉내 내고, 미국에 가서는 원어민(혹은 한인교포)처럼 말하려고 흉내 냈다. 결핍이나 이질화된 존재감이 싫었다. 온전한 동화, 아니면 도피 전략을 택했다. 그때 쓴 글의 흔적을 살펴보면 내 언어는 내가 살아왔던 의식과 복잡한 나의 욕망을 정직하게 묘사하지 못했다. 내가 말하고 싶은 언어를 내가 찾지 못한 느낌, 내 존재와 다른 언어를 내가 사용한다는 생각이 들 때마다 얼마나 피로감을 느꼈던가? 그때 나는 잡종 연구자가 될 수도 없었고 그런 존재가 된다는 희망조차 하지 않았다.

그러다가 나는 더 이상 견디지 못했다. '내 언어를 찾고 싶다!' 그렇게 솔직하게 내게 말을 걸었다. 나의 타자성과 접촉언어를 드러낼 수 있는 나만의 내러티브. 영어로도 한국어로도 어중간하지만 둘 사이를 편한 마음으로 횡단할 수 있는 제3의 정체성, 원어민은 아니지만 다면적 기호체계를 누구보다 잘 이해하는 링구아 프랑카 영어사용자, 그런 새로운 주체성에 접근했다. 그림을 잘 그린다면 그걸 그림으로도 그리고 싶고, 작곡을 할 수 있다면 리듬으로도 만들고 싶었다. 춤을 출 수 있다면 몸으로 표현하고 싶고, 집을 지을 수 있다면 집으로 짓고 싶었다.

내 언어, 내 기호체계에 더욱 민감해졌다. 내 집을 내가 기획하고 직접 건축하듯이, 내가 추고 싶은 춤을 상상하고 안무를 직접 만들어 추듯이, 내 느낌과 감정을 담은 곡을 직접 악기로 만드는 것처럼, 그리고 싶은 그림을 내 마음대로 그리듯이, 그렇게 내 언어의 레퍼토리를 능동적으로 재조합하고 싶었다. '글을 잘 쓰고 싶다.' 그런 생각은 별로 안 한다. '나는 내가 말하고 싶은 것을 쓰고 싶다.' 그런 생각을 오히려 더 자주 한다. '말하고 싶은 것을 쓰는 하루가 지나고 또 하루가 지나가고 시간이 그렇게 모이면 내 존재의 집도 한 두어 채 지어져 있겠지.' 커피를 마시며 토요일 오후에 연구자로서 그런 소망을 품으며 하늘을 긴 시간 동안 바라본 기억도 난다. 그렇게 새로운 마음을 품으니 디아스포라 정체성을 감당할 수 있었다.

내가 만일 소설로 내 언어를 찾는다면 이창래 작가의 'Native Speaker'와 같은 글을 쓰고 싶다. 난 사회과학 논문의 엄밀함보다 문학이나 예술 장르의 계시적 힘이 더 좋았다. 그 책을 한국어로 옮긴 정영목 역자의 글이 참 마음에 들었다. "시민권은 있지만 그것이 자신의 정체를 증명해 주는 것이 아닌 사람들의 삶... 'Native Speaker'는 시민권이 곧 정체성을 보장해준다는 달콤한 환상을 깨는 폭로이고, 시민권과 자신의 정체를 일치시키려는 처절한 싸움의 기록이다. 이 싸움이 정직할 경우 필연적으로 따를 수밖에 없는 진정한 시민권의 의미에 대한 탐구 때문에 이 작품은 단순한 상처와 좌절의 기록을 넘어 문학 특유의 계시의 힘을 보여준다."[108] 잡종언어 연구자가 디아스포라의 정체성을 꼭 가질 필요는 없지만 새로운 담론을 만들기 위해서는 단일언어주의와 신자유주의 언어사회의 바벨탑을 흔들어야 한다. 디아스포라의 언어사용자는 계시적 힘을 가질 것이라고 나는 생각한다.

복시로 보이는 언어사회

대학원에서 공부할 때 진보적 자유주의 논점에 관심이 많았다. 존 스튜어트 밀, 존 듀이의 (급진적) 자유주의에 관한 책도 벅찬 가슴으로 읽은 기억이 나고 한국에서는 최장집 교수의 글을 읽었던 기억이 난다. 어쩌면 나는 한국(인)의 또 다른 언어, 새로운 언어사회에 관한 연구를 하면서도 진보적 자유주의 논점을 적용하는 듯하다.

지금 나는 언어사회, 언어정책, 언어(교육)평가, 미디어 담론, 언어 권리와 정체성 등을 연구하고 있다. 그런 연구를 기획하고 실행시키는 중에 다양한 분야의 문헌을 검토하는데 (신)마르크스 이론에 기반을 둔 계급론의 도식이 자주 발견된다. 언어를 습득하고 사용하든, 시험을 만들고 정책으로 집행하든, 모두 복잡한 작업과정을 거친다. 나는 획일적인 고부담 시험 기반의 교육정책에 의해 언어사용이나 학습이 왜곡되는 것에 비판적이지만, 그렇다고 복잡하고 역동적인 언어사회 현장을 계급이나 허위의식으로서의 이데올로기로 환원시키는 것도 못마땅하다. 시험이나 정책의 문제점을 환기시키는 건 좋지만 푸코의 모형을 비관적 세계관으로만 오독하는 것도 경계한다.

나는 존 스튜어트 밀, 존 듀이 등이 주창한 개인의 권리, 자유의 가치를 여전히 붙들고 있다. 학생일 때부터 그들의 글을 설레는 마음으로 읽었다. 계급이라는 거대 구조로도 언어사회를 바라볼 수도 있지만, 뭘 읽든 복잡한 세상에서 발휘되는 개인의 능동적 서사를 빼고 싶지 않았다. 한국에서 또 다른 언어를 배우고 사용하는 다양한 개인들이 어떤 교육의 기회와 자유에 접속되었는지 더 알고싶다.

낙관적이고 계몽적인 자유주의 – 개인주의 – 휴머니즘 사상은 이미 미국뿐 아니라 한국의 인문사회학에서도 천덕꾸러기가 되었다. 휴머니즘은 근대로 넘어오면서 프리드리히 니체(Friedrich Wilhelm Nietzsche), 카를 마르크스(Karl Marx), 페르디낭 드 소쉬르(Ferdinand de Saussure), 지그문트 프로이드(Sigmund Freud), 클로드 레비스트로스(Claude Lévi-Strauss) 등의 구조주의자나 유물론자, 혹은 지금 시대의 후기구조주의 사상가들에 의해 계속 반박되었고, 나 역시도 미성숙으로부터 해방을 기획한 자율적인 인간주체, 선험적 자아, 합리성과 계몽에 관한 그들의 비판적 논술에 십분 공감한다. 많은 인문사회 연구자들이 마르크스, 프로이드, 푸코 등의 지식전통으로 연구를 수행하고 있고 개인의 자율성을 환상, 환경의 산물, 보잘것없는 수준의 사실로 치부하는 걸 잘 안다. 그런데도 나는 아직도 인간의 의식, 해방과 계몽의 서사에 마음이 설렌다. 어젯밤만 해도 슬쩍 읽은 랠프 월도 에머슨(Ralph Waldo Emerson)의 시 한 구절에 내 가슴은 설렌다.

휴머니즘을 버리고 더욱 센 비판적 논술을 만들면 폼 나게 보일지도 모르겠다. 그러나 나는 한국 땅에서 그리고 내 학술 분야에서 발도 제대로 붙여보지도 못한 자유주의, 개인주의에 동경, 미련, 신뢰를 버릴 수 없다. 이게 다소 순진한 집착이란 것도 안다. 지금 시대풍조에서 언론이 종종 자유주의와 개인주의를 맘몬만 섬기는 이기주의 수준으로 왜곡하는 것도 안다. 평등의 가치에 지나치게 집착하면서 공동체주의, 심지어 한국식 전체주의를 옹호하는 사람들도 있다.*

내가 연구하고 바라보는 언어는 유기체적인 생물과 같은 속성이 있다. 나는 각기 다른 언어들이 공존하는 언어사회, 그런 언어사회의 역

---

* 어떤 교회에서는 개인의 자유를 추구하는 것이 하나님의 주권에서 벗어난 자율적 존재가 되는 것이라고 겁을 준다. 그런데 그런 교회는 대체로 하나님의 말씀만 선포될 뿐 그곳의 개인들은 경직되어 있고 관계는 위계적인 곳이다. 내가 아는 하나님의 개입은 개인적이며 인격적이었고 누구에게나 자유(의지)와 각기 다른 달란트를 허락하고 또 존중한 것으로 안다. 하나님은 개인의 교만을 가장 경계하면서 연약한 개인들을 결코 경직시키지 않았다.

동적이고 생태적인 속성에 관심이 많다. 언어는 고정된 코드라기보다는 사회적인 실천이고 역동적인 레퍼토리의 협상이다. 그런 언어를 사용하는 개인들은 거대한 구조에 의해 꼼짝 못 하기도 하지만 수동적으로만 위치되지 않는다. 나는 개인의 존엄성과 창의성이 여전히 궁금하고 알고 싶다.*

그런 점에서 보면 나는 언어사회를 비판적으로 연구하면서 우편이든 좌편이든 한쪽 편에 도무지 쏠릴 수가 없다. 사물이 겹쳐지면서 복시로 보이는 것처럼 언어사회도 그렇게 보인다. 이 책에서 나는 시장의 모더니티 가치가 현대화된 언어사회를 숨 막히게 밀어붙이고 있다고 비판했다. 언어를 상품으로 보게 한 시장에서 많은 문제점이 드러났지만 여전히 바로 그곳에서 문제를 해결할 저항이나 대안이 숨어 있다. 나는 '극단'의 교리를 경계한다. 한 편의 극단인 전체주의나 국가가 개입하는 엄격한 가부장적 언어제도만큼이나 또 다른 극단인 시장만능주의 역시 경계한다. 그러니 시장에서 사람들이 언어로부터 뛰어놀게 하려면 특정 시험(정책)의 논리나 규범적 언어주의자의 목소리가 크면 안 된다. 국가는 시장에 개입하여 시험도 만들고 정책도 입안시킬 수 있지만 늘

---

* 나는 개인과 언어의 자유를 억압하는 전체주의가 몸서리치게 불편하다. 이 책에서도 여러 차례 얘기한 오웰의 '1984'의 서사에서 살고 있다면 우린 숨만 쉬고 있을 뿐 사실 생명이 없는 삶일 것이다. 자유와 생명을 잃어버린다는 것을 상상해보자. 난 '1984'를 읽고 두려움과 불편함 때문에 ('여고괴담' 영화를 보았던 그날 밤처럼) 잠을 자지 못했다. '여고괴담'과 '1984'는 내가 본 것 중 가장 공포스러운 괴기물이었다! 개인의 존엄성과 다양성이 지켜지지 않는 곳엔 언어들을 사용하는 개인의 자유도 없다.

실패할 수 있으니 조정이나 제한된 개입만 해야 한다.*

이처럼 자유주의 논점을 놓지 않고 극단을 피하다 보면 진보적이기보다는 절충적 전략을 선택한 겁쟁이 연구자로 보인다. 그래도 개인의 권리, 차이와 다양성을 존중하는 정치적 자유주의를 선택할 때 시장의 욕망이나 국가의 개입을 일방적으로 폄하하기 힘들다. 나는 현장에서 시험을 만들고, 프로그램을 운영하고, 정책을 집행하는 일을 맡기도 했고, 연구실이나 강의실에서 비판적 논점도 가르치고 비판적 담론연구도 실행했다. 그렇게 안과 밖, 이론과 실천, 비판과 실용을 오가다 보면 존 스튜어트 밀의 개량주의, 최장집 교수의 진보적 자유주의와 같은 글이 눈앞에 밟히지 않을 수 없다. 내 생각으로는 몇 백 년 전이든, 지금이든, 극단을 피하자는 글을 쓴 대부분 사람은, 진짜 겁쟁이들 빼고는, 무슨 일이든 실제로 많이 해본 실천가들이다.

다양한 언어들은 각자의 삶에 공존할 수 있으며 그 의미와 목적은 계속 변한다. 개인도 그렇고 기업도 그렇고 국가도 그렇다. 다국적기업, 자유무역지역, 국제학교, 대학교, 다문화 공동체 등 일부 공간에 영어를 상용어로 사용할 수도 있다. 국가는 단일언어정책, 표준어를 통한 사회통합을 강력하게 실행할 수도 있다. 그러나 세월이 지나고 상황이 변하

---

* NEAT 영어시험이 제안되고 개발된 경과를 잘 살펴보라. 처음 교육부가 시험을 만든다는 발표를 할 때 5년 안으로 미국 ETS의 토플 수준으로 개발하고 모든 수입 영어시험을 토종 영어시험으로 대체한다고 큰소리를 쳤다. 그리고는 수년 만에 개발과 시행안은 모두 폐기되었다. 국가는 언어에 관해 엄한 가부장이 되겠다고, 혹은 언어시장의 공급과 수요를 정리하겠다고 큰소리를 칠 수 있겠지만 개인들이 눈치 보고 숨죽이는 건 잠시뿐이다. 국가도 시장도 이항대립의 논점으로 문제를 해결하고자 하면 상황은 더 악화될 뿐이다.

면 절충적인 논점이 등장할 수 있다. 언어는 절대적인 코드가 아니다. 변하지 않는 우상의 존재가 아니다. 성격이 통통 튀는, 그러나 언젠간 변심할 수 있는, 좋지만 밉고, 미워서 좋은, 그런 애인 같은 것이다.*

이 책에서는 지금 신자유주의 시대를 이끄는 경제주의, 합리주의, 기술주의, 단일언어주의, 공리주의 기반의 언어관을 비판하지만 그렇다고 해서 2장에 소개된 반대편의 언어관으로 유토피아는 결코 오지 않는다. 언어는 어떻게 보면 공기와 같은 것이다. 우리에게 늘 머물러 있고 그러니 어떤 마음에 들지 않는 단면만 도려낼 수 없다. 왼쪽에만 있는 것도 아니고 오른쪽에만 있는 것도 아니다. 공존적 상생이 그래서 중요하다.**

우리는 언어들을 겹쳐 사용한다. 모(국)어를 주로 사용하는 개인이기도 하지만, 모(국)어 이외에 또 다른 언어, 이중/다중언어를 사용하기

---

* 예를 들면, 나는 세계시민주의나 영어의 세계화 정책을 개념적으로 지지하지만 지난 수십 년 동안 해방 후 한국에서 집행한 민족/국가 정체성 기반의 단일언어정책을 신중하게 검토하면서 구체적인 맥락에서만 논점을 제한시키고 있다. 우리 국민은 생활어로 한국어를 사용했지만 공식어로는 중국어나 일본어를 오랜 세월 동안 사용했다. 해방이 되고 한국어는 공식어가 되고 한국은 단일언어국가의 기반 위에서 눈부신 경제성장을 이뤄냈다. 먹고살 만하고 호주머니가 두둑해지니 새로운 언어공동체가 생성되었고 이젠 한국에서도 다중언어 혹은 공용어 기반의 언어정책이 필요하다는 주장이 나올 만 하다. 단일언어-다중언어를 이항으로 대립시키면서 어떤 정책이 더 적절한지 비교하는 학자도 있다. 둘 중에 하나만을 서둘러 선택하거나 집행할 필요가 없다. 정체성을 유지시키는 언어와 필요와 소통을 위해 배우고 사용하는 언어는 공존할 수 있다.

** 어쩌면 이 책은 신자유주의 언어사회를 분명하게 비판하고 있지만, 진보적 자유주의, (후기)구조주의 등과 함께 절충적이고 개량주의적인 논점도 담고 있다. 그런 이유 때문에 전체적인 논점의 일관성이나 논술의 선명성이 떨어질 수도 있겠다. 그래도 나는 이 책에서 개인과 자유, 차이와 다양성의 가치에 집중하고자 노력했다.

도 한다. 외국인 이주자, 국제결혼 배우자, (조기)유학생의 언어는 더 복잡하고 처치가 곤란하다. 난 그들의 언어 이야기가 늘 재미있고 '또 다른 언어'를 사용하며 살아가는 그들의 삶이 얼마나 귀한지도 안다. 전체주의와 같은 사회체제에서는 이 모든 '또 다른 언어들'을 사용하는 개인들은 서로를 인정하고 인정받을 수 없다.

이와 같은 나의 지적 조망은 다소 모순적이지만 그런 이유 때문에 복잡한 언어사회의 단면들을 보다 역동적이면서도 균형적으로 볼 수 있게 돕는다. 스리랑카 출신의 응용언어학자 수레시 카나가라자도 자신이 학습한 다양한 인식론들이 서로 충돌할 때가 있지만 나름의 우선순위로 여전히 역동적인 연구활동을 유지할 수 있다고 고백했다.[109] 그처럼 나도 신앙적으로는 복음주의자이지만 자유주의, 비판이론, 후기구조주의 등을 맥락과 필요에 따라 선택적으로 수용하는 비판적 연구자로 활동하고 있다. 지난 20여 년 동안 내가 쓴 130여 편의 학술논문을 보면 다양한 지적 토대와 서로 다른 연구방법론이 (상보적으로) 등장한다. 연구문헌을 게재한 학술지 분야도 천차만별이다. 한쪽 편에서 진영을 세게 구축한 사람들은 그런 절충적인 태도가 못마땅할 것이다. 그게 내 지성의 약점일수 있고 당파성이 부족하다고 비판을 받을 수도 있다. 그래도 나는 어느 한 편에서만 계속 머무르면서 같은 목소리만 내고 싶지 않다.

나는 복음주의자로 성경의 진리관까지 비판적으로 신뢰한다. 진리는 무섭거나 무식하지 않다. 우리를 자유케 하는 내가 믿는 믿음의 진리는 모더니즘이든 포스트모더니즘이든, 미시든 거시든, 비판이든 실용이든, 모두 다 포용할 수 있는 유비쿼터스적인 진리이다. 내가 믿는 믿음과, 연구자로서의 신념과 인식, 그리고 일상에서 살아가는 방식이 이율배반적으로 충돌하면 나는 마음이 곤고해진다. 그러나 그런 중에도 난 늘 행복하고 독립적인 삶을 선택했고 개인의 자유와 권리, 차이와 다양성의 문화에 관해 내가 믿는 것과 아는 것을 타협시키려고 노력했다. 더 이상의 성취가 좀처럼 드러나지 않아도 지금의 방향과 의미에서 자족[110]하고자 한다. 그렇게 보면 이 책은 지금까지 구축한 내 지성의 고백록과 같은 것이다.

4

언어사회의 변화와 핵심 가치

1. 자유 : 희망을 포기하지 말자

이 책에서 다룬 언어사회의 변화는 다수에게 아직도 낯선 논점일 수 있다. 민족어인 한국어를 너무나 사랑하는 우리는 영어가 필요하다고 하니 열심히 배웠고 여러 곳에서 사용하기도 하지만 여전히 불편하고 밉기도 하다. 산업화, 표준화, 기술화, 또는 성장, 통합, 단일성의 언어 담론에 익숙한 우리가 '또 다른 언어들'을 긍정적으로 수용하고 접촉, 생태, 횡단의 언어사회를 함께 꿈꾸자는 것은 너무나 대담하고 발칙한 발상이다. 국내 정서나 사회구조는 관련 정책이나 계획을 쉽사리 안착시키지 못할 수 있다.

이런 말을 자주 듣는다. "한국은 특이해요. 이렇게 많이 바뀌었는데 그래도 단일민족, 단일국가라는 건 안 변할 것 같아요." "유학생이라고 너무 차별받고 지냈어요. 그래도 여기가 좋아서 한국에서 살고 싶은데 그럴 수 있을지 모르겠어요." "한국에 돌아가고 싶은데 한국사람이 한국어 잘하지 못하면 더 혼낸다고 들었어요. 잘 늘지도 않고 답답해요." "한국에선 영어학원 다니며 공부하는 교육이 안 변할 것 같아요. 왠지 10년 뒤에도 교과서 달달 외우면서 수행평가 준비하고, 그때도 토익 보고 그럴 것 같아요." 미래 언어사회를 새롭게 상상해보자고 말할 때마다 이렇게 한국, 한국사람, 한국어는 절대 안 바뀔 것 같다고 말한다.

왜 그런 말이 나오는지 알 것 같다. 500년의 왕조 시대를 거쳐 일본에 나라와 나라말을 뺏겼고 해방 후에 군사독재와 치열한 산업화를 거치며 우리만의 가부장적 동질성과 사회통합의 가치를 붙들고 여기까지 숨 가쁘게 달려오지 않았던가? 그래서 다른 세상을 상상하기 쉽지 않은 것이다. 자유롭고 당당하게 하고 싶은 말을 해보는 세상을 꿈꾸기가 어려운 것이다. 그런 비관적인 말을 들을 때마다 내가 늘 하는 말이 있다. "지금 당장 다 바꿀 순 없잖아요. 희망만 포기하지 말아요. 언어, 나, 그리고 자유를 놓고 말입니다."

다소 뜬금없는 인용이지만 오래전 영화 '브레이브 하트(Brave Heart)' 얘기를 조금만 하고 싶다. 13세기 말에 스코틀랜드 왕이 후계자 없이 죽으면서 잉글랜드는 스코틀랜드에 압정을 펼친다. 영화의 주인공 월레스(William Wallace)는 잉글랜드의 폭정을 피해 양육된다. 그리고 다시 고향에 돌아올 때 그는 조국 스코틀랜드가 잉글랜드의 전제 군주에 의해 핍박을 받고 있음을 목격한다. 마치 성경의 모세를 보는 것 같다. 월레스는 그곳에서 머론(Murron)을 만나 사랑하고 결혼을 하는데 첫날밤에 신랑 대신에 영주가 신부를 먼저 취하고 그 후로도 그녀는 잉글랜드의 폭정에 의해 처형된다. 월레스는 머론의 죽음을 복수하면서 스코틀랜드 저항군을 이끄는 지도자가 된다. 용맹스러운 월레스의 군대가 잉글랜드에 승리를 거두지만, 결국 그는 잉글랜드 군인들에 의해 포로로 잡힌다.

고문을 받으며 공개처형을 받는 그에게 왕은 "지금 한마디만 해. 자비(mercy)를 베풀어달라고"라고 설득하지만 월레스는 거절하고 영화의 마지막 장면에서 이렇게 외친다. "자유(Freedom)!!" 그리고 그의 숭고한 죽음에 고취된 스코틀랜드인은 결국 잉글랜드와의 전투에서 승리하면서 자유를 쟁취하게 된다. 고통받는 개인들이 자유를 찾는 서사는 늘 가슴을 뭉클하게 한다. 그 영화를 보며 가슴이 한없이 먹먹해졌던 기억이 나는데 그 영화 장면 중에 월레스가 말한다. "꼭 지금 이길 필요 없잖아. 싸울 뿐이지." 월레스는 온전한 자유를 꿈꾸며 희망을 잃지 않았다. 그를 운동가로 실천시키는 신념 뒤엔 자유라는 가치가 있었다. 물론 이기면 더 좋았다. 그러나 자유의 가치를 붙들며 살아가는 신념의 실천이 그에게 더 중요했다.

나는 이 책을 통해 한국(인)의 '또 다른 언어'에 관한 이런저런 문제의식을 공유했다. 이런 내용으로 한 학기 동안 수업을 하고 나면 가끔 몇몇 학생들이 와서 내게 말한다. 수업을 재밌게 들었고 자신도 뭔가 새로운 언어사회를 함께 만들어보고 싶다고. 그렇지만 본인들은 너무 어리고 개인으로서 무력하다고. 할 수 있는 것이 사실상 아무 것도 없다고. 계속 대화를 나누면서 내가 갑자기 이렇게 물어본다. "그런데요 교수인 나는 말할 것도 없지만 영어영문학 전공하는 대학생일 때부터 사실 기득권이 아주 없지도 않은데... 방학이 다가오면 영어 좀 하는 걸로 쉽게 돈 벌 수 있는데 그런 알바부터 안 할 수 있어요? 절대 안 한다면, 혹은 일단 하겠다면 그 이유는 뭐죠?"

질문이 어렵다. 학생들은 우물쭈물한다. 쉽게 돈 벌 수 있는 알바 자리를 그만두긴 어렵다. 대학생이 학원에서 가르치고 성적을 올려주고 돈 받는 건 많은 우리에게 낯설지 않다. 학원에서도 저가로 어린 애들을 가르쳐줄 대학생 강사가 필요하다. 하다가 언제든 그만둬도 좋다. 심지어 영어만 잘하면 고등학생에게도 강사직을 맡긴다. 영어를 좀 하거나 열의만 있으면 뽑아서 뭐든 시킨다. 영어공부에 관해 불안감을 조성하고, 부적절한 정보를 유통시키고, 책임감도 윤리의식도 없는 사교육 기관도 많다. 그래서 그런 알바를 하지 않는다고? 그런 결심을 알겠는데 왜 그렇게 결정했나? 무슨 이유든 어떤 근거로 정말 안 할 수 있는가? 만약 제한된 시간과 목적성을 전제로 꼭 해야 할 거라면 그만한 신념의 근거는 또 뭔가? 내 질문은 언어를 가르치고 배우고, 언어로 살아가는 삶에서 어떤 신념을 가지고 있는지, 어떤 핵심 가치를 붙들고 있는지 묻는 것이다.

슈퍼 강사로 소신껏 일할 수 있다. 방학 때만 돈 되는 알바를 할 수도 있다. 비윤리적인 교육회사에 지원하지 않는 것도 좋다. 그런데 학생들이 언어(교육)사회의 구성원으로 어떤 가치를 온전히 붙들고 자신만의 삶을 구성시키고 있는지 궁금하다. 직관 수준이 아닌 신념. 신념을 실천시키는 핵심 가치. 그런 것이 없다면 싫다고 하면서 할 것이고, 강사로 소신껏 일할 수도 없을 것이고, 방학뿐 아니라 학기 중이나 졸업하고도 학원 알바를 계속 할 것이며, 윤리적으로 부적절하다고 판단되지만 더 큰 이윤이 보장된다면 할 것이다. '브레이브 하트'의 월레스가 폭정에 저항할 수 있는 실천에는 '자유'의 가치가 있다. 참 멋지지 않은가? 그만한 삶의 가치를 붙들지 못하면 우린 신념을 지키기 힘들다. 사회적 실천을 일관적으로 감수하기도 힘들다.

나는 지금의 복잡한 언어사회구조가 쉽사리 변하지 않을 것으로 본다. 아마도 구조화된 폐해를 일상으로 목격하며 우린 실패한 언어사용자, 무력한 언어학습자로 살아갈 지도 모르겠다. 그러나 언어, 사회구조, 사회구성원의 정체성은 서로 상관성이 아주 높다. 언어에 관한 사회적 관행을 수동적으로 받아들이면 우리의 삶, 생활, 관계, 문화, 제도는 아무 것도 바뀌지 않는다. 달리 말하면 뭘 크게 바꾸진 못해도 많은 개인들이 언어사용, 언어교육, 언어사회에 관한 신념을 가지고 파수꾼 역할을 곳곳에서 감당한다면 지금보다 더 좋은 언어사회가 만들어질 수도 있다.

왜 우리 개인들은 더 좋은 언어사회를 꿈꾸는가? 그건 어쩌면 자신들에게 필요한, 우리에게 허락되어야 하는 '자유' 때문일 것이다. 나와 내 주변 사람들을 불편하게 하고, 위협하고, 무력하게 하는 언어사회의 구조라면 우린 '자유'의 가치체제를 새롭게 꿈꿔야 한다. 지금 당장 변화시키지 못해도 지배적인 시대풍조를 흔들고 언어에 관한 다양한 존재들이 공존할 수 있는 자유로운 언어사회를 상상해야 한다. 막연한 기대, 다음에 해보자는 다짐, 하지 않겠다는 선언, 다 좋다. 그러나 더 나은 언어사회를 준비한다면 보다 선명한 신념의 근거가 필요하다. 내게는 그게 자유였다. 하든 하지 않든 위협받지 않고 선택할 수 있는 자유 말이다. 나와 내가 사랑하는 사람들의 자유 말이다.

2. 절충 : 앵무새 살리기

행복의 리츄얼은 구체적인 오감을 요구한다. 예를 들면, 일요일 아침에 늦잠을 자고 일어나서 함께 사는 강아지와 산책도 하고 브런치도 먹고 새침한 고양이도 마음껏 지켜본다. 그들을 보고 듣고 만지며 모든 감각으로 전달되는 행복감에 취한다. 익숙한 개와 고양이 냄새도 좋고 그 놈이 혀로 내 얼굴을 핥을 때 싫다고 하지만 그 순간이 나는 참 좋다. 저녁이 오면 약간 나른한 몸으로 소파에 늘어지게 누워 냉동고에 감춰 둔 아이스크림을 천천히 쪽쪽 빨아 먹으면서 내가 좋아했던 TV 방송을 본다.

예전에 'K-팝스타' 오디션 방송을 매주 본 기억이 난다. 한참을 보다 시계를 쳐다본다. '이제 곧 끝나네. 저 참가자에 대해 박진영 심사위원이 뭐라고 할지 궁금한데...' 그러다가 뒷부분은 보는 둥 마는 둥 잠을 더 자기도 하고 그러다가 라자냐를 해 먹고 재즈 음악을 크게 틀어놓고 듣는다. 행복감은 메타포로 설명되기도 하지만 그와 같은 구체적인 일상의 리츄얼이 꼭 필요하다. 더 많이 놀아야 한다고 방송에 나와서 늘 얘기하던 김정운 교수가 자신의 문화심리학 책에서 언급한 내용으로 기억한다.

'앵무새 죽이기(To Kill a Mockingbird)'를 읽으며 책 읽기에 관한 모든 행복의 리츄얼을 마음껏 누렸던 기억이 난다. 오래전에 읽은 책인데 다시 읽을 때마다 좋았다. 달달한 주스나, 레모네이드, 커피를 교대로 마시면서 정말 천천히 책을 읽었다. 가끔 호떡이나 감자전도 먹었다. 행복한 상상도 하고 메모를 해두고 다른 책을 동시에 읽기도 했다. 그런 중에 몇 가지 해야 할 일을 두고 중요한 결정도 했다. 멋진 영화를 보면 행복에 겨워 '아, 끝나지 않았으면...' 그런 느낌이 스칠 때가 있다. 그 책도 서둘러 다 읽고 싶지 않았다. (빨리 다 읽어봐도 다시 곧 그와 비슷한 책을 구해 다시 읽을 것이기 때문에) 행복한 마음으로 아주 천천히 읽었다.

한번 좋았던 책은 세월이 지나도 왜 이렇게 다시 좋을까? 아니, 한번 좋았던 것은 시간이 지나면 절실하게 더 좋아진다. 내가 꿈꾸었던 자유를 여전히 동일한 심정으로 동경하고 있는지 모르겠다. 아마도 10년 뒤도 마찬가지일 것 같다. '나다움'을 놓고 숙제를 하는 것 같은 느낌이랄까. 내가 남과 다른 것. 익숙함에서 벗어난 다양성. 나이가 들어도 그걸 다시 만나게 되는데 '나다움'을 놓고 말을 거는 책과는 자꾸 사랑에 빠진다.

'앵무새 죽이기'는 차별과 배제, 차이와 다양성에 관한 연구를 하는 내게는 너무나 매력적인 픽션이다. 거기 등장하는 애티커스 핀치(Atticus Finch) 변호사는 어쩌면 서구 문학작품 중에서 내가 가장 사랑하는 캐릭터일지 모른다. 이 책에서 먼저 드러나는 것은 백인-남성 중심의 사고라고 할 수도 있다. 꼬마 젬(Jem)이 진흙과 눈으로 만든 잡종 눈사람을 보여주기도 하는데 그와 같은 메타포로부터 백인과 다른 개인들에 대한 차별적 사회의 단면을 볼수도 있다. 그런데 어찌 보면 핀치는 비-백인을 보호하는 거창한 인권 변호사가 아니다. 자신에게 주어진 변호사 업무를 감당하면서 기존 사회질서의 부당함에 대해 나름 진실되게 고민하고 갈등하는 캐릭터일 뿐이다.

비평가들은 그가 남부의 보수적 전통을 수용하고 있을 뿐 아니라 부당한 인종주의의 현실을 사실상 묵과하고 있으며 근본적인 사회구조 개혁에 적극성을 보이지 않았다고 지적한다. 억울하게 피해받고 있는 흑인의 권리를 변호하는 과정에 또 다른 사회적 계급(예: 백인 쓰레기)이나 여성에 대한 편견이 부적절하게 활용되었다는 지적도 받는다. 이걸 짐크로 자유주의자(Jim Crow liberal)의 한계로 볼 수 있다.

그러나 1930년대 미국 사회에서 만연한 인종분리, 특히 남부 알라바마 주의 시대 상황에서 핀치의 서사는 내게 너무나 현실적이면서 잔잔한 감동으로 읽혀진다. '그가 일상에서 발휘하는 최선이 어쩌면 내가 지금 시대에서 학자로, 연구자로, 아빠로, 남편으로 감당할 수 있는 최선이 아닐까?' 나는 책을 읽으며 그렇게 자문했다. 다수라고 다수 의견을 전체 의견으로 단정하는 곳에서 소수자를 위해 소수 의견을 내는 것은 참으로 불편한 경험이다. 이 책을 준비하는 몇 년의 시간에도 나는 핀치 변호사가 감수해야 하는 불편한 감정을 늘 품어야 했다.

핀치 변호사는 그가 살아온 시대와 장소에서 최선의 삶을 살았다. 난 핀치 변호사와 같은 삶의 내러티브가 모이면서 결국 보다 나은 세상이 만들어진다고 믿는다. 이야기가 모이면서 정책과 법안도 입안될 것으로 믿는다. 혁명은 오지 않아야 한다. 혁명은 집단의 의식, 아니 광기가 필요하다. 난 점진적이고 개량적이더라도 개인들의 합을 여전히 신뢰한다. 우리 각자가 양심과 개성, 사랑과 행복의 감정을 서로에게 전하면서 지배적인 시대풍조도 그만큼 변할 것으로 믿는다. '앵무새 죽이기'는 냉정한 인종차별주의의 정서를 보여준다. 그러나 차별이 없어질 것이란 희망의 내러티브가 계속 등장한다. 이와 같은 스토리가 다시 남겨지고, 나눠지고, 누군가 다시 쓰고 공유하면서 차별은 그만큼 사라지지 않을까?

나는 집단들이 힘을 겨루는 단절과 대립이 늘 무섭다. 그것보단 개인들이 발휘하는 절충과 포용의 서사를 더욱 신뢰한다. 핀치 변호사는 당시 남부의 전통을 적대적으로 거부하지 않는다. 자신을 '깜둥이 애인'이라고 비아냥댄 이웃의 듀보스(Henry Lafayette Dubose) 할머니도 다양한 삶의 관점에서 보면 남부의 전통을 지키고 개인의 숭고함을 지킨 위대한 인생이라고 아이들에게 말한다. 그는 관대하게 그리고 신중하게 삶의 다양성, 의견의 차이, 역사의 흐름을 양가적으로 포용하는 자세를 갖는다. 과거의 전통과 사회규범을 존중하면서 자신이 서 있는 곳에서 양심에 따라 변화를 지향하는 타협적인 자세를 갖는다. 자신의 의견과 조금만 달라도 충돌하거나 비아냥대는 당파성을 경계한다. 뭐든 이항으로 설정하고 서로 대립하는 세상에서 핀치 변호사는 아이들에게 개인들의 다른 의견은 늘 존중되어야 한다는 점을 가르친다.

나는 현장에서 일하면서 핀치 변호사처럼 개별적이고 절충적이며 개량적인 입장을 자주 취했던 것 같다. 센 집단에 줄을 섰으면 목소리가 더 커질 수도 있었을 것이다. 그러나 나는 회색을 빈번하게 선택했다. 회색은 초록과 빨강을 섞으면 나오는 색이다. 흥미롭게도 나는 초록과 빨강 색깔을 개인적으로 아주 좋아한다. 앞서 언급한 적도 있지만 나는 진리를 탐색하는 것이 복잡하고 역동적인 과정이니 색깔로 비유하면 결코 원색이지 않을 것이며 회색에 가까우리라 믿는다.

나는 어디서든 극단, 근본, 고정의 원색을 선택하고 싶지 않았고 나도 모르게 그런 진영이나 위계에 서 있는 것을 알아채면 이내 몸을 그곳에서 빼내곤 했다. 앞으로도 어느 집단에서든 충성을 바치는 열혈 구성원이 되지 않으려 한다. 다만 나는 내 삶과 앎의 영역에서 글과 말로 양심적인 지식인이 되기를 소망한다. 언어의 권리와 자유가 지켜지지 않는 곳, 언어들의 차이와 다양성을 폭력적으로 제압하는 곳을 지켜보는 파수꾼이 되고 싶다. 언어의 무지와 폭압을 고발하는 사회적 활동을 멈추고 싶지 않다.

솔직히 말하면 사실 그만한 소망을 지키며 살아가는 것도 아주 힘들다. '앵무새 죽이기'에서 억울하게 소송에 걸려 죽어버린 흑인 톰(Tom Robinson)에 대해 불편하고 분노하는 다른 흑인들의 심경을 이해하기는 커녕 "예수님은 한 번도 불평한 적이 없다"며 질책하는 사교회의 백인 부인들의 자세가 어떻게 보이는가? 유태인을 차별한 히틀러를 비난하며 아이들을 가르치면서 막상 법정에서는 흑인에 대해 차별적으로 발언하는 게이츠(Gates) 선생님은 어떤가? 우리는 세상에서 가르쳐주는 상식으로 살아가는 것에 익숙하다. 그러니 내가 살고 있는 곳에서 언어에 관한 차별과 배제, 무지와 횡포를 당연시하지 않겠다는 건 결코 쉬운 결심이 아니다.

하나님의 이름으로 타자를 무참히 억압시켰던 기독교의 큰 역사가 그나마 복음의 빛으로 계승될 수 있었던 것은 핀치 변호사와 같은 작은 용기와 양심이 모였기 때문이라고 나는 믿는다. 세상을 변화시키는 건 위정자의 정책, 권력자의 강력한 입법, 그런 것만이 아니다. 앵무새를 돕고 살리겠다는 이야기들이 더 모여야 우린 그만큼 더 변한다고 나는 믿는다.

3. 생명 : 세상에서 가장 귀한 것은 생명

돈을 내고 모든 것을 살 수 있는 사회라고 하더라도 생명은 돈으로 매매할 수 없다. 장기매매, 성매매, 특히 무력한 아동, 이주자, 여성 빈곤층을 대상으로 생명을 매매하는 행위는 인간의 영혼을 구겨버리는 것이다. 살아있음을 협박하고 겁박하는 비열한 짓이다. 예전에 국내 대기업 그룹 회장이 술집에서 아들이 당한 일을 보복한다고 조폭처럼 당사자를 잡아다가 몽둥이로 패고는 맷값이라고 돈을 던져 주었다는 기사를 보았다. 이런 것도 돈을 주고 육체를 사는 일이나 다름없다. 룸살롱에 가서 돈을 주면서 여성의 몸을 희롱하고 괴롭히는 것도 마찬가지다.

종교가 억압적일수록 사이비 종교가 넘쳐난다. 내가 보기에 사이비 종교는 생명이 없다. 사람을 살리는 종교가 아니다. 억압이 클수록 은밀하게 억눌린 성 산업도 커져 간다. 사고파는 성에도 생명은 없다. 인격적인 나눔도 없다. 돈으로 거래하다 생명이 잉태되면 아마도 지울 것이다. 국내 성 산업을 조금만 더 들여다보면 규모가 놀랍다. 연 20조원 수준이라고도 하고 일본을 제치고 성 산업 국가 1위가 되었다고도 한다. 유흥업소에 종사하는 여성은 200만 명이라고 한다. 남녀노소를 가리지 않고 인터넷에서, 노래방에서, 단란주점에서, 룸살롱에서, 인격을 나누지 않는 사랑, 생명이 없는 사랑의 게임을 하고 있다. 비싼 돈을 주면 비싼 성을 산다.

예전에 군대 가기 전에 남자들끼리 사창가에 가서 총각 딱지 뗀다는 관습이 있었다. 남녀가 만나 인격적으로 사랑을 나누다가 생명을 잉

앵무새 살리기

태할 수도 있는 성을 집단이 모여, 서로 다른 개별성을 배제시킨 채, 가학적이고 가부장적인 성 문화로 총각 남성들을 획일적으로 동질화시킨 관습이었다. 술에 취해 어둡고 침침한 방에서 연애나 성의 파편적인 감정을 선배, 후배, 동료가 동일하게 경험하던 시절이었다. 룸살롱이든 사창가든 집단이 몰려가서 성을 구매하지 말아야 하는 이유는 그곳에선 차이의 인격과 생명의 존엄성을 배울 수 없기 때문이다. 청년들은 화려한 미래를 위해 스펙을 더 쌓은 뒤에 연애하겠다고 작정하기도 한다. 거기까지는 말이 되는 듯하지만 사랑, 연애, 성의 감정과 행동을 감추고 억누를 수만 없으니, 온라인에서, 성매매로, 욕망을 충족시킨다. 비윤리적인 성 산업의 규모는 커져만 간다.*

사랑도 사라지고, 생명이 사라지면 정말 큰 위기가 온다. 생명이 사라지는 건 재앙이다. 생명이 없는데 개인의 자유와 기회, 차이와 다양성이 무슨 소용인가? 요즘 시대는 "죽지 못해 산다." 혹은 "사는 게 사는 것이 아니다."라고 말하는 사람들이 많다. 생명이 흔들린다. 그러니 신체, 영혼, 언어, 권리, 자유, 정체성도 모두 흔들린다. 꿈, 비전, 소망, 믿음, 신뢰, 사랑, 설렘, 그런 것들이 없으면 죽고 싶고, 도망가고 싶고, 숨고 싶고, 혼자만 있고 싶다. 그럼 접촉지대도 없고, 생태적 환경도 없고, 횡단할 실천도 필요 없다.

---

* 그러나 진짜 연애를 피하고 결혼을 하지 않는 건 결코 청년들 탓이 아니다. 지금의 신자유주의 사회구조로부터 청년들은 너무나 불안하다. 어찌 덜컹 결혼할 생각을 할 수 있단 말인가? 청년들이 사랑하고 결혼하고 가족을 구성할 수 있는 욕망에 솔직할 수 있도록 제도적으로 더 도와야 한다. 개인의 책임이나 의무로 몰아붙이지 말아야 한다.

소망을 버릴 순 없다. 신자유주의 언어사회는 파편화된 개인들을 자꾸만 위축시키고 곤궁에 빠뜨리지만 우리 모두 생명의 소망을 버릴 순 없다. 연애부터 겁내지 말아야 한다. 내 곁에 누군가를 사랑하지도 못하고서 어찌 우리가 녹녹치 않은 지금 시대를 견딜 수 있단 말인가? 연애도 없고, 우정도 없고, 헌신도 없는데, 삶의 역동성을 유지하고 어찌 또 다른 생명을 꿈꿀 수 있단 말인가? 여기서 말하는 연애는 돈으로 주고 사는 상품이 아니다. 비용 대비 편익으로 계산된 것이 아니다. 기술화된 매체에서 만나는 사이버 파트너도 아니다. 나와 다른 누군가의 몸과 마음을 사랑하고, 관계를 만들고, 공간의 흔적을 함께 기억하는 인격적인 연애를 말하는 것이다.*

대학에 다닐 때 나는 늘 사회구조의 모순과 내면의 갈등으로부터 위축되어 있었지만 내 삶 한 귀퉁이에서 연애질을 하며 '살아있음'의 감정을 배웠다. 설레임으로 버틴 것은 참 잘한 일이었다. 나는 26살의 나이에 결혼했다. 고작 23살이었던 아내와 함께 결혼하자마자 미국으로 공부를 하러 갔다. 넉넉한 형편은 아니었지만 딸과 아들이 태어났고 길에서 수줍게 연애질을 할 때보다 더욱 설레는 마음으로 다투고 사랑하고 그렇게 살아왔다. 그리고 대학원에서 공부를 하면서 크리스천이 되

---

* 대학을 다닐 때 내게 남아 있는 가장 멋진 기억 중 하나는 대학로를 걸어 다니다가 밝고 예뻤던 어느 여학생에게 용기를 내어 다가간 일이다. "저, 정말 마음에 들어서 그러는데요... 커피 한 잔만 마시며 얘기할 수 있나요?" 난 진짜 그렇게 수작을 걸었다. 지금 생각해도 찬란한 봄날에 눈부시게 아름다운 서울 아가씨에게 경상도에서 막 올라온 어리숙한 촌놈이 어떻게 그런 만행을 저질렀는지 웃음이 난다. 그래도 그 기억은 내게 아직도 달콤하고 싱그럽게 남아 있다.

었는데 그때 "길이요 진리요 생명"이란 복음[111]이 너무 좋아서 그걸 놓고 살아있음이 무엇인지 다시 한번 깊게 묵상하곤 했다. 그때 성경이 참 좋았던 이유는 "생명"의 말씀이 넘쳤기 때문이었다. 내가 대학원 과정을 마친 미국의 작은 도시에 한인 교회들이 여럿 있었는데 내가 다닌 교회 이름이 '새생명교회'였다. 연애질이든 교회사역이든 청년 때부터 "생명"은 내게 늘 귀한 영감이고 용기이고 복음이었다.

거창한 메타포를 사용하자면 이 책은 언어의 생명에 관한 것이다. 개인들의 자유를 지켜야 하는 이유도 생명 때문이다. 세상을 움직이고 개인들을 존재하게 하는 언어도 생명력이 있어야 한다. 언어가 유기체적이고 생물체 같다는 속성을 온전히 이해하지 못한 사람들은 마치 움직이지 않는 고체 덩어리, 대상, 물건처럼 언어(학습자)를 다룬다. 내가 언어사회를 연구하는 이유는 지금 세상에서 역동적으로 반응하고 역사를 통해 살아 움직인 유기체적 언어를 보다 다면적이고 심층적으로 설명하기 위해서다.

4. 품격 : 이젠 언어의 품격을 고민할 때

여당 편이든 야당 편이든 "좌빨", "보수꼴통", 그렇게 자극하면서 주고받는 언어가 정말 징글징글하다. 사실 여야 정당의 이념적인 간극은 구분도 못할 만큼 좁을 때가 많고 정책 집행력도 별 차이가 없어 보인다. 그러면서도 정치인뿐만 아니라 네티즌들도 한편을 거들어 상대편을 아주

"죽일 년", "미친 놈"이라며 저주스럽게 몰아붙인다. 진보든 보수든 어느 편이든 언어사용을 보면 대립적이면서 위계적이다. 보수라면 품격을 더 지킬 것 같지만 내 관찰로는 전혀 그렇지 않다. 진보의 언어사용은 리버럴할 것 같지만 오히려 더 위계적이고 집단적인 경우도 자주 목격된다. 서로 비아냥대는 글을 보고 어찌 우울하지 않을 수 있을까. 경제 규모가 아무리 크면 뭘 하나. 세계적 표준을 따르고, 기술 강국이 되었다고 자랑하면 뭘 하나. 언어를 통한 일상의 재미까지는 바라지도 않는다. 언어의 품격이라고는 찾아볼 수 없고, 품격 없는 언어를 사용하는 이쪽 편과 저쪽 편 모두 마찬가지다. 우린 쌍욕을 하는 저주의 삶에 익숙해지고 있다.

이념보다, 같은 편보다, 더욱 존중되어야 하는 것은 각자 다르게 살고 있는 삶의 경험과 인격이란 것이다. 공방을 벌이고 비판을 주고받더라도, 여성이라도, 청소년이라도, 노인이라도, 이주민이라도, 혹은 가족의 구성원으로, 직업인으로, 한 사람의 인간주체로서 존중되어야 할 인격이 있다. 그것을 침해하는 품격 없는 언어가 우리들의 혀끝에서 제발 나오지 않았으면 한다. 이런 말을 하면 대학교수가 먹물같이 군다고 빈정대겠지만 이건 중요한 문제이다. 언어는 사회를 구성하고 사회는 언어를 구성한다. 언어와 사회는 상보적이고 변증법적 관계를 갖는다. 공포사회는 공포로 가득한 언어로 구성된다. 공포의 언어를 사용하면 공포사회가 된다. 언어를 연구하는 나로서는 언어에 품격을 보태면서 더 나은 사회를 꿈꿀 수밖에 없다. 물론 사회가 언어를 재생산한다. 그래도 우리는 일상을 통해 내뱉은 언어로부터 지금의 사회는 더 나빠지기도 하지만, 다르게 재현되고 더 좋아질 수도 있다.

한국의 학교교육은, 아니 폭을 좁혀서 언어를 가르치는 교육만이라도 다음 세대를 인문교양인으로 성장시키기 위해 말의 품격과 말들의 공존에 대해 가르쳐야 한다. 나는 이 책을 통해 신자유주의 언어사회를 비판했다. 경제적 가치로만, 합리성으로나, 기술권력으로만, 혹은 폐쇄적인 단일 시스템으로만 통용되는 언어가 결국 사회구성원들을 이항으로 분리시키고 서로 대립하게 만들기 때문이다. 편이 나눠지고 서로 거칠게 경쟁하면서, 진영에서 큰 소리로 야유하는데 그런 집단의 목소리가 커질수록 말은 경직되고 거칠어진다.

언어를 가르치고 배우고 평가하는 행사만 봐도 그렇다. 어린 학생들을 앉혀두고 치르는 대회나 경연이 아직도 참 많다. 영어웅변대회, 영어에세이대회, 전국 영어말하기대회, 영어토론대회, 심지어 스토리텔링도 경시대회를 한다. 그런 곳에 가보면 참가자들의 표정이 그다지 밝지 않다. 마치 싸우러 온 사람들 같다. 시간을 정해두고 빨리 정답을 많이 찾아야 한다. 큰 목소리로 상대방을 압도해야 한다. 대회가 진행되는 절차나 심사에 조금이라도 불만이 있는 학부모가 거칠게 항의하는 모습도 본다. 초등학생들이 우는 모습은 자주 봤다. 대회에 나올 정도면 공부를 잘했거나 나름 열심히 한 학생들이다. 죽기 살기로 대회를 준비했다가 잘되지 않아 아이도 부모도 속상한 것이다. 저렇게 공부한 우등생들, 경시대회 참가자들, 혹은 영어로 대학까지 입학한 영어특기생들, 그들에게 언어(공부)는 어떤 의미일까?

신자유주의 교육사회는 차이의 인격과 다양한 사회적 가치를 경제적 보상이나 경쟁적 위계성으로부터 보기 때문에 개인들이 배우고 사용하는 언어(자원)의 가치도 마찬가지로 왜곡될 수 있다. 야만적인 사회에서는 언어도 야만적으로 변한다. 품격을 지키는 사회에서는 언어도 품격을 갖춘다. 지금 시대는 흔히 자기계발, 힐링, 긍정적 사고, 성공 처세술을 강조하면서 '변하고 경쟁해서 이겨야 한다'는 논리를 개인에게 부과한다. 좀 더 따뜻하고 상호존중이 넘치는 말이라도 배치되면 좋은데 독설 멘토가 자꾸 등장하고 해병대 교육에서 들릴 법한 군사언어도 나온다. 언어부터 경직된다. 서로 대립하고 경쟁적인 신자유주의의 일상은 그러한 언어로 다시 자극된다. 언어와 우리의 삶이 그렇게 묶여 있다.*

품격있는 언어라고 해서 근사하고 유식한 척 말하자는 것이 아니다. 재미난 말장난, 치유가 되는 문학, 삶을 성찰하는 글쓰기, 타자를 배려하는 스토리의 텔링 문화를 통해 서로의 차이와 다양성에 관대함을 가져보자는 것이다. 한가롭게 들리겠지만 좀 길게 말해도 되고, 서로 경청하고, 보고 들은 것을 써보고, 함께 소리내어 읽는 활동이 여유롭게 진행되면 좋겠다.

나는 미국과 한국에서 실내자전거를 사람들과 함께 타는 운동에 참가한 적이 있다. 한국에서는 그걸 스피닝이라고 부른다. 내가 살아온

---

*   음악이나 미술을 하는 활동을 누구에게 자랑하기 위해서, 대회에서 우승하기 위해서, 돈을 벌거나 진학을 위해서만 경쟁하고 다투는 것일까? 만약 그렇다면 여가를 즐겁게 보낼 활동이 될 수 없고, 지친 영혼을 소생시킬 힘도 없고, 누구나 배울 수 있는 권리도 허락되지 않을 것이다. 음악이나 미술을 배울 때 기본적으로 서로가 지켜야 하는 의사소통의 예의가 있듯이 언어 역시도 경쟁의 도구로만 인식하지 말고 품격과 교양에 관해서 고민해야 한다.

지역이나 피트니스 클럽에서 만난 강사들이 제한적인 숫자이긴 하지만 그래도 충분히 코리안 스타일의 운동법을 다음과 같이 규정할 수 있다. 한국에서 스피닝 수업의 분위기는 마치 군대 훈련과도 같았다. 강사는 지시한다. 왼발, 오른발, 왼손, 오른손, 페달링이든 손동작이든 자전거를 타는 모든 수강생이 동일하게 동작을 맞춰야 한다. 고함을 지를 때는 모두가 함께 크게 고함을 질러야 한다. 언어는 강사로부터 전달되는 명령, 지시가 많고 수강생들은 열심히 따라 한다. 제대로 못하면 왠지 민망하고 창피하다. 그런 회원이라면 당연히 앞자리에서 탈 수도 없다. 정신없이 진행되는 스피닝 시간에 쌍방향 의사소통은 많지 않다.

미국에서 경험한 수업 분위기는 한국과 많이 달랐다. 열심히 하지 않아도 되고, 발을 꼭 맞추지 않아도 되고, 잘하지 못해도 전혀 창피하지 않았다. 무엇보다 강사의 언어가 풍성하고 유쾌하다. 결코 군사교육의 조교처럼 보이지 않는다. 한참 페달링을 하면 다들 힘들다. 그때 강사는 그런 말을 한다. "Come on, let's chase the tiger!" 호랑이를 쫓아가라, 저기 넘어 정상인데 함께 올라가자, 지금 우린 해변을 달리고 있어요. 같이 노래할까요? 이 노래는 말이죠. 어쩌고저쩌고. 말장난도 있고 질문도 있고 대답도 있다. 자전거를 타다가 서로 크게 웃기도 한다. 만약 한국에서 강사가 그런 식으로 수업을 하면 수강생들이 어떤 반응을 보일까?

고품격의 언어는 어려운 어휘를 사용하면서 협상하고 토론하는 장르 언어가 아니다. 재미난 소재를 유머스럽게 대화로 주고받는 것, 경험한 것을 스토리로 길게 텔링하는 것, 긴장감 넘치는 곳에서 비유와 은

유로 발표를 시작하는 것, 할 말은 하고 서로 낄낄대며 웃어주고 들어주는 것, 아무튼 남 얘기는 일단 들어주는 것, 삿대질이나 욕은 자제하는 것, 그런 소통의 방식을 포함하는 것이다. 입을 다물거나 어디 숨어서 야유를 퍼붓거나 집단이 함께 야유하는 곳이라면 그와 같은 품격을 갖출 필요가 없다.

5. 모순 : 세종인가, 연산인가?

몇 년 전에 '힐링 캠프'라는 TV쇼에 배우 한석규가 출연했다. 당시에 '세종'에 관한 사극물에 출연한 한석규는 진행자로부터 이런 질문을 받는다. "당신은 세종이냐, 연산이냐?" 곰곰이 생각하던 한석규는 "세종이기도 하고 연산이기도 하다."라고 애매하게 답한다. 방송 내내 한석규는 진행자의 어떤 질문도 시원스럽게 답하지 못했다. 복잡하게 꼬아서 말하고 어렵게 길게 부연하는 한석규를 보면서 시청자들은 답답했을 것 같다. 배우 한석규가 예능 프로그램에 거의 나오지 않았기 때문에 기대를 모았던 방송이지만 시청률은 그리 높지 않았다. 그렇지만 나는 그런 한석규의 애매모호한 얘기가 참 좋았다. 나도 인생을 그렇게 보고 있다. 내가 연구하는 언어도 마찬가지이다.

세상은 단순하게 살라고 다그친다. 혈액형 A형, B형, O형 등으로 개인의 성격이 규정되어 있기도 하고, MBTI 검사지로부터 성격유형이 파악되기도 한다. 그러나 세상이 복잡해지고, 나도 점점 복잡하게 살고 있다. 그래서 모순과 역설로부터 복잡한 건 복잡하게 말하고 싶을 때도 많은데 애써 간단하게 말해야 할 때가 많다. 나는 살아온 것, 알고 있는 것의 다면성, 모순성을 쉽사리 버리고 싶지 않았다. 계속 새로운 의미를 부여하며 편집하며 다시 해석하고 싶었다.*

예를 들면, 어느 날 내 안에 있었던 과거의 상처가 다시 기억나면서 그것이 내게 어떤 의미인지 혼란스럽다. 쓸쓸함을 느낀다. 이때 우린 술을 먹고, 시비를 걸고, 욕을 하고, 어딘가 주차된 차에 흠집을 내면서 거칠고 단순하게 감정을 소비할 수 있다. 그러나 복잡하고 모순된, 때로는 설명하기 힘든 삶의 다면적 마디들을 모두 인정한다면 우리는 다양한 언어활동을 통해 보다 침착하면서도 성찰적으로 그와 같은 고통스러운 시간을 흘려보낼 수 있다. 누군가와 아껴둔 홍차를 마시며, 말차례를 교환하면서 상호협력적인 대화를 나눈다. 자신의 감정과 경험을 다시 서술한다. 함께 공유할 수 있는 사물, 사람, 장면을 참조하면서 다시 묘사하고 이야기를 주고받는다. 혹은 내 상처를 떠올리는, 혹은 그걸 다시 해석할 수 있는 책을 읽거나 영화를 보기도 한다. 페이스북에 글을 쓰

---

* 　개인뿐 아니라 전체 언어사회에서도 모순적인 상황을 자주 발견하게 된다. 예를 들어, 친박계 의원이면서 정치인으로서 도마 위에 자주 오른 서병수 전임 부산광역시장이 공무원 시험에서 영어시험을 제외하자고 선거 공약으로 제안한 적이 있다. 영어가 사회적 차별을 만들고 있고, 영어능력과 공무원 업무의 상관성이 낮다거나, 영어시험 사용이 효과적이지 않다고 주장한 것이다. 이런 건 아마 진보 정당에서 발의할 만한 공약인데 당시 새누리당 핵심 정치인이 문제화시켰다. 언어사회에 관한 쟁점을 두고 사람들은 서로 다르게 접근하고, 자신의 입장에서 설명하며, 뜻밖의 정치적 수사로 갑작스럽게 이용하기도 한다. 정치인뿐 아니라 기업이나 미디어는 가변적인 이해관계로부터 이 책에서 다룬 다문화, 다중언어, 접촉언어, 횡단언어에 뜻밖의 포용전략을 발휘할 수 있다. 미래 언어사회는 간단하게 예측될 수 없다.

면서, 누군가에게 편지를 보내면서 시간을 흘려보낼 수도 있다. 하나의 사건을 만날 때 단순히 하나의 원인이 또 하나의 결과를 선형적으로 유도한 것이 아니라는 점을 안다. 그보다 훨씬 복잡하다.

나는 어떤 문제가 발생하고 마음이 아플 때 상황과 심정을 축소시키거나 원인—결과를 간단하게 규정하지 않으려고 노력한다. 대개 그럴 땐 픽션을 읽는 편이다. 마음이 아플 때 시간을 두고 읽는 책들이 있다. 예를 들면, 대학생 때 미국소설 수업에서 처음 읽은 '노인과 바다(The Old Man and the Sea)'을 몇 번 더 읽었는데 늘 다른 인물, 다른 사건, 다른 대사가 내 눈에 밟힌다.

5년 전쯤인가 세 번째로 이 소설을 읽을 때 가슴이 뭉클해서 눈물이 날 뻔한 구절이 있다. 산티아고(Santiago) 어부가 뱃나루에 작은 새에게 말을 걸 때, 고단한 채 실패를 예감하고 "난 그저 멀리 나왔을 뿐(I just went too far)"이라고 스스로에게 자족하는 장면이다. 산티아고 어부는 내게도 말을 건다. 그런 조그만 사건조차 내 마음을 움직인다. 그때는 그것이 내가 세상을 다시 보는 창이 된다. 대학생 때는 보이지 않았다. 그렇게 의미를 다시 부여하고 내 이야기를 다시 해석한 다음에 사랑하는 사람들과 다시 나눈다. 지금처럼 글로도 옮긴다. 그럴 때 내 마음에 위안이 생기기도 하는데 꼭 위로받지 않아도 상관은 없다. 말과 글로 나를 다시 존재시킨다. 복잡한 세상을 맞서고 살아갈 때 나는 다면적이고, 복잡하고, 역동적이면서도, 모순적인 언어가 필요하다.

산티아고 어부에게 바다라는 기호는 역동적이면서도 이중적이었을 것이다. 희망을 주기도 하고 죽음을 연상시키기도 한다. 바다는 노인을 위로하지만 고통을 안겨준다. 큰 청새치를 잡은 승리도 있고 돌아오는 중에 상어에게 다 뜯겨버리는 시련도 겪는다. 초라한 결과를 수용하고 침대에 몸을 눕히는 모습이 새삼 뭉클하다. 삶은 그처럼 참으로 변덕이고 모순이다. 아마도 '힐링 캠프'의 한석규도 그런 말을 한 것이 아닐까. 우린 세종이기도 하고 연산이기도 하다고. 복잡하고 도무지 종잡을 수 없는 무정부적 세계라고 비아냥대는 것이 아닐 것이다. 산티아고 어부가 말한 "파멸당할 수는 있을지언정 패배하지는 않는다(A man can be destroyed but not defeated)"는 신념을 발휘하려면 자연의 위대함을 인정하는 무력한 어부도 되어야 한다. 그러나 희망 역시 버리지도 않는다. 실패했지만 성공한 삶, 초라하지만 유의미한 삶을 만들려면 산티아고 어부와 같은 모순적 자아를 직면하지 않을 수 없다.

산티아고 어부는 84일 동안 한 마리의 고기도 잡지 못한 상태였다. 어떤 심정일까? 나라면 어땠을까? 참 다행인 건 그에게는 마놀린(Manolin)이란 꼬마 조수가 있었다. 마놀린 부모야 당연히 아들이 산티아고보다 뛰어난 어부와 일하길 원했겠지만 꼬마는 산티아고에 대한 존경심을 버리지 않았다. 밤마다 그의 집에 가서 고기잡이 도구도 정리하고 먹을 것도 가져다준다. 그리고 산티아고의 우상인 뉴욕 양키스 야구선수인 조 디마지오("Joe" DiMaggio) 얘기를 들려준다.

그러다가 산티아고는 고기를 잡을 것 같다고 확신하곤 바다로 나가 85일째 되던 날 걸프만에 도착한다. 산티아고는 최선을 다해 커다란 청새치를 잡게 된다. 이틀 내내 청새치를 끌고 다닌다. 청새치의 힘을 빼며 3일째 작살로 포획에 성공한다. 시장에서 큰돈을 받고 팔 것이란 희망을 갖는다. 집으로 돌아오는 길에 청새치의 피 냄새를 맡은 상어의 공격을 받는다. 작살로도 6마리의 상어를 죽이고 계속 쫓아내지만 결국 상어 떼의 또 다른 공격에 청새치는 뼈만 남는다. 집에 돌아온 산티아고는 침대에 쓰러져 잠에 든다. 마놀린은 눈물을 흘리며 그가 돌아온 걸 기뻐한다. 그리고 신문과 커피를 가져다준다. 잠에서 깨어난 왜소하고 볼품없는 산티아고는 다시 고기잡이를 나가자고 약속한다. 다시 잠에 빠진 산티아고는 아프리카 해변의 사자 꿈을 꾼다. 육체는 굴복했지만 정신은 여전히 승리의 희망을 품는다.

눈시울도 뜨거워지고 심장은 뛴다. 왜소했고 84일 동안 고기 한 마리도 잡지 못했지만 노인의 작살은 커다란 청새치의 심장을 뚫었다. 그러나 상어 떼에 의해, 자연의 섭리에 의해 그는 다시 굴복한다. 그는 자연과 함께 했고 결국 자연에 감사했다. 그는 승리한 것인가? 패배한 것인가? 하나의 픽션을 두고도 삶과 앎, 패배와 승리, 자연과 인간, 육체와 정신의 편의적 이분법은 쉽사리 흔들리고 만다. 복잡하다. 살아가는 것이 그토록 모순이니 언어를 통한 우리의 삶 역시 복잡하게 이해해야 한다는 것이다.

혹시 내가 교수라서 너무 세상을 복잡하게 생각하는 걸까? '나는 삶을 단순하고, 경쾌하고, 밝게만 볼 거야.' 그런 분들이 있는가? 그런 분을 위해 이런 말을 해주고 싶다. 내 인생을 내 마음대로 하겠다는 것은 교만 중의 교만이다. 내 인생은 1/3만 내가 주도할 수 있는 것이다. 운전할 때 내가 술을 마시고 사고를 낼 수도 있지만 난 잘못이 없는데 다른 사람이 내 차를 들이받아서 억울하게 다칠 때가 있다. 그건 내 마음대로 되지 않는다. 나도 그(녀)도 잘못이 없는데 갑자기 내린 비로 사고가 날 때도 있다. 내가 아무리 멀쩡하다고 해도, 내 친구, 내 부모, 내 남편과 아내, 내 아이, 내 이웃이 정상이 아니라면 거기서 우린 어떻게 할 것인가? 이런 논점이 이 책에 다루고자 한 미래 한국의 언어사회와 아무런 상관이 없을까? 신자유주의 시대가 우리의 삶을 획일화시킬 때, 수요-공급이나 비용-편의의 가치를 지나치게 과장할 때, 언어를 경쟁재로 바라보고 개인에게만 손쉽게 분발을 요구할 때, 난 정말 무력감을 느끼면서 분노가 치민다.

6. 횡단 : 보편주의와 상대주의를 넘어서

문명비판론자인 에드워드 사이드(Edward Said)는 모든 문화는 서로 관련되어 있으며 어떤 것도 단일하거나 순수하지 않으며 모든 것이 혼종적이고 이질적이라고 말했다. 이 책에서 나는 줄곧 이렇게 제안했다. 개방과 혼합에 관대함을 갖자. 단일언어주의 사회체제에 대해 질문하자. 탈식민적 목소리에 관심을 갖고, 이중적 문화정체성(bi-cultural identity), 횡단의 언어정체성, 횡단적 코스모폴리타니즘을 수용해 보자고.

미래 한국의 언어사회는 횡단의 정치(trans/versal politics)를 수용해야만 지루한 모더니즘 vs 포스터모더니즘 논쟁, 혹은 유일/보편주의(uni/versalism) vs 상대주의(혹은 다중주의)(poly/versalism)의 이분법적 사유에서 벗어날 수 있다. 오랫동안 소속된 사회로부터 부여된 정체성에 뿌리를 두면서, 그것만을 늘 본질화하지 않고, 이주자와 타자를 동질화시키지 않고, 상대방의 상황과 정체성으로 이동할 수도 있는 것이 횡단의 정치이다.*

이 책의 원고에 반복적으로 등장하는 핵심 가치는 우선 '우리는 같다'면서 동일성/동질화를 가정하거나 일반화시키는 보편주의와 거리를 둔다. 그리고 '우리는 다르다'며 지나치게 특수성만을 강조하면서 누군가를 배제시키는 상대주의도 거부한다. 대신에 모든 것을 보편화시키지 않는 특수성, 지역성, 이질화 과정을 존중하고 지향하자고 제안한다. 차이를 보편성으로부터 환원시키는 것이 아니라 차이와 다양성이 발견된다면 기존의 보편적 질서를 일부 해체하면서 언어사회를 재구성하자는 것이다. 횡단성의 가치를 그렇게 붙들다 보면 개인에게 부여된 사회적 정체성과 그 개인이 지향하는 사회적 가치를 다르게 존중할 수 있게 된다. 서로 대화하며 의미를 협상하는 과정이 정치적 목표가 된다.**

횡단의 가치를 주목하는 곳은 누구에게나 적용될 수 있는 보편성

---

* 영화 'Before Sunrise(1995)'에 나오는 가슴 설레는 다음 대사로부터 횡단의 행위성을 쉽게 이해할 수도 있다: "I believe if there's any kind of God it wouldn't be in any of us, not you or me but just this little space in between. If there's any kind of magic in this world it must be in the attempt of understanding someone sharing something. I know, it's almost impossible to succeed but who cares really? The answer must be in the attempt."(만약 신이 있다면 너나 나 혹은 우리가 아니라 우리 사이의 작은 공간에 존재할 거야, 만약 마법이란 게 있다면 서로를 이해하려는 노력 속에 있지 않을까?)

** 횡단성 가치를 이처럼 이해하면서 우리는 영어 공용어화 담론을 새롭게 시작해볼 수 있다. 20년 전의 영어 공용어화 담론구조는 시장과 경쟁의 논점이 너무나 지배적이었다. 민족주의 진영의 비난을 감당할 지적 토대도 약해서 담론경쟁 국면으로 진입하지도 못했다.

이 아니라, 소통과 변화가 허락된 임시적 보편성을 붙든다. 기원이나 본질의 고정적 정체성보다 상황에 따라 역동적으로 변할 수 있는 가변적 정체성을 붙든다.* 미래 언어사회를 놓고 보면 민족주의와 코스모폴리타니즘, 혹은 모(국)어인 한국어와 접촉언어인 영어, 둘 중 하나만 선택하지 않아도 된다. 둘을 오가며 횡단할 수 있는 언어적 실천, 혹은 횡단적 언어정체성을 전략적으로 수용하면 된다. 월드컵 축구가 시작되면 한국 경기를 기대하고 응원할 수 있지만 다른 국가 대항전도 동일한 마음으로 즐기고 응원할 수 있는 것이다. "태극전사"를 "출정식"을 통해 "적지"에 보내는 전쟁 수사가 없어도 된다. 선수는 졌다고 잔디밭에서 무릎을 꿇고 서럽게 울고 국민 앞에서 미안하다고 할 것도 없다.

코스모폴리타니즘은 '세계'를 의미하는 그리스어 kosmos와 '시민'을 의미하는 politics가 합쳐진 신조어로서 세계시민주의, 세계만민주의, 세계주의로 번역된다. 국가, 민족, 인종, 성으로부터 구축된 편향적 가치를 배제하고 전 인류를 하나의 동포로 보고 세계사회를 구현하고자 한다.** 세계시민(global citizen) 정체성은 이 책의 2장에서 다룬 언어의 접촉,

---

* 한국사회는 수치심, 차별문화가 강해서 성별, 지역, 학벌, 외모, 장애, 성적 지향, 나이 등에 따라 누구든 차별과 타자성을 경험할 수밖에 없다. 중심과 주변의 이분법 속에서 자신을 당연한 주류나 주변으로 동일시하지 말고 자기 내부의 타자성을 찾고 서로 소통하는 연습을 해야 한다. 횡단적 언어실천을 통해서도 그와 같은 타자성을 학습할 수 있다. 언어적 다원성을 확보하려면 서로 다른 각자의 처지(차이)를 이해하고 소통하는 연대감이 필요하다. 그저 '하나로 단결하거나 통합하자', 혹은 '경쟁하거나 정복하자', 그런 입장과는 다르다.

** 하나님 앞에서 민족, 인종, 귀천의 차이를 넘어 인간 누구나 평등하다고 본 기독교도 일종의 코스모폴리타니즘이다.

혼합, 횡단의 속성을 수용할 수밖에 없다. 다른 언어를 사용하는 누군가도 신의 관점에서 보면 모두 같은 동포라는 입장을 갖는다.

횡단의 가치를 제대로 이해하기 위해서는 코스모폴리타니즘을 '제국적 코스모폴리타니즘(imperial cosmopolitanism)'과 '대화적/횡단적 코스모폴리타니즘(dialogical cosmopolitanism)'으로 구분할 필요가 있다.[112] 우선 제국적 세계시민주의는 만민은 평등하다는 보편주의 논점이 있지만 개인의 차이는 그저 역사와 전통에서 발생한 것으로 본다. 누군가의 일방적(monological) 보편주의는 다른 누군가가 일방적으로 따라야 하는 상황이 만들어지며 결국 차별이 발생한다.* 전쟁을 불사하는 근본주의 기독교, 로마의 시민의식, 독일의 나치즘(Nazism) 등이 타자에게 보편적 가치를 강요하는 세계시민주의일 것이다.

횡단적 코스모폴리타니즘은 다르다. 인간의 평등과 차이를 동시에 인정하고자 한다. 개인은 보편적 개인으로 이해하기보다 타인과의 관계에 의해 대화적으로 정의된다. 개인이 타인으로부터 삶이 보다 풍요로워질 수 있다는 논점을 수용하기 때문에 개인들의 일방적이고 보편적인 평등보다 대화적이고 횡단적으로 (재)구축된 정체성이 더 강조된다. 대화적 코스모폴리타니즘이 허락된 곳이라면 자본주의와 결탁한 민족

---

* 미국 조지 부시 전임 대통령은 9/11 테러 이후 "우리 편 아니면 모두 적"이란 일방적 보편주의 정치를 확장하면서 전쟁의 시대를 개시했다. 테러를 일으킨 무슬림과는 다른 다수의 무슬림 문화를 세계시민의식으로 수용했다면 테러, 테러의 보복, 보복의 또 다른 응징이 반복되는 세계적 재앙은 중단될 수도 있었다. 무슬림의 삶을 존중하고 그들과 공존을 시도하지 않고 평화는 올 수 있을까?

주의의 발현을 경계할 수도 있다. 신자유주의적 자본주의 세계화를 비판하면서도 국가-민족-국민의 좁은 시각으로 민족주의에 전념하지 않는 곳이다.*

나는 한국-한국인-한국어의 집단주의와 민족주의가 여전히 폐쇄적인 동아시아 국가들과 달리 횡단적인 정체성으로 교체될 수도 있다고 생각한다. 한국인은 여전히 집단주의 사회풍조에서 자유롭지 못하다. 그러나 개인이나 가족의 이익도 매우 중요한 반쪽짜리 집단주의로 변모하고 있다. 서구에서 이항화시킨 '개인주의-집단주의' 구분으로는 어디에도 포착이 안 되는 개인적이면서도 집단적인, 달리 말하면 혼합적이고 횡단적인 사회적 의식이 축적되고 있다.

우리의 국가, 민족, 지역, 집단에 관한 충성도가 얼마나 높을까? 월드컵 축구 때 서울시청 앞에 나가서 '대한민국'을 목청껏 외치지만

---

* 　타자를 포용하는 것이 대화적 코스모폴리타니즘이라면 나치즘의 독일은 홀로코스트(유대인 학살)로부터 배척과 타자 말살의 극단을 보여주었다. 그러나 세계대전 이후에 홀로코스트를 비판적으로 성찰하면서 독일은 대화적 코스모폴리타니즘의 사회의식을 성공적으로 구축했다. 낡은 지적 유산을 극복하고자 독일의 정치인과 지식인들은 유대인을 포함한 다른 민족을 관용적으로 포용하는 국가적 정체성에 관심을 가졌다. 그리고 지금까지도 다른 유럽국가에 비해 난민을 포함한 이주민 정책에 관대한 입장을 유지하고 있다. 이건 변증법적 계몽, 변증법적 근대화를 현실화시킨 사례로서 주목해야 한다. 그런 점에서 보면 일본은 분명 과거 전쟁 범죄에 대한 진지한 반성이 부족하다. 일본의 정치적 보수화 경향으로 볼 때 앞으로도 일본 사회는 대화를 먼저 시도하지 않는 반-코스모폴리타니즘, 국민-국가, 혹은 민족주의 국가로만 유지될 가능성이 높다. 엘빈 토플러(Alvin Toffler)는 '부의 미래'라는 단행본을 통해 일본의 관료적 사회구조가 미래 사회로 변화하는데 걸림돌이 될 것이라고 전망했다. 한국도 일본의 관료적 사회체계와 유사한 점이 많다. 민족성, 폐쇄성에 사회적 가치를 크게 부여하는 곳이라면 대화적 코스모폴리타니즘이 확장될 수 없다.

K - 리그 축구경기는 '수준 떨어진다'며 다수가 외면하고 있다. 류현진 투수가 나오는 미국 프로야구 경기는 아침잠 설치며 보며 심지어 LA 다저스 구장까지 일부러 방문하기도 했지만 국내 프로야구에 관심을 두지 않기도 한다. 이익을 누릴 수 있을 때 충성한다. 출신 대학이든 고향이든 필요가 있다면 소속된다. 그러나 위계화된 집단주의를 비판하고 사회적 정체성도 쉽게 갈아탄다. '냄비근성'이라고 한국인 스스로 빈정대는 사회의식은 사실 집단적 충성심과 개인으로서 누리고 싶은 자유 사이를 오가며 겪고 있는 불일치 현상일 것이다.

그런 점에서 보면 탈식민주의 페미니스트인 가야트리 스피박(Gayatri Spivak)의 '전략적 본질주의(strategic essentialism)',* 혹은 앞서 설명한 횡단적이면서 대화적인 코스모폴리타니즘이 한국 - 한국인의 언어사회에 제대로 재현되고 있다는 생각도 든다. 차이와 다양성을 재현시키는 개인들이지만 전략적으로 한국 - 한국인의 집단주의 정체성을 필요에 따라 붙들고 있다. 세계 문화와 맞서면서 한국인으로 자신을 본질화시키는 집단적 전략이 임시적으로 사용된다. 그러다가도 세계인으로, 도시인으로, 보다 유연한 개인의 정체성으로 자신의 뿌리를 비본질화시킨다. 이처럼 선택적이고 전략적인 복수의 정체성을 품는다면 민족주의자이면서도, 시장주의자이고, 단일언어주의자이면서도, 횡단언어주의자

---

* 　전략적 본질주의는 여성과 남성의 차이에 관한 기존 페미니즘의 논점을 수용하지만 여성적 경험의 다양성을 담아낼 수 있도록 여성성이란 본질적 범주를 해체하지만 말고 차이만큼이나 본질 역시 임시적으로/전략적으로 사용하자는 관점이다.

가 될 수 있다. 세계 시민의식이 요원한 것 같아도 글로벌 시민과 한국의 국민 의식 사이에서 보다 많은 우리가 밀당을 멈추지 않을 것이다.*

7. 목적 : 수단이 아니라 목적이다

이야기치료 소모임에 참석한 적이 있다. 성폭행을 당한 어떤 여성 내담자를 이야기치료로 보듬는 상담사의 발표가 있었다. 고등학교를 졸업하고 마트에서 일하면서 부모님과 관계도 단절된 내담자는 자신의 곁에 지지자 자원이 없었다. 성폭력을 당한 후 자신을 "한심이"라고 말했던 내담자는 자신이 뭘 잘하는지를 물어보는 상담자의 질문을 통해 자신이 잘하는 것, 기쁘게 할 수 있는 것을 결국 탐색하기 시작했다. 지금

---

* 이 책에서는 접촉, 놀이, 혼합, 횡단 등과 같은, 흔히 말하는 포스터모던 개념이 국내 언어사회를 설명하고 전망하는데 자주 사용되었다. 그래서 자칫하면 언어사용, 언어학습, 언어정체성의 담론을 지나치게 유동적이고 유희적으로 바라본다고 오해할 수 있다. 물론 로고스 중심주의, 전통적인 국가/민족성/모국어의 거대서사로만 언어사회를 바라보면 결정론적이고 절대화된 언어 이데올로기에 고착된다. 그러나 접촉지대의 세계시민과 같은 포스트모던 개념 역시 현대 언어사회의 진중한 문제를 회피적이고 유희적으로 전환시키는 약점을 안고 있다. 간단한 예로 위안부 문제는 많은 분에게 여전히 중요한 사회적 쟁점이며 한국어, 한국인의 정체성은 일본어, 일본인과 대립되는 의미있는 이항적 가치지만 거기에 등장하는 세계시민의식 담론은 구조화된 지배-피지배 담론을 교묘하게 가려버리는 수사가 될 수 있다. 해결되지 않은 경계의 문제가 아직 있는데 본질이 없다는 유동적 세계주의를 내세우면 마치 시장만이 해결책이라는 근본주의 우파 논리거나 철없는 좌파-평등주의 논리로 오해될 수 있다. 그런 점에서 보자면 글로벌 시민의식과 자민족중심주의 사이의 밀당 전략은 관련 학자들에게 피할 수 없는 연구과제가 될 것이다.

도 "한심이"로부터 "열심이"로 정체성을 변화시키고 있는 중이라고 했다. 참여자 대부분이 사회복지학, 상담학을 전공하거나 관련 현장에서 일하고 있어서 내가 하는 연구와 거리가 있었다. 그래도 그들의 이야기를 듣고, 이야기로부터 정체성의 회복을 모색한다는 점에서 충분히 흥미로웠다. 이야기치료는 이야기를 통해 정체성을 새롭게 해석하고 편집하고 재구축하는 활동이라고 할 수 있다.

암 환자, AIDS 환자, 난민, 탈북자, 고아, 국제결혼 배우자, 입양아, 성폭력 희생자, 상이용사, 기타 전쟁이나 학대의 경험이 있는 개인들의 내러티브를 들어보면, 그들의 혼란스럽고 자기분열적인 고통이 쉽사리 치유될 문제가 아닐 거란 생각이 든다. 영어를 억압적으로 배우고 있는 한국인, 한국어를 고통스럽게 사용하고 있는 외국인, 혹은 이중/삼중/다중언어를 사용하는 (사용할 수밖에 없는) 개인들의 정체성도 그만한 수준의 분열을 느끼지 않을까 싶다. 언어야 배워도 그만, 안 배워도 그만이니 감히 이야기치료를 받으며 분열적 정체성을 다루고 있는 내담자와 비교할 수 없다고 지적할지 모르겠다. 그러나 난 그렇게 생각하지 않는다. 언어를 배우고 사용하는 경험도 심각한 자기분열을 겪게 한다. 우린 언어를 사용하며 자신의 정체성을 재구성하며 살아간다. 누군가로부터 지적받거나, 혹은 스스로 내 언어가 미숙하거나 대립되거나 분열되어 있다고 판단하면 내 언어(들)를 배우고 가르치고 사용하는 나는 죽고 싶을 만큼 무력해진다.

이 책을 통해 나는 소유보다 존재, 언어보다 언어정체성에 비중을 두면서 언어교육을 기획해야 한다고 주장했다. 언어정체성을 탐색하고 치유하고 다시 변화시키는 교육은, 눈먼 사람이 눈을 뜨고, 지하 감옥에 갇힌 사람을 풀어주고, 어둠 속에서 두려워하는 사람을 자유롭게 하는 것과 같다. 모든 교육은 언어사용을 전제한다. 그러니 모든 교육은 언어교육일 수밖에 없다. 그리고 그러한 언어교육은 누군가가 존재하게끔, 어떻게 살겠다는 목적을 돕는 정체성교육이어야 한다.

이걸 조금만 쉽게 다시 설명해보고 싶다. 나는 다시 직업을 내 마음대로 선택한다면 아마도 독립적으로 음악을 만들거나 그림을 그릴 수 있는 사람이 되고 싶다. 부루노 마르스(Bruno Mars) 같은 싱어송라이트 말이다. 그래서 기타, 드럼, 스케치, 유화, 사진 등을 취미로라도 배워보려고 노력했는데 늘 학습이 오래가지 못했다. 동기부여는 되어 있었다. 그러나 나는 자꾸만 학습을 중단했다.

이유를 한번 찾아봤다. 우선 내게 '미술이나 음악을 배운다'라는 것이 어떤 의미인지 생각해봤다. 몇 번이나 잘 배우려고 노력했는데 실패했다는 느낌을 왜 가질까? 도대체 내게 '배운다'라는 건 무슨 의미일까? 2장에서 생태주의 언어환경을 설명할 때 이미 설명한 것인데, 학습의 패러다임은 둘로 나눠볼 수 있다. 첫째는 소유의 패러다임이다. 즉, 기타를 칠 수 있는 기술을 내가 소유하고, 스케치를 정교하게 할 수 있는 기술을 내가 소유하는 것이다. 둘째는 존재의 패러다임이다. 누군가에게 무엇을 배운다는 의미는 기술을 획득하기보다는 배움의 실천을 통해 어디선가 누구로부터 '누군가가 된다'는 존재성의 행위이다. 유화를 배우는 나는 좀처럼 잘 그릴 수 없다. 평생 그만한 위치성에 대해 의미협상을 해야만 하고 미술에 관한 새로운 정체성이 구성되어야 한다. 그림을 그리는 나의 존재에 긍정적인 의미를 계속 부여하려면 구체적으로 어딘가에서 누군가로부터 어떤 사람이 되어야 한다. 누군가가 되려면 누군가가 옆에 있어야 하고 어딘가에 소속되어야 한다. 함께 그림을 그리고 완성된 서로의 작품을 감상하거나 얘기도 나눌 누군가와 관계가 형성되어야 한다. 그런데 내가 음악이나 미술을 배울 때 품은 마음가짐을 생각해보면 그런 정체성이나 관계성에 그다지 집중하지 않았다. 혼자서 끙끙 앓으며 무언가 새로운 기술을 습득하려고 애만 썼다. 그러다 보니 자꾸만 지치고 실패의 감정을 느낀 것이었다.

다이어트에 실패하는 이유도 마찬가지 아닐까? 오랜 세월 동안 과분의 체중 인생을 살았고 거울 속에 비친 나는 내가 아니라고 생각하며 누군가 다이어트를 시작한다. 그러나 새로운 모양의 몸을 소유하기 위해 애쓰기 전에 반드시 현재의 내 몸, 그리고 앞으로 더욱 건강할 수도 있지만, 늙고 병들면서 변할 미래의 몸조차 겸손하게 인정해야 한다. 정체성의 자각, 혹은 복수의 나를 직시해야만 한다. 혼자서 결심하고, 혼자서 애쓰며, 헬스클럽이든 강변에서든, 새롭게 변한 나를 갑자기 '짠' 하고 만들기 위해 애쓰는 것은 소유의 패러다임이다. 지금과 단절된 새 몸을 소유하기보다는 또 다른 내 몸을 받아들이기 위해 어떤 존재가 되고 싶은지 고민한다면 그건 존재의 패러다임이다.*

---

* 예전에 좋았던 나, 지금 인정할 수 없는 나와 타협해야만 한다. 박범신의 소설 '은교'를 보면 이적요 시인이 이렇게 말한다: "노인은 그냥 자연일 뿐이다. 젊은 너희가 가진 아름다움이 자연이듯이. 노인의 주름은 노인의 과오에 의해 얻은 것이 아니다." 시인 이적요가 늙음과 죽음을 놓고 치열하게 성찰한 것처럼 언젠가 자연으로 돌아갈 나의 몸부터 인정하는 것이 중요하다.

우리에게 미술을 배우고, 악기를 배우고, 과체중에서 표준체형으로 줄이는 다이어트의 행위는 수단에 불과했을까? 아니면 삶의 목적이었을까? 아마도 수단 정도로 생각하고 성급하게 기술을 획득하고 날씬한 몸을 소유하려고 했다면 그와 같은 이유 때문에 사실 실패하지 않았을까? 혹시 악기를 연주하며, 그림을 그리는 삶을 진심으로 동경하고 그런 일상으로 살아가겠다고 결심했다면 (그런 지향점과 목적성으로부터) 내 삶의 여러 단면이 정말로 달라지지 않았을까? 건강한 신체로 행복하게 오래 살겠다는 건 삶의 수단이 아니라 목적이 될 수 있다. 좋은 생활습관을 갖고 운동을 규칙적으로 하며, 좋은 음식을 먹으며 건강하게 사는 것이 우리에게 수단인가, 목적인가? 그건 수단이 아니고 내가 투자하고 내 일상을 변화시킬 수 있는 삶의 목적일 수도 있다.*

언어공부를 놓고 한번 생각해보자. 우리는 언어를 마치 소유물처

이런 생각은 새 몸을 가지고 새로운 사람으로 갑자기 나타나는 것을 꿈꾸지 않게 돕는다. 대신에 배드민턴을 치든, 테니스를 치든, 스피닝을 하든, 함께 운동하는 그들과 관계를 맺으며 그곳에서 친구도 되고 동료도 되고 형님도 된다. 혼자서 분투하며 새 몸을 소유하기 위해 소망하는 것보다 훨씬 더 건강하고 즐겁게 감량할 수 있을 것이다.

*　일이란 것도 마찬가지다. 만약 삶을 살아가는 어떤 거창한 목적을 위한 수단일 뿐이라면 성매매를 하든, 촌지로 거래를 하든, 일은 그저 목적을 위한 핑계가 될 수 있다. 일을 마치고 난 후 다른 곳에 가서 훌륭하고 재미난 삶을 살면 된다. 일은 목적이 있는 삶을 살게 해주는 수단이다. 만약 그렇게 되면 무슨 일을 하든지 일 자체는 중요하지 않을 수 있다. 그냥 수단이지 않은가? 그런데 일이 그저 수단이라고만 폄하하면 결국 자신의 삶 전체가 위기를 맞을 수도 있다. 밥벌이한다고 시작한 성매매는 수단에서 끝나지 않고 삶의 궤적과 목적을 흔들고 개인의 자존감을 파멸시킬 수 있다. 일은 수단인가? 목적인가? 직장을 선택하고 하루종일 하는 일을 수단일 뿐이라고 폄하하는 사람은 그 일로부터 자유를 느끼고, 성장하고, 누군가에 헌신을 하고, 세상을 더욱 아름답게 변화시킬 수 있는 담론에 참여할 수 없다. 소유-수단의 학습 패러다임은 그처럼 개인의 정체성을 왜곡시키고 삶의 질을 떨어뜨리게 한다.

럼 다룬다. 언어공부는 그저 수단에 불과하다고 폄하한다. 혹시 그런 이유 때문에 언어를 공부하는 과정이 지루해지고, 언어교육의 현장은 왜곡되지 않았을까? 이제 언어를 소유-수단의 패러다임이 아니라 존재-목적의 수준으로 생각해보자. 쪼개진 언어 단면들을 하나씩 분석하고 정복하면서 진학과 취업을 위한 수단으로만 삼지 말자. 한국어든 영어든 언어를 배우고 사용하며 살아가는 내 인생이 내 삶에서 중요한 순간이고 지향점이고 목적이라고 생각해보자.

자상한 아빠로 따뜻한 남편으로 살아가고 싶다는 것이 내 삶의 지향점이고 목적이라면, 그건 그냥 자동으로 안 된다. 가족 구성원의 이야기를 경청하고, 편지를 쓰고, 말을 건네는 연습이 필요하다. 남성의 언어든 여성의 언어든, 어린아이의 언어든 어른의 언어든, 다양한 언어들의 공존을 허락해야 한다. 아무리 모(국)어라고 해도 스토리텔링 언어를 전혀 배우지 않은 아빠가 아내와 의미협상적인 대화를 나누고, 아이들에게 동화책을 읽어주고, 자신의 과거나 미래의 이야기를 길게 천천히 전할 수 있을까? 직장에서 리더가 되고 싶다는 삶의 지향점이 있다면, 발표, 협상, 토론의 언어를 배워야 한다. 물론 그 전에 협력적으로 대화하고 스토리텔링으로 감성과 사실을 전달할 수 있는 언어도 배워둬야 한다.

감당할 수 있는 언어사용의 그릇이 커지고 많아질수록 그만큼 우리의 삶과 관계성이 변한다. 다시 말하지만 모든 교육은 언어교육이고 언어교육은 정체성교육이다. 언어가 변하면 내 정체성도 변한다. 그게 변한 만큼 나를 둘러싼 구조화된 사회질서도 변할 수 있다. 이렇게 되면 언어를 가르치고 배우는 행위는 수단이 아니다. 그런데 신자유주의 논리는 더 부자가 되고, 더 효율적으로 기술화된 삶을 관리하기 위한 목적으로 필요한 언어를 자꾸 수단, 도구, 무기처럼 획득하라고 지시한다.

무슨 언어들을 어디에서 누구와 어떻게 사용하는지가 내 삶의 방향과 모양을 정해준다면, 언어는 나와 분리된 수단, 도구, 동기, 대상만 될 수 없다. 서울대를 졸업하고, 영어교사로 직장을 구하고, 10억을 모은다. 그런 것이 삶의 목적일까? 보다 엄밀하게 말하면 그런 것은 목적이 아니다. 서울대를 졸업하고 세상의 흐름을 리포팅하거나 세상이 좀 더 변해야 한다고 말을 건네는 사람이 되고, 영어교사로 수업 안팎의 활동을 준비하고 학생을 가르치며, 10억을 모아서 누군가를 돕는 사람으로 살아가는 것이 삶의 목적일 것이다. 내가 언어로부터 존재하고 성장하는 것과, 내가 의미를 두고 살아가는 삶의 목적은 나눠질 수 없다. 내가 나됨으로 살아가는 목적, 그리고 새로운 언어를 배우고 사용하며 나의 나됨을 발견하고 변화시키는 것, 그것들이 같이 묶여 있는 것이라면 언어공부는 '수단'이 아니라 '목적'이 될 수 있다.

후기 : 진정성이 있는 글은 전달력이 있다

삶이 비루해질 때가 있다. 근사한 말을 반복한다. 그러나 말의 실천력은 고사하고 진정성마저 사라진다. 타인의 시선이 내 말끝에 숨어 있다. '이건 아닌데...' 그럼 좀 더 자유롭게 내 말을 찾고 싶어진다. 나를 다시 찾는 건 내 언어를 찾는 것이다. 그걸 찾지도 못하는데 무슨 실천이 있단 말인가? 내가 말하고 싶은 것을 말하고 싶은데 그게 자꾸만 안 된다. 그런 상념에 몰입하다가 연구실 밖을 나와 'Big Cup'이란 큰 간판이 걸린 카페에서 코로나 맥주 한 병을 순식간에 비웠다. 멍하니 창을 바라보다가 '이젠 정말 내가 말하고 싶은 것을 말해보자. 뭘 더 기다려야 하나' 그런 생각이 들었다.

1990년 '뉴욕 타임즈' 신문에 '미국의 독살'이라는 제목의 전면 광고가 등장했다. 비영리단체인 전국심장보호협회에서 Slow Food 캠페인을 시작한 것이다. 이 단체는 웹사이트를 발간하고 아이들을 위한 프로그램을 운영하고 있다. '참 좋다.' 그렇게 한참 그걸 읽다가 멈췄다. '잠깐, 이런 일을 내가 하고 싶다고 예전에 메모를 해둔 사례가 아닌가?' 예전 메모판을 뒤져보니 같은 내용이 정말 요약되어 있었다. 10년이 넘었다. 그런데 그게 새 글처럼 보이고 다시 읽고 있었다. '대체 더 뭘 기다리고 있지?' 언어(교육)사회에 관한 가치, 관행, 제도가 신자유주의 질서로부터 재편되는 것을 오랫동안 지켜보았다. 늘 마음이 흔들리고 또 고민했다.

이주자에 관한 언어정책이나 내국인 학생을 위한 고부담 시험의 개발과 시행은 시장에만 맡길 수도 없고 국가의 몫만도 아닌 복잡한 문제였다. 이 책의 내용은 긴 세월 동안 내가 고민하고 탐구한 내용이다. 그런데 주위에선 늘 관심이 없었다. 우리가 학교에서 가르치고 사용하는 언어, 스토리의 모양으로 읽고 듣는 언어, 심지어 일상의 말하기(교육)까지도 상품이 되고 맥도날드화가 되고 있는 병폐를 목격하지만 누구도 제대로 목소리조차 내지 못한다. 일단 토익, 토플, NEAT와 같은 고부담 영어시험의 획일적인 적용을 놓고 이런저런 매체에서 글도 쓰고 연구문헌도 만들었다. 'Big tests are not the only answer.' 그런 주장을 하면서 학술 연구자로서 언어사용과 교육에 관한 대중적 의식을 전환시키고 하나의 지식운동을 될 수 있는 캠페인도 기획했다. 아직은 잘 모르겠다. 사회적 캠페인이 내게 맞지 않는 그릇인 것 같기도 하고 영어로 문헌을 좀 더 만들고 싶다는 생각도 했다. 그런 중에 여기저기 써둔 원고를 정리하고 신념도 다시 확인하면서 이 책을 완성했다.

이 책은 내가 여러 매체에서 이미 쓴 글을 다시 고치면서 완성했다. 그동안 게재한 신문과 잡지 칼럼의 내용도 참조했다. 그대로 옮긴 것은 없다. 신념의 일관성을 유지시키기 위해 편집을 여러 차례 했다. 그렇지만 몇 번을 다시 써도 전체 주제의 일관성을 방해하는 대목이 자주 눈에 들어온다. 초고를 워낙 오래 전에 써둔 것이라 논술이 자꾸 끊어진다. 지나친 감상, 서로 갈등하는 가치들이 교차한다. 이걸 책으로 내고 싶지 않다고 자주 생각했다. 그러나 '하늘 아래 어딘가 나와 같은 생각을 가진 사람이 있으리라. 그 사람들이 이 글을 꼭 읽으면 좋겠다. 그들과 친구과 되고, 동료가 되고 싶다.' 그런 마음을 품고 이 책을 출판하기로 결심했다. 같은 말이 자꾸 넘치면 책을 낼 때이다. 아마도 연세대학교 조한혜정 교수의 책 어딘가에서 내가 본 구절인 것 같다. 뒤늦게 이 책을 세상에 보낸다.

다양한 언어기호들의 레퍼토리를 품고 살아가는 개인에게 위로가 되는 책을 앞으로도 만들고 싶다. 언어로부터 차별받는 사람들을 돕고 싶다. 그런 일을 이제 학교 밖에서도 해보고 싶다. 아니, 그보다는 우선 빨리 마당이 있는 집으로 이사를 가서 거기서 지금 함께 살고 있는 개와 고양이에게 더 많은 자유와 햇빛부터 선물하고 싶다. 볕이 좋은 날엔 한강시민공원에 가서 긴 산책을 한 다음에 스파게티나 국수를 삶아 먹고 책을 좀 보다가 함께 낮잠도 자고 싶다. 책을 읽다 지치면 듣고 싶은 음악을 듣고 다시 글을 쓰고 싶다.

책장 구석에 있는 가수 이효리의 에세이 '가까이: 효리와 순심이가 시작하는 이야기'가 눈에 들어온다. 내가 아주 좋아하는 제인 구달(Jane Goodall)의 책 바로 옆에 이효리의 책이 있다. 제인 구달과 이효리라... 제인 구달과 이효리를 비교하는 자체가 불편한 사람도 있을 것이다. 그래도 이효리의 책을 보면서 진정성이 느껴져서 나는 참 좋았다. 아니, 제인 구달보다 이효리의 내러티브가 더 좋았다. 이효리의 안티팬도 많을 터이다. 가식적이다, 정치적이다. 그녀는 그런 비아냥도 들었을 것이다. 그래도 글로 고백하고 글로 적힌 만큼 다수와 구별된 삶을 지금도 살고 있을 것으로 생각된다. 내가 그 책을 볼 때는 조금도 가식적으로 보이지 않았다. 이 책을 준비하면서 제일 신경을 쓴 건 그런 진정성이었다. 내가 말하고 싶은 것을 이 책에서 꾸밈없이 솔직히 말하고 싶었다. 그렇게 썼다고 10여년 후에도 자평했으면 좋겠다.

미주

1 빈칸에 들어간 배경과 필요성 정보는 다음 문헌의 논점을 전체적으로 참조했다: 신동일. (2018). 신자유주의 언어정책에 관한 비판적 고찰과 대안 담론의 모색. *외국어교육, 25*(3), 79-105.

2 여러 문헌이 참조될 수 있지만 최근 출간된 다음 자료를 제안한다: 신동일. (2018). 영어시험에 관한 담론 정치의 역사성 분석: 신자유주의와 평가국가의 논점으로부터. *응용언어학, 34*(3), 65-106.; 신동일. (2018). 글로벌 인재와 영어능력에 관한 담론적 실천과 신자유주의 주체성의 이해. *영어학, 18*(3), 349-380.; Park, J. S. (2016). Language as pure potential. *Journal of Multilingual and Multicultural Development, 37*(5), 453-466.

3 다음 문헌이 참조될 수 있다: 박수현, 신동일. (2017). 중도입국자녀의 언어능력에 대한 비판적 담론분석: 5대 일간지의 지면 보도 기사를 중심으로. *사회언어학, 25*(3), 93-138.; 조은혜, 신동일. (2017). '중국인 유학생'에 관한 미디어 담론분석: 조선일보를 중심으로. *외국어교육, 24*(3), 195-216.

4 다음 단행본이 종합적인 정보를 제공한다: Block, D., Gray, J., & Holborwo, M. (2012). *Neoliberalism and applied linguistics.* Routledge.

5 마이클 샌델. (2012). 돈으로 살 수 없는 것들. 안기순 역. 오늘의 책. 324쪽. (김선욱, '해제' 중 일부)

6 테오도르 아도르노. (2005). *미니마 모랄리아: 상처받은 삶에서 나온 성찰.* 김유동 역. 길. 38-39쪽.

7 http://nownews.seoul.co.kr/news/newsView.php?id=20140624601034 에서부터 기사 내용 참조

8 마이클 샌델. (2012). 돈으로 살 수 없는 것들. 안기순 역. 오늘의 책. 35-68쪽.

9 한겨레신문. (2014년 10월 16일). '친절마저 상품이 된 시대, 혁명은 없다' 기사 중 일부.

10 올리버 제임스. (2012). 어플루엔자. 윤정숙 역. 알마.

11 최동민. (2013년 4월호). '분데스리가는 종북 리그?' 중앙대 대학원 신문.

12 Ritzer, G. (2003). *맥도날드 그리고 맥도날드화: 유토피아인가, 디스토피아인가?* 김종국 역. 시유시.

13   Block, D. (2002). McCommunication: A problem in the frame of SLA. Globalization and language teaching. In D. Block, & D. Cameron (Eds). *Globalization and language teaching* (pp. 117−133). London: Routledge.

14   Cameron, D. (2000). *Good to talk: Living and working in a communication culture.* London: Sage Publication.

15   Fairclough, N. (1992). *Discourse and social change.* Cambridge: Polity Press.

16   이 논점은 다음 책에 잘 정리되어 있다: Cameron, D. (2000). *Good to talk: Living and working in a communication culture.* London: Sage Publication,

17   다음 책을 통해 보다 구체적인 설명과 예시를 발견할 수 있다: 신동일, 박수현, 김가현, 조은혜, 심우진. (2017). *접촉의 언어학, 다중언어사회의 교육과 정책.* 커뮤니케이션북스.

18   조지 리처. (2003). *맥도날드 그리고 맥도날드화: 유토피아인가, 디스토피아인가?* 김종국 역. 시유시.

19   최호근. (2006). *서양 현대사의 블랙박스 나치 대학살.* 푸른역사.

20   닐 포스트만. (2001). *테크노폴리.* 김균 역. 민음사.

21   크리스티안 리텔마이어. (2010). *아이들이 위험하다: 문화산업과 기술만능주의 교육 사이에서.* 송순재, 권순주 역. 이매진.

22   닐 포스트만. (2001). *테크노폴리.* 김균 역. 민음사.

23   Madaus, G., Carolyn, A., & Lynch, P. S. (2001). Educational testing as a technology. *NBETPP Statements, 2*(1), 1−11.

24   Maduas, G. E. (1994). A technological and historical consideration of equity issues associated with proposals to change the nations testing policy. *Harvard Educational Review, 64*(1), 76−95.

25   다음 책의 105쪽을 참조했다: Harbermas, J. (1987). *The theory of communicative actions, Vol. 2: Life world and system: A critique of foundationalist reason.* Boston: Beacon Press.

26   지그문트 바우만. (2009). *유동하는 공포.* 함규진 역. 산책자. 50쪽.

27   신동일, 김주연. (2012). 토익 수험자의 인식 연구: 비판적 언어평가론 관점에서. 영어영문학*21, 25*(2), 125−157.

28   2가지 질문은 다음 책의 35−40쪽 내용으로부터 언어담론에 적용하기 위해 재구성한 것임: 닐 포스트만. (2001). *테크노폴리.* 김균 역. 민음사.

29   다음 책 252쪽 내용으로부터 사건 내용과 논점을 참조함: 목수정. (2010). *야성의 사랑*

학. 웅진지식하우스.

30 닐 포스트만의 *테크노폴리* 91쪽을 보면 보다 구체적인 논점을 읽을 수 있음

31 닐 포스트만의 *테크노폴리* 163쪽을 보면 보다 구체적인 논점을 읽을 수 있음

32 예를 들면 테크놀로지에 대한 비판적 분석은 프랑크푸르트(Frankfurt) 학파, 특히 하버 마스(Jurgen Habermas)의 연구에서 분명하게 드러난다. 여기에서 테크놀로지와 기술 적 합리성은 이데올로기의 형태로서 파악된다. 프롬(Erich Pinchas Fromm)은 기술의 진보가 인간의 소외의식을 일으킨 주원인이라고도 주장했다.

33 닐 포스트만. (1999). *교육의 종말: 무너지는 교육 이대로 둘 것인가*. 차동춘 역. 문예출 판사.

34 유병선. (2007). *보노보 혁명: 제4섹터, 사회적 기업의 아름다운 반란*. 오늘의 책.

35 이걸 이해할 수 있는 가장 좋은 문헌 중 하나로 다음 책을 추천한다: Brown, W. (2006). *Regulating aversion: Tolerance in the age of identity and empire*. Princeton University Press.

36 다음 책으로부터 관련 논점을 대부분 쉽게 이해할 수 있다: 신동일, 박수현, 김가현, 조 은혜, 심우진. (2017). *접촉의 언어학, 다중언어사회의 교육과 정책*. 커뮤니케이션북스.

37 다음 책 36쪽으로부터 추가 자료를 볼 수 있다: Cameron, D. (1995). *Verbal hygiene*. Routledge.

38 이에 관한 자료를 더 보려면 다음 논문을 참고할 수 있다: 나영선. (2011). 호텔 및 외 식기업 조리사의 감정노동, 감정부조화, 소진 및 이직의도간의 영향 관계: 조리접점 서 비스를 중심으로. *한국조리학회지*, *17*(3), 104-116.

39 엘리 러셀 혹실드. (2009). *감정노동: 노동은 우리의 감정을 어떻게 상품화시키는가?* 이 가람 역. 이매진.

40 김명희. (2008년 3월호). 소소한 수다의 즐거움을 아시나요. *우리교육*.

41 Cameron, D. (2000). *Good to talk: Living and working in a communication culture*. London: Sage.

42 보다 자세한 내용은 한겨레신문 2014년 1월 5일자 기사에서 확인할 수 있다.

43 보다 자세한 내용은 SBS 뉴스 2014년 1월 5일 방송에서 확인할 수 있다.

44 경향신문. (2015년 2월 27일). '군부정권 이어지며 비판 없이 통용되는 전쟁군사 용어' 기사 중 일부.

45 다음 책 275쪽에서 참조되었다: 조지 오웰. (2003). *1984*. 정회성 역. 민음사.

46 위와 같은 책 101쪽

47 다음 연구문헌으로부터 관련 내용을 참조할 수 있다: 박수현, 신동일. (2017). 중도입국자녀의 언어능력에 대한 비판적 담론분석: 5대 일간지의 지면 보도 기사를 중심으로. *사회언어학, 25*(3), 93-138.

48 Pakir, A. (2009). English as a lingua franca: analyzing research frameworks in international English, world Englishes, and ELF. *World Englishes, 28*(2), 224-235.

49 Canagarajah, A. S. (2007). Lingua franca English, multilingual communities, and language acquisition. *The Modern Language Journal, 91*(1), 923-939.

50 Firth, A. (1996). The discursive accomplishment of normality: On 'lingua franca' English and conversation analysis. *Journal of Pragmatics, 26*(2), 237-259.

51 고종석의 단행본들을 참조하면, 외래어로부터 영향을 받은, 결코 순수하지만 않은 불온한 한국어의 변화를 쉽게 이해할 수 있다. 예를 들면, 최근 발행된 다음 책을 참조할 수 있다: 고종석. (2015). *불순한 언어가 아름답다*. 로고폴리스.

52 Firth, A. (1996). The discursive accomplishment of normality: On 'lingua franca' English and conversation analysis. *Journal of Pragmatics, 26*(2), 237-259.

53 Cogo, A. (2012). English as a lingua franca: Concepts, use, and implications. *ELT Journal, 66*(1), 97-105.

54 Meierkord, C. (2004). Syntactic variation in interactions across international Englishes. *English World-Wide, 25*(1), 109-132.

55 관련 논점을 추가적으로 이해하고 싶다면 다음 문헌이 참조될 수 있다: van Lier, L. (2002). An ecological-semiotic perspective on language and linguistics. In Kramsch, (Ed.), *Language acquisition and language socialization: Ecological perspectives.* (pp. 140-164). London: Continuum.; van Lier, L. (2004). *The ecology and semiotics of language learning: A sociocultural perspective.* Boston: Kluwer Academic Publishers.

56 Pennycook, A. (2010). *Language as a local practice.* Abingdon: Routledge.

57 Pennycook, A., & Otsuji, E. (2015). *Metrolingualism: Language and the city.* London, England: Routledge.

58 Maher, J. C. (2005). Metroethnicity, language, and the principle of Cool. *International Journal of the Sociology of Language, 175/176*, 83-102.

59 Pennycook, A., & Otsuji, E. (2015). *Metrolingualism: Language and the city.* London, England: Routledge.

60 바버라 에런라이크. (2011). *긍정의 배신: 긍정적 사고는 어떻게 우리의 발등을 찍는가.* 전미영 역. 부키.

61 다음 연구문헌으로부터 내용을 좀 더 이해할 수 있다: 신동일. (2018). 글로벌 인재와 영어능력에 관한 담론적 실천과 신자유주의 주체성의 이해. 영어학, *18*(3), 349-380.

62 이희은. (2007). 영어와 일상의 공간: 영어마을 사례를 중심으로. 한국언론학보, *51*(4), 85-110.

63 다음 문헌에서 보다 구체적인 논의를 확인할 수 있다: 임희주, 김금선. (2009). 영어체험마을 학습모형에 대한 연구. 현대영미어문학, *27*(3), 225-246.

64 다음 문헌에서부터 논점을 가져왔다: 박선주. (2008). '영어전용'과 미국 다문화주의: 다문화사회의 단언어성, 다언어성, 횡언어성에 대한 고찰. 영어영문학, *54*(5), 679-701.

65 Hall, S. (1997). The local and the global: Globalization and ethnicity. In A. D. King (Ed.), *Culture, globalization, and the world system* (pp. 19-40). Minneapolies, MN: University of Minnesota Press.

66 이 책의 횡단적 언어실천은 대부분 다음 문헌에서 논점을 가져왔다: Canagarajah, A. S. (2013). *Translingual practice: Global englishes and cosmopolitan relations.* New York, NY: Routledge.

67 Honer, B., Lu, M., Royster, J., & Trimbur, J. (2011). Language difference in writing: toward a traslingual approach. *College English, 73*, 303-321.

68 브라이언 크리스천. (2012). *가장 인간적인 인간.* 최오영 역. 책 읽는 수요일.

69 다음 문헌으로부터 추가 논점을 구할 수 있다: 이택광. (2011). 다문화주의를 넘어서: Charles Taylor와 Slavoj Zizek의 이론을 중심으로. 인문언어, *13*(1), 121-139.

70 http://www.huffingtonpost.kr/2014/07/03/story_n_5553558.html 사이트에서 확인했다.

71 이에 관한 구체적인 자료를 참조하려면 다음 책을 잠고할 수 있다: 신동일, 박수현, 김가현, 조은혜, 심우진. (2017). *접촉의 언어학: 다중언어사회의 교육과 정책.* 커뮤니케이션북스.

72 다음 연구문헌으로부터 관련 내용을 참조할 수 있다: 신동일, 박수현, 김가현, 조은혜, 심우진. (2016). 문제, 권리, 자원으로 보는 언어담론의 탐색. 학습자중심교과교육학회, *16*(9), 1269-1298.

73 Phillipson, R., & Skutnabb-Kangas, T. (1997). Linguistic human rights and English in Europe. *World Englishes, 16*(1), 27-43.

74 다음 책 213쪽을 참조한 것임: Nickel. W.(2010). *인권의 좌표.* 조국 역, 명인문화사.

75 다음 책의 논점이 학술문헌에서 자주 인용된다: Weedon, C. (1987). *Feminist practice*

and poststructuralist theory. London: Blackwell.

76 다음 책 85쪽 내용을 요약한 것임: 목수정. (2010). *사랑의 야성학.* 웅진지식하우스.

77 위와 같은 책 86쪽.

78 동아일보. (2012년 6월 12일). '中 100만명 유학 대기 중' 기사 중 일부.

79 다음 책 4쪽을 참조한 것임: Norton, B. (2000). *Identity and language learning: Gender, ethnicity, and educational change.* New York: Pearson Education.

80 스토리텔링 언어교육법은 다음 입문서를 참고할 수 있다: 신동일. (2010). *Now 스토리텔링.* 넥서스.

81 예를 들어 다음 연구문헌을 참조할 수 있다: 최진숙. (2009). 대학생들의 영어능력과 언어정체성 인식과의 관계. *Linguistic Research, 26*(2), 103-119.

82 신동일, 서예진. (2017). 지속가능발전과 적정교육을 위한 생태주의 언어교육의 탐색. *다문화와 평화, 11*(2), 59-82.

83 앤소니 기든스. (1997). *좌파와 우파를 넘어서.* 김현옥 역. 한울.

84 다음 책 343쪽으로부터 추가적인 논점을 확인할 수 있다: 앤소니 기든스. (1997). *현대성과 자아정체성: 후기 현대의 자아와 사회.* 권기돈 역. 새물결.

85 강수돌. (2009). *살림의 경제학.* 지성사.

86 우병선. (2007). *보노보 혁명.* 부키.

87 위와 같은 책 13쪽.

88 넥스터스. (2008). *아름다운 거짓말.* 북노마드.

89 김호기 교수의 신문 칼럼을 참조했다: 경향신문. (2015년 2월 12일). 연대적 개인주의를 향하여.; 한국일보. (2014년 7월 1일). 국가개조를 생각한다.

90 지난 수년 동안 응용언어학, 사회언어학, 외국어교육 등의 국내 학술지에 게재한 신동일의 연구논문을 참조하면 비판적 전환에 관한 보다 자세한 설명과 예시를 읽어볼 수 있다.

91 김용희. (2006년 11월 5일) 우리 시대 순혈주의. 교수신문.

92 스토리텔링에 관한 나의 학술 논점은 다음 연구문헌으로부터 확인할 수 있다: 신동일. (2014). 영어영문학의 외연 확대를 위한 담화, 스토리, 내러티브, 그리고 스토리텔링 연구의 상호연관성 탐색. 영어영문학 연구, *56*(4), 235-263.

93 홍성욱. (2001년 1월 9일). 변방의 교훈. 중앙일보.

94 연못가의 미꾸라지 비유는 다음 연구문헌 255쪽에서 가져온 것이다. 원문에서는 '영어영문학' 분야에서 스토리텔링이 미꾸라지 역할을 한다는 것인데 여기서는 논점을 넓혀

서 어문학 전체 분야에서 스토리텔링이 어떤 역할을 감당할 수 있는지 다루었다: 신동일. (2014). 영어영문학의 외연 확대를 위한 담화, 스토리, 내러티브, 그리고 스토리텔링 연구의 상호연관성 탐색. 영어영문학 연구, *56*(4), 235-263.

95 김두식, 김대식. (2014). *괴짜 물리학자와 삐딱한 법학자 형제의 공부 논쟁.* 창비. 161쪽.

96 https://www.youtube.com/watch?v=o4Y-KURjWSA 사이트에서 확인할 수 있다. 한 번 보시라. 참 평화롭다.

97 Bhabha, H. K. (1994). *The location of culture.* London: Routledge.

98 Spivak, G. (1993). *Outside in the teaching machine.* New York: Routledge.

99 다음 책의 48-57쪽으로부터 논점을 정리한 것이다: Canagarajah, S. (2017). *Translingual practices and neoliberal policies: Attitudes and strategies of African skilled migrants in anglophone workplaces.* Berlin: Springer.

100 엘리자베스 퀴블러 로스, 데이비드 케슬러, (2006). 인생수업. 류시화 역. 이레.

101 다음 문헌 24-45쪽을 참조하고 논점을 확장하면서 지적 토대를 넷으로 구분하고 정리할 수 있었다: Pennycook, A. (2001). *Critical applied linguistics: A critical approach.* Mahwah, NJ: Lawrence Erlbaum.

102 김우창. (2003). *103인의 현대사상.* 민음사.

103 Chomsky, N. (1979). *Language and responsibility.* New York: Pantheon. 7쪽.

104 Chomsky, N. (1974). Human nature: Justice versus power [Discussion with M. Foucault]. In F. Elder (Ed.), *Reflexive water: The basic concerns of mankind* (pp. 133-198). London: Souvenir Press. 172쪽.

105 페어클로우(Fairclough), 워독(Wodak), 쇼하미(Shohamy) 등의 학자들이 있다.

106 Norton, B. (2000). *Identity and language learning: Gender, ethnicity, and educational change.* New York: Pearson Education.

107 김호기. (2014년 3월 16일). 밖으로부터의 시선: 장하준과 신기욱. 경향신문.

108 다음 번역서의 567쪽을 참조했다: 이창래. (2003). 영원한 이방인. 정영목 역. 나무와 숲.

109 그가 비판적 응용언어학자로 활동하면서 기독교적 가치와 포스트모던 논점이 충돌할 때 어떻게 의미/가치를 조정했는지 보려면 다음 책을 참고하면 된다: Wong, M. S., & Canagarajah, S. (2009). *Christian and critical English language educators in dialogue: Pedagogical and ethical dilemmas.* Routledge.

110 성경 빌립보서 4장 11-12절을 참조했다.

111 성경 요한복음 14장을 참조했다.

112 코스모폴리타니즘의 구별된 개념을 다음 단행본 10장의 내용으로부터 참고했다: Canagarajah, A. S. (2013). *Translingual practice: Global englishes and cosmopolitan relations*. New York, NY: Routledge.

한국어

ㄱ